AF142218

2 entdecken und verstehen

Geschichte

Hessen

Differenzierende Ausgabe

Erarbeitet von
Cornelia Claußen
Sinje Eichner
Manuel Köhler
Anja König
Oliver Luckhard
Manuel Panow
Maren Stindt-Hoge

Unter Verwendung von Beiträgen von: Dr. Thomas Berger-von der Heide, Heike Bruchertseifer, Kathrin Figge, Markus Gumbiller, Liesel Herkenrath, Wolfgang Humann, Dr. Elisabeth Köster, Ulrich Mittelstädt, Prof. Dr. Hans-Gert Oomen, Dr. Dieter Potente
Projektleitung: Dr. Uwe Andrae
Redaktion: Jürgen Patner
Bildassistenz: Bettina Hamann

Umschlaggestaltung: Rosendahl, Berlin
Layout und technische Umsetzung: zweiband.media GmbH, Berlin
Coverbilder: Shutterstock.com/sdecoret (Android);
Shutterstock.com/BEST-BACKGROUNDS (HTML-Code)

Die kostenlosen Zusatzangebote in der Cornelsen Lernen App sind nicht Gegenstand der Prüfung und Genehmigung des Schulbuchs durch das Kultusministerium.

www.cornelsen.de

Soweit in diesem Lehrwerk Personen fotografisch abgebildet sind und ihnen von der Redaktion fiktive Namen, Berufe, Dialoge und Ähnliches zugeordnet oder diese Personen in bestimmte Kontexte gesetzt werden, dienen diese Zuordnungen und Darstellungen ausschließlich der Veranschaulichung und dem besseren Verständnis des Inhalts.

1. Auflage, 2025

Alle Drucke dieser Auflage sind inhaltlich unverändert und können im Unterricht nebeneinander verwendet werden.

Druck: Mohn Media Mohndruck, Gütersloh

ISBN 978-3-06-066288-3 (Schülerbuch)
ISBN 1100027788 (E-Book)

PEFC-zertifiziert
Dieses Produkt stammt aus nachhaltig bewirtschafteten Wäldern und kontrollierten Quellen
www.pefc.de

Inhaltsverzeichnis

Kapitel 3 Wandel durch Industrialisierung 68

Kapitel 4 Einigkeit und Freiheit? Nationalstaaten im 19. Jahrhundert 100

Kapitel 5 Vom Imperialismus zum Ersten Weltkrieg 130

Kapitel 6 Die Weimarer Republik 156

Deutsche!
Wehrt Euch
Kauft nicht bei Juden!

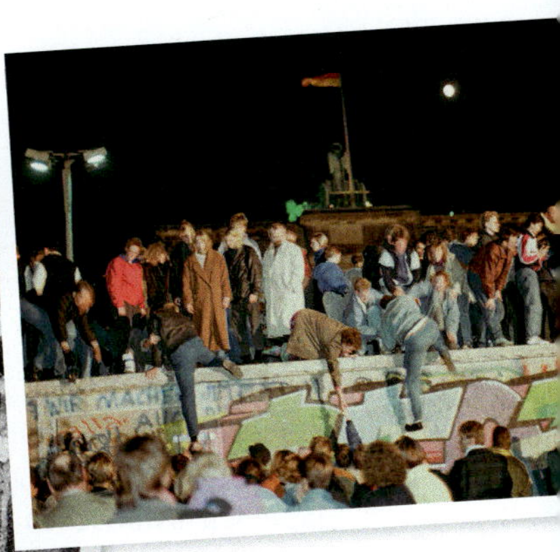

Kapitel 9 Leben in zwei deutschen Staaten 246

Kapitel 10 Der Weg zur deutschen Einheit 276

Anhang

So arbeitet ihr mit diesem Buch ...

Liebe Schülerinnen, liebe Schüler,
wir möchten euch kurz die unterschiedlichen Seiten dieses Buchs vorstellen.

Auftaktseiten
Jedes Kapitel startet mit einem großen Bild, das einen historischen Schauplatz oder etwas Interessantes zum jeweiligen Thema zeigt. Ihr könnt Eindrücke sammeln und Vorwissen zusammentragen.

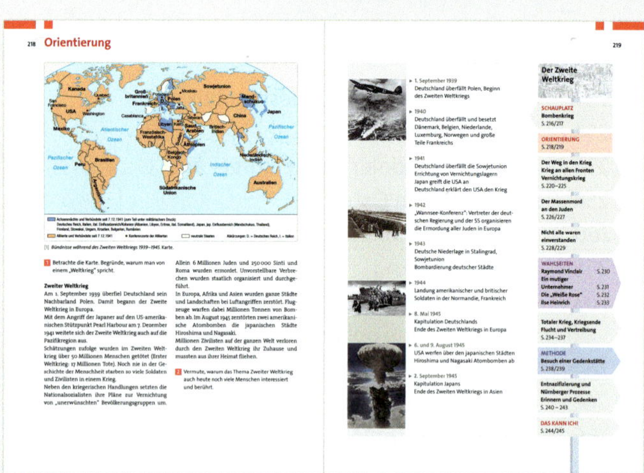

Orientierung
Hier könnt ihr euch einen zeitlichen und räumlichen Überblick verschaffen. Ein Wegweiser zeigt euch den Weg durch das Kapitel.

Methode
Diese Seiten unterstützen euch bei der Informationsbeschaffung. Ihr könnt Schritt für Schritt erlernen, wie ihr aus verschiedenen Quellen Informationen entnehmen, diese verarbeiten und schließlich eure Lernergebnisse präsentieren könnt.

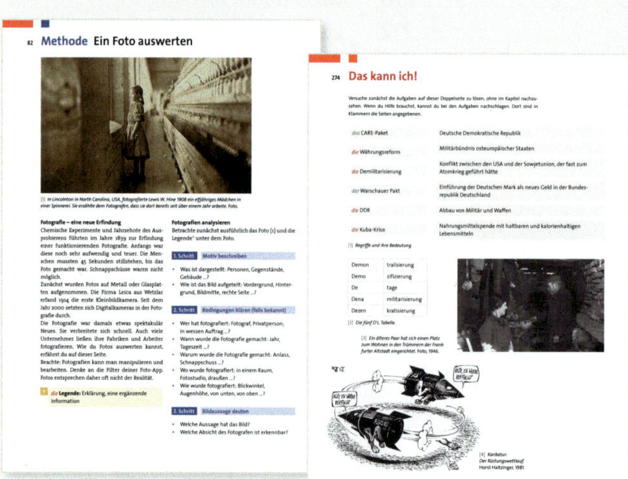

Das kann ich!
Jedes Kapitel endet mit einem „Kompetenzcheck". Hier könnt ihr euer Wissen und Können testen und die neu erworbenen Kompetenzen anwenden.

190 Der Weg in die Diktatur

Wie wurde in Deutschland die Demokratie abgeschafft?

191

Differenzierungs- und Förderangebot

Auf vielen Doppelseiten gibt es einen Kasten mit Wahlaufgaben. Hier könnt ihr einen Arbeitsauftrag auswählen. Die Aufgaben mit ◩ sind etwas leichter, die Aufgaben mit ⊠ oder ⊠ etwas schwieriger zu lösen. Die Aufgaben mit ◻ sind für das Förderniveau. Außerdem findet ihr noch unter „Was du noch tun kannst ..." weiterführende Anregungen.

Wähle einen der Arbeitsaufträge aus:

- ◻ Benenne, welche Partei gegen das Ermächtigungsgesetz stimmte.
- ◩ Beschreibe mit einem Zeitstrahl den Weg von der Demokratie zur Diktatur.
- ⊠ „Die Demokratie in Deutschland schafft sich selbst ab!" Erkläre diese Aussage.
- ⊠ Zwei Freundinnen überlegen, ob sie sich für ihren verhafteten Nachbarn einsetzen sollen. Eine ist dafür, die andere hat Angst und argumentiert dagegen. Schreibe das Gespräch.

Themendoppelseiten

Oben auf der linken Seite findet ihr eine Leitfrage, worum es auf dieser Doppelseite geht. Oft kommen in den Texten Begriffe vor, die näher erklärt werden müssen. Diese Begriffe sind mit einem Sternchen* versehen und werden in einem Kasten ausführlich erklärt. Auf jeder Inhaltsseite findet ihr Bilder, Schaubilder oder Diagramme. Alle Materialien könnt ihr mithilfe der Aufgaben erarbeiten. Außerdem findet ihr auf den Seiten unten einen gelben **Sprachspeicher**. Hier stehen Wörter, Wortgruppen oder Hinweise als sprachliche Unterstützung zum Textverständnis oder zur Bearbeitung der Aufgaben.

Cornelsen Lernen-App

Mit der neuen Cornelsen Lernen-App könnt ihr digitales Begleitmaterial zu den Schulbuchseiten herunterladen.

Das Lexikon

Das Lexikon bietet euch alle wichtigen Fachbegriffe in alphabetischer Reihenfolge mit Erklärungen. Hier könnt ihr nachlesen und euch informieren.

A

Ablass|handel, *der:* Handel, bei dem sich die Menschen im Mittelalter von ihren Sünden freikaufen konnten. Sie gaben der katholischen Kirche Geld und erhielten dafür einen sogenannten Ablassbrief.

Absolutismus, *der:* Die Epoche im 17. und 18. Jahrhundert, in der Ludwig XIV. und seine Regierungsform in Europa als Vorbild galten. Ein Monarch besaß dabei die uneingeschränkte Herrschaftsgewalt.

Achsenmächte, *die*: Verbündete des Deutsches Reichs während

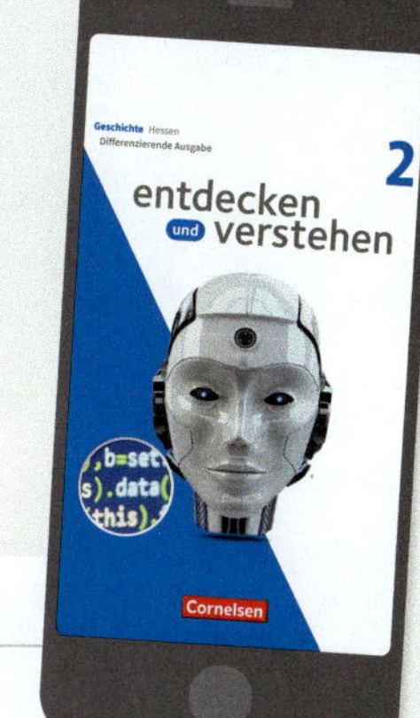

Dein Buch findest du auch in der Cornelsen Lernen App

Siehst du eines dieser Symbole in deinem Buch, kannst du in deiner App ...

 	Üben	Teste Dich	
alle Hörspiele und Videos zu deinem Buch aufrufen.	interaktive Übungen zur Fachsprache in Geschichte und Politik machen.	dein Wissen am Ende des Kapitels überprüfen.	die Lösungen zu den Aufgaben der „Das kann ich!"-Seiten finden.

Die Reformation des Glaubens und ihre Folgen

Eine Szene um 1525
Im Mittelalter war der christliche Glauben von großer Bedeutung. Die Geistlichen und der Papst hatten sehr großen Einfluss auf die Menschen. Doch in der Bevölkerung wuchsen auch Zweifel an Papst und Kirche.

1 Betrachte das Bild genau.
2 Welche Gefühle erzeugt das Bild?
3 Beschreibe die Stimmung auf dem Bild.
4 Stelle Vermutungen darüber an, welche Personengruppe dargestellt wird und was in dieser Situation geschieht.

Schauplatz Der Verkauf von Ablassbriefen

Kauft Ablassbriefe! Wisset: Sobald das Geld im Kasten klingt, die Seele aus dem Fegefeuer springt. Zahlt für den Brief und Gott wird euch eure Sünden vergeben.
Natürlich kaufe ich mir einen Ablassbrief! Der befreit mich von allen Sünden. Mein ewiges Leben im Himmel wird wunderbar sein.
Ich glaube das nicht. Oder doch? Kann der Ablassbrief mich tatsächlich vor dem Fegefeuer bewahren? Wenn er es kann, ist das hier eine gute Gelegenheit.
Ich habe nicht genug Geld für alle verstorbenen Verwandten. Soll deshalb mein Vater in der Hölle schmoren? Wen soll ich vor den Qualen des Fegefeuers retten?
Betrüger! Geldschneider! Was macht der Papst wirklich mit unserem Geld?

[1] *„Tetzel's Ablasskram".* Nach Zeichnung von Josef Mathias von Trenkwald, Holzstich, um 1860.

1 Gib den Inhalt der Sprechblasen in deinen Worten wieder.

2 „Der Tod war für die Menschen um 1500 allgegenwärtig." Erkläre diese Aussage.

Die Bedeutung des Glaubens

Der Glaube, der Papst und die Kirche hatten um 1500 eine sehr große Bedeutung für die Menschen. Die Menschen waren fromm und glaubten, dass sie für ein gutes, gottgefälliges* Leben in den Himmel kommen würden.

* **gottgefällig:** so, dass es Gott gefällt

Ein schlechtes Leben würde von Gott dagegen nach dem Tod mit Qualen im Fegefeuer* oder sogar ewigen Leiden in der Hölle bestraft. Das machte den Menschen große Angst, denn die Lebenserwartung war gering und der Tod trat oft sehr plötzlich ein. Viele Krankheiten waren damals kaum behandelbar. Krankheiten wie die Pest brachen aus und viele Menschen litten Hunger. Außerdem wurden immer wieder Kriege geführt.

Sündenerlass

Hilfe suchten die Menschen deshalb im Gebet zu den Heiligen. Sie spendeten Geld an Klöster, damit Mönche und Nonnen für ihre Seelen beteten. Der Papst und die katholische Kirche boten den Menschen sogenannte Ablassbriefe an. Wer diese Briefe für sich oder für andere kaufte, brauchte keine Angst vor der Bestrafung der Sünden* haben. Das versprachen die Ablassprediger und der Papst. Das Geld der Gläubigen wurde dann aber genutzt, um z.B. den Petersdom in Rom zu bauen, um Schulden zu bezahlen und für den Kauf teurer Bücher und Gemälde.

* *die* **Sünde:** schlechte Tat, böse Gedanken

der **Ablass:** Erlass/Vergebung der Sünden

das **Fegefeuer:** Das ist nach katholischem Glauben der Ort, an dem die Seelen von ihren Sünden gereinigt werden, bevor sie in den Himmel aufsteigen dürfen.

Passt auf! Wenn ihr euch auf die Ablassbriefe verlasst, dann ...
Denkt ihr wirklich, dass ...?
Ich mache mir Sorgen. Wenn die Menschen weiterhin auf die Ablassbriefe vertrauen, dann ...

[2] *Martin Luther als Prediger,* Gemälde von Lucas Cranach dem Älteren, 1547, Ausschnitt, Cranach-Altar, Stadtkirche Sankt Marien, Wittenberg.

Kritik am Ablasshandel

Der Handel mit Ablassbriefen wurde auch von einigen Geistlichen kritisiert. Der berühmteste Kritiker war Martin Luther. Er lebte selbst als Mönch in einem Kloster und studierte dort Theologie („die Lehre von Gott") und Philosophie. Über die Frage, ob Gott den Sündern vergeben wird, dachte er lange nach. Er suchte nach Antworten in der Bibel.

Der Mönch Myconius, der sich Luther anschloss, schrieb 1527:

... 1517 kamen etliche mit den gekauften Ablassbriefen zu Martin ... und beichteten. Als sie dabei aber sagten, dass sie weder von Ehebruch*, Wucher* noch unrechtem Gut* und dergleichen Sünde und Bosheit ablassen wollten, da sprach sie Martin Luther nicht frei von ihren Sünden. ... Da beriefen sie sich auf die Ablassbriefe. Diese wollte Luther nicht anerkennen. Er berief sich auf die Aussagen der Bibel: Wenn ihr eure Sünden nicht bereut und Buße* tut, werdet ihr alle umkommen. ...

[3] *Fausel, Heinrich (Hrsg. und Übers.):* Martin Luther, München, Siebenstern, 1967, S. 191

* *der* **Ehebruch:** Sex außerhalb der Ehe

der **Wucher, wuchern**: zu hohe Preise verlangen

unrechtes Gut: etwas zu Unrecht besitzen

Buße tun: einen Fehler zugeben und dafür die Strafe auf sich nehmen

3 Lies die Quelle. Überlege, was Luther den Menschen antworten könnte. Vervollständige die Sätze.

Luther macht sich Sorgen

Als Luther sah, dass immer mehr Männer und Frauen Ablassbriefe kauften, glaubte er, etwas dagegen tun zu müssen.
Er glaubte nicht daran, dass Sünden gegen die Zahlung einer Gebühr vergeben werden würden. Nach Luthers Auffassung konnte nur Gott selbst, und nicht der Papst und seine Ablassprediger, darüber urteilen und entscheiden, wer in den Himmel kommt. Daher machte Martin Luther sich große Sorgen um die Gläubigen. Er befürchtete, dass Gott ihnen ihre Sünden nicht vergeben würde. Ohne Vergebung müssten die Menschen lange im Fegefeuer oder ewig in der Hölle leiden.

Wähle einen der Arbeitsaufträge aus:

- Formuliere ein Gespräch zwischen zwei Bürgern, die sich über den Ablasskauf uneinig sind.
- Schreibe auf, was Tetzel während des Ablassverkaufes gedacht haben könnte.
- Luther verweigert den Sündenerlass. Formuliere die Gedanken einer Person, deren Sünden nicht erlassen wurden.

Orientierung

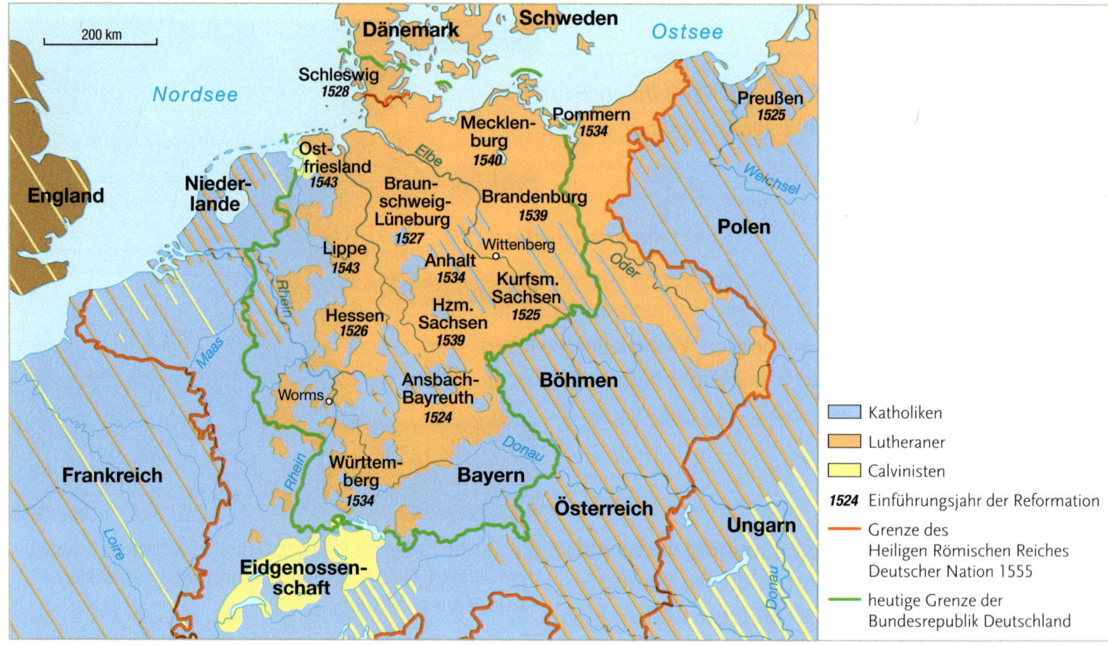

[1] *Konfessionen in Deutschland um 1555.* Karte.

Krisen und Zweifel

In der Zeit von 1500 bis 1600 gab es viele Krisen und Veränderungen in Europa. Viele Herrscher kämpften gegeneinander um die Macht. Für die übrigen Menschen blieb das Leben schwer. Die vielen Bauern litten weiter unter den Abgaben und Diensten, die sie für Grundherren und Kirche zu leisten hatten. Diese Not der Menschen hatte zur Folge, dass immer mehr von ihnen den Aussagen und Regeln der Geistlichen und des Papstes misstrauten.

Die Kirche wird reformiert

Es gab einige Gelehrte, die eine erneuerte Form, eine Reform der Gottesdienste und des christlichen Lebens forderten. Der Mönch Martin Luther veröffentlichte seine Kritik an der Kirche im Jahr 1517. Seine Ideen wurden vielen Menschen auch aufgrund der schnellen Verbreitung, die inzwischen durch den Buchdruck möglich war, bekannt. Das führte zu einer Spaltung in die katholische und evangelische Kirche. Andere Gelehrte nahmen Luthers Ansichten auf und ergänzten sie um ihre eigenen religiösen Ansichten. So entwickelten sich noch weitere reformierte Glaubensrichtungen und Glaubensgemeinschaften, die Konfessionen* genannt werden.

Kriege und Frieden

Die Reformation führte zu vielen Auseinandersetzungen. Menschen bekämpften einander, um den ihrer Meinung nach wahren Glauben zu verbreiten. Ab dem Jahr 1555 konnte der Landesherr bestimmen, welchem Glauben seine Untertanen angehören sollten. Erst fast 100 Jahre später, im Jahr 1648, galt die Religionsfreiheit im Heiligen Römischen Reich Deutscher Nation. Misstrauen und Ablehnung blieben aber weiter zwischen den Konfessionen bestehen.

* *die* **Konfession:** Zugehörigkeit zu einer bestimmten Religionsgemeinschaft des christlichen Glaubens

1. Benenne das Thema der Karte.
2. Vergleiche die Grenzen vom Heiligen Römischen Reich Deutscher Nation mit der Grenze der Bundesrepublik Deutschland. Was fällt dir auf?
3. Beschreibe die Verteilung der Konfessionen im Jahr 1555.
   Starthilfe: *Im Nordosten des Reiches waren die meisten Menschen ...*
   In Ostfriesland gehörten die Menschen ...
4. Erkläre, warum sich aus der dargestellten Situation Konflikte entwickeln konnten.

- **1483**
  Geburt Martin Luthers
- **1505**
  Martin Luthers Eintritt ins Kloster
- **1509**
  Geburt Johannes Calvins

- **1517**
  Luthers Thesenanschlag in Wittenberg
- **1521**
  Reichstag in Worms
- **1522**
  Luthers Bibelübersetzung in deutscher Sprache erscheint

- **1525**
  Zwölf Artikel/Forderungen der Bauern
- **1524/1525**
  Bauernkrieg
- **1525**
  Schlacht bei Frankenhausen
- **1555**
  Augsburger Religionsfrieden
- **1618**
  Prager Fenstersturz
- **1618–1648**
  Dreißigjähriger Krieg
- **1645**
  Beginn der Friedensverhandlungen in Münster und Osnabrück

- **1648**
  Westfälischer Frieden

Die Reformation des Glaubens und ihre Folgen

Luther kritisiert Papst und Kirche

Wogegen richtet sich Luther?

Ablassbriefe bewirken nichts!
Priester sollen heiraten dürfen.
Bei Gott sind alle willkommen! Gott vergibt all denen, die ihre Sünden ehrlich bereuen.
Gottesdienste sollen in Deutsch und nicht in Latein durchgeführt werden.
Nur das, was in der Bibel steht, ist von Bedeutung, denn Papst und Priester können irren!

[1] *Martin Luther als Mönch,* Gemälde von Lucas Cranach dem Älteren, 1522/1524.

1 Überlege, was diese Ansichten und Veränderungen für einfache Bürger und Bürgerinnen bedeuten könnten.

Martin Luther will die Kirche erneuern

Der Anlass von Luthers Kritik war der Verkauf von Ablassbriefen. Seine Unzufriedenheit mit der Kirche hatte aber weitere Ursachen. Martin Luther verfasste deshalb ein Schreiben mit 95 Argumenten (Thesen), sie richteten sich zumeist gegen den Ablasshandel. Er wollte damit keine neue Religionsgemeinschaft gründen, sondern die katholische Kirche reformieren, also erneuern. Den Papst ärgerte besonders, dass Luther behauptete, dass auch ein Papst sich irren könnte. Da der Papst sich als der Stellvertreter von Jesus Christus auf der Erde ansah, machte diese Aussage den Papst sehr wütend. Sie schränkte seine Macht ein, weil diese Meinung es erlaubte, an den Aussagen des Papstes zu zweifeln.

* *die* **Reformation:** Erneuerung

2 Formuliere den Inhalt der Thesen [2] in eigene Worte um.

3 Nimm Stellung zu den Thesen. Stimmst du zu?

Aus Luthers 95 Thesen:

45. Man muss die Christen lehren: Wer einen Bedürftigen sieht, sich nicht um ihn kümmert und für Ablässe etwas gibt, der erwirbt sich nicht Ablässe des Papstes, sondern Gottes Verachtung.

86. Wiederum: Warum baut der Papst, dessen Reichtümer heute weit gewaltiger sind als die der mächtigsten Reichen, nicht wenigstens die eine Basilika des Heiligen Petrus mehr von seinen eigenen Geldern als von denen der armen Gläubigen?

[2] *Junghans, Helmar (Hrsg.): Die Reformation in Augenzeugenberichten, Übers.: Lau, Franz; Junghans, Helmar, Düsseldorf 1973, S. 58*

Eine Idee verbreitet sich

Luthers Thesen und Ideen verbreiteten sich durch den Buchdruck schnell. Druckerzeugnisse konnten günstig hergestellt und vervielfältigt werden. Papst Leo X. verlangte von Luther, die 95 Thesen als Irrtum zu bezeichnen und sie zurückzunehmen. Luther lehnte das ab. Der Papst verbannte Luther daraufhin aus dem Schutz der Kirche. Christen durften mit Luther nun keinen Kontakt mehr haben. In der damaligen Zeit war dies eine sehr schwere Strafe, denn die Menschen waren sehr gläubig.

Sprachspeicher
sich gegen etwas richten ▪ eine Religionsgemeinschaft gründen ▪ jemanden verbannen ▪ jemandes Macht einschränken ▪ Thesen veröffentlichen

3: Ich finde Luthers Thesen überzeugend / gut / nicht verständlich / überheblich, weil …
Besonders wichtig finde ich, dass Luther …

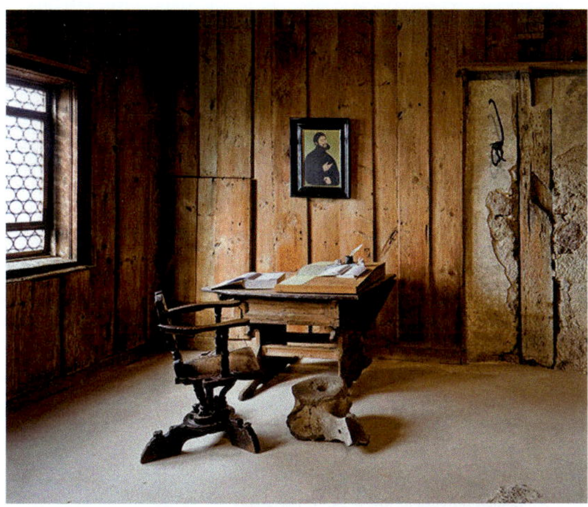
[3] *Lutherstube auf der Wartburg in Eisenach,* Foto, 2022.

[4] *Lutherdenkmal in Eisenach,* Foto, 2022.

Der Kaiser reagiert

Der Kaiser brauchte die Unterstützung des Papstes und der Fürsten seines Reiches, um seine Macht auszuüben. Da aber einige Fürsten der Meinung Luthers waren, entstanden Konflikte und Proteste im Reich. Kaiser Karl V. verlangte im Jahr 1521 deshalb auch, dass Luther seine Thesen widerruft. Doch nach einem Tag Bedenkzeit lehnte Luther dies auf dem Reichstag in Worms erneut ab. Der Kaiser verhängte daraufhin die Reichsacht* über Luther. Luther war „vogelfrei*".

* *die* **Reichsacht:** ein Ausschluss aus der Gemeinschaft, jeder darf den Geächteten straflos töten

vogelfrei sein: nicht mehr beschützt werden, ungestraft getötet werden können

Der Kurfürst von Sachsen entschied sich, Luther zu helfen. Luther wurde auf dem Rückweg aus Worms zum Schein entführt. Der Kurfürst versteckte Luther auf der Wartburg in Eisenach. Auf der Burg arbeitete Luther weiter. Er übersetzte die Bibel in die deutsche Sprache.

4 Erkläre, weshalb die Anhänger Luthers und der Reformation **Protestanten** genannt wurden.

5 Es gibt viele Lutherdenkmäler und Erinnerungsorte. Kannst du dir erklären, warum Martin Luther noch heute von vielen Menschen verehrt wird?

Die Bibelübersetzung

Luther wollte, dass jeder Mensch die Bibel verstehen kann. Jeder getaufte Gläubige sollte selbst verstehen können, was in der Bibel steht, um Christus und Gott näher zu sein. Außerdem sollten die Christen vor falschen Bibelauslegungen durch die Priester oder die katholische Kirche geschützt werden. Die Lutherbibel hatte noch einen weiteren Effekt. Sie vereinheitlichte die Schreibung deutscher Wörter. Bislang gab es kein Wörterbuch. Man schrieb, wie man dachte oder es in dem eigenen Dialekt klang. Seit der Lutherbibel gab es eine Schreibweise, die von vielen übernommen wurde.

Wähle einen der Arbeitsaufträge aus:

- Beschreibe, was Martin Luther erreichen wollte.
  Starthilfe: *Martin Luther wollte ...*
- Stelle aus Luthers Sicht gegenüber, was für und was gegen ein Widerrufen der Thesen sprechen könnte.
- Erläutere die Rolle des Buchdrucks für die Reformation (siehe dazu S. 24).

Sprachspeicher

seine Thesen widerrufen ▪ seine Aussagen zurücknehmen ▪ etwas anderes behaupten

: *die* Kirche erneuern, *die* Gläubigen schützen

Üben

Methode Flugblätter entschlüsseln

Flugblätter konnten mithilfe des Buchdrucks günstig und schnell vervielfältigt werden. Menschen, die nicht lesen konnten, konnte man mit bildhaften Aussagen, Meinungen und Aufrufen erreichen. Die bildhaften Darstellungen sind für uns nicht einfach zu „lesen". Oft werden Symbole benutzt, die wir heute nicht mehr verstehen.

Symbol	Es steht für ...
dreigestufte Bischofsmütze	Papst
Esel	Dummheit
Wolf	Gier, Gefräßigkeit
Schaf	Folgsamkeit, Dummheit
Fuchs	Hinterlist
Hahn	teuflisches Verhalten

Farben können auch eine Rolle spielen. Auch die Größe der Bildgegenstände hat eine Bedeutung. Die Menschen zu Luthers Zeiten wussten dies.
Selbst wenn wir heute nicht sofort alles verstehen, können wir aus den Flugblättern viel über die Zeit herausfinden. Um ein Flugblatt zu entschlüsseln, solltest du systematisch vorgehen. Folgende Arbeitsschritte können dir dabei helfen.

1 Betrachte Bild 1. Was fällt dir auf? Was denkst du? Was fühlst du?

2 Gehe die Schritte 1–3 durch und notiere deine Antworten. Besprich dich mit einem Partner oder einer Partnerin.

3 Vergleicht eure Antworten mit der Musterlösung.

1. Schritt Das Thema herausfinden

- Wann ist das Flugblatt entstanden?
- Wer hat es erstellt?
- Welchen Titel hat es?
- Welche Personen oder Gegenstände kannst du direkt erkennen?

[1] *Flugblatt über Papst Alexander VI. (1492–1503),* über der Figur steht „Ich bin Papst". unbekannter Künstler, um 1520.

2. Schritt Die Bildelemente benennen und ihre Bedeutung erklären

- Wer oder was steht im Vordergrund, wer oder was steht im Hintergrund?
- Welche Symbole werden verwendet (Tiergestalten, Farben, Fabelwesen ...)?
- Welche Bedeutung haben diese Symbole?
- Welche Haltung hat der Verfasser zu dem Dargestellten? Ist die Zeichnung freundlich oder boshaft?
- Gibt es einen Text auf dem Flugblatt? Was steht dort?

3. Schritt Die Aussageabsicht formulieren und beurteilen

- Welche Wirkung hat das Flugblatt auf den Betrachter oder die Betrachterin?
- Für wen wurde es vermutlich gestaltet?
- Was wollte der Verfasser vermitteln?
- Was weißt du über die Zeit und die Situation, in der es entstand?
- Was denkst du über die Gestaltung und die Aussage des Flugblatts?

Lösungsvorschlag für Bild [1]

zum Schritt 1 **Um dieses Thema geht es**

- Das Flugblatt entstand um 1500.
- Der Verfasser ist unbekannt.
- Es zeigt eine Person.
- Diese Person sieht aus wie eine Mischung aus einem Menschen und einem Ungeheuer.
- Sie trägt einen Mantel, hat eine brennende Krone auf dem Kopf und hält eine besondere Mistgabel mit Widerhaken mit einer Seilschlaufe in der Hand.
- An den Füßen trägt die Gestalt Schuhe, die mit Kreuzen verziert sind.

zum Schritt 2 **Bildelemente benennen und deuten**

- Es wird nur diese Person abgebildet.
- Das Ungeheuer mit den Krallen und dem Monstergesicht soll die Bösartigkeit und Gefährlichkeit des Wesens zeigen.
- Die Kopfbedeckung steht für den Papst.
- Die Schuhe weisen darauf hin, dass es sich um eine Person aus dem Stand der Geistlichen handelt.
- Der Mantel ist reich verziert und zeigt, dass die Person reich ist.
- Dreizack und Schlaufe sind Werkzeuge, mit denen man verletzen und töten kann.
- Der Verfasser zeichnet die Person absichtlich sehr gruselig und verachtend.
- Der Text lautet „Ego sum Papa" („Ich bin Papst").

zum Schritt 3 **Diese Erkenntnisse kann ich aus dem Flugblatt ziehen**

- Die Gestalt wirkt bedrohlich und Furcht einflößend.
- Es wurde für Menschen gestaltet, die nicht lesen können.
- Der Betrachter soll erkennen, dass der Papst böse und gefährlich, vielleicht sogar teuflisch ist.
- Das Flugblatt ist entstanden, als die katholische und evangelische Kirche sich getrennt haben.
- Es ist sehr wirkungsvoll und eindeutig. Es zeigt die Verachtung des Künstlers für den Papst.

[2] *Des Teufels Dudelsack*, Holzschnitt von Erhard Schön, um 1530.

Der Text unten rechts im Bild [2] besagt in heutiger Sprache ungefähr dies:
„Ich, der Teufel, hatte früher viele Pfeifen (die Mönche), durch die ich Märchen, Träume und Fantasien verbreiten konnte. Jetzt sind viele Klöster zerstört. Und Mönche, durch die ich gesprochen habe, gibt es nicht mehr so viele. Aber vielleicht ändert sich das auch wieder und ich kann meine teuflischen Botschaften erneut durch die Mönche verbreiten lassen."

Tipp: Der Mönch ist hier ein Symbol für die papsttreue katholische Kirche.

4 Arbeite nun allein. Werte mithilfe der Arbeitsschritte Bild 2 aus.
Starthilfe: *Zu sehen ist der Kopf eines Mönchs, der als Dudelsack benutzt wird. …*

Die Bauern stellen Forderungen

Welche Auswirkung hatte die Reformation auf die einfache Bevölkerung?

1 Beschreibe die dargestellte Szene [1]. Nutze dafür diese Begriffe: Abgaben leisten, unfreier Bauer, Grundherr.

Unzufriedene Bauern

Zur Zeit Martin Luthers waren drei von vier Menschen im Reich Bauern oder Bäuerinnen. Die Situation der Bauern hatte sich seit dem Mittelalter nicht verbessert. Vielen Bauern ging es schlechter als in den Jahrhunderten zuvor. Das lag daran, dass viele Bauernhöfe aufgrund der Erbteilung* immer kleiner geworden waren.

* *die* **Erbteilung:** Der Bauernhof wird nach dem Tod des Bauern unter den Söhnen aufgeteilt.

Die Rechte der Bauern wurden durch die Grundherren immer weiter eingeschränkt. Der Gemeindewald und die Gemeindewiesen, die sogenannte Allmende, stand den Bauern oft nicht mehr kostenlos zur Verfügung, weil der Grundherr beide selbst nutzen wollte. Die Grundherren verboten die Jagd, das Fischen und das Holzschlagen. Es fiel den Bauern immer schwerer, ihre Familien von ihrem Hof zu ernähren. Abgaben und Frondienste mussten sie auch leisten. Die Bauern wurden immer verzweifelter und ihre Wut auf die Grundherren wuchs.

Die Bauern hören von Luthers Lehre

Die Schriften Luthers verstärkten die Unzufriedenheit der Bauern noch. Luther hatte geschrieben, dass Christen nur dem Wort Gottes verpflichtet sind und dass sie frei sind. Luther hatte damit gemeint, dass alle Menschen frei und gleich vor Gott sind. Einige Bauern übertrugen diese Aussage auch auf ihr alltägliches Leben und wollten deshalb nicht mehr hinnehmen, dass die Grundherren alles bestimmen konnten. Bauern fragten sich, wie die Herren ihre höhere Stellung in der Gesellschaft und im Staat begründeten. Ein Protestspruch der Bauern dieser Zeit lautete: **„Als Adam grub und Eva spann, wo war denn da der Edelmann?“**

In Süddeutschland begannen 1524 die ersten Aufstände von Bauern, die sich über große Teile des Reiches ausbreiteten.

2 Erkläre in eigenen Worten, was dieser Protestspruch aussagte.

[1] *Bauern und Grundherrn.* aus: Rodericus Zamorensis, Spiegel des menschlichen Lebens, unbekannter Künstler, Augsburg, um 1476.

Sprachspeicher
graben: er/sie/es grub, er/sie/es hat gegraben •
spinnen: er/sie/es spann, er/sie/es hat gesponnen

[2] *Bauern fordern Freiheit*, kolorierter Holzschnitt, 1522.

Ich bin ...

Ich finde, dass ...

Deshalb müssen die Grundherren ...

Ich fordere ...

Forderungen der Bauern an die Grundherren:

1. Jede Gemeinde soll das Recht haben, ihren Pfarrer zu wählen und abzusetzen, wenn er sich unrecht verhält. Er soll nur predigen, was so auch in der Bibel steht.
2. Vom Korn soll weiterhin ein Zehntel abgegeben werden. Von ihm soll auch der Pfarrer bezahlt werden. Der Viehzehnt soll aber abgeschafft werden.
3. Leibeigenschaft* und Hörigkeit* sollen abgeschafft werden, da alle Menschen frei geboren sind. Den Herren soll aber trotzdem gehorcht werden.
4. Alle sollen jagen und fischen dürfen.
5. Jeder soll aus den Gemeindewäldern Bau- und Brennholz nehmen dürfen.
6. Die unbezahlten Dienste für den Herrn sollen wieder so verringert werden, wie sie früher waren.

12. Wenn eine Forderung nicht mit der Bibel vereinbar ist, dann nehmen wir sie zurück.

[3] *Autorentext*, sprachlich vereinfacht und gekürzt nach den zwölf Artikeln der Bauernschaft von 1525.

3 Beschreibe das Bild [2].

4 Vergleiche die Bilder [1] und [2] miteinander. Achte dabei besonders auf Körperhaltung, Bewegungsrichtung, Kleidung und Ausstattung.

5 Ergänze die Satzanfänge [2].

* *die* **Leibeigenschaft, leibeigen sein:** einem anderen Menschen gehören

die **Hörigkeit, hörig sein:** Der Grundherr darf über den Bauern und seine Familie bestimmen.

6 Erstelle eine Tabelle. Sortiere die Forderungen der Bauern [3] in Stichworten:

Religiöse Forderungen	Politische Forderungen	Wirtschaftliche Forderungen
...	...	...

Wähle einen der Arbeitsaufträge aus:

- Nenne drei Forderungen der Bauern, über die du dich als Grundherr geärgert hättest.
- Weise mithilfe der Artikel nach, dass die Bauern sehr gläubig waren.
- Formuliere Gedanken eines Bauern, der überlegt, sich den Aufständischen anzuschließen.

Sprachspeicher

Frondienste und Abgaben leisten > dem Grundherrn hörig sein

6: Einige Forderungen können mehreren Spalten zugeordnet werden.

Die Bauern kämpfen gegen die Obrigkeit

Ist dieser Krieg gerechtfertigt und gerecht?

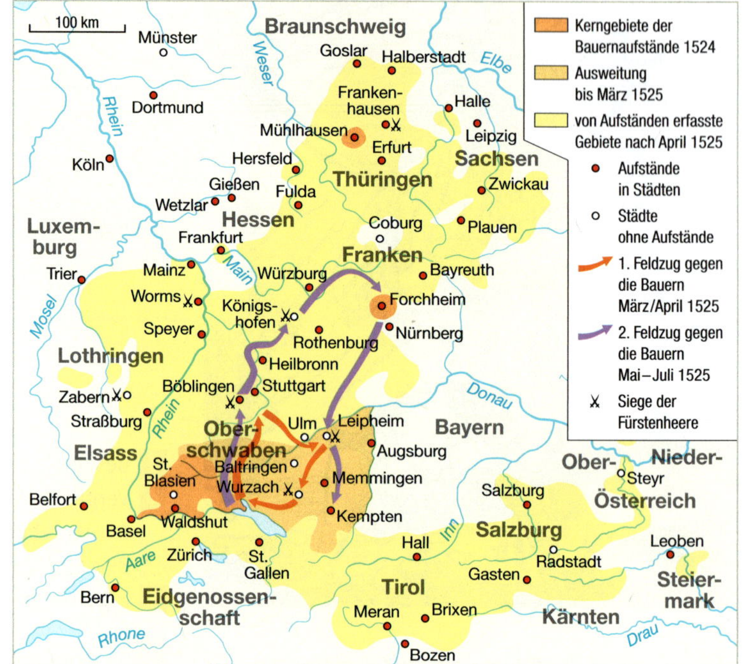

[1] *Bauernaufstände und Bauernkrieg 1524/1525*, Karte.

1 Vervollständige diesen Satz: Die Karte zeigt …

2 Finde das Gebiet auf einer aktuellen Deutschlandkarte.

3 Beschreibe, wie sich die Aufstände geografisch ausgeweitet haben.

Der Buchdruck fördert die Aufstände

Der Buchdruck half dabei, die zwölf Artikel der Bauern zu verbreiten. Die Forderungen sprachen viele Bauern an. Sie schlossen sich deshalb der Protestbewegung an. Auf diese Weise kam es in vielen Teilen des Reichs zu Aufständen.

Der Bauernkrieg beginnt

1524/1525 wurde aus den kleinen Aufständen eine große Erhebung der Bauern gegen die Obrigkeit*. Aber die Bauern hatten keine militärische Erfahrung. Die Herren gaben vor, verhandeln zu wollen. Die Bauern ließen sich auf diese Verhandlungen ein. Damit gewannen die Herren Zeit und sie konnten so ihre eigenen Truppen ausrüsten und organisieren.

* *die* **Obrigkeit:** die Herren, der Adel

strategisch: genau geplant

Ein verlorener Kampf

Die Bauern kämpften mit dem, was ihnen zur Verfügung stand: Mistgabel, Dreschpflegel, Sichel, Schwert, Morgenstern. In ihrer Wut plünderten sie Klöster, Schlösser und die reich verzierten Kirchen.

Obwohl die Bauern mit allen Mitteln kämpften, wurden sie vernichtend geschlagen. Die Truppen der Herren waren besser ausgerüstet und gingen strategischer* vor. 70.000 Bauern wurden im Kampf getötet. Überlebende Bauern mussten ihren Herren Entschädigungen zahlen. Die Anführer der Bauern wurden hingerichtet.

4 Fasse zusammen: Warum verloren die Bauern diesen Krieg?

Sprachspeicher

sich den Protesten anschließen, sich erheben ▪ an einer Erhebung teilnehmen

[2] *Von dem Hass des Volkes.* Reproduktion nach einem Holzschnitt von 1532, 1894.

5 Betrachte das Bild. Beachte den Titel und das Entstehungsdatum des Holzschnitts.

6 Benenne die verschiedenen Personengruppen.

7 Schildere in deinen Worten, was du aus dem Bild über die Vergangenheit erfährst.

Luther und die Bauern

Die Schriften Luthers motivierten die Bauern, sich gegen ihre Herren zu erheben.

Luther äußerte sich im April 1525 zu den Aufständen der Bauern:
Die zwölf Artikel handeln alle von weltlichen, zeitlichen Dingen. Ihr [Bauern] sagt, dass ihr nicht länger Unrecht leiden wollt. Das Evangelium [die Bibel] handelt nicht von diesen weltlichen Dingen. Ihr Bauern habt gegen euch die Heilige Schrift und die Erfahrung, dass ein Aufruhr noch nie ein gutes Ende genommen hat. Denkt an das Wort der Bibel (Matth. 26,52): Wer das Schwert nimmt, soll durch das Schwert umkommen.

Luther schrieb außerdem im Jahr 1525:
Erstens haben sie ihrer Obrigkeit Treue und Ergebenheit geschworen, untertänig und gehorsam zu sein, wie Gott das gebietet. [...] Da sie aber diesen Gehorsam mutwillig brechen und sich dazu gegen ihre Herren stellen, haben sie dadurch Leib und Seele verwirkt [verloren].

[3] *Bornkamp, Karin; Ebeling, Gerhard (Hrsg.): Martin Luther Ausgewählte Werke, Bd. 1, Frankfurt/M., 1982, S. 133 ff*

8 Erkläre, was Luther über die Aufstände der Bauern denkt. Wie begründet er seine Haltung?

Wähle einen der Arbeitsaufträge aus:

- Schreibe in einer Denkblase, was ein aufständischer Bauer denken könnte, wenn er die Aussagen Luthers in Text [3] hört.
- Erkläre, was die Herren im Falle eines Sieges der Bauern zu befürchten gehabt hätten.
- Diskutiert in der Gruppe: Haben die Bauern eurer Meinung nach etwas Unrechtes getan?

Sprachspeicher
5: Tipp: Auf dem Bild ist eine adlige Person zu sehen. Woran ist sie zu erkennen?

jemandem Treue schwören • Unrecht leiden • etwas gebieten > etwas verlangen

Üben

Wahlseite Der Buchdruck

1 Lies den Text und fasse die Inhalte der Seite mit deinen Worten zusammen. Arbeite gemeinsam mit deinem Lernpartner oder deiner Lernpartnerin. **Starthilfe:** *Nutze den Lese-Profi auf der letzten Seite im Buch.*

2 Erkläre deinen Mitschülern mithilfe des Schaubildes [1] die Abläufe beim Buchdruck.

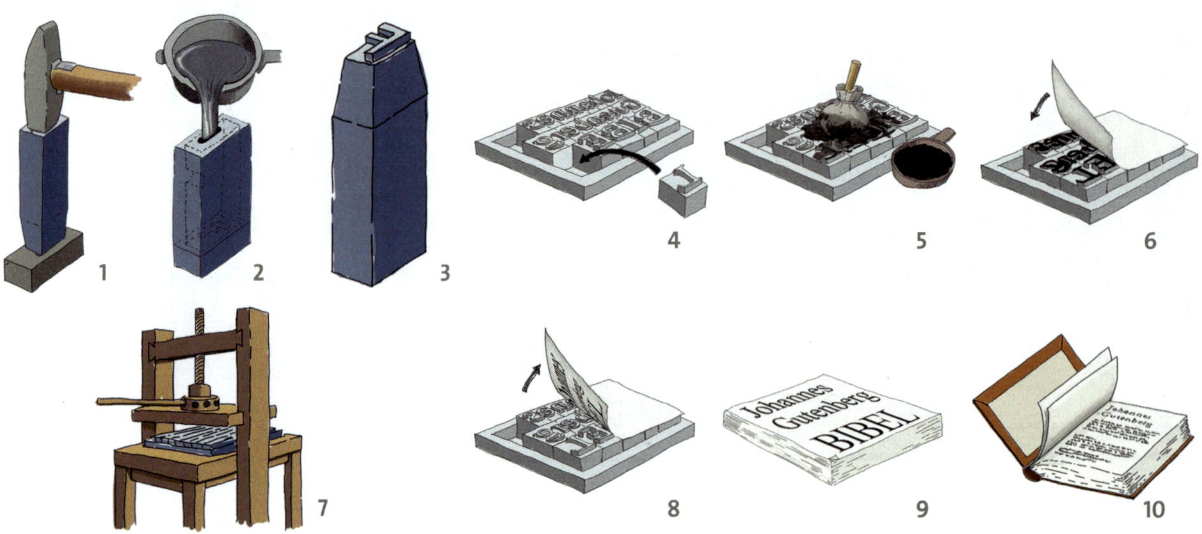

[1] *Vom einzelnen Buchstaben zum Buch: Gutenbergs Verfahren zur Produktion von Büchern,* Schaubild, 2023.

Die Erfindung des Buchdrucks um 1450

Im Mittelalter konnten sich neue Ideen oder Erfindungen nur langsam herumsprechen. **Bücher** oder andere Schriften waren **teuer**. Sie wurden meistens in Klöstern **von Hand geschrieben**. Die Anfertigung eines Buchs dauerte manchmal Jahre. Eine Bibel kostete z. B. so viel, dass man von dem Geld auch einen ganzen Bauernhof hätte kaufen können. Nur **wenige Menschen** konnten sich deshalb **Bücher leisten**.

Das änderte sich mit der Erfindung des Buchdrucks sehr schnell. Johannes Gutenberg entwickelte ein **neues Verfahren**, um Bücher zu drucken. Er goss **Einzelbuchstaben aus Metall**, mit denen sich Wörter zusammensetzen ließen (1–3). Zeile für Zeile konnten so in Spiegelschrift Texte zusammengesetzt werden (4). Mithilfe von Druckfarbe und einer Druckpresse konnten die Seiten so viele **Male vervielfältigt** werden (5–8). Gutenberg druckte als Erstes die Bibel (9–10).

Schriften und Ideen verbreiten sich

Das Drucken ging **schnell** und war viel **kostengünstiger**. Bald wurden auch wissenschaftliche und **politische Schriften** gedruckt. Sie verbreiteten sich schnell. Um 1500 gab es in Europa schon 1100 Druckereien. Bücher wurden immer **preiswerter**. In vielen Städten wurden nun **Schulen** gegründet, in denen man lesen und schreiben lernen konnte. Die **schnelle Verbreitung neuer Ideen** und Erkenntnisse veränderte das Leben und Denken der Menschen. Die Zweifel an der Kirche wuchsen.

Tipps für die Erarbeitung
- Führe gemeinsam mit deinen Mitschülerinnen und Mitschülern ein Gruppenpuzzle durch. Nutzt dazu die anderen Wahlseiten des Kapitels.

Wahlseite Die Hugenotten in Hessen

1 Informiere dich auf dieser Seite über die Hugenotten.

2 Präsentiere deine Ergebnisse in geeigneter Form in der Klasse.

[1] *Die neue Stadt für die Hugenotten wurde ab 1699 an der Weser gebaut. Heute heißt sie Bad Karlshafen, früher hieß sie Carlshafen.* Postkarte, o. J.

Eine neue Heimat in Hessen

Im Gebiet des Heiligen Römischen Reichs Deutscher Nation herrschte nach Reformation und Westfälischem Frieden **Glaubensfreiheit**. Diese Glaubensfreiheit gab es im Nachbarstaat Frankreich nicht. Dort wurden Protestanten, die Hugenotten genannt wurden, verfolgt. Ihr Glaube wurde im Jahr 1685 durch den König verboten. Viele **Hugenotten flohen** deshalb aus Frankreich.

Ab 1677 regierte in Hessen-Kassel der protestantische Landgraf Carl. Er wollte in den von Pest und Krieg entvölkerten Gebieten seines Staats wieder **Menschen ansiedeln**. Er hoffte, dass die Bevölkerung und die **Wirtschaft wachsen** würden. Die Hugenotten waren berühmt für ihre Fertigkeiten in der Leder- und Textilverarbeitung. Deshalb versprach Landgraf Carl den flüchtenden Hugenotten **Bauplätze, freie Religionsausübung, Steuerfreiheit** für Handwerker und Kaufleute, die Eingliederung in seinen Staat und seinen **Schutz**.

Einheimische waren zunächst neidisch

3 800 Flüchtlinge kamen in sein Gebiet. Der Landgraf ließ sogar Wohngebiete für die Hugenotten errichten. So entstanden zum Beispiel die planvoll gebaute Stadt Bad Karlshafen und das heutige Kasseler Stadtviertel Oberneustadt. Da die Hugenotten besondere **Vorrechte** genossen, gab es auch **Neid** in der hessischen Bevölkerung. Außerdem gab es Vorbehalte, da die Hugenotten weiter französisch sprachen und ihr Gottesdienst in Französisch abgehalten wurde. Die Hugenotten blieben zunächst **unter sich**. Mit den Generationen **vermischten sich** hessische Bevölkerung und hugenottische Flüchtlingsfamilien. Französische Begriffe und Namen wurden beibehalten, aber es wurde immer mehr deutsch gesprochen. Die Fertigkeiten der Hugenotten im Handwerk **kamen allen zugute**. Die Hugenotten brachten z.B. die Strumpfwirkmaschine mit nach Nordhessen, mit der man halbmaschinell Strümpfe herstellen konnte.

Tipps für die Erarbeitung

- Du kannst beim Lesen die Methode Lese-Profi anwenden.

Tipps für die Präsentation

- Halte eine kurze Rede: Stelle am Beispiel der Hugenotten dar, welche Vorteile die Ansiedlung von Geflüchteten hat, wie man sie anwerben kann und welche Schwierigkeiten zunächst zu erwarten sind.

☒ Wahlseite Hexenglaube in der frühen Neuzeit

1 Informiere dich über den Umgang des Staates und der Kirche mit sogenannten Hexen.

2 Präsentiere deine Ergebnisse in geeigneter Form in der Klasse.

[1] *Die Hexenverbrennung in Derenburg am Harz,* Flugblatt, unbekannter Künstler, Holzschnitt, 1555.

Hexenglaube

An Hexen und Hexer glaubten zur Zeit Martin Luthers viele Menschen. Der Hexenglaube lieferte Erklärungen für alles, was den Menschen böse, schlecht, ungerecht und unerklärlich erschien. Selbst Luther predigte 1526: *Es ist ein überaus gerechtes Gesetz, dass die Zauberinnen getötet werden.* Wer als Hexe oder Hexer beschuldigt wurde, konnte seine Unschuld nur schwer beweisen. Beschuldigungen konnten genutzt werden, um Personen aus dem Weg zu räumen, die den eigenen Zielen im Weg standen. Zumeist fielen Frauen den Beschuldigungen zum Opfer.

Kaiser Karl V. erließ dieses Gesetz:
Wenn jemand ...
- anbietet, das Zaubern zu lehren,
- jemanden mit Zauberei bedroht,
- mit anderen Zauberern Kontakt hat,
- nach Meinung anderer eines dieser Dinge tut,

dann soll er unter Folter verhört werden.

Aber dieses Gesetz wies Mängel auf, die bereits von den Zeitgenossen kritisiert wurden. In Europa wurden vermutlich bis zu 60000 Menschen als Hexe oder Hexer hingerichtet. Die letzte Hexenverbrennung fand hier im Jahr 1807 statt.

Friedrich von Spee veröffentlichte seine Kritik an den Hexenprozessen 1631, ohne seinen Namen zu nennen:

Häufig sind die Richter, denen die Hexenprozesse anvertraut werden, schamlose, niederträchtige Menschen: Die Folter wird oft übermäßig und grausam angewandt; viele Indizien sind unzuverlässig und gefährlich ... Es ist besser, dreißig und noch mehr Schuldige laufen zu lassen, als auch nur einen Unschuldigen zu bestrafen ... Die Gefolterten sagen zu allem ja, und weil sie dann nicht zu widerrufen wagen, müssen sie alles mit dem Tod besiegeln.

[2] *zit. n. Behringer, Wolfgang: Hexen und Hexenprozesse in Deutschland, München, 2000, S. 124, vereinfacht*

Tipps für die Erarbeitung
- Du kannst beim Lesen die Methode Lese-Profi anwenden.

Tipps für die Präsentation
- Du kannst ein Streitgespräch verfassen, in dem ein Befürworter und ein Kritiker der Hexenverfolgung miteinander streiten.

☒ Wahlseite Die Gegenreformation

1 Informiere dich auf dieser Seite darüber, wie die katholische Kirche auf die Reformation reagierte.

2 Präsentiere deine Ergebnisse in geeigneter Form in der Klasse.

Die Beschlüsse der Gegenreformation

Die Ideen der Reformatoren breiteten sich mithilfe des Buchdrucks sehr schnell aus. Für viele Landesherren war der neue evangelische Glauben attraktiv, weil er es ihnen erlaubte, den Besitz der katholischen Kirche zu übernehmen. Die katholische Kirche wollte der Reformation entgegenwirken. Auf einer Versammlung der höchsten katholischen Geistlichen 1563 in Norditalien einigten sich die Teilnehmer auf Regeln und Neuerungen, die eine Gegenreformation einleiten sollte.

Einige Beschlüsse des Konzils von Trient (1545–1563):

- Grundlage des Glaubens ist nicht allein die Bibel, sondern auch die Überlieferung der Kirchenlehrer.
- Nur die Kirche hat das Recht, die Bibel auszulegen.
- Der Mensch verdient Gottes Gnade nicht nur durch den Glauben, sondern auch durch gute Werke.
- Der Missbrauch des Ablasses wird verboten.
- Latein soll Sprache des Gottesdienstes und der Bibel sein.
- Nur der Papst ist berufen, die Kirche zu leiten.

Die Jesuiten

Die katholische Kirche erkannte, dass die Bildung und Ausbildung junger Menschen den Glauben verbreiten und stärken konnte. Der katholische Jesuitenorden sollte dabei helfen. Anders als die anderen Orden kleideten sich die Jesuiten nicht mit einer besonderen Tracht. Aber sie legten dieselben Gelübde ab: Sie gelobten Armut, Keuschheit und Papsttreue. Sie arbeiten als Lehrer in Schulen und Universitäten. Gezielt wurden sie eingesetzt, um die Söhne von Fürsten zu erziehen. Sie waren den Mächtigen auf diese Weise nah und konnten einen leichtfertigen Übertritt zum evangelischen Glauben verhindern.

[1] *Katholische Kirche in Birnau,* Foto, 2014.

Die Inquisition (lateinisch „Untersuchung")

Inquisitoren hatten die Aufgabe, Ketzer (Falschgläubige) zu verfolgen und wieder vom katholischen Glauben zu überzeugen. Seit der Verbreitung von Büchern war es eine wichtige Aufgabe der Inquisition, Bücher zu zensieren und zu verbieten, die den katholischen Glauben in Zweifel ziehen könnten. Die Inquisitoren wandten auch Gewalt an, um ihre Ziele durchzusetzen. Sie folterten, verurteilten, bestraften, verstümmelten. Sie richteten Menschen hin, um Angst zu erzeugen und den katholischen Glauben wieder zu stärken. Von den Prozessen der Inquisition gibt es zahlreiche Akten. Diese Dokumente wurden lange von der katholischen Kirche geheim gehalten.

Tipps für die Erarbeitung

- Vergleiche die Beschlüsse des Konzils mit deinem Wissen über die Reformation.
- Recherchiere im Internet zu den Jesuiten in der Gegenwart.

Tipps für die Präsentation

- Gestalte eine Mindmap zur Gegenreformation als Tafelbild oder Plakat, die du der Klasse vorstellst und erklärst.

Der Dreißigjährige Krieg

Warum kam es zum Dreißigjährigen Krieg?

[1] *Der Prager Fenstersturz am 23. Mai 1816.* Matthäus Merian, aus dem Theatrum Europaeum, Kupferstich, 1637.

1 Beschreibe das Bild [1].

Kriegsausbruch

Die Reformation sorgte für eine Spaltung innerhalb des Christentums. Auf der einen Seite gab es die Katholiken und auf der anderen Seite die Protestanten. Trotz des Friedens von Augsburg 1555 (hier wurden Katholiken und Protestanten als gleichberechtigt anerkannt) bestand weiterhin große Uneinigkeit zwischen diesen beiden Gruppen und es kam wiederholt zu Konflikten. Diese hatte ihren Höhepunkt 1618, als sich protestantische Adlige in Böhmen dem katholischen Kaiser widersetzten. Dieser schränkte die Rechte der protestantischen Adligen ein. Aus Wut darüber drangen diese dann in die Burg des Königs ein und warfen drei seiner Beamten aus dem Fenster. Sie überlebten, da sie auf einem Misthaufen landeten. Die Folge war der Ausbruch eines grausamen Kriegs, der 30 Jahre andauern sollte.

Vom deutschen zum europäischen Krieg

Von Böhmen aus breitete sich der Konflikt über weite Teile Europas aus und hatte zur Folge, dass die Zahl der Kriegsparteien größer wurde. Im Verlauf des Kriegs bildeten sich zwei wesentliche Bündnisse.

Zum einen gab es die **Liga**, ein Bündnis katholischer Fürsten unter der Führung Maximilians I. von Bayern, die dem Kaiser und seinem Verbündeten Spanien nahestanden. Das andere Bündnis war die **Union**, sie stand dem französischen König nahe und war ein Bündnis aus protestantischen Fürsten unter der Führung Friedrichs V. von der Pfalz. Der Union schlossen sich später England, Dänemark und Schweden an. Zu Beginn des Konflikts stand noch die Frage nach der Angehörigkeit zu einem bestimmten Glauben im Zentrum. Später ging es den Parteien immer mehr um Macht und Einfluss und darum, wer in Europa das Sagen hatte.

Sprachspeicher
jemand hat das Sagen, will bestimmen

[2] *Kaiser Ferdinand II.*

Ich kann nicht zulassen, dass die Fürsten immer mächtiger werden. Da wird mein großes Reich, das ich geerbt habe, schnell auseinanderfallen. Ich muss zeigen, dass der Kaiser das Sagen hat. Ein Kaiser, eine Religion!

Bisher war Ferdinand König von Böhmen. Aber der kümmerte sich nicht darum, dass die Adligen in Böhmen das Recht hatten, bei der Regierung kräftig mitzubestimmen. Er hat sogar die Bauern auf seinen Gütern gezwungen, den katholischen Glauben anzunehmen. Da haben die böhmischen Adligen mich zu ihrem König gewählt.

[3] *Friedrich von der Pfalz.*

[4] *König Gustav Adolf von Schweden.*

Wir Schweden werden in den deutschen Krieg eingreifen. Schließlich müssen wir unsere Glaubensbrüder, die Protestanten, unterstützen. Und außerdem ist das eine gute Gelegenheit, ein Stück Norddeutschland dazuzubekommen.

Dieser Krieg ist für Frankreich eine gute Gelegenheit, dafür zu sorgen, dass die Familie Ferdinands, die Habsburger, ihre Macht in Europa nicht weiter ausbauen. Für uns ist es gut, wenn wir uns mit Schweden zusammentun. Gustav Adolf ist zwar Protestant, egal. Vielleicht können wir Gebiete am Rhein erobern.*

[5] *Kardinal Richelieu (Frankreich).*

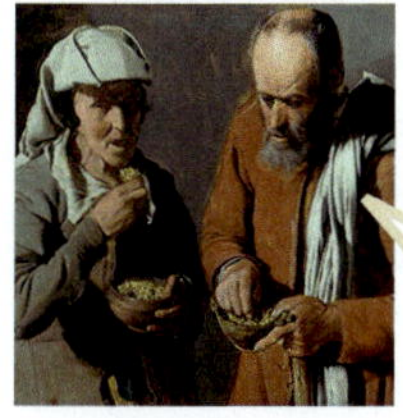

[6] *Bauern.*

Wir wollen keinen Krieg! Wir Bauern wollen nur in Ruhe unsere Felder bestellen. Die Soldaten nehmen uns alles, die Vorräte und das Vieh. Viele von uns verhungern. Der Krieg wird auf unseren Rücken ausgetragen. Wir sind es doch, die die Zeche bezahlen müssen.

[2–6] *Autorentext.*

* *die* **Habsburger:** eine mächtige Adelsfamilie, Familie von Kaiser Ferdinand II.

2 Untersuche die Texte 2–6 und stelle fest, welches Kriegsziel jeweils genannt ist bzw. welche Einstellung zum Krieg der Sprecher äußert.

3 Stelle die Personen mit ihren Zielen gegenüber. Verwende dabei z. B. eine Tabelle.

Wähle einen der Arbeitsaufträge aus:

- Lies die Stellungnahmen auf dieser Seite und notiere, wer von dem Krieg profitiert.
  Starthilfe: *Der Krieg nützte …*
- Wähle eine der Personen aus und beschreibe, welche Ziele sie mit dem Krieg verfolgt.
- Erkläre die Aussage, dass es sich bei dem Dreißigjährigen Krieg nicht nur um einen Glaubenskrieg handelte.

Sprachspeicher
die Zeche bezahlen müssen > die Rechnung bezahlen müssen oder die Folgen tragen müssen

: Fertige eine Tabelle an, in der du Gründe für den Krieg sammelst, die nichts mit religiösen Gründen zu tun haben.

Der Westfälische Frieden

Welches Ergebnis hatte der Krieg?

[1] *Der Friedensbote reitet über Gräber und Schlachtfelder hinweg,* Flugblatt, 1648.

1 Im Bild [1] befinden sich Begriffe und Ortsnamen. Was sagen sie über den Krieg aus?

Endlich Frieden!

Als die Gegner erkannten, dass dieser Krieg wohl keinen eindeutigen Sieger bringen würde, war das Land in weiten Teilen verwüstet. Das Militär war müde und viele Menschen waren durch Hunger und Seuchen gestorben.

1648 wurde nach fünfjährigen Verhandlungen in den westfälischen Städten Münster und Osnabrück ein Friedensvertrag unterzeichnet.

In vielen Städten wurde die Nachricht über den Frieden mit Festen gefeiert. Der Westfälische Frieden beendete die Glaubenskriege in Europa und leitete eine lange Zeit des Friedens ein.

Ein Augenzeuge schrieb am Ende des Kriegs:

Da liegen sie (die Städte) verbrannt, zerfallen, zerstört. Die Kirchen, sie haben sie verbrannt oder zu Pferdeställen gemacht. Auf den Dörfern sieht man keine Menschen, nicht mal Vieh. In allen Dörfern sind die Häuser voll von Leichnamen und Tierkadavern. Niemand ist da, um sie zu begraben oder wegzuschaffen.

[2] *Guggenbühl, Gottfried; Huber, Hans C.: Quellen zur allgemeinen Geschichte, Bd. 3, Zürich, 1956, S. 190 f.*

Sprachspeicher

die Soldaten verwüsten das Land • etwas vollständig zerstören

1: Stelle dir die Frage, warum in der Abbildungen Städte aus anderen Ländern genannt werden.

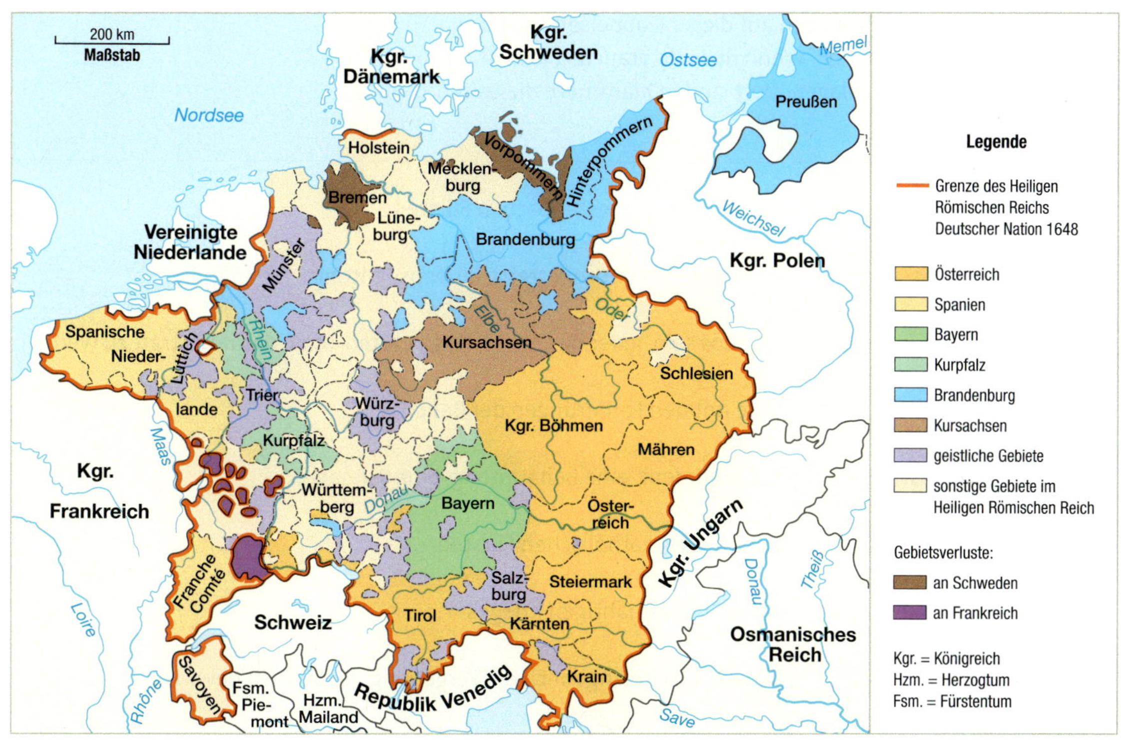

[2] *Das Heilige Römische Reich Deutscher Nation nach dem Westfälischen Frieden 1648, Karte.*

Tiefgreifende Veränderungen

Ein Ergebnis des Friedens zeigt sich in der Karte [2]. Das Deutsche Reich zerfiel in viele Kleinstaaten. Die Fürsten waren nun politisch völlig selbstständig. Abgesehen davon gab es noch weitere Veränderungen:

- Neue Gesetze konnte der Kaiser nur noch mit der Zustimmung der Fürsten erlassen.
- Wenn ein Fürst seine Religionsangehörigkeit wechselte, galt dies nicht mehr für seine Untertanen.
- Die Schweiz und die Niederlande wurden unabhängig.
- Frankreich und Schweden erhielten Gebiete des Reichs.

2 Betrachte die Karte. Welche Gebiete bestehen heute noch als Bundesländer? Notiere.

3 Recherchiere im Internet über die Steckenpferde in Osnabrück.

[3] *Steckenpferdreiten in Osnabrück*, Foto, 2021.

Wähle einen der Arbeitsaufträge aus:

- Betrachte das Bild [1] und notiere die ersten drei Begriffe, die dir dazu einfallen.
- Schreibe einen Bericht über die Zustände in Deutschland nach dem 30-jährigen Krieg.

Sprachspeicher

etwas zerfällt in seine Einzelteile • etwas bricht auseinander

Das kann ich!

Versuche zunächst, die Aufgaben auf dieser Doppelseite zu lösen, ohne im Kapitel nachzusehen. Wenn du Hilfe brauchst, kannst du bei den Aufgaben nachschlagen. Dort sind in Klammern die Seiten angegeben.

die Reformation	Bündnis der protestantischen Fürsten
die These	Anhänger der reformierten Glaubensrichtung
die Liga	rechtlos sein, jeder darf diese Person töten, ohne dafür bestraft zu werden
der Ablassbrief	Liste mit den Forderungen der Bauern
der Prager Fenstersturz	ein Argument, eine Behauptung, eine Aussage
vogelfrei sein	Bündnis der katholischen Fürsten
der Protestant	Anlass des 30-jährigen Krieges
die zwölf Artikel	Der Kauf sollte angeblich die Vergebung der Sünden bewirken.
die Union	Erneuerung, Verbesserung

[1] *Begriffe und ihre Bedeutung.*

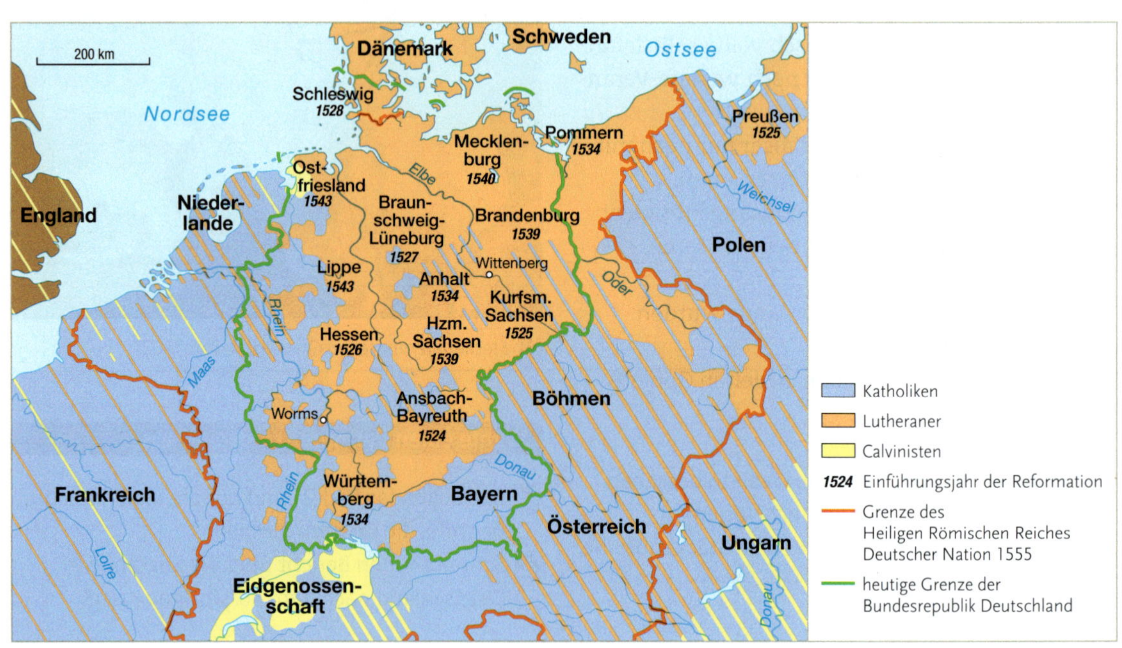

[2] *Konfessionen in Deutschland um 1555.* Karte.

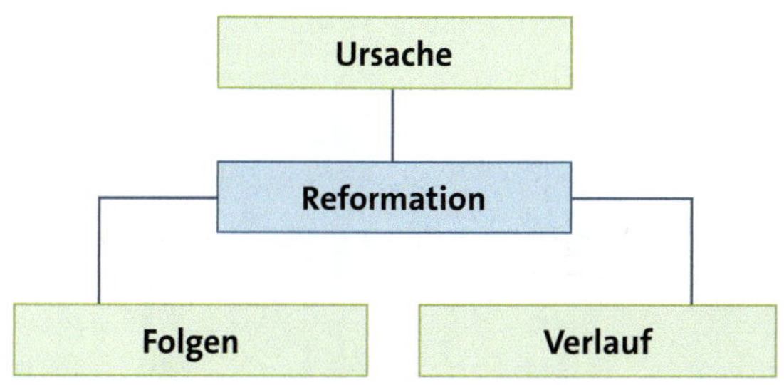

[3] *Mindmap.*

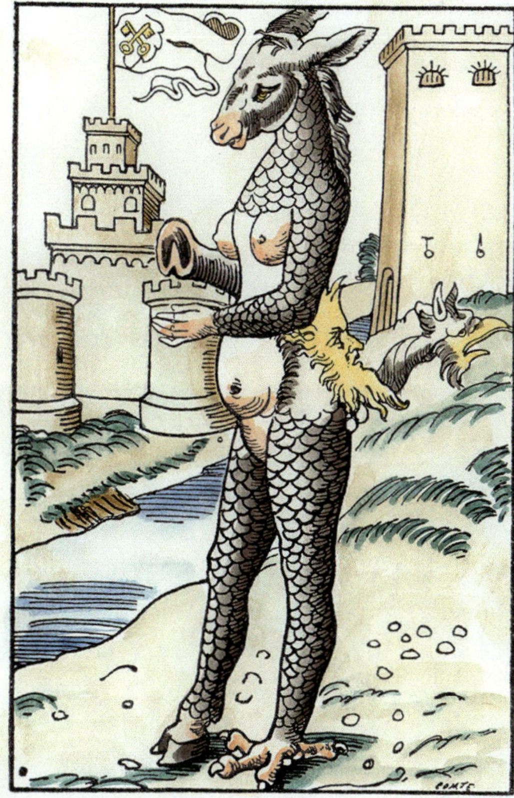

[4] *Papstesel,* Werkstatt von Lucas Cranach dem Älteren, Holzschnitt, 1523.

Sachkompetenz

1 Ordne den Begriffen die jeweils passende Erklärung zu.

2 Analysiere die Karte [2]. Achte dabei besonders auf die Farbgebung und die Beschriftung.

3 Ergänze die Mindmap zur Reformation [3]. Benenne ihre Ursachen, den Verlauf und ihre Folgen.

4 Schreibe aus der Sicht eines Bauern im Jahre 1524 eine Rede. Formuliere die Gründe deiner Unzufriedenheit und einige deiner wichtigsten Forderungen. (S. 20/21)

Methodenkompetenz

5 Entschlüssele das Flugblatt „Der Papstesel" [4] in drei Schritten. (S. 18/19)

Urteilskompetenz

6 Beurteile die Bedeutung des Buchdrucks für den Erfolg der Reformation. (S. 24)

7 Nimm Stellung zu der Aussage „Der Dreißigjährige Krieg war ein Religionskrieg". (S. 28/29)

Orientierungskompetenz

8 Diskutiert die Aussagen des Geleitwortes [5]. Sind sie zutreffend?

In einer Schrift zum Luthergedenkjahr 2017 hieß es:

... So führte die Reformation letztlich zu einer Spaltung der Kirche und einer Spaltung der deutschen Gebiete in katholische und protestantische. Aber die Reformation berührte nicht nur Kirche und Theologie, sondern auch Bildung, Gesellschaft oder Politik – praktisch alle Lebensbereiche wurden durch die Reformation und ihre Auswirkungen beeinflusst, bis heute.

[5] *Was ist die Reformation?*, Stiftung Luthergedenkstätten in Sachsen-Anhalt; https://www.luther2017.de/wiki/reformationstag-2017/was-ist-die-reformation/index.html, Zugriff 29.6.2023

Teste dich

Die Französische Revolution

Der Sturm auf die Bastille
Am 14. Juli 1789 eroberte das Volk von Paris das Staatsgefängnis – die Bastille. Mit diesem Ereignis begann die Französische Revolution. Die Menschen kämpften für Freiheit, Gleichheit und Brüderlichkeit. Bald erfasste die Revolution ganz Europa.

1 Beschreibe das Bild.
2 Erläutere, was du unter den Begriffen Freiheit, Gleichheit und Brüderlichkeit verstehst.
3 Was verbindest du mit dem Begriff Revolution? Sammelt in der Klasse eure Ideen.

Schauplatz Der Sturm auf die Bastille

[1] *Camille Desmoulins ruft das Volk zu den Waffen.* Unbekannter Künstler. Druck um 1900.

1 Beschreibe die Bildquelle [1]. Achte vor allem auf die Körperhaltung der Menschen.

Große Unruhe in Frankreich

Im Juli 1789 lag eine große Unruhe über der französischen Hauptstadt Paris. Die Menschen in ganz Frankreich waren schon seit langer Zeit unzufrieden mit der Herrschaft des Königs. Auch das Brot war knapp geworden und kostete doppelt so viel wie in normalen Zeiten. Der König half dem Volk aber nicht. Stattdessen ließ er nun Soldaten an den Stadtgrenzen von Paris aufmarschieren. Die Menschen fühlten sich bedroht und begannen, sich zu bewaffnen.

Immer wieder sprachen Redner zum aufgebrachten Volk und kritisierten die Lage im Land. Der Journalist und Rechtsanwalt Camille Desmoulins war einer von ihnen. Er soll gerufen haben: „Zu den Waffen! Zu den Waffen!" Die Menschen, die ihm zuhörten, folgten seinem Aufruf. Sie liefen durch die Straßen, nahmen Steine und erbeuteten Gewehre und Kanonen. Immer mehr Menschen schlossen sich ihnen an.

Die Revolution beginnt

Am 14. Juli 1789 zogen mehrere Tausend Bürger und Soldaten zur Bastille, dem Staatsgefängnis in Paris. Für viele Menschen war die Burg ein Symbol für die absolute Macht des Königs. Es hieß, dass er dort seine Gefangenen einsperrte. Die Menschen hofften, in der Bastille Schießpulver für ihre Waffen zu erbeuten.

Camille Desmoulins berichtet am 16. Juli 1789 in einem Brief vom Sturm auf die Bastille:

Kaum hat man Waffen, so geht es zur Bastille. Man knallt ein oder zwei Stunden drauflos, man schießt herunter, wer sich auf den Türmen sehen lässt. Der Gouverneur ergibt sich und lässt die Zugbrücke herunter. Ich war beim ersten Kanonenschlag herbeigeeilt, aber – es grenzt ans Wunderbare – um halb drei Uhr war die Bastille schon eingenommen! Man nimmt den Gouverneur gefangen. Er wird so geschlagen, dass es mit ihm zu Ende gehen will. Man gibt ihm den Rest. Dann schneidet man ihm den Kopf ab. Den trägt man auf der Spitze einer Pike.

[2] *zit. n. Schneider, Gerhard: Die Französische Revolution 1798–1799, Schwalbach/Ts., 2012, S. 49, gekürzt u. vereinf.*

2 Erkläre, wie es zum Sturm auf die Bastille kam.

3 Arbeite heraus, was Desmoulins über den Sturm auf die Bastille berichtet [2].

[3] *Bewaffnete Bürger tragen ein Schild mit der Aufschrift „Freiheit oder Tod".* Unbekannter Künstler, Gemälde, 18. Jahrhundert.

4 Nenne die Waffen, die du in [3] sehen kannst.

5 Nimm Stellung zum Vorgehen der Bürger nach der Erstürmung der Bastille: Wie verhielten sie sich, nachdem sie in die Burg eingedrungen waren?

Der englische Arzt Edward Rigby berichtet in einem Brief, was er nach der Erstürmung der Bastille auf den Straßen gesehen hat:

Die Bastille ist eingenommen und die Tore sind offen. Auf einen Schlag brach der Jubel los: Jede erdenkliche Art, in der sich die entzückendsten Freudengefühle äußern können, waren zu sehen. Rufe und Schreie, Springen und Umarmen, Lachen und Weinen. Jeder Ton und jede Geste zeigten in der bunten Menge eine so augenblickliche und einstimmige Freude, wie es nie zuvor von Menschen erlebt worden ist.

[4] zit. n.: Paschold, Chris E.; Gier, Albert: Die Französische Revolution. Ein Lesebuch, Stuttgart 1979, S. 49.

6 Beschreibe die Stimmung der Menschen nach der Einnahme der Bastille mithilfe von [4].

Der Nationalfeiertag

Der 14. Juli ist seit 1880 Nationalfeiertag in Frankreich. Die Franzosen erinnern an den Sturm auf die Bastille und den Beginn der Revolution. Sie feiern ihn als Tag der Freiheit. An diesem Tag sind die Geschäfte und Schulen geschlossen. In vielen Städten finden Konzerte, große Feiern und Feuerwerke statt. In Paris gibt es eine Militärparade. Soldaten marschieren in Uniformen durch die Straßen. Der Staatspräsident und viele Gäste schauen zu.

[5] *Militärparade am Nationalfeiertag in Paris.* Foto 2021.

Wähle einen der Arbeitsaufträge aus:

- Lies die Texte auf Seite 36 und nutze den Lese-Profi auf der Seite 307. Beschreibe die Ereignisse am 14. Juli 1789.
  Starthilfe: *Es herrschte eine große Aufregung, weil ... Die Bürger waren wütend auf ... Sie griffen zu den Waffen, um ...*
- Erläutere mit den Materialien der Doppelseite, warum der 14. Juli Nationalfeiertag in Frankreich ist.
- Verfasse mit den Materialien dieser Doppelseite den Bericht eines Augenzeugen. Du warst am Sturm auf die Bastille beteiligt und beschreibst die Ereignisse und deine Gefühle.

Orientierung

[1] *Europa um 1740.* Karte.

1 Beschreibe mit Karte [1] die Grenze des (rot umrandeten) Heiligen Römischen Reichs.

2 Vergleiche die Länder Europas mit einer heutigen Karte. Nimm deinen Atlas zu Hilfe.

Der Absolutismus

Seit 1661 regierte in Frankreich König Ludwig XIV. Er nannte sich selbst „Sonnenkönig" und hielt alle Macht in seinen Händen. Er fühlte sich von Gott für sein Amt als König bestimmt. Er traf alle Entscheidungen, er gab alle Befehle und musste sich vor niemandem für seine Entscheidungen rechtfertigen. Alle anderen Menschen waren seine Untertanen. Diese Form der unbegrenzten Herrschaft wird als „absolute Herrschaft" oder „Absolutismus" bezeichnet.
Der Absolutismus wurde von vielen anderen Königen in Europa als Herrschaftsform übernommen. Im darauffolgenden 18. Jahrhundert wurde der Absolutismus aber zunehmend infrage gestellt. Die Kritiker forderten Freiheit und Gleichheit für alle Menschen und die gerechte Verteilung der Macht im Staat.

3 Stelle Vermutungen an, warum der Absolutismus zunehmend kritisiert wurde.

Die Zeit der Aufklärung

Im 17. und 18. Jahrhundert stellten immer mehr Philosophen und Wissenschaftler die göttliche Ordnung infrage. Warum hat der König alle Macht? Kommt diese wirklich von Gott? Die Aufklärer stellten Vernunft und Wissen in den Vordergrund. Nicht allein der Glaube sollte die Entscheidungen der Menschen bestimmen. Diese neue Art zu denken, wird als „Aufklärung" bezeichnet. Sie war eine der Ursachen dafür, dass die Revolution ausbrechen konnte.
Mit dem Sturm auf die Bastille am 14. Juli 1789 begann die Französische Revolution*. Das Volk kämpfte für Menschenrechte und politische Mitsprache. Die Ideen der Französischen Revolution – Freiheit, Gleichheit, Brüderlichkeit – verbreiteten sich in weiten Teilen Europas.

* *die* **Revolution:** ein Umsturz oder Umsturzversuch, der auf eine radikale Veränderung der politischen und gesellschaftlichen Verhältnisse abzielt und oft gewaltsam ist

4 Erkläre, was du unter dem Begriff „Aufklärung" verstehst.

5 Stelle Vermutungen an, warum die Aufklärung eine Ursache für die Revolution war.

▶ **ab 1661**
Absolutismus

▶ **1789**
Beginn der Französischen Revolution
5. Mai: Versammlung der Generalstände
20. Juni: Schwur im Ballhaus
14. Juli: Sturm auf die Bastille
26. August: Erklärung der Menschen- und Bürgerrechte

▶ **1793–1794**
Schreckensherrschaft der Jakobiner

▶ **ab 1804**
Napoleon erobert Europa

▶ **1815**
Schlacht bei Waterloo

Die Französische Revolution

Der Absolutismus in Frankreich

Wie zeigte der französische König seine Macht?

[1] *Ludwig XIV. (1638–1715), König von Frankreich.* Gemälde von Hyacinthe Rigaud, 1701. Es ist 2,8 m hoch und 1,9 m breit.

1 Beschreibe die Bildquelle [1]. Achte besonders auf die Kleidung, das Gesicht und die Körperhaltung des Königs.

2 Ludwig XIV. möchte sich auf dem Bild als mächtiger Herrscher zeigen. Was könnte er dem Maler gesagt haben, wie dieser ihn malen soll?
Starthilfe: *Ich möchte besonders mächtig aussehen. Dafür sollst du mich ...*

Der Absolutismus

Vor der Französischen Revolution wurden die Staaten Europas von Königen und Fürsten beherrscht. Diese Herrscher hatten die Macht über ihr Land und ihre Untertanen. Der König konnte Gesetze beschließen und umsetzen lassen. Er war gleichzeitig auch der oberste Richter und befahl die Armee. Der Herrscher wurde nicht gewählt. Man glaubte, dass er von Gott als Herrschender bestimmt wurde (Gottesgnadentum). Ludwig XIV. gilt als bedeutendster Vertreter dieser Herrschaftsform, in der ein Mensch alle Macht hat (Absolutismus). Er war das Vorbild vieler anderer absoluter Herrscher in Europa. Ludwig XIV. wählte das Symbol der Sonne für sein Haus. Man nennt ihn deshalb auch den „Sonnenkönig".

Aufbau der absoluten Herrschaft

Ludwig XIV. festigte seine Macht mit drei Säulen, auf denen seine Herrschaft beruhte:

1. **Beamte:** Treue Diener führten die Forderungen des Königs aus. Sie sorgten z.B. dafür, dass die Untertanen Steuern bezahlten und an den Grenzen Zölle gezahlt wurden.
2. **Militär:** Soldaten wurden nicht nur in Kriegszeiten einberufen, sondern waren ständig einsatzbereit („stehendes Heer"). Ludwig XIV. hatte 400.000 Soldaten und führte zahlreiche Kriege.
3. **Kirche:** Ein absoluter Herrscher fühlte sich als König von Gottes Gnaden. Bischöfe oder andere hohe Geistliche waren oft als Berater oder Minister des Königs tätig.

3 Zeichne ein Schaubild zum Aufbau der absoluten Herrschaft Ludwigs XIV.
Starthilfe: *Über drei Säulen sollte Ludwig XIV. stehen.*

4 Stelle Vermutungen an, warum Ludwig XIV. die Sonne zu seinem Symbol erklärte.

[2] *Die Sonne am Königsgitter von Schloss Versailles.* Rekonstruktion nach Vorbild des 1794 zerstörten Gitters. Foto, 2008.

Sprachspeicher

1/2: Stolzer Gesichtsausdruck · Krone · überlegene Körperhaltung · Perücke · Brokatmantel mit Hermelinpelz · goldene Kette · Zepter · Schwert

die Herrschaft · über jemanden herrschen · jemanden beherrschen

[3] *Blick auf Schloss Versailles.* Ölgemälde (Ausschnitt) von Pierre-Denis Martin, 1722.

Größe:	Das Schloss war über 50.000 m² groß. Hinzu kam der 715 Hektar große Schlossgarten.
Zimmer:	Es gab rund 1300 Zimmer. Die Gemächer Ludwigs XIV. befanden sich genau in der Mitte des Gebäudes.
Bewohner:	Dort lebten um die 5000 Personen. Weitere 5000 Menschen, die dem König dienten, lebten in der nahen Stadt Versailles.
Baumaterial:	Das Gebäude besteht aus Stein. Dazu kommen aufwendige Deckenmalereien, Verzierungen in Gold und Marmor, Bronzekronleuchter usw.
Entfernung bis Paris::	20 km; drei Stunden mit der Pferdekutsche, zu Fuß länger
Das Schloss ist heute ein Museum.	

[4] *Steckbrief Schloss Versailles.*

Barocke Pracht

Um seine Macht zu zeigen, ließ sich der König von Frankreich das prächtige Schloss Versailles in der Nähe von Paris bauen. Hier lebten mehrere Tausend Menschen. Denn der König war von zahlreichen adligen Frauen und Männern umgeben. Jede Woche gab es Konzerte, Theateraufführungen oder Opern. Der prächtige Kunststil des Absolutismus in der Architektur, Malerei, Literatur und Musik wird als „Barock" bezeichnet. Viele Herrscher in Europa ahmten das französische Vorbild nach und gaben für ihre Schlösser und das Leben am Hof viel Geld aus. Das führte oft zur Verarmung des Landes und der Untertanen.

5 Erkläre, wie Ludwig XIV. mit dem Schloss Versailles seine Macht zeigt.

Wähle einen der Arbeitsaufträge aus:

- Lies den Text oben über Barocke Pracht und berichte: Was hätte dir dort gefallen, was nicht?
- Ergänze den Steckbrief über das Schloss Versailles durch eine Internetrecherche.
- Schreibe aus der Sicht eines Adeligen am Hofe Ludwigs XIV. in Versailles einen Brief. Berichte von der Größe und Pracht des Schlosses und den Unternehmungen am Hofe.

Sprachspeicher

Schloss Versailles · Barock · Pracht · Glanz · Herrlichkeit · am Hofe des Königs

: Geliebte Schwester, seit einigen Wochen lebe ich am Hofe und noch immer bin ich ganz geblendet von der Herrlichkeit des Lebens im Schloss Versailles. ...

Üben

Die Aufklärung revolutioniert das Denken

Wie frei ist der Mensch?

[1] *Erster bemannter Flug mit einem Heißluftballon am 21. November 1783 in Paris.* Zeichnung. 1885..

1 Beschreibe Bild [1].

Wissenschaft im Umbruch

Das 18. Jahrhundert ist geprägt von neuen Entdeckungen und Ideen. Wissenschaftler dachten: Wenn man Vorgänge in der Natur genau beobachtet und aus diesen Beobachtungen vernünftige Schlüsse zieht, dann kann man erkennen, was wahr oder falsch ist. In dieser Zeit kam es auch zu lebensverändernden Erfindungen: das Thermometer, der Blitzableiter, die Pockenimpfung, der bemannte Heißluftballon oder das Wasserklosett, das später im Schloss Versailles eingebaut wurde.

2 Wähle eine Erfindung aus. Stelle Vermutungen an, welche Veränderungen die Erfindung für die Menschen in der damaligen Zeit bedeutete.

Der Mensch: Bürger oder Untertan?

Warum besitzt der König alle Gewalt? Wurde er tatsächlich von Gott bestimmt? Warum sind die Menschen Untertanen? Diese Fragen stellten sich Philosophen*, die davon ausgingen, dass alle Menschen mit Vernunft begabt sind und von Natur aus die gleichen Rechte besitzen. Sie hinterfragten die Rolle der Kirche und die absolute Macht des Königs. Vernunft und Wissen sollten das Handeln der Menschen bestimmen. Diese neue Denkrichtung wird als Aufklärung* bezeichnet.

Der Hofprediger Ludwigs XIV., Jaques Bossuet, schrieb 1682:

Die Menschen werden alle als Untertanen geboren. Der Herrscher blickt von einem höheren Standpunkt aus. Man darf darauf vertrauen, dass er weiter sieht als wir. Deshalb muss man ihm ohne Murren gehorchen. Derjenige, der dem Fürsten den Gehorsam verweigert, wird als Feind der menschlichen Gesellschaft zum Tode verurteilt.

[2] *Dickmann, Fritz: Geschichte in Quellen, München (BSV), 1970, S. 429 f., vereinfacht.*

Der Philosoph Denis Diderot (1713–1784) schrieb 1751:

Kein Mensch hat von der Natur das Recht erhalten, über andere Menschen zu herrschen. Die Freiheit ist ein Geschenk des Himmels und jeder Mensch hat das Recht, sie zu genießen, sobald er Vernunft besitzt.

[3] *Stahleder, Erich (Hg.): Absolutismus und Aufklärung, Ebenhausen b. München (Langewiesche Brandt), 1982, S. 136 f., vereinfacht.*

3 Stelle die Meinungen des Hofpredigers [2] und des Philosophen [3] gegenüber.

Sprachspeicher

mit Vernunft begabt sein · Vernunft besitzen · vernünftig denken · vernünftig handeln · alle Gewalt besitzen · alle Gewalt innehaben

3: Für Bossuet ist der Herrscher ... Diderot meint hingegen, dass der Herrscher ... Bossuet sagt, der Mensch muss ... Aber Diderot meint, ...

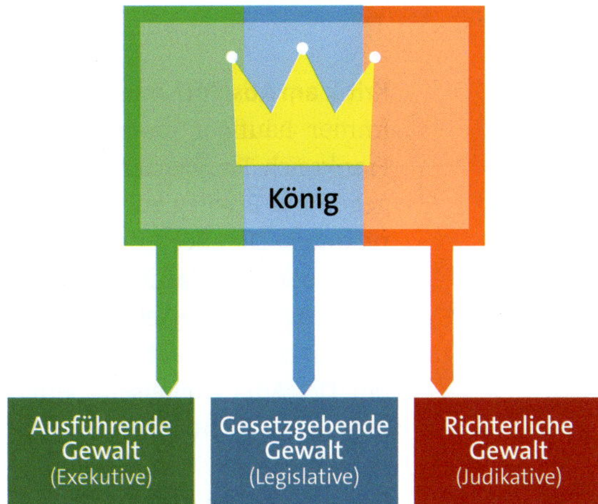

[4] *Staatsordnung des Absolutismus.* Schaubild.

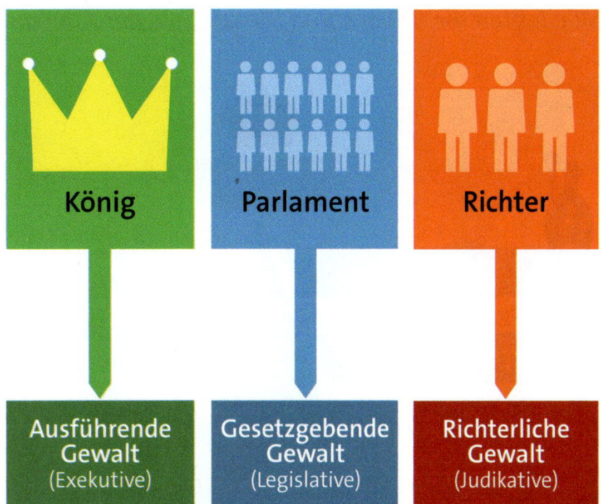

[5] *Staatsordnung nach Montesquieu.* Schaubild.

Zu viel Macht in einer Hand?
Die Aufklärer kritisierten, dass alle Macht in der Hand des Königs lag. Sie waren der Ansicht, dass die Macht geteilt werden müsste. Außerdem sollte die Macht vom Volk ausgehen.

Der Philosoph Charles de Montesquieu (1689–1755) schrieb 1748 in seinem Buch „Vom Geist der Gesetze":
In jedem Staat gibt es drei Arten von Gewalten: die gesetzgebende Gewalt, die ausführende Gewalt und die richterliche Gewalt. Wenn die gesetzgebende Gewalt mit der ausführenden Gewalt in einer Person vereinigt ist, dann gibt es keine Freiheit. Es gibt auch keine Freiheit, wenn die richterliche Gewalt nicht von der gesetzgebenden und von der ausführenden Gewalt getrennt ist.

[6] *Hartig, Irmgard A.; Hartig, Paul (Hg.): Die Französische Revolution, Stuttgart (Klett), 1990, o. S., vereinfacht.*

*

der **Philosoph:** (griech. philósophos: Gelehrter) ein Denker, der nach dem Sinn des Lebens fragt und Lebensregeln aufstellt

die **Aufklärung:** Denkrichtung, die die Vernunft des Menschen und ihren richtigen Gebrauch hervorhebt

4 Gib mit Schaubild [5] und der Quelle [6] wieder, wie Montesquieu die Macht verteilen würde.

Der Philosoph Jean-Jacques Rousseau (1712–1778) schrieb 1762 in seinem Buch „Der Gesellschaftsvertrag":
Der Mensch wird frei geboren, doch überall ist er in Ketten. Auf seine Freiheit zu verzichten, heißt, auf seine Menschheit, seine Menschenrechte zu verzichten. Wenn es aber schon schwierig ist, einen großen Staat zu regieren, so ist es noch schwieriger, dass er von einem einzigen Mann gut regiert wird.

[7] *zit. n. Jean-Jacques Rousseau, Der Gesellschaftsvertrag, Stuttgart, 1966, S. 30 ff., vereinfacht.*

5 Arbeite die Hauptgedanken von Rousseau aus Quelle [7] heraus.

Wähle einen der Arbeitsaufträge aus:

- Nenne drei Begriffe zur Aufklärung. Lies dazu die Texte [3], [6] und [7].
- Fasse zusammen, inwiefern die Aufklärung das Denken der Menschen veränderte.
- Auf Französisch heißt die Aufklärung „Siècle des lumières" (Jahrhundert der Lichter), auf Englisch „the Enlightenment" (die Erleuchtung). Erkläre, warum der Begriff „Licht" verwendet wird.

Sprachspeicher
die drei Gewalten · *die* Staatsgewalt · *die* Gewaltenteilung

5: Eigentlich wird der Mensch ... Aber in Wirklichkeit ...
Es ist ohnehin schwer, einen Staat zu regieren, aber wenn ...
⊠: Licht ins Dunkel bringen · etwas sichtbar machen

Der Absolutismus in der Krise

Wie lebten die Bauern und Bürger, wie der Adel und die Reichen?

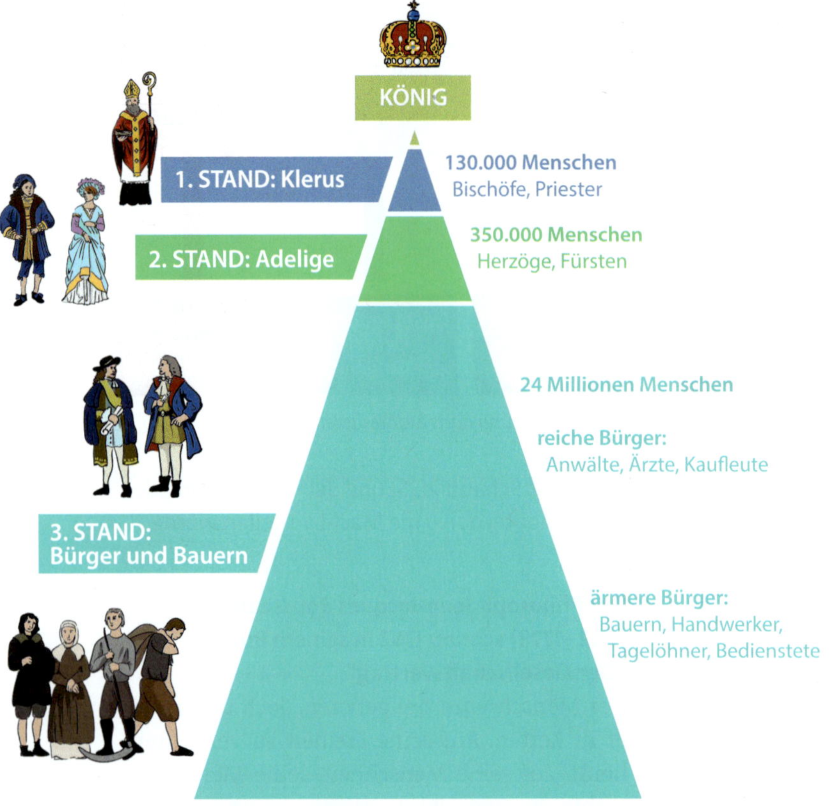

[1] *Die Ständegesellschaft in Frankreich im 18. Jahrhundert.* Schaubild.

Kritik am Absolutismus
Immer häufiger erschienen in Frankreich Flugblätter, die sich gegen die Privilegien des Adels richteten. Die Ideen der Aufklärung sorgten dafür, dass die Menschen die bestehende Ordnung in ihrem Staat hinterfragten. Der Adel wollte seine Privilegien aber nicht aufgeben.

Der aufgeklärte Absolutismus
Die Ideen der Aufklärung führten in einigen europäischen Staaten dazu, dass sich eine andere Form des Absolutismus verbreitete: der aufgeklärte Absolutismus. Die Herrscher verstanden sich nicht mehr als von Gott eingesetzt, sondern sahen sich verantwortlich für die Untertanen. Sie waren offen für Veränderungen. Sie hatten jedoch weiterhin alle Macht in ihren Händen.

1 Erläutere den Aufbau der Ständegesellschaft in Frankreich mithilfe des Schaubilds und des Textes.

Die Ständegesellschaft
Wie im Mittelalter war die Bevölkerung Frankreichs im 18. Jahrhundert in drei Stände eingeteilt. Zum ersten Stand gehörten die Geistlichen (Klerus). Der Adel bildete den zweiten Stand. Alle übrigen Menschen gehörten dem dritten Stand an. Über den drei Ständen stand der König. Die Angehörigen des ersten und zweiten Standes hatten viele Sonderrechte (Privilegien): Sie mussten keine Steuern zahlen, verfügten über den größten Grundbesitz und besaßen hohe Ämter. Viele hohe Adelige lebten am Hof des Königs..

Ludwig XVI.
Im Jahr 1774 wurde Ludwig XVI. König von Frankreich. Da Frankreich stark verschuldet war und die Menschen litten, hofften nun viele Menschen, dass der neue König Reformen umsetzen würde. Doch Ludwig XVI. und seine Frau Marie Antoinette lebten verschwenderisch und gaben viel Geld aus. Aus Sicht der Aufklärung blieb Frankreich rückständig: Der aufgeklärte Absolutismus setzte sich in Frankreich nicht durch.

2 Erkläre den Unterschied zwischen Absolutismus und aufgeklärtem Absolutismus.

Sprachspeicher
der Klerus • *der* Adel • *die* Bürger und *die* Bauern • *die* Stände • *die* Privilegien • *die* Sonderrechte
die bestehende Ordnung

Die Schuldenkrise

1788/89 stand Frankreich vor dem Zusammenbruch. Die Ausgaben für die teure Hofhaltung Ludwig XVI., den Bau der Schlösser und die Beamten des Königs waren hoch. Hinzu kamen die Kosten für das Heer und die zahlreichen Kriege, an denen Frankreich beteiligt war. Die Schulden des Staates hatten sich verdreifacht. Die Ausgaben waren höher als die Einnahmen. Der König versuchte, neue Steuern beim Adel oder dem hohen Klerus einzutreiben. Aber er scheiterte am entschlossenen Widerstand der Adligen und Reichen. Sie bestanden auf ihrem Privileg, keine Steuern zahlen zu müssen.
Missernten führten dazu, dass die Lebensmittel immer teurer wurden. Die Bevölkerung wuchs stetig und musste ernährt werden. Die meisten Bauern, Handwerker oder Tagelöhner waren völlig verarmt und konnten keine höheren Abgaben leisten. Zu Beginn des Jahres 1789 herrschte eine große Hungersnot.

3 Nenne in Stichworten die Ursachen der Schuldenkrise.

In einem Flugblatt aus dem Jahr 1788 heißt es:
Eigentlich gibt es in Frankreich nur zwei Stände: den Adel und das Volk. Ich behaupte, dass der Adel ein Nichts ist. Auf den Adel kann der König verzichten, nicht aber auf das Volk. Das Volk bildet ohne Adel und ohne die, mit dem Adel verbündete, Geistlichkeit eine ungeheure Masse. Es ist ebenso arbeitsam im Innern wie wehrhaft nach außen. Vom Volk empfängt der Staat Unterhalt und Wohlstand. Im Volk liegt die Kraft und der Ruhm eines Staates.

[2] *Reichardt, Rolf (Hg.): Ploetz. Die Französische Revolution, Freiburg (Herder), 1988, S. 35.*

4 Erkläre, wen der Autor mit „das Volk" meint [2].

LE PAYSAN ÉCRASÉ PAR LES IMPOTS. CETTE IMAGE POPULAIRE FAIT ALLUSION A L'OPPRESSION DU TIERS-ÉTAT PAR LES DEUX ORDRES PRIVILÉGIÉS.

[3] *„Der dritte Stand trägt die Lasten".* Karikatur, Kupferstich, 1789. Auf dem Stein steht: Steuern und Fronarbeit*. Jede Person auf dem Bild steht für einen Stand. Das Fahrzeug ist ein zerbrochener Pflug, mit dem Bauern den Acker auflockern können.

5 Beschreibe die Karikatur [3]. Ordne dafür die drei Stände (Geistlicher, Adliger, Bauer) den abgebildeten Personen zu.

* *die* **Fronarbeit:** persönliche Arbeit der Bauern für ihren Grundherrn, z. B. das Feld pflügen, sähen, ernten

Wähle einen der Arbeitsaufträge aus:

- Benenne, welche Lasten die Menschen des dritten Standes trugen. Nutze dazu die Karikatur [3] und die Bildunterschrift.
- Fasse die Kritik an Adel und Klerus zusammen.
- Verfasse mit den Materialien dieser Seite ein eigenes Flugblatt zur Lage des dritten Standes.
- Recherchiere im Internet die Rolle Frankreichs im amerikanischen Unabhängigkeitskrieg (1775–1783).

Sprachspeicher
Schulden machen • sich verschulden • Staatsschulden • Abgaben leisten • Steuern zahlen

5: Das Volk leistet ...
Ohne das Volk ...
Der Grundherr

Methode Karikaturen deuten

[1] *„Es darf gehofft werden, dass das Spiel bald vorbei ist".* Französische Karikatur, unbekannter Zeichner, 1789.

Die meisten Menschen im 18. Jahrhundert konnten weder lesen noch schreiben. Wenn jemand seine Meinung verbreiten wollte, musste er Zeichnungen verwenden. Solche Zeichnungen stellen Personen, Ereignisse oder Zustände häufig übertrieben und verzerrt dar. Man nennt diese Zeichnungen Karikaturen. Sie wirken komisch. Sie sollen die Betrachtenden zum Lachen bringen und zum Nachdenken anregen.

1 Untersuche die Karikatur [1], auf der die drei Stände als Personen dargestellt sind. Die folgenden Schritte helfen dir bei der Interpretation. **Tipp:** Aus der Hosentasche des Bauern hängen Zettel mit den Worten Salz- und Tabaksteuer, Frondienst, Zehnt und Militärdienst. Aus der Manteltasche des Geistlichen hängen Zettel mit den Worten Bischof, Abt, Herzog, Graf, Unterhalt und Großspurigkeit.

1. Schritt Einen ersten Eindruck verschaffen

- Was fällt dir als Erstes auf?
- Welche **Fragen und Vermutungen** hast du?

2. Schritt Informationen zur Karikatur sammeln

- Welche Informationen kannst du über den **Künstler**, den **Titel** der Karikatur und die Entstehungszeit herausfinden?
- Auf welche **Ereignisse oder Zustände** bezieht sich die Karikatur?

3. Schritt Die Karikatur beschreiben

- Welche **Personen, Gegenstände oder Tiere** sind im Vordergrund und im Hintergrund dargestellt?
- Wie werden die Personen, Gegenstände oder Tiere dargestellt?
- Was geschieht auf der Karikatur? Was machen die **handelnden Personen**?
- Welche **Farben oder Formen** kannst du erkennen?
- Welche **Texte** gehören zum Bild?

4. Schritt Die Karikatur deuten

- Welche **Bedeutung** haben die abgebildeten **Personen, Gegenstände oder Tiere**?
- Welche **Bedeutung** hat die Handlung?

5. Schritt Die Karikatur bewerten

- Welche **Position** bezieht die Karikatur zum Thema?
- Ist die Kritik, die in der Karikatur geäußert wird, angemessen, übertrieben oder falsch?

Sprachliche Formulierungshilfen / Tipps

Als Erstes ist mir ... aufgefallen.
Zuerst habe ich ... entdeckt.
Ich würde gerne wissen, was die Tiere auf dem Boden zu bedeuten haben.

Der Zeichner/Karikaturist ist ... Er lebte ...
Die Karikatur heißt ...
Die Karikatur ist im Jahr ... entstanden.
Damals war ...

Im Vordergrund ist/sind ... zu sehen.
Im Hintergrund kann man ... erkennen.

Die Personen oben gucken ...
Auf dem Kopf tragen sie ...
Ihre Kleidung ist ...
Ihr Gesichtsausdruck ist ...
Am unteren Bildrand ist ...

Auf der Karikatur ist zu sehen, wie ein Mann ...
Zwei andere Männer ...
Die Karikatur ist farbig gezeichnet.
Die Farben sind kräftig/zurückhaltend/ ...
Die Karikatur heißt: ...
(Im Hintergrund steht außerdem ...)

Die Person unten könnte ... sein. Das erkennt man an ...
Die Tiere stehen für ...
Der Titel der Karikatur verweist auf ... (Ereignis, Zustand, konkrete Personen oder Gruppen usw.).
Die Person unten trägt die beiden Personen oben.
Die Personen stehen für ... Das könnte ... bedeuten.
(Im Jahr 1789 ist ... passiert. Das greift die Karikatur auf, indem sie ...)

Die Karikatur kritisiert/unterstützt/möchte aufmerksam machen auf ...
Meiner Meinung nach ist die Darstellung ..., denn ...

Freiheit, Gleichheit, Brüderlichkeit

Wie begann die Französische Revolution?

[1] *Der Schwur im Ballhaus am 20. Juni 1789.* Ölgemälde von Jacques Louis David, um 1791.

1 Beschreibe die Bildquelle [1]. Vermute, was dort geschieht.

Der Beginn der Revolution

Zum ersten Mal seit über 150 Jahren traten am 5. Mai 1789 die Generalstände* aus Geistlichen, Adel und Bürgertum zusammen.

Ein Abgeordneter des dritten Standes hätte davon so berichten können:

Zuerst sprach der Finanzminister über die Finanzen und Steuern. Ich hatte gedacht, wir könnten dem König von unseren Nöten und Forderungen berichten. Das wollten die vornehmen Herren aber nicht hören. Alles sollte so bleiben, wie es immer war.

Der Finanzminister verlangte neue Steuern von uns. Die Stände sollten zustimmen. Jeder Stand sollte nur eine Stimme haben: Eine für den Adel, eine für den Klerus, eine für uns. Damit waren wir aber nicht einverstanden.

Wir forderten, dass jeder Anwesende eine Stimme hatte. Die anderen Stände blockten das ab. Daraufhin erklärten wir, die 600 Vertreter des dritten Standes, uns zur Nationalversammlung. Der König ließ den Sitzungssaal sperren. Also trafen wir uns am 20. Juni in einer Turnhalle, im Ballhaus, wieder. Einige Adlige und Geistliche schlossen sich uns an. Wir schworen uns: „Wir schwören feierlich, nicht auseinander zu gehen, bis Frankreich eine Verfassung hat, die allen Franzosen die Bürgerrechte garantiert!" Begeistert umarmten wir uns.

[2] *Autorentext, nach Quellen zusammengestellt.*

2 Erkläre, warum der Ballhausschwur ein wichtiges Ereignis war.

* *die* **Generalstände:** In Frankreich bezeichnet der Begriff die Versammlung von Vertretern der drei Stände Adel, Geistlichkeit und Dritter Stand.

Sprachspeicher

1: Ich sehe einen Raum, der ...
Ich sehe Menschen, die ...
Ich sehe einen Mann in der Mitte, der ...

nach Stand oder Stimme abstimmen • *der* Ballhausschwur • einen Eid schwören • ein Schwur • schwören • einander versprechen

[3] *„Das Erwachen des dritten Standes".* Anonyme Karikatur, 1789.

3 Beschreibe die Karikatur.
- Ordne den drei Personen je einen Stand zu.
- Was macht die Person rechts?
- Wie gucken die Personen links?
- Was ist im Hintergrund zu sehen?

Das Revolutionsjahr 1789

14. Juli: Der Sturm auf die Bastille

Die Nachricht von der neuen Nationalversammlung verbreitete sich im ganzen Land. An vielen Orten griffen unzufriedene Menschen zu den Waffen. In Paris wurde die Bastille gestürmt. Das war der Beginn der Revolution.

Die Revolution auf dem Land

Die Nachricht vom Sieg der Bürger von Paris verbreitete sich schnell in ganz Frankreich. Bauern zogen bewaffnet zu den Schlössern ihrer Grundherren und forderten die Papiere, in denen ihre Abgaben und Dienste aufgeführt waren und verbrannten sie. An vielen Orten wurden die Schlösser angezündet.

4. August: Die Abschaffung der Unfreiheit

Die Aufstände der Bauern setzten die Nationalversammlung unter Druck. Am 4. August hob die Nationalversammlung die Leibeigenschaft auf. Das heißt, die Bauern wurden frei. Die Grundherren waren nicht mehr die Richter auf dem Lande.

Am 26. August 1789 beschloss die Nationalversammlung die „Erklärung der Menschen- und Bürgerrechte". Meinungsfreiheit, Religionsfreiheit und die Herrschaft des Volkes waren darin festgelegt. Freiheit, Gleichheit, Brüderlichkeit wurden Schlagworte der Revolution.

4 Deute die Karikatur mithilfe des Autorentextes [2]. Verwende die Methode „Karikaturen deuten" auf S. 46/47.

5 Vergleiche deine Vorstellungen von einer Revolution mit der Begriffserklärung (S. 38).

Wähle einen der Arbeitsaufträge aus:

- Lies den Text dieser Seite und wähle ein Ereignis des Jahres 1789 aus und beschreibe es.
- Beschreibe aus Sicht eines Adligen, wie die Bauern in dein Schloss eindringen. Welche Gedanken könnten dir kommen?
- Manche Historiker sehen den Ballhausschwur als den Beginn der Revolution, andere den Sturm auf die Bastille. Erläutere, welches Ereignis du als Beginn der Revolution bezeichnen würdest.

Sprachspeicher

zu den Waffen greifen • Waffen nehmen

die Leibeigenschaft aufheben • befreien • nicht mehr abhängig sein • kein Leibeigener mehr sein • Grundherr

Üben  

Die Entwicklung der Menschenrechte

Welche Menschenrechte gibt es?

Artikel 1
Die Menschen werden frei und gleich an Rechten geboren und bleiben es.

Artikel 2
Das Ziel jedes Staates ist es, die Menschenrechte zu erhalten: das Recht auf Freiheit, Eigentum, Sicherheit und auf Widerstand gegen Unterdrückung.

Artikel 3
Niemand soll herrschen, der nicht vom Volk eingesetzt ist.

Artikel 4
Freiheit heißt, alles tun zu dürfen, was keinem schadet. Nur ein Gesetz darf die Freiheit einschränken.

Artikel 6
Alle Bürger sind vor dem Gesetz gleich.

Artikel 7
Niemand darf angeklagt, verhaftet oder gefangen gehalten werden, außer, wenn es ein Gesetz vorschreibt.

Artikel 10
Niemand darf wegen seiner Ansichten oder seiner Religion verfolgt werden.

Artikel 11
Jeder Bürger darf frei reden, schreiben und drucken. Er darf diese Freiheit aber nicht missbrauchen.

[1] *Die Menschen- und Bürgerrechte von 1789 (Auswahl).* Schaubild.

Was sind Menschenrechte?
Menschenrechte sind die grundlegenden Rechte eines Menschen. Mit der offiziellen Erklärung der Menschen- und Bürgerrechte wurden diese wichtigen Rechte für Frankreich bekräftigt. Die Erklärung der Menschen- und Bürgerrechte wurde der neuen Verfassung von 1791 vorangestellt und ist damit die erste Menschenrechtserklärung in Europa.

1 Arbeite heraus, in welchen Punkten die Menschenrechte die bisherige Ordnung des Absolutismus veränderten. Achte besonders auf Artikel 3.

Von den Menschen- und Bürgerrechten zum Grundgesetz
Die Worte Freiheit, Gleichheit, Brüderlichkeit verbreiteten sich in Europa. Auch das Grundgesetz der Bundesrepublik Deutschland geht heute teilweise auf die Erklärung der Menschen- und Bürgerrechte von 1789 zurück.

Welche Menschenrechte gibt es?
Seit der Erklärung der Menschen- und Bürgerrechte wurden die Menschenrechte immer weiter ausgebaut. Heute wird das Recht auf Ernährung, Wasser oder Arbeit als Menschenrecht verstanden.

2 Stelle die Artikel der Menschen- und Bürgerrechte [1] den Artikeln des Grundgesetztes [2] in einer Tabelle gegenüber. Benenne Gemeinsamkeiten und Unterschiede.

Bürger- und Menschenrechte von 1789	**Grundgesetz der Bundesrepublik Deutschland**
Art. 10: Keine Verfolgung wegen der Religion	Art. 4: Freiheit des Glaubens, ungestörte Religionsausübung
...	...

Sprachspeicher
1: In Artikel 1 steht, dass ... Im Absolutismus war es aber ... • In Artikel 2 heißt es, die Menschen haben ein Recht auf ... • Im Absolutismus war das aber ...

Artikel 1
(1) Die Würde des Menschen ist unantastbar. Sie zu achten und zu schützen ist Verpflichtung aller staatlichen Gewalt. (2) Das Deutsche Volk bekennt sich ... zu unverletzlichen und unveräußerlichen Menschenrechten ...

Artikel 2
(1) Jeder hat das Recht auf die freie Entfaltung seiner Persönlichkeit, soweit er nicht die Rechte anderer verletzt ...
(2) Jeder hat das Recht auf Leben und körperliche Unversehrtheit. Die Freiheit der Person ist unverletzlich. In diese Rechte darf nur auf Grund eines Gesetzes eingegriffen werden.

Artikel 3
(1) Alle Menschen sind vor dem Gesetz gleich.
(2) Männer und Frauen sind gleichberechtigt. ...

Artikel 4
(1) Die Freiheit des Glaubens, des Gewissens und die Freiheit des religiösen und weltanschaulichen Bekenntnisses sind unverletzlich.
(2) Die ungestörte Religionsausübung wird gewährleistet. ...

Artikel 5
(1) Jeder hat das Recht, seine Meinung in Wort, Schrift und Bild frei zu äußern und zu verbreiten ...

Artikel 20
(2) Alle Staatsgewalt geht vom Volke aus. ... Sie wird vom Volke in Wahlen und Abstimmungen ... ausgeübt.

[2] *Auszüge aus dem Grundgesetz der Bundesrepublik Deutschland. Stand: 19. Dezember 2022.*

Gelten Menschen- und Bürgerrechte für alle?
Die Menschen- und Bürgerrechte von 1789 galten nicht für alle Menschen. Juden, Sklaven und anderen Minderheiten wurden Rechte vorenthalten. Auch Frauen hatten nicht die gleichen Rechte wie Männer. Olympe de Gouges verfasste als Ergänzung zu den Menschen- und Bürgerrechten eine eigene Schrift für die Frauen, um auf die Benachteiligung aufmerksam zu machen.

Erklärung der Rechte der Frau und Bürgerin:
1. Die Frau wird frei geboren und bleibt dem Mann an Rechten gleich.
10. Wegen seiner Meinungen braucht niemand etwas zu befürchten. Die Frau hat das Recht, auf das Schafott zu steigen. Sie muss gleichermaßen das Recht haben, als Rednerin eine Bühne zu besteigen.
13. Die Frau hat Anteil an allen beschwerlichen Arbeiten. Sie muss deshalb ebenso Anteil an der Besetzung von Stellen, Ämtern, Arbeitsplätzen haben.
16. Eine Verfassung ist nichtig, wenn die Mehrheit der Menschen, die die Nation ausmachen, an ihrer Erstellung nicht mitgewirkt hat.

[3] *zit. n. https://olympe-de-gouges.infofrauenrechte/#artikel; Zugriff, 2.8.2023, gekürzt und sprachlich vereinfacht.*

3 Arbeite heraus, wie de Gouges ihre Artikel 10 und 13 begründet.

Wähle einen der Arbeitsaufträge aus:

- Finde anhand des Textes auf dieser Seite heraus, für wen die Menschen- und Bürgerrechte von 1789 nicht gelten.
- Stelle Vermutungen an, was de Gouges mit Artikel 16 meinen könnte.
- Ordne den Artikeln in [1] diese Überschriften zu: Freie Meinungsäußerung, Freiheit und Gleichheit, Volksherrschaft, Gleichheit vor dem Gesetz, Schutz vor unrechtmäßiger Verhaftung, Grenzen der Freiheit, Religionsfreiheit.

Sprachspeicher
auf *das* Schafott steigen ▪ hingerichtet werden

Rechte haben ▪ Rechte ausüben ▪ Rechte vorenthalten ▪ keine Rechte haben

Wahlseite Eine adlige Dame

1 Lies den Text und fasse die Inhalte der Seite mit deinen Worten zusammen. Arbeite gemeinsam mit deinem Lernpartner oder deiner Lernpartnerin. **Starthilfe:** *Nutze den Lese-Profi auf Seite 307.*

2 Lege eine Tabelle an und trage dort ein, wann Liselotte von der Pfalz was getan hat. Stelle die Tabelle deinen Mitschülern vor. **Starthilfe:** *Eine Spalte der Tabelle ist für die Zeit, die andere Spalte für das, was Liselotte getan hat.*

Liselotte von der Pfalz, verheiratet mit einem Bruder des Königs Ludwigs XIV., schrieb über das Leben des Adels 1672:

...Vom Morgen bis drei Uhr nachmittags waren wir auf der **Jagd**. Als wir von der Jagd kamen, kleideten wir uns um und gingen hinauf zum Saal mit den verschiedenen **Spielen**. Hier blieben wir bis sieben Uhr abends. Anschließend gingen wir in ein **Theaterstück**, das um halb elf aus war. Als dann ging man zum **Nachtessen**, vom Nachtessen zum **Ball**, welcher bis drei Uhr morgens dauerte, und dann zu Bett. ...

Immer Montag, Mittwoch und Freitag versammeln sich **alle Frauen** um 18.00 Uhr in der **Kammer der Königin**. Dann gehen alle miteinander in einen Raum, wo die Violinen spielen für die, die **tanzen** wollen. Von da geht man in einen Salon, wo des Königs Thron ist. Da gibt es **Musik, Konzerte und Gesang**. Von da geht es in einen Saal, wo mehr als 20 **Spieltische** stehen. Dies alles dauert von 18.00–22.00 Uhr, dann geht man zum **Nachtessen**. ...

[1] *zit. n. Kiesel, Helmuth (Hg.): Die Briefe der Lieselotte von der Pfalz, Frankfurt/M. (Insel), 1960, S. 32*

[2] *Eine adlige Dame. Gemälde,* unbekannter Künstler. 1740.

[3] *Hofball auf Schloss Rheinsberg.* Gemälde von Adolf Menzel, 1862.

Tipps für die Erarbeitung

- Führe gemeinsam mit deinen Mitschülerinnen und Mitschülern ein Gruppenpuzzle durch. Nutzt dazu die anderen Wahlseiten des Kapitels.

Wahlseite Eine Bäuerin

1 Informiere dich auf dieser Seite über das Leben und die Ansichten einer Bäuerin.

2 Präsentiere deine Ergebnisse in geeigneter Form in der Klasse.

[1] *Die Gemüsebäuerin.* Gemälde von Jaques-Louis David, um 1790.

Bauern und Bäuerinnen im 18. Jahrhundert konnten nicht lesen und schreiben. Es gibt also kaum schriftliche Quellen aus ihrem Leben.

Arthur Young, Landwirt aus England, reiste mehrfach nach Frankreich. Im Jahr 1789 beschreibt er das Treffen mit einer französischen Bäuerin:

12. Juli 1789. Ich traf eine arme Frau, die sich beklagte, dass die Zeiten schlecht und das Land elend wären. Als ich sie nach den Ursachen fragte, antwortete sie mir: Ihr Mann habe nur ein kleines Stück Land, eine Kuh und ein elendes kleines Pferd; und doch müssten sie einen Franchar (42 Pfund) Weizen und drei Hühner an einen gnädigen Herrn und vier Franchars Hafer, ein Huhn und einen Sous (franz. Währung) an einen anderen geben. Die sehr schweren Steuern und Abgaben kämen noch dazu. Sie hätte sieben Kinder, und die Kuh gäbe die Milch für die Suppe.

Man sagte jetzt, dass einige große Leute etwas für solche arme Menschen tun würden. Aber wer sie wären und wie es damit stünde, das wüsste sie nicht. Gott gebe uns nur bessere Zeiten, denn die Abgaben und Rechte drücken uns ganz zu Boden.

Diese Frau hätte man in einer nicht großen Entfernung für sechzig oder siebzig Jahre alt ansehen können, so sehr hatte die Arbeit ihren Körper gekrümmt und ihr Gesicht mit Runzeln überzogen. Sie war aber, wie sie sagte, erst 28 Jahre alt.

Jemand, der nicht gereist ist, kann sich keine Vorstellung von der traurigen Gestalt machen, die bei weitem der größte Teil der Frauensleute auf dem Lande in Frankreich hat. Man erkennt darin gleich auf den ersten Blick ihre harte und schwere Arbeit.

[2] *zit. n. Schneider, Gerhard: Die Französische Revolution 1789-1799, Schwalbach/Ts., 2012, S. 38, gekürzt u. vereinf.*

[3] *Feiernde Bauern in einer Scheune.* Gemälde, 1778. Für viele Knechte und Mägde waren Scheunen nicht nur Arbeits-, sondern auch Wohnraum.

Tipps für die Erarbeitung

- Fasse in deinen Worten zusammen, was Arthur Young berichtet. Beschreibe die Bildquellen.

Tipps für die Präsentation

- Du kannst ein Interview mit der Bäuerin, die Arthur Young trifft, führen und in der Klasse präsentieren.

Wahlseite Ein Sansculotte

1 Informiere dich auf dieser Seite über das Leben und die Ansichten eines Sansculotten.

2 Präsentiere deine Ergebnisse in geeigneter Form in der Klasse.

Was sind Sansculotten?

Sansculotte heißt übersetzt „ohne Hosen" und war als Ablehnung der üblichen dreiviertellangen Kniebundhosen des Adels gemeint. Die Revolutionäre waren vor allem Handwerker und Arbeiter. Die Sansculotten unterstützten die Jakobiner. Sie sprachen andere Menschen nicht mit „Monsieur" (Herr) an, sondern mit „Citoyen" (Bürger).

[1] *Französische Bürger tanzen um einen Freiheitsbaum.* Links ist ein Sansculotte zu sehen. Kolorierte Radierung, 1793.

[2] *Eine Sansculottin.* Kolorierte Radierung, um 1789.

Der Sansculotte Jean Baptiste Vingternier (geb. 1764) erklärte im April 1793, was ein Sansculotte ist:

Ein Sansculotte, Ihr Herren Schufte? Das ist einer, der immer zu Fuß geht, der keine Millionen besitzt, wie Ihr sie alle gerne hättet, keine Schlösser. Und der mit seiner Frau und seinen Kindern ganz schlicht im vierten oder fünften Stock wohnt. Er ist nützlich, denn er versteht ein Feld zu pflügen, zu schmieden, zu sägen, zu feilen, ein Dach zu decken, Schuhe zu machen und bis zum letzten Tropfen sein Blut für das Wohl der Republik zu vergießen. Am Abend tritt er vor seine Sektion, ... um mit all seiner Kraft die aufrichtigen Anträge zu unterstützen und jene zunichtezumachen, die von der erbärmlichen Clique der regierenden Polikaster (jemand, der über Politik spricht, ohne viel davon zu verstehen) stammen. Übrigens: Ein Sansculotte hat immer seinen Säbel blank, um allen Feinden der Revolution die Ohren abzuschneiden.

[3] zit. n. Schneider, Gerhard: Die Französische Revolution 1789–1799, Schwalbach/Ts. 2012, S. 239.

Tipps für die Erarbeitung

- Beschreibe die Lebensweise und das Aussehen der Sansculotten (Textquelle und Bildquellen).

Tipps für die Präsentation

- Schreibe als Sansculotte einen Beschwerdebrief an die Nationalversammlung. Stelle die typische Kleidung der Sansculotten vor.

☒ Wahlseite Ein Pfarrer

1 Informiere dich auf dieser Seite über das Leben und die Ansichten eines Pfarrers.

2 Präsentiere deine Ergebnisse in geeigneter Form in der Klasse.

[1] *Bauern verstecken einen Priester.* Gemälde von Charles Fortin. 1853.

Die Französische Revolution änderte viel im Leben der Geistlichen. Ihr Besitz wurde vom Staat eingezogen. Die Pfarrer und Bischöfe wurden nicht mehr vom Papst ernannt, sondern von der Regierung. Der Sonntag wurde abgeschafft und Kirchen teils geschlossen. Die Geistlichen sollten einen Eid auf die Verfassung schwören. Taten sie es nicht, mussten sie ihr Amt als Priester aufgeben, wurden verfolgt, gefangen genommen oder getötet. Viele Geistliche flohen daher ins Ausland.

Ein Dorfpfarrer erklärt, warum er den Eid nicht schwört:

Ich erkläre, dass es mir meine Religion nicht erlaubt, den Eid so, wie ihn die Nationalversammlung fordert, abzulegen. Ich will gern über die mir anvertrauten Gläubigen dieser Pfarrei wachen und dafür sorgen, dass sie der Nation und dem König treu sind und die Verfassung befolgen.

Aber was die Leitung und die Gesetze der Kirche angeht, so kenne ich keine Vorgesetzten und anderen Gesetzgeber an als den Papst und die Bischöfe.

Und wenn ich diesen Eid jemals schwöre, würde ich unseren Heiligen Vater, den Papst, nicht mehr als Oberhaupt der Kirche anerkennen.

Meine Entschlossenheit soll Euch ein Beispiel sein. Verliert eher Euer Hab und Gut, sogar Euer Leben, als Euern Glauben aufzugeben, Eure Religion und Euren Gott anzutasten.

[2] zit. n. Schneider, Gerhard: Die Französische Revolution 1789–1799, Schwalbach/Ts. 2012, S. 71.

Tipps für die Erarbeitung

- Erschließe die Bildquelle und die Textquellen. Wie erklärt der Dorfpfarrer, dass er nicht auf die Verfassung schwören kann?

Tipps für die Präsentation

- Verfasse einen Tagebucheintrag eines Priesters, der überlegt, ob er den Eid schwören oder fliehen soll. Lies den Bericht in der Klasse vor.

Die Verfassung von 1791

Was änderte die Verfassung von 1791?

[1] *Die Verfassung von 1791.* Strukturskizze.

Die Verfassung von 1791

1789 hatte die Nationalversammlung beschlossen, eine neue Verfassung zu erarbeiten, die allen Franzosen die Bürgerrechte garantiert. 1791 trat die neue Verfassung in Kraft. Die „Menschen- und Bürgerrechte von 1789“ wurden in diese Verfassung aufgenommen. In der neuen Verfassung waren die drei Staatsgewalten aufgeteilt. Der König hatte nicht mehr die „gesetzgebende Gewalt“, aber er stand noch an der Spitze der „ausführenden Gewalt“. Die „richterliche Gewalt“ lag jetzt in der Hand von Richtern. Außerdem wurde das Wahlrecht eingeführt. Damit war die absolute Herrschaft des Königs beseitigt. Er war jetzt an die Verfassung und an Gesetze gebunden.

1 Beschreibe das Verfassungsschaubild:
- Was fällt dir als Erstes auf?
- Wer darf wählen?
- Wer wird gewählt?

2 Erkläre den Begriff „Gewaltenteilung“ mithilfe des Schaubildes.

Wer hat das Wahlrecht?

Die Verfassung von 1791 sah vor, dass die Aktivbürger Kommunalverwaltungen und Wahlmänner wählen durften. Aktivbürger waren älter als 25 Jahre und verfügten über ein bestimmtes Einkommen. Über die Einschränkung des Wahlrechts gab es Auseinandersetzungen.

In einer Pariser Zeitung hieß es:

Aber was meint ihr eigentlich mit dem so oft gebrauchten Wort „Aktivbürger“? Die aktiven Bürger, das sind die Eroberer der Bastille, das sind die, die den Acker bestellen, während die Nichtstuer im Klerus und bei Hofe trotz ihres Riesenbesitzes nichts weiter sind als kümmerliche Pflanzen.

[2] *Geschichte in Quellen, Bd. 4, München (BSV), 1981, S. 304*

3 Der Verfasser des Textes [2] meint mit dem „aktiven Bürger“ etwas anderes als das Wort „Aktivbürger“ in der Verfassung. Erkläre den Unterschied.

4 Arbeite die Kritikpunkte des Verfassers aus [2] heraus.

Sprachspeicher
Verfassung · Gewaltenteilung · gesetzgebende Gewalt · ausführende Gewalt · richterliche Gewalt

3: Überlege zuerst, was es bedeutet, „aktiv“ für etwas zu sein oder einzutreten.

Was ist man für ein König, wenn man vom Volk kontrolliert wird?
Ich hatte gehofft, dass die Nationalversammlung auch uns Frauen das Recht gibt, Entscheidungen zu treffen.
Die Arbeiter und Bauern müssen die ganze Macht haben.

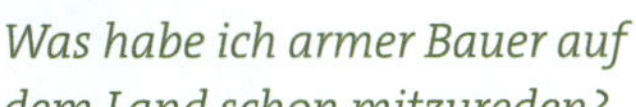

Was habe ich armer Bauer auf dem Land schon mitzureden?

[3] *Französische Bürger nehmen Stellung zur neuen Verfassung*. Zeichnungen, 18. Jahrhundert.

5 Ordne die Personen jeweils einer Personengruppe im Verfassungsschema zu.

6 Erkläre, was die Personen an der Verfassung kritisieren.

Wähle einen der Arbeitsaufträge aus:

- Ordne die Antworten eines Mitglieds der Nationalversammlung den Personen dieser Seite zu.
  a) Man sollte schon genug verdienen, um wählen zu dürfen.
  b) Der Ehemann bestimmt für seine Frau mit.
  c) Nur wenn die Gewalten getrennt sind gibt es Freiheit in einem Staat.
- Beurteile die Einschränkung des Wahlrechts auf die „Aktivbürger“. Schreibe einen Bericht, in dem du dein Urteil erklärst.
- Schreibe einen Bericht über die neue Verfassung und beurteile mithilfe der Doppelseite, ob die Gleichheit aller Franzosen gewährleistet wird.

Sprachspeicher

Entscheidungen treffen • sich für etwas entscheiden

die Gewalt ausüben • du stehst unter seiner Gewalt • *die* Macht haben, um Entscheidungen zu treffen • *das* Recht haben, um zu bestimmen

Üben

Die Schreckensherrschaft

Wie herrschten die Jakobiner?

1 Beschreibe die Bildquelle [1].

2 Stelle Vermutungen an, warum Ludwig XVI. hingerichtet wurde.

[1] *Hinrichtung des Königs Ludwig XVI. auf der Guillotine**. Kolorierte Radierung. 1793.

Die Revolutionskriege

Die anderen Staaten Europas wurden weiter von absoluten Herrschern regiert. Sie fürchteten, die Ideen der Revolution könnten sich auch in ihren Staaten ausbreiten. Deshalb planten sie einen Krieg gegen das revolutionäre Frankreich. Um dem zuvorzukommen, beschloss die französische Nationalversammlung 1792, von sich aus mit dem Krieg zu beginnen. Jahrelange Kriege zwischen den europäischen Staaten und Frankreich folgten.

Der König auf der Flucht

Ludwig XVI. bekannte sich zur Nationalversammlung. Doch bereits 1791 versuchte er, mit seiner Familie ins Ausland zu fliehen. Er wurde entdeckt und zurück nach Paris gebracht. Er wurde als Gegner der Revolution abgesetzt und verhaftet.

* *die* **Guillotine:** Maschine zum Enthaupten von Menschen, benannt nach dem französischen Arzt Guillotin

die **Jakobiner:** radikale Gruppe, benannt nach ihrem Versammlungsort, dem Kloster St. Jakob

Die Revolution wird radikaler

Nun sollte eine neue Verfassung ausgearbeitet werden (siehe Seite 60). Frankreich sollte keine Monarchie mehr sein. Das Land sollte eine Republik werden, in der der König keine Rolle mehr spielte und das Volk seine Entscheidungsträger selbst wählte.

Vor allem unter der politischen Gruppe der Jakobiner* wurde die Revolution zunehmend radikal*. Die Revolutionäre stritten darum, ob Ludwig XVI. hingerichtet werden solle. Einer der Ankläger, der Rechtsanwalt und Jakobiner Maximilien Robespierre, sagte: „Ludwig muss sterben, weil das Vaterland leben muss."

1793 wurde Ludwig XVI. wegen Hochverrats* angeklagt und hingerichtet. Frankreich war nun eine Republik – ein Staat ohne König.

3 Erkläre, was Robespierre mit seiner Aussage gemeint haben könnte.

* **radikal:** bis zum Äußersten gehend, fanatisch

der **Hochverrat:** Landesverrat, der die Sicherheit des Staates gefährdet

Sprachspeicher

sich zu etwas bekennen • etwas anerkennen • etwas akzeptieren

3: Überlege, wofür Ludwig XVI. für die Jakobiner steht.

[2] *Ein Bürger vor einem Revolutionsausschuss.* In der Hand hält er zu seiner Verteidigung ein Schreiben, das ihm die Erfüllung seiner bürgerlichen Pflichten bescheinigt. Kolorierter Kupferstich von Jean-Baptiste Huet, 1793.

Die Schreckensherrschaft der Jakobiner

Nach der Hinrichtung des Königs rissen die Jakobiner die Macht an sich. Sie forderten eine Volksherrschaft. Ihr Anführer war Maximilien Robespierre (1758–1794).

Ihre Ziele erreichten die Jakobiner mit Schrecken und Terror. So legte das „Gesetz gegen die Verdächtigen" von 1793 fest, dass alle Menschen verdächtig seien, die sich als „Feinde der Freiheit" verhielten. Ein Angeklagter, der als Verdächtiger vor dem Revolutionsausschuss stand, hatte kaum eine Chance, sich zu verteidigen. Meistens lautete das Urteil: Tod durch die Guillotine. Die Terrorherrschaft der Jakobiner kostete etwa 35.000 Menschen das Leben.

Auch Olympe de Gouges und Camille Desmoulins, die die Revolution unterstützt hatten, wurden geköpft, weil ihre Ansichten nicht mit denen der Jakobiner übereinstimmten. So setzte sich de Gouges gegen die Hinrichtung des Königs ein. Obwohl auch sie für die Republik stimmte, hielt sie es für falsch, den König zu töten.

4 Beurteile die Hinrichtung des Königs.

Die Revolution frisst ihre Kinder

Mehr und mehr brachten sich die führenden Jakobiner schließlich gegenseitig um. Man sagte: „Die „Revolution frisst ihre Kinder." Mit der Hinrichtung Maximilien Robespierres am 27. Juli 1794 endete die Terrorherrschaft.

5 Beschreibe die Bildquelle [2].

6 Stelle Vermutungen an, welche Chance der Angeklagte gehabt haben könnte. Achte dabei auf die Haltung und Gesichtsausdrücke der Männer. Begründe deine Meinung.

Wähle einen der Arbeitsaufträge aus:

- Lies den Text dieser Doppelseite und nutze dazu den Lese-Profi auf Seite 307. Lege dann eine Tabelle für die Jahre 1791 bis 1794 an und trage die Ereignisse ein.
- Erkläre, was mit „Die Revolution frisst ihre Kinder" gemeint sein könnte.
- Schreibe eine Anklageschrift gegen die Jakobiner und trage sie in der Klasse vor. Kritisiere darin das Verhalten der Jakobiner und erinnere an die ursprünglichen Ziele der Revolution.

Sprachspeicher

4: Benenne zunächst die Gründe, die dafür und jene, die dagegen sprechen. Formuliere dann ein eigenes Sachurteil.

mit Terror herrschen • Terror verbreiten

Methode Ein Verfassungsschema lesen

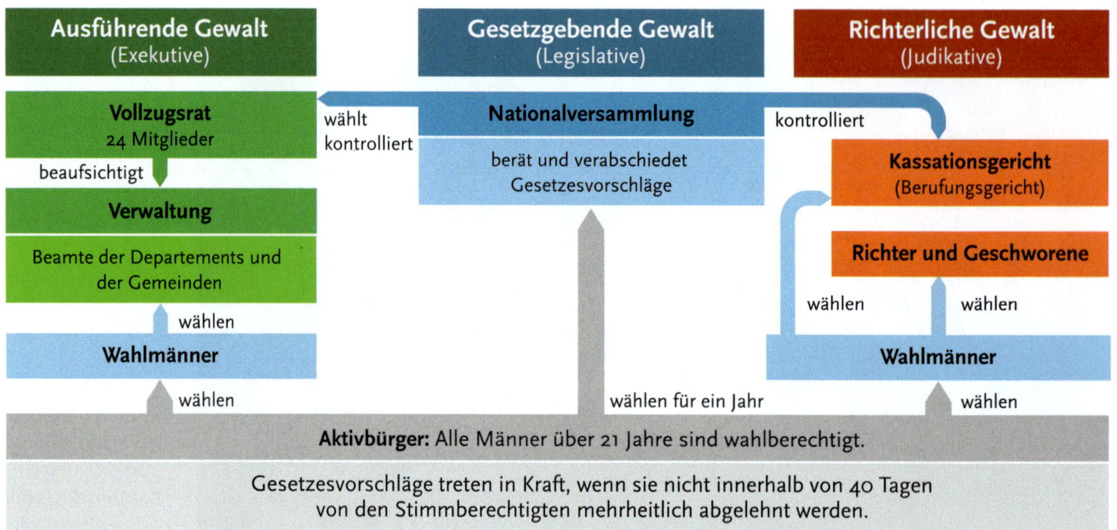

[1] *Die Verfassung von 1793.* Strukturskizze.

Eine Verfassung regelt die Machtverteilung in einem Staat. Sie ist das grundlegende Gesetz. Anhand eines Verfassungsschemas kann man erkennen, wie ein Land regiert wird. Es zeigt den Aufbau des Staates und die wichtigsten Ämter und Einrichtungen (z.B. Präsident, Parlament) und Funktionen (z.B. Gesetze beschließen). Außerdem lässt es erkennen, wer wählen darf oder von Wahlen ausgeschlossen ist.

1 Untersuche das Schema der Verfassung von 1793 [1]. Die folgenden Schritte helfen dir dabei.

2 Vergleiche die neue Verfassung von 1793 mit der Verfassung von 1791 (S. 56).

1. Schritt Den Aufbau untersuchen

- Wie **liest** man das Schema? Von unten nach oben oder andersherum? Von links nach rechts oder andersherum?
- Was sind **wichtige Bestandteile** des Schaubildes? Diese sind z. B. besonders hervorgehoben.
- Welche **Ämter und Einrichtungen** gibt es?

2. Schritt Aussagen erschließen

- Wer darf **wählen**?
- Welche Ämter werden gewählt?

- Wie kommen **Gesetze** zustande?
- Welche **Aufgaben** haben die Ämter und Einrichtungen? Beachtet hier vor allem die Pfeile und die Beschriftung der Pfeile.

Sprachliche Formulierungshilfen / Tipps

Das Verfassungsschema liest man ... Das zeigen die Pfeile, die nach ... gehen.

Wichtige Bestandteile sind ...

Außerdem gibt es ...

Wählen dürfen ... . dürfen nicht wählen.
Aktivbürger wählen ...
Die Wahlmänner wählen ...
Gesetze werden von ... beschlossen.
Die Nationalversammlung kontrolliert ...
Die Verwaltung wird von ... kontrolliert.

3. Schritt Zusammenhänge herstellen

- Wie ist die Macht verteilt? Welches Amt hat besonders viel Macht?
- Wer kontrolliert wen? Wessen Macht geht auf Wahlen zurück?
- Wo sind Einflussmöglichkeiten des Volkes zu erkennen?
- Welche Gruppen dürfen nicht politisch mitbestimmen? Das kannst du entweder dem Schaubild entnehmen (z. B. Aktivbürger) oder daraus schließen, wer wählen darf. Wenn Männer ab 21 Jahren wählen dürfen, dürfen es alle unter 21 Jahren nicht.

Die ... hat besonders viel Macht, denn ...

Gewählt werden ..., ..., ... und ...
Nicht gewählt wird ...
Das Volk darf ... Das sieht man an ...

Aber eigentlich dürfen nur ... wählen.
Nicht wählen dürfen ...

4. Schritt Die Verfassung beurteilen

- Fasse zusammen, ob eine Gewaltenteilung herrscht. Wie sieht sie aus?
- Beurteile, ob es sich um eine demokratische Verfassung handelt.
- Bewerte, ob das Wahlrecht aus heutiger Sicht als demokratisch bezeichnet werden kann.

Im Verfassungsschema ist eine Gewaltenteilung zu erkennen: Die gesetzgebende Gewalt hat ..., während die ausführende Gewalt bei ... liegt.
Es handelt sich um eine demokratische Verfassung, weil ...
Es handelt sich nicht um eine demokratische Verfassung, sondern um eine ... (z. B. Monarchie).
Das Wahlrecht ist demokratisch, weil ...
Das Wahlrecht ist nicht demokratisch, weil ...
Dafür müsste ...

[2] *„Die Nationalversammlung verabschiedet die französische Verfassung am 24. Juni 1793."* Kupferstich von Isidore Stanislas Helman, um 1796.

Napoleon beherrscht Europa

Napoleon – Retter oder Zerstörer der Revolution?

[1] *Napoleon im Krönungsornat.* Ölgemälde von Francois Gerard, 1805.

1 Beschreibe die Bildquelle [1]. Vergleiche sie mit dem Bild Ludwigs XIV. auf Seite 40.

Napoleon

Napoleon Bonaparte (1769 – 1821) war ein General* der französischen Armee. Er war beim Volk beliebt und hatte in vielen Schlachten gesiegt. 1799 vertrieb Napoleon mit seinen Soldaten die französische Regierung und riss die Macht an sich. Nach der Schreckensherrschaft der Jakobiner sehnten sich die Menschen nach Ruhe, Ordnung und einem starken Herrscher an der Spitze. 1804 krönte Napoleon sich in der Pariser Kathedrale Notre-Dame selbst zum Kaiser. Frankreich war wieder eine Monarchie. War jetzt alles wieder wie vor der Revolution?

Veränderungen unter Napoleon

Napoleon erklärte die Revolution für beendet. Er brachte den Staat unter seine Kontrolle. Freie Wahlen und die Pressefreiheit* wurden abgeschafft. Die Freiheit der Person, die Gleichheit vor dem Gesetz und das Recht auf Eigentum blieben bestehen. 1804 erschien eine Gesetzessammlung, der „Code civil". Das war ein bürgerliches Gesetzbuch, in dem die Rechte der Bürger festgeschrieben waren.

2 Erstelle eine Tabelle und trage ein:

Was blieb von der Revolution?	Was wurde abgeschafft?	Was wurde neu eingeführt?
...	...	...

Über seine Ziele sagte Napoleon in einem Gespräch:

... Europa wird nicht zur Ruhe kommen, bevor es nicht unter einem einzigen Oberhaupt steht, unter einem Kaiser, der Könige als seine Beamten hat und der seinen Generälen Königreiche gibt. Wir brauchen ein europäisches Gesetz, einen europäischen Gerichtshof, eine einheitliche Münze, die gleichen Gewichte und Maße. Aus allen Völkern Europas muss ich ein Volk machen und aus Paris die Hauptstadt der Welt.

[2] *zit. n. Kircheisen, F. H. (Hg.): Gespräche Napoleons, Bd. 2, Stuttgart 1912, S. 63.*

*

der **General:** sehr hoher Dienstrang im Heer, Führer der Armee

die **Pressefreiheit:** Freiheit zum Schreiben und Veröffentlichen von Zeitungen, Büchern usw.

3 Fasse die Ziele Napoleons in deinen Worten zusammen.

Sprachspeicher

die Krönung • festliche Kleidung tragen • *das* Krönungsornat anlegen

das Gesetz • *das* Gesetzbuch • eine Sammlung von Gesetzen

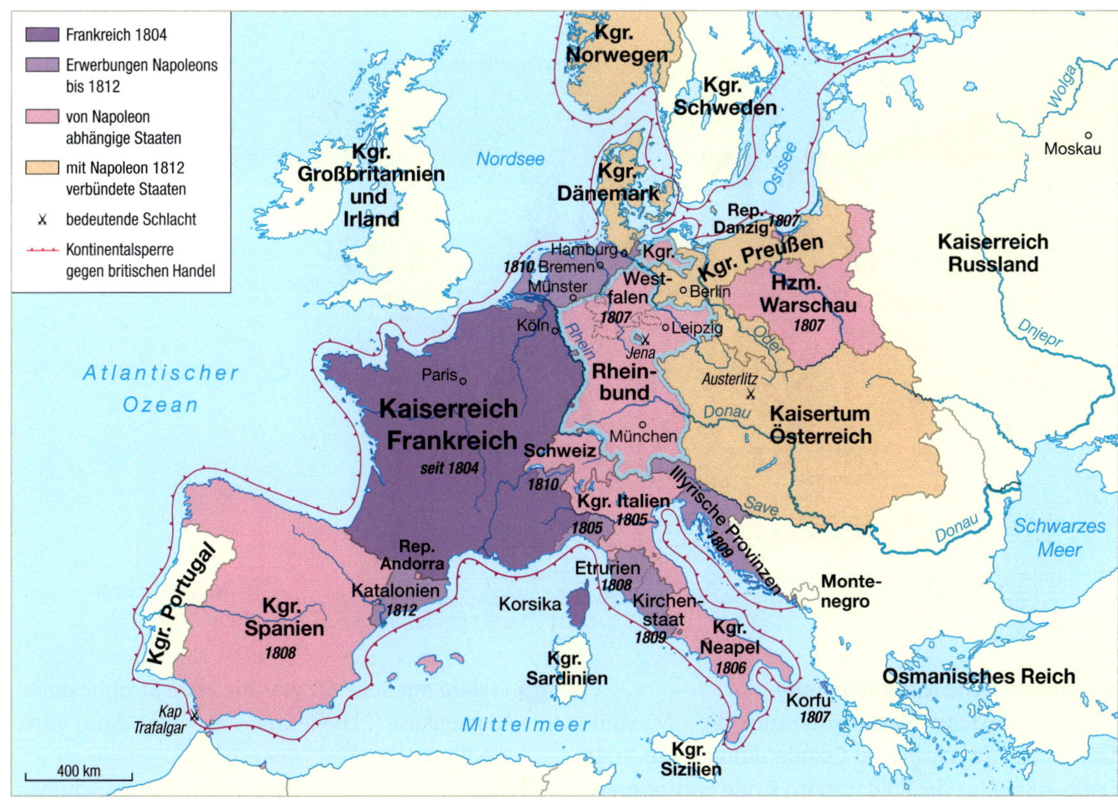

[3] *Europa unter der Herrschaft Napoleons.* Entwicklung 1804–1812. Karte.

4 Werte die Karte [3] aus. Welche Staaten waren von Napoleon abhängig? Mit welchen Staaten war er verbündet?

Europa unter der Herrschaft Napoleons

Napoleon eroberte mit seinen Truppen weite Teile Europas. In den besetzten Gebieten veränderte sich das Leben der Menschen. Sie waren jetzt frei und gleich vor dem Gesetz. Die Unfreiheit der Bauern wurde abgeschafft, die Religionsfreiheit eingeführt, Staat und Kirche getrennt.

In Deutschland wurden 300 kleine Einzelstaaten zu größeren Staaten zusammengefasst. 1806 vereinigten sich 16 deutsche Staaten zum „Rheinbund". Sie unterstützten Napoleon.

Im selben Jahr legte der deutsche Kaiser Franz II. die Kaiserkrone nieder. Damit hörte das „Heilige Römische Reich Deutscher Nation" nach 1000 Jahren auf zu bestehen.

5 Ordne die Veränderungen durch Napoleon in Elemente der Besatzung oder Befreiung ein.

Das Ende der Herrschaft Napoleons

Napoleons Heer erlebte bald katastrophale Niederlagen. Immer mehr Staaten schlossen sich gegen ihn zusammen. Aus dem Feldzug gegen Russland 1812 kehrten nur wenige seiner Soldaten zurück. Preußen, Russland und England besiegten Frankreich in der Völkerschlacht von Leipzig (1813) und bei Waterloo (1815) im heutigen Belgien.

Wähle einen der Arbeitsaufträge aus:

- Fasse zusammen, was du über Napoleon erfahren hast. **Starthilfe:** *Er war ein General, der …*
- Beurteile, ob die Revolution in Frankreich als gescheitert betrachtet werden kann.
- Nimm Stellung zu der Frage: „Napoleon – Beherrscher oder Befreier Europas?"

Sprachspeicher

unter der Herrschaft stehen • von jemandem beherrscht werden

: Zunächst war er … Dann wurde er … Später erklärte er sich zum …

Das Erbe der Revolution

Wie wirkt die Revolution weiter?

[1] *Notendruck der Marseillaise.* 1792.

Die französische Nationalhymne

Die französische Nationalhymne, die „Marseillaise“, wurde 1792 von Claude Rouget de Lisle (1760–1836) für die Soldaten im Krieg komponiert. 1795 wurde sie zur Nationalhymne.

Die erste Strophe der Marsellaise auf Deutsch:

Auf, Kinder des Vaterlands!
Der Tag des Ruhmes ist da.
Gegen uns wurde der Tyrrannei
Blutiges Banner erhoben.
Hört Ihr im Land
Das Brüllen der grausamen Krieger?
Sie rücken uns auf den Leib
Eure Söhne, Eure Frauen zu köpfen!

Refrain:
An die Waffen, Bürger!
Schließt die Reihen,
Vorwärts, marschieren wir!
Das unreine Blut
Tränke unser Äcker Furchen!

[2] *Die Marseillaise; Text und Melodie: Claude Joseph Rouget de Lisle.*

1 Erkläre mit Seite 58, was die erste Strophe der Marseillaise [2] bedeuten soll. Nutze dafür auch die Bildquelle [1].

2 Hör dir die Melodie der Marseillaise an. Schilder deinen Eindruck von der Stimmung im Lied.

Ein lebendiges Erbe

Napoleon hatte ein geeintes Europa mit Paris als Hauptstadt und einem einzigen Herrscher gefordert. Dieses Ziel hat er nicht erreicht. Doch die Idee eines vereinten Europas ist bis heute lebendig geblieben.

Bis 2019 hatten sich 28 Staaten Europas zur Europäischen Union (EU) zusammengeschlossen. 2020 ist Großbritannien aus der EU ausgetreten. Die Ziele der EU sind: Frieden, Gleichberechtigung der Staaten, Respekt für alle Sprachen und Kulturen, Bekämpfung der Armut und eine starke europäische Wirtschaft. In vielen EU-Ländern gibt es eine einheitliche Währung, den Euro.

Sprachspeicher

1: Wer sind die „Kinder des Vaterlands“?
Was könnte das „blutige Banner der Tyrannei“ sein?
Was fordert das Lied von den Zuhörenden?

zu einem Bündnis zusammenschließen ▪ ein Bündnis bilden ▪ aus einem Bündnis austreten

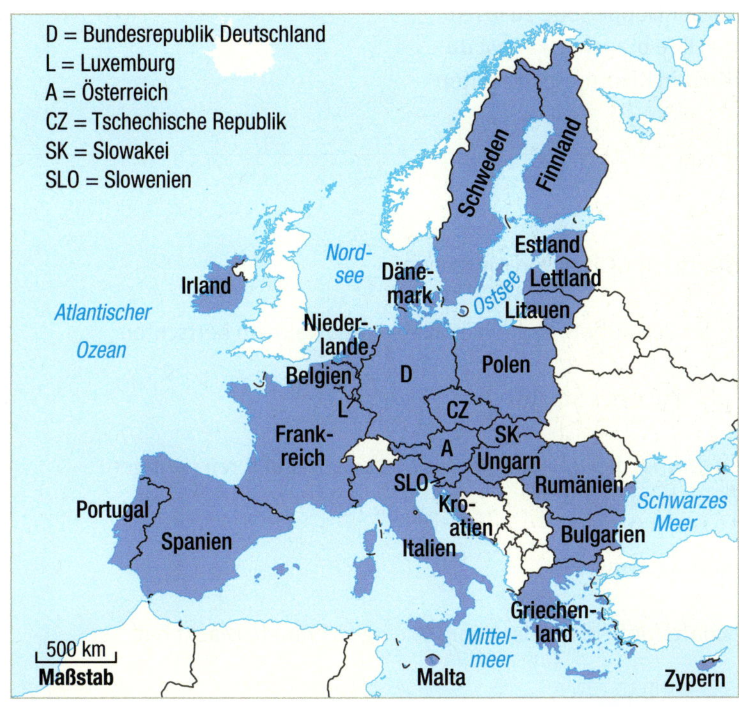

[3] *Die Mitgliedstaaten der EU.* Karte, 2021.

Kampf um Menschenrechte

Voraussetzung für die Mitgliedschaft in der EU ist die Anerkennung der Menschenrechte. Deshalb reagiert die EU, wenn ein Staat die Menschenrechte einschränkt. Zum Beispiel sind in Ungarn die Unabhängigkeit der Justiz, die Meinungsfreiheit, einschließlich der Vielfalt der Medien, bedroht. Die ungarische Regierung versucht, Presse und Justiz zu kontrollieren. Die Justiz muss aber unabhängig sein, die Presse ohne politische Kontrolle arbeiten können. Bereits seit 2017 laufen deshalb Verfahren der EU gegen Ungarn.

Auch die Menschen in Ungarn sind auf die Straße gegangen und haben für ihre Demokratie und den Rechtsstaat demonstriert. Dass Menschen aktiv werden und für ihre Rechte kämpfen, ist ebenfalls ein Erbe der Französischen Revolution.

[4] *Menschen fordern bessere Rechte und Gleichberechtigung in der ungarischen Hauptstadt Budapest.* Foto, 2021.

Wähle einen der Arbeitsaufträge aus:

- Lies den Text Kampf um Menschenrechte und benenne, was die Voraussetzung für eine Mitgliedschaft in der EU ist. **Starthilfe:** *Die Voraussetzung für eine Mitgliedschaft in der EU ist ...*
- Erkläre, warum man vom „Erbe der Französischen Revolution" spricht, wenn die Menschen für ihre Rechte demonstrieren.
- Beurteile mithilfe der Materialien dieser Doppelseite die Bedeutung der Französischen Revolution bis heute.

Sprachspeicher

demonstrieren • *die* Demonstration • auf *die* Straße gehen • *das* Demonstrationsrecht wahrnehmen • für seine Rechte kämpfen

Das kann ich!

Versuche zunächst, die Aufgaben auf dieser Doppelseite zu lösen, ohne im Kapitel nachzusehen. Wenn du Hilfe brauchst, kannst du bei den Aufgaben nachschlagen. Dort sind in Klammern die Seiten angegeben.

die Revolution	Staat ohne König
der Absolutismus	Gerät zum Hinrichten von Menschen
die Aufklärung	Phase der Revolution, in der die Jakobiner gewaltsam herrschten
die Republik	Grundgesetz eines Staates
die Schreckensherrschaft	Denkrichtung, die die Vernunft des Menschen und ihren richtigen Gebrauch hervorhebt
die Verfassung	Umwälzung, Umsturz
die Guillotine	Herrschaftsform, in der der König uneingeschränkte Macht hat

[1] *Begriffe und ihre Bedeutung.*

[2] *Der Sturm auf die Bastille am 14. Juli 1789.* Gemälde von Jean-Baptiste Lallemand, um 1789.

„Habe Mut, dich deines eigenen Verstandes zu bedienen."

[3] *Kant, Immanuel: Beantwortung der Frage: Was ist Aufklärung?, 1784.*

[4] *„Es ist zu hoffen, dass dieses Spiel bald enden wird."* Anonyme Karikatur, 1789.

Ansichten über Napoleon

Jedes Land hat einen anderen Blick auf Napoleon ausgehend von den Erfahrungen, die es gemacht hat. Für England ist Napoleon ein größenwahnsinniger Aggressor, den die Engländer besiegt haben. Napoleon beendete die Französische Revolution, krönte sich selbst zum Kaiser und verbreitete einige Errungenschaften der Revolution in Europa.

So führte er den Code Civil, das Gesetzbuch, das zum ersten Mal alle Menschen vor dem Gesetz gleichbehandelt, in vielen Ländern ein. Auch die Trennung von Staat und Kirche wurde unter Napoleon durchgesetzt. Er ordnete die deutschen Länder neu. Er war auch nicht alleinverantwortlich für die napoleonischen Kriege. Ihm verdanken wir ein umfangreiches Straßennetz in Mitteleuropa. Er war aber auch machtbesessen und wollte ein französisches Weltreich errichten.

[5] *Autorentext.*

Sachkompetenz

1 Ordne den Begriffen in [1] die jeweils passende Erklärung zu.

2 Beschreibe die Bildquelle [2]. Erläutere die Bedeutung des Ereignisses. (S. 36/37)

3 Bringe die folgenden Ereignisse in die richtige Reihenfolge. (S. 36/37, 40–45,48–51, 56–59, 62/63)
- **a** Verkündung der Menschen- und Bürgerrechte
- **b** Einberufung der Generalstände
- **c** Schreckensherrschaft der Jakobiner
- **d** Hinrichtung Ludwigs XVI.
- **e** Ballhausschwur
- **f** Schlacht bei Waterloo
- **g** Sturm auf die Bastille
- **h** Kaiserkrönung Napoleons

4 Erläutere die Idee der Gewaltenteilung und nenne die drei Gewalten. (S. 43)

Methodenkompetenz

5 Interpretiere die Karikatur [4] mithilfe der Methode „Karikaturen deuten" auf S. 46/47.

Urteilskompetenz

6 Beurteile die Bedeutung der Aussage des deutschen Aufklärers Immanuel Kant [3] für die Revolution und den Wandel in Europa. (S. 42/43)

7 Erkläre mit [5], warum Napoleon gleichzeitig als Befreier und als Besatzer verstanden werden kann. (S. 62–65)

Teste dich

Wandel durch Industrialisierung

In der Fabrik

Das Bild zeigt die Werkhalle einer Metallfabrik in England um das Jahr 1842. Hier wird mit einem riesigen Dampfhammer Metall bearbeitet. Der Einsatz von Maschinen, die mit Dampf betrieben wurden, veränderte die Lebenswelt vieler Menschen extrem. Man spricht daher auch von der „industriellen Revolution“. Die englische Erfindung verbreitete sich bald auch in anderen europäischen Ländern.

1 Beschreibe das Bild.
2 Stelle Vermutungen zu den Arbeitsbedingungen der Arbeiter an.
3 Notiere Fragen, die du zum Thema industrielle Revolution hast.

Schauplatz In der Fabrik

[1] *Stahlverarbeitung bei der Firma Krupp in Essen. Der Schmiedehammer wird mit Dampfkraft angetrieben. Ein Arbeiter (links oben) steuert mit einem Hebel die Dampfzufuhr und kontrolliert damit die Schlagfolge des Hammers.* Foto, um 1900.

1 Beschreibe das Bild [1]. **Starthilfe:** *Im Mittelpunkt des Bildes ist ein ... zu sehen.*

Arbeiter bei Krupp

Um 1900 wurden in Deutschland die ersten Fabriken gebaut. Das könnte ein Arbeiter bei der Firma Krupp um 1890 erzählt haben:

Ich bin einer von 25.000 Arbeitern der Firma Krupp in Essen. Ich wohne mit meiner Familie in einer einfachen, aber preiswerten Werkswohnung ganz in der Nähe der Fabrik. Die Arbeit beginnt morgens um 6 Uhr und dauert elf Stunden pro Tag und das an sechs Tagen in der Woche. Wer nur fünf Minuten zu spät kommt, dem wird zur Strafe der Lohn für eine ganze Stunde abgezogen.
An den Schmelzöfen ist es furchtbar heiß. Wenn der große Dampfhammer auf einen glühenden Eisenblock herabsaust, macht es einen Höllenlärm. Arbeitsunfälle passieren sehr häufig. Oft verbrennen sich Arbeiter am flüssigen Metall oder geraten mit der Hand in eine Eisenpresse.
Die Arbeit bei Krupp wird im Vergleich zu anderen Unternehmen gut bezahlt. Es gibt bei uns sogar eine eigene Krankenkasse und eine betriebliche Altersversorgung.
Aber es ist streng verboten, irgendwelche Forderungen zu stellen oder gar die Arbeit niederzulegen. Und wer in die Arbeiterpartei geht, fliegt sofort raus. Ich arbeite in der Guss-Stahlfabrik, wo Eisenbahnschienen und Rohre aus flüssigem Stahl gegossen werden. Wir fertigen auch Stahlfedern, Wagenachsen oder Schiffsschrauben an.

[2] *Autorentext, nach Quellen zusammengestellt.*

2 Beschreibe die Arbeit in der Firma Krupp: Was hast du über die Arbeitsbedingungen erfahren?

[3] *Arbeiter in einem Schienenwalzwerk von Krupp.* Foto, um 1900.

[4] *Mechanische Werkstatt von Krupp.* Foto, 1885.

Aufstieg der Firma Krupp

Die Guss-Stahlfabrik Krupp wurde 1811 von Friedrich Krupp in Essen gegründet. Als sein Sohn Alfred Krupp im Jahr 1812 die Firma übernahm, arbeiteten nur sieben Männer in der ziemlich verschuldeten Fabrik.

Der Durchbruch kam für Krupp 1852/53 mit der Erfindung von neuartigen, nahtlosen Radreifen für die Eisenbahn. Die Metallreifen wurden in einem Stück angefertigt und hatten keine Schweißnähte. Der Eisenbahnreifen wurde bald zum wichtigsten Produkt der Firma.

Kurze Zeit später übernahm Krupp ein neues Verfahren aus England, womit er günstig und viel schneller reinen Stahl erzeugen konnte. Krupp stellte in 20 Minuten so viel Stahl her wie sonst an einem ganzen Tag. Das war der Anfang einer günstigen Massenproduktion. Es entstanden immer mehr Fabrikhallen und Zweigwerke, auch über den Essener Raum hinaus. Bei der Gründung des Deutschen Kaiserreichs 1871 war Krupp bereits das größte Industrieunternehmen in Europa. Bis zum Beginn des Ersten Weltkrieges im Jahr 1914 wuchs die Zahl der Beschäftigten bei Krupp auf 80 000 Arbeitskräfte an.

3 Notiere in Stichworten die Entwicklung der Firma Krupp von der Gründung bis zum Ersten Weltkrieg.

[5] *Zu Beginn war die Firma noch klein: Krupp-Schmelzhütte in Essen um 1835.* Holzschnitt, Ende 19. Jahrhundert.

Wähle einen der Arbeitsaufträge aus:

- Gestalte mithilfe der Informationen aus Text [2] und der Fotos eine Mindmap mit typischen Merkmalen einer Fabrik um 1900.
- Verfasse einen Brief an deinen Bruder auf dem Land, der Arbeit in der Krupp-Fabrik finden möchte.
- Recherchiere im Internet, warum Alfred Krupp den Beinamen *Kanonenkönig* trug, und formuliere dazu einen kurzen Text.

Was du noch tun kannst:

→ Organisiert eine Betriebsbesichtigung.

Orientierung

1 Werte die Karte [1] aus:
- Wo gab es um 1900 in Deutschland Industriegebiete (Schwerindustrie, Bergbau und Textilindustrie)?
- Was fällt dir auf, wenn du das Umfeld der meisten Städte betrachtest?

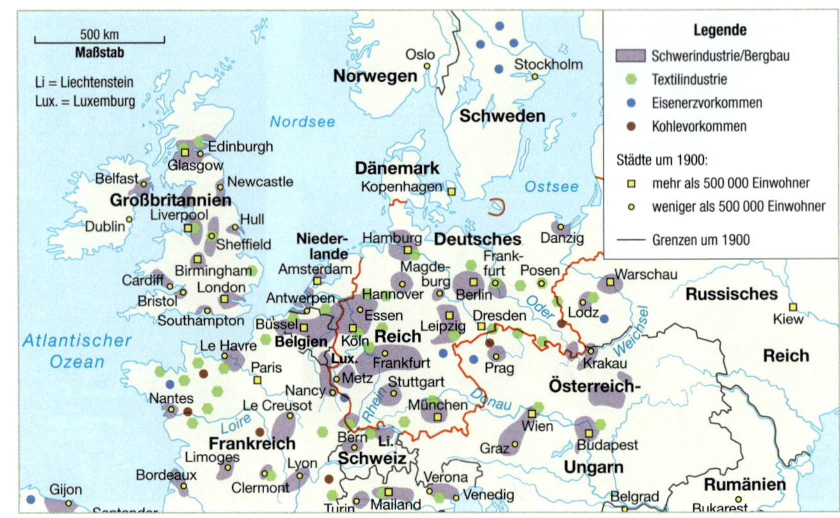

[1] *Industriegebiete in Mitteleuropa 1800–1900.* Karte.

Dampf revolutioniert die Welt

1769 verbesserte der Engländer James Watt die Dampfmaschine so, dass man sie von nun an vielfältig einsetzen konnte. Mit der Dampfmaschine konnten andere Geräte, Maschinen oder Pumpen angetrieben werden. Zum ersten Mal in der Geschichte wurde der Mensch unabhängig von der Muskelkraft oder der Energie von Wind und Wasser. Die Dampfmaschine wurde immer weiter verbessert und verbreitete sich im 19. Jahrhundert im Bergbau, in der Landwirtschaft und in Fabriken über ganz Europa.

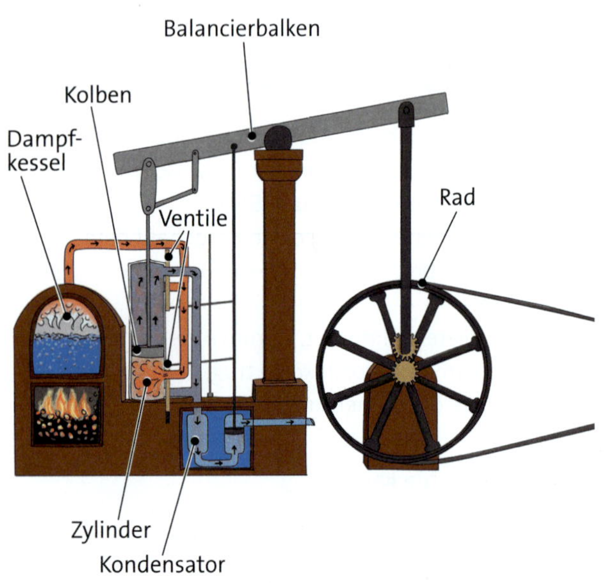

[2] *So funktioniert eine Dampfmaschine.* Zeichnung.

James Watt war clever

Um die Leistung seiner Dampfmaschine deutlich und vergleichbar zu machen, erfand Watt die Einheit PS (Pferdestärken). Der Begriff ***Pferdestärken*** war gleichzeitig eine geschickte Werbung für seine Maschinen.

2 Nenne Punkte, warum die Dampfmaschine so erfolgreich wurde.

3 Bringe die Sätze unten in eine richtige Reihenfolge, um zu zeigen, wie eine Dampfmaschine funktioniert. Beginne mit: In einem Dampfkessel wird Wasser erhitzt.

a) Aus dem Zylinder wird der Dampf in einen Kondensator gedrückt und dort mit Wasser abgekühlt. Der Dampf wird wieder flüssig.
b) Der Dampf dehnt sich aus und bewegt einen Kolben.
c) Der Dampf gelangt durch Ventile in einen Zylinder.
d) Die Auf- und Abbewegung des Kolbens bewegt einen Balancierbalken, der die Kraft auf ein Rad überträgt und somit in Drehbewegungen umsetzt.

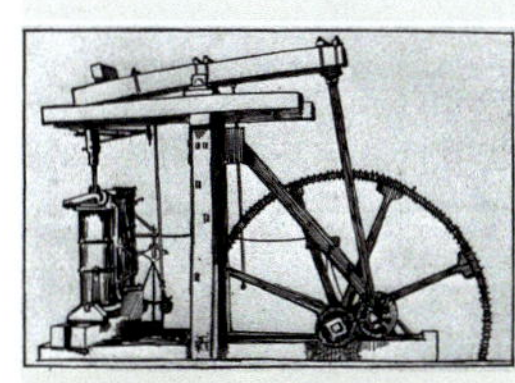

▸ **1769**
Dampfmaschine

▸ **1785**
mechanischer Webstuhl

▸ **1814**
Eisenbahn in England

▸ **1835**
Eisenbahn in Deutschland

▸ **1863**
erste deutsche Arbeiterpartei

▸ **1870**
Telegrafie

▸ **1881**
erste Straßenbahn

▸ **1883**
Sozialversicherungen

▸ **1885**
Automobil

▸ **1891**
Gleitflugzeug

▸ **1913** Fließbandproduktion

▸ **1961** erste Roboter in Fabriken

▸ **1971** Personal Computer

▸ **1981** Internet

Wandel durch Industrialisierung

Die industrielle Revolution beginnt in England

Wie veränderte sich die Arbeit in der Textilindustrie?

[1] *Verarbeitung von Wolle zu Garn in Heimarbeit: Die Fäden werden zunächst auf dem Spinnrad gesponnen und dann auf eine Garnwinde gewickelt.* Stich, 19. Jahrhundert.

[2] *Die „Spinning Jenny" von 1764. Dreht man das Rad, ziehen und drehen die Spindeln die Wolle automatisch zu Fäden.* Kolorierter Druck, 1880.

In England beginnt die industrielle Revolution

Um 1750 war England ein Land wie viele andere mit kleinen Städten und sehr vielen Dörfern. Die Herstellung von Garn* und Stoffen war eine der wichtigsten Arbeitsbereiche der damaligen Zeit.
Um Stoffe herzustellen, musste man zunächst einen Faden spinnen. Diese Arbeit wurde meist von Frauen in Heimarbeit am Spinnrad erledigt [1]. Mit diesen Fäden konnte man dann Stoffe weben. Das Weben von Stoffen wurde häufig von Männern erledigt, wobei die Webstühle* meist auch im eigenen Haus standen.
Diese Art der Stoffherstellung hatte sich über Jahrhunderte kaum verändert.

1 Beschreibe die Herstellung von Stoffen in England um 1750.

* *das* **Garn:** Faden

der **Webstuhl:** ein Gerät, um aus Fäden Stoff herzustellen

Spinning Jenny

In England führten Erfindungen zu starken Veränderungen in der Textilherstellung. Die steigende Zahl der Bevölkerung zwischen 1750 und 1850 von etwa sieben Millionen auf fast 21 Millionen Menschen führte zu einer gestiegenen Nachfrage. In Heimarbeit konnte die nötige Menge nicht mehr hergestellt werden.
1764 erfand der Zimmermann und Weber James Hargreaves eine Spinnmaschine, mit der 16 Fäden auf einmal hergestellt werden konnten [2]. Er nannte die Maschine nach seiner Tochter „Spinning Jenny". Die Produktion von Garn wurde dadurch stark gesteigert. Eine Person kann daran so viel Garn spinnen wie acht Leute mit herkömmlichen Spinnrädern.

Proteste gegen die Maschine

Die Werkstatt von Hargreaves wurde bald danach von aufgebrachten Heimarbeitern gewaltsam zerstört. Zeitungen forderten das Verbot aller Maschinen, die die Arbeit von Menschen überflüssig mache. Aber durch solche Proteste ließ sich die industrielle Entwicklung nicht aufhalten.

2 Erkläre, wovor die Heimarbeiter, die die Werkstatt von Hargreaves zerstörten, Angst hatten.

Sprachspeicher
die industrielle Revolution • eine industrielle Revolution
einen Faden spinnen • am Spinnrad drehen • eine Maschine erfinden • *die* Produktion steigern • jemanden gegen sich aufbringen

[3] *Spinnmaschinen in England.* Druck, um 1840.

[4] *Vollmechanischer Webstuhl.* Kupferstich, 1830.

Mit Volldampf in die Zukunft

Durch die neuen Spinnmaschinen gab es immer mehr Garn. Daher brauchte man Möglichkeiten, dieses Garn schneller zu Stoffen zu verweben. 1785 erhielt der Engländer Edmund Cartwright ein Patent* auf einen vollmechanischen Webstuhl. Dieser wurde zunächst mit Handkurbeln und kurze Zeit später mit Dampfmaschinen angetrieben. Dampfgetriebene Webstühle [4] produzierten mehr als die vierfache Menge an Stoff im Vergleich zu ihren handgetriebenen Vorgängern.

Die vollmechanischen Webstühle veränderten in den nächsten Jahren die Arbeits- und Lebensweise vieler Menschen.

Die Textilfabriken setzen sich durch

Die neuen Maschinen waren sehr teuer und benötigten eine Dampfmaschine als Antrieb. Ein einfacher Weber konnte sich eine solche Maschine nicht mehr leisten. Es entstanden Fabriken, in denen viele Webmaschinen gleichzeitig aufgestellt wurden. Die Weber konnten nicht mehr in Heimarbeit weben, sondern arbeiteten in Folge oft als Lohnarbeiter in den Fabriken. Ihre Aufgabe bestand darin, die Maschinen einzurichten, zu bedienen und gegebenenfalls zu reparieren.

* *das* **Patent:** rechtlicher Schutz einer Erfindung

Arbeit in der Fabrik

Im Gegensatz zur Heimarbeit wurde die Arbeitszeit nun von den Betrieben und Fabrikbesitzern bestimmt. Die Arbeiter und Arbeiterinnen wurden für die Stunden bezahlt, an denen sie in den Fabriken arbeiteten. Die vorgegebene Arbeitszeit konnte täglich bis zu 16 Stunden betragen. Häufig mussten die Arbeiter und Arbeiterinnen lange Wege von ihrem Wohnort zur Fabrik zurücklegen. Die Arbeitsbedingungen waren oft von Lärm, Staub und Wärme bestimmt.

3 Beschreibe, wie sich die Arbeitswelt für viele Weber veränderte.

Wähle einen der Arbeitsaufträge aus:

- Beschreibe die Bilder [1]–[3]. **Starthilfe:** *Auf dem Bild [1] dreht die Frau das einfache Spinnrad mit der Hand. Auf Bild [2] ist eine Spinnmaschine zu sehen, die ... Auf dem Bild [3] ...*
- Erläutere, welche Vor- und Nachteile die Heimarbeit im Vergleich zur Arbeit in einer Fabrik hatte. Mache dir Gedanken über den Arbeitsweg, die Einteilung der Arbeitszeit, die Versorgung der Kinder, die Menge der hergestellten Waren und die Selbstbestimmung.
- Erstelle eine Präsentation über die Entwicklung der Textilindustrie in England in der Zeit von 1750 bis 1850.

Sprachspeicher

das Spinnrad • *die* Heimarbeit • *die* Maschinen • *das* Garn • *die* Wolle • *die* Baumwolle • Wolle zu Garn spinnen • aus Garn einen Stoff weben • ein Patent für eine Erfindung anmelden

: *das* Spinnrad drehen • eine mechanische Spinnmaschine antreiben • eine Dampfmaschine treibt einen Webstuhl an

Üben

Die industrielle Revolution kommt nach Deutschland

Wie verliefen die Anfänge der industriellen Revolution in Deutschland?

[1] *Die erste Eisenbahn in Deutschland: Abfahrt des Zuges von Nürnberg nach Fürth am 1.12.1835.* Druck, 1836.

1 Beschreibe das Bild [1]. Benutze dabei folgende Begriffe: Dampflokomotive, Wagen, Lokomotivführer, Reisende, Zuschauer.

Deutschland ein Nachzügler

Während in England die industrielle Revolution ab Mitte des 18. Jahrhunderts zu vielen Veränderungen führte, startete sie auf dem Gebiet des heutigen Deutschlands einige Jahrzehnte später. Gründe hierfür gab es viele.

Deutschland war kein einheitlicher Nationalstaat, sondern es existierten auf dem Gebiet viele unterschiedliche Staaten. Diese hatten unterschiedliche Währungen, Maße und Zölle*.

Das noch aus dem Mittelalter bestehende Zunftsystem behinderte anfangs die Gewerbefreiheit* und Berufswahl. Auch außerhalb der Zünfte war vielen Menschen eine freie Wahl des Arbeitsplatzes zu dieser Zeit nicht erlaubt. Erst durch viele Reformen wurden die Bedingungen besser und hatten einen starken wirtschaftlichen Aufschwung zur Folge.

* *der* **Zoll**/*die* **Zölle:** Abgaben auf Ein- und Ausfuhren von Waren

Die Eisenbahn als Motor der Entwicklung

1835 wurde die erste deutsche Eisenbahnstrecke zwischen Nürnberg und Fürth eröffnet [1]. Die eingesetzte Dampflokomotive *Adler* wurde in England gekauft und erreichte auf der nur sechs Kilometer langen Strecke eine Geschwindigkeit von fast 40 km/h.

In den folgenden Jahren wurde das Schienennetz zügig ausgebaut. Neben Personen wurden immer mehr landwirtschaftliche Produkte und Industriegüter befördert.

Man baute dafür Bahnhöfe, Brücken, Tunnel, Straßen und andere Infrastruktur. Für den Antrieb und den Bau der Lokomotiven und der Maschinen brauchte man Kohle, Eisen und Stahl. Es entstanden immer mehr Kohlebergwerke (Zechen) sowie Eisen- und Stahlbetriebe vor allem im Ruhrgebiet, in Schlesien und im Saarland.

2 Erläutere die Bedeutung der Eisenbahn als Motor der industriellen Revolution.

* *die* **Gewerbefreiheit:** Freiheit, sich unternehmerisch zu betätigen

Sprachspeicher

2: *Die* Eisenbahn kann als Motor der industriellen Revolution bezeichnet werden, weil ....
Personen, Güter, Produkte befördern ..., dafür brauchte man ...

[2] *Bergarbeiter in einer Kohlegrube im Ruhrgebiet.* Foto, um 1900.

[3] *In der Stahlindustrie.* Foto, um 1900.

3 Beschreibe das Bild [2].

Kohle aus dem Ruhrgebiet

Im Ruhrgebiet wurde früher Kohle im Tagebau abgebaut. Mit dem Beginn der industriellen Revolution ging man dazu über, tiefe Schächte zu graben und die Kohle in großen Tiefen abzubauen. Die Kohle wurde zum wichtigsten Energieträger für die Dampfmaschinen und Lokomotiven.

Mit der Erfindung der Dampfmaschine wurde es möglich, die tiefen Schächte mit Pumpen zu entwässern. Jetzt entstanden zahlreiche Bergwerke (Zechen). Die Bergarbeiter (Kumpel) kamen vor allem aus dem Osten Deutschlands ins Ruhrgebiet. Die Arbeit „unter Tage" war anstrengend, gefährlich und ungesund. Aber sie wurde verhältnismäßig gut bezahlt.

4 Erkläre die Bedeutung des Kohleabbaus für die industrielle Entwicklung.

Stadt/Einwohner	um 1800	1900
Bochum	1636	65.554
Dortmund	4000	250.000
Duisburg	5000	100.000

[4] *Bevölkerungsentwicklung.* Tabelle.

Eisen- und Stahlindustrie

Um Eisen und Stahl herstellen zu können, muss man zuerst das Eisen aus dem Eisenerz gewinnen. Dazu wird Eisenerz mit Koks* in einem Hochofen erhitzt. In einer chemischen Reaktion bildet sich Roheisen, das in Formen gegossen oder geschmiedet werden kann.

Im 19. Jahrhundert wurde ein Verfahren entwickelt, um aus dem Roheisen härteren Stahl zu machen, der vor allem bei der Produktion von Eisenbahnen, Autos und in der Rüstungsindustrie verarbeitet wurde.

Im 19. Jahrhundert strömten Millionen von armen Landarbeitern und Tagelöhnern vom Land in die neuen Industriezentren, um als ungelernte Arbeiter in den Bergwerken und Fabriken zu arbeiten.

* *der* **Koks:** Brennstoff, der durch Erhitzen unter Luftabschluss aus Kohle gewonnen wird

Wähle einen der Arbeitsaufträge aus:

- Betrachte Bild [1]. Schreibe in dein Heft, was die Zuschauer wohl dachten.
- Zeichne ein Diagramm zur Bevölkerungsentwicklung einer der drei Städte von [4].
- Stelle die industrielle Entwicklung in Deutschland in einem Kurzvortrag dar.

Sprachspeicher

Kohle wird abgebaut · *der* Tagebau · *das* Bergwerk · unter Tage arbeiten

Eisen aus Eisenerz gewinnen · ein neues Verfahren entwickeln · vom Land in *die* Stadt abwandern, ziehen, strömen

Erfindungen verändern das Leben

Welche Auswirkungen hatten die neuen Erfindungen?

[1] *Chemiefabrik in Ludwigshafen am Rhein.* Gemälde, 1881.

1 Beschreibe das Bild [1]. **Starthilfe:** *Im Vordergrund ist der Rhein zu sehen ...*

Die Chemiefabriken

Die chemische Industrie wurde ab etwa 1850 zu einem eigenen Industriezweig. In Chemiefabriken wie in Leverkusen, in Ludwigshafen oder in Höchst am Main (Frankfurt) wurden z.B. künstliche Farbstoffe, neue Arzneimittel und Chemikalien für andere Firmen hergestellt. Chemisch hergestellte Produkte bildeten die Basis für weitere Erzeugnisse. Dadurch konnten neue Produkte zu oft günstigeren Preisen hergestellt werden. Viele Chemiewerke leiteten ihre Abfallstoffe ungereinigt in Flüsse ein und verschmutzten dadurch die Gewässer.

Die Elektrizität

Der Unternehmer Werner Siemens entwickelte 1866 die erste Dynamomaschine, mit der man einen Elektromotor antreiben konnte. Der Elektroantrieb machte Maschinen, Straßen- oder Eisenbahnen unabhängig von großen Dampfmaschinen. Es entstanden Kraftwerke zur Stromerzeugung. Um 1900 wurden erste Wohnungen, Büros und Fabriken mit Strom versorgt. Die elektrische Glühbirne ersetzte schon bald die alten, teuren Gasbeleuchtungen.

Der Verbrennungsmotor

Der erste Verbrennungsmotor wurde 1858 erfunden. Er lief noch mit Gas. Ab 1860 versuchten mehrere Erfinder aus Deutschland, den Motor zu verbessern: Gottlieb Daimler, Carl Benz, Nicolaus Otto und Rudolf Diesel. 1886 erfanden Daimler und Benz unabhängig voneinander das erste Auto der Welt mit Benzinantrieb. Verbrennungsmotoren mit Benzin- oder Dieselantrieb waren viel leistungsfähiger und kleiner als Dampfmaschinen. Sie setzten sich in den kommenden Jahren als Antrieb für Lkw, Busse, Flugzeuge und Schiffe durch. In wenigen Jahren ersetzten Automobile die Pferdewagen.

2 Gib wieder, wie Erfindungen das Leben der Menschen veränderten.

[2] *Benz Motorwagen Nr. 1 von 1886.* Illustration.

Sprachspeicher

etwas günstig herstellen • Abwässer in Flüsse einleiten • einen Motor verbessern • *der* Motor wird mit Benzin angetrieben

etwas erfinden • eine Erfindung machen • ein neues Produkt entwickeln

[3] *Fabrikgelände in Essen.* Postkarte, 1908.

3 Beschreibe das Bild [3]. Welche Umweltprobleme werden deutlich?

Industrienation Deutschland

Nach dem verspäteten Start der Industrialisierung in Deutschland kam es ab dem Jahre 1888 in Deutschland zu einer zweiten Industrialisierungswelle. Besonders die Chemie und Elektroindustrie, aber auch die aufkommende Automobilindustrie, spielten hierbei eine entscheidende Rolle. Erfindungen wie das Auto, das Flugzeug, das Telefon oder das Radio waren anfangs noch wenig verbreitet, machten Deutschland im Laufe der nächsten Jahrzehnte aber zur größten Industrienation in Europa. Auch in Wissenschaft und Forschung nahm Deutschland in der damaligen Zeit einen Spitzenplatz ein.

4 Beschreibe die damalige Entwicklung Deutschlands zur größten Industrienation Europas.

[4] *Die erste elektrische Straßenbahn der Welt fuhr 1881 in Berlin.* Foto.

Industrie und Umwelt

Der technische Fortschritt brachte nicht nur positive Veränderungen mit sich. Einerseits erleichterten die neuen technischen Entwicklungen das Leben. Andererseits waren massive Eingriffe in die Natur nötig, um Tunnel, Brücken, Straßen und Fabriken zu bauen. Überall, wo in Dampfmaschinen, Motoren und Kraftwerken Kohle und Kraftstoff verbrannt wurde, nahm die Luftverschmutzung zu. In den Industriegebieten stiegen Tag und Nacht Rauch und Abgase aus den Schornsteinen. Vielerorts färbte der Ruß die Häuser schwarz und machte die Menschen krank. Klimaschäden und Temperaturanstieg waren den Menschen in der damaligen Zeit aber noch nicht bekannt.

5 Erkläre in eigenen Worten die Redewendung „Industrie frisst Landschaft".

Wähle einen der Arbeitsaufträge aus:

- ◣ Stelle die Vorteile und die Nachteile der industriellen Entwicklung in einer Tabelle gegenüber.

Vorteil	Nachteile
neue Arbeitsplätze	sehr lange Arbeitszeiten
...	...

- ◪ Schreibe einen Brief an einen Verwandten auf dem Lande und berichte von den Umweltproblemen in der Industriestadt.
- ⊠ Beurteile die heutige Bedeutung des Autos.

Sprachspeicher
die Umwelt wird verschmutzt, verunreinigt ▪ *die* Luftverschmutzung

⊠: Berücksichtige dabei folgende Begriffe: Mobilität, Geschwindigkeit, Unabhängigkeit.

Üben 

Arbeit bestimmt das Leben

Wie lange arbeiteten die Menschen?

[1] *Kontrolle an einem Werktor in Berlin: Pförtner, Uhr und Stempelkarten.* Foto, 1909.

Vor der industriellen Revolution

In der Zeit vor der industriellen Revolution hatten die Menschen oft keine festen Arbeitszeiten. Man arbeitete meist von Sonnenaufgang bis Sonnenuntergang und somit im Sommer länger als im Winter. Pausen konnten nach Bedarf geregelt werden. An Sonn- und Feiertagen wurde in der Regel nur das notwendigste erledigt, z. B. die Tiere gefüttert.

Die Menschen müssen sich umstellen

In den neuen Fabriken mussten sich die Menschen an feste Arbeitszeiten halten. Die teuren Maschinen brauchten Arbeiter, die sie in Betrieb hielten. Nur so konnten Waren produziert werden. Die Fabrikbesitzer verdienten mehr Geld, wenn mehr produziert wurde. In einigen Fabriken wurde daher Schichtarbeit eingeführt. Die Maschinen konnten so bis zu 24 Stunden am Tag laufen.

1 Erkläre, warum Pünktlichkeit in einer Fabrik wichtiger war als auf einem Bauernhof.

2 Begründe, warum ein Fabrikbesitzer die Menschen möglichst lange arbeiten lassen wollte.

Lange Arbeitszeiten

Die Arbeitszeiten waren zu Beginn der industriellen Revolution nicht gesetzlich geregelt. Arbeitszeiten von bis zu 16 Stunden am Tag waren üblich. Dazu kamen oft lange Wege zur Arbeit, die zu Fuß zurückgelegt werden mussten und oft über eine Stunde pro Strecke dauerten.

Gearbeitet wurde von Montag bis Samstag. Nur an Sonn- und Feiertagen hatten die Arbeiter frei. Bezahlte Urlaubstage gab es nicht.

3 Beschreibe die Entwicklung der Arbeitszeiten [2] in eigenen Worten.

Jahr	Durchschnittliche tägliche Arbeitszeit in Stunden	Durchschnittliche Wochenarbeitszeit in Stunden
um 1800	10–12	ca. 60–72
1830–1860	14–16	ca. 80–85
1896–1900	10,5	61–63
1911–1914	10	54–60

[2] *Entwicklung der Arbeitszeiten,* nach: Schneider, Michael: Streit um Arbeitszeit. Geschichte des Kampfes um Arbeitszeitverkürzung in Deutschland; Hrsg. Mayr, Hans; Janßen, Hans; Köln 1984, S. 191 f. Tabelle.

Sprachspeicher
pünktlich sein • sich nach der Uhrzeit richten • feste Arbeitszeiten einhalten • eine Stempelkarte benutzen

2: Berücksichtige *die* Begriffe Gewinn, Kosten.

Auszug aus einer Fabrikordnung der Nürnberger Eisengießerei & Maschinenfabrik Klett & Companie von 1844 (in damaliger Rechtschreibung)

§ 2

Die festgesetzten Arbeitsstunden sin von 6 bis 12 Uhr Vormittags und von 1 bis 6½ Uhr Nachmittags. Von 8 bis 8½ früh wird eine Stunde zum Frühstück freigegeben ...

§ 4

Sämmtliche Arbeiter müssen sich pünktlich zur bestimmten Arbeitszeit in der Fabrik einfinden; 10 Minuten nach Glockenschlag 6 Uhr Morgens wird die Thüre geschlossen und kein Arbeiter mehr eingelassen. ...

§ 13

Alle jene Arbeiter, welche während der Arbeitszeit herumlaufen, mit einander plaudern oder schwätzen, und Nichtsthuend bei einander stehend und somit ihre Arbeit versäumen, verfallen in eine Strafe von ¼ Tag Abzug. ...

[3] *Fabrikordnung von 1844; zitiert nach: Ruppert, Wolfgang; Die Fabrik, München 1983, S. 54 ff.*

3 Fasse mit eigenen Worten die Inhalte der Fabrikordnung zusammen.

Urlaub? Gibt es nicht!

Freizeit war früher selten. Nicht nur die Arbeitstage waren sehr lang, es gab auch keinen bezahlten Urlaub. Erst 1903 erhielten Brauereiarbeiter in Deutschland per Tarifvertrag erstmals einen Anspruch auf drei Tage Urlaub. In den 1920er-Jahren wurden zwischen den Gewerkschaften und Arbeitgebern Tarifverträge abgeschlossen, in denen bezahlter Erholungsurlaub geregelt wird. Meist waren es aber nur ein paar Tage.

Wähle einen der Arbeitsaufträge aus:

- Sprich mit Erwachsenen über deren Arbeitszeiten und Urlaubstage. Notiere dir dazu Fragen. **Starthilfe:** *Wie lang ist die tägliche Arbeitszeit? Wie lang sind die Pausen? Wie viele Tage ...*
- Nenne, wie viele Stunden du am Tag/in der Woche zur Schule gehen („arbeiten") musst. Wie lange hast du Ferien im Jahr?
- Versetze dich in einen Arbeiter oder eine Arbeiterin: Du kommst nach einem 16-Stunden-Tag von der Arbeit heim. Verfasse einen Tagebucheintrag.

[4] *Arbeiterinnen in einer Berliner Glühlampenfabrik.* Foto, um 1900.

Sprachspeicher

schwätzen > sich unterhalten

plaudern > sich locker unterhalten

Methode Ein Foto auswerten

[1] *In Lincolnton in North Carolina, USA, fotografierte Lewis W. Hine 1908 ein elfjähriges Mädchen in einer Spinnerei. Sie erzählte dem Fotografen, dass sie dort bereits seit über einem Jahr arbeite.* Foto.

Fotografie – eine neue Erfindung

Chemische Experimente und Jahrzehnte des Ausprobierens führten im Jahre 1839 zur Erfindung einer funktionierenden Fotografie. Anfangs war diese noch sehr aufwendig und teuer. Die Menschen mussten 45 Sekunden stillstehen, bis das Foto gemacht war. Schnappschüsse waren nicht möglich.

Zunächst wurden Fotos auf Metall oder Glasplatten aufgenommen. Die Firma Leica aus Wetzlar erfand 1914 die erste Kleinbildkamera. Seit dem Jahr 2000 setzten sich Digitalkameras in der Fotografie durch.

Die Fotografie war damals etwas spektakulär Neues. Sie verbreitete sich schnell. Auch viele Unternehmer ließen ihre Fabriken und Arbeiter fotografieren. Wie du Fotos auswerten kannst, erfährst du auf dieser Seite.

Beachte: Fotografien kann man manipulieren und bearbeiten. Denke an die Filter deiner Foto-App. Fotos entsprechen daher oft nicht der Realität.

* *die* **Legende:** Erklärung, eine ergänzende Information

Fotografien analysieren

Betrachte zunächst ausführlich das Foto [1] und die Legende* unter dem Foto.

1. Schritt **Motiv beschreiben**

- Was ist dargestellt: Personen, Gegenstände, Gebäude ...?
- Wie ist das Bild aufgeteilt: Vordergrund, Hintergrund, Bildmitte, rechte Seite ...?

2. Schritt **Bedingungen klären (falls bekannt)**

- Wer hat fotografiert: Fotograf/Fotografin, Privatperson; in wessen Auftrag ...?
- Wann wurde die Fotografie gemacht: Jahr, Tageszeit ...?
- Warum wurde die Fotografie gemacht: Anlass, Schnappschuss ...?
- Wo wurde fotografiert: in einem Raum, Fotostudio, draußen ...?
- Wie wurde fotografiert: Blickwinkel, Augenhöhe, von unten, von oben ...?

3. Schritt **Bildaussage deuten**

- Welche Aussage hat das Bild?
- Welche Absicht des Fotografen ist erkennbar?

zum Schritt 1 Motiv beschreiben

Im Zentrum des Fotos ist ein junges Mädchen in einem einfachen Kleid **zu sehen**, das aus einem Fenster in die Ferne schaut. **Die Legende gibt die Information**, dass das Mädchen elf Jahre alt ist und schon seit einem Jahr in der Spinnerei arbeitet. **Auf der rechten Seite des Fotos sieht man** eine große Spinnmaschine, die Fäden herstellt. Von den Fenstern fällt Licht in den großen Raum.

zum Schritt 2 Bedingungen klären

Der Fotograf Lewis W. Hine fotografierte **im Jahr** 1908 ein junges Mädchen in einer Spinnerei. Die Spinnerei befand sich, **laut Bildunterschrift**, in Lincolnton im US-Bundesstaat North Carolina. **Das Foto entstand** auf Augenhöhe des kleinen Mädchens. Das Bild vermittelt den Eindruck eines alltäglichen Schnappschusses.

zum Schritt 3 Bildaussage deuten

Der Fotograf möchte mit dem Foto vermutlich die harte Lebenswelt vieler Kinder in der damaligen Zeit darstellen. Die Fotografie soll dabei möglichst realistisch erscheinen. Der Blick des kleinen Mädchens richtet sich durch das Fenster ins Licht und in die Welt außerhalb der harten Fabrikarbeit. Statt die Welt als Kind zu entdecken, muss sie in der Fabrik arbeiten.

1 Werte Foto [2] mithilfe der Arbeitsschritte aus.
Starthilfe: *unbekannter Fotograf, Jungen, Sitzreihen, Kohlestücke, gebeugter Rücken ...*

[2] *Jungen arbeiten auf dem Gelände eines Kohlebergwerks.* Ihre Aufgabe ist es, mit der Hand Steine aus der Kohle zu entfernen. Der Kohlenstaub ist für die Gesundheit sehr schädlich. Die Kinder arbeiten auf Holzbrettern sitzend in großen, zugigen Hallen, oft zehn bis elf Stunden am Tag, an sechs Tagen pro Woche. Foto, ohne Jahr.

Wahlseite Arbeiterkinder

1 Lies den Text und fasse die Inhalte der Seite mit deinen Worten zusammen. Arbeite gemeinsam mit deinem Lernpartner oder deiner Lernpartnerin. **Starthilfe:** *Nutze den Lese-Profi auf Seite 307.*

2 Berichte deinen Mitschülern welche Kleidung Jungen und Mädchen um 1900 trugen, wie lange sie arbeiten mussten und wie sie wohnten.

[1] *Jungen in einer Textilfabrik, USA.* Foto, 1909.

[2] *Mädchen verkaufen Zeitungen, USA.* Foto, um 1910.

Arbeiterkinder

Weil die **Löhne sehr niedrig** waren, reichte das Geld in Arbeiterfamilien oft nicht zum Überleben. Viele **Eltern** waren daher **gezwungen**, ihre Kinder **ab** einem Alter von **6 Jahren zum Arbeiten** zu schicken. Kinder bekamen noch **weniger Lohn** als Erwachsene. Oft wurden sie in der Textilindustrie und im Bergbau eingesetzt. Kinder mussten **6 Tage** die Woche **bis zu 14 Stunden** arbeiten. Viele Kinder wurden unter diesen Bedingungen **krank** oder **starben**.
Nur **wenige** Arbeiterkinder konnten regelmäßig **in die Schule** gehen. Erst 1878 wurde im Deutschen Reich das Mindestalter für Kinderarbeit auf 12 Jahre erhöht. Die Höchstarbeitszeit betrug ab dieser Zeit maximal 10 Stunden.

Kleidung

Jungen trugen meist einfache **Hosen und Hemden** aus Baumwolle. Als Kopfbedeckung waren **Mützen und Kappen** weit verbreitet. **Mädchen** trugen **Kleider mit Schürzen**. Um den Kopf banden sie sich gerne ein **Kopftuch**. Wenn Familien es sich leisten konnten, hatten Kinder für besondere Anlässe, wie den Kirchgang, ein besseres Kleidungsstück.

Wohnen

Im Laufe der Zeit zogen immer mehr Menschen in die Nähe der Fabriken, in denen sie arbeiteten. Es entstanden große Städte mit vielen **Mietshäusern**. Hier lebten oft große Familien mit **acht und mehr Personen in ein oder zwei Zimmern**. Die Menschen schliefen in Betten mit **Strohsäcken als Decke**. In der Regel mussten sich mehrere Kinder ein Bett teilen. Wasser musste anfangs an einem **Brunnen im Hof** geholt werden. Auch das **Klo** befand sich meist **im Hof**: ein Holzhäuschen mit Brett und einem großen Loch darin. Später gab es manchmal einen Wasseranschluss in der Küche und eine Toilette im Treppenhaus. Gekocht und geheizt wurde mit einem **Kohleofen** im Wohnraum.

Tipps für die Erarbeitung

- Führe gemeinsam mit deinen Mitschülern und Mitschülerinnen ein Gruppenpuzzle durch. Nutzt dazu die anderen Wahlseiten des Kapitels.

Wahlseite Arbeiterinnen

1 Informiere dich auf dieser Seite über die Bevölkerungsgruppe der Arbeiterinnen.

2 Präsentiere deine Ergebnisse in geeigneter Form in der Klasse.

[1] *Arbeiterinnen in einer Glühlampenfabrik.* Foto, um 1900.

[2] *Wohnküche in Berlin.* Foto, 1907.

Arbeiterinnen

Arbeiterinnen sahen Erwerbsarbeit meist als Notwendigkeit und nicht als Traumberuf. Die Rolle der Frau war in der Regel die der Hausfrau und Zuverdienerin. Frauen wurden für Ihre Arbeit schlechter bezahlt als Männer. In den Fabriken wurden sie meist als billige und ungelernte Arbeitskraft* eingesetzt. Die Dauer und Häufigkeit von Krankheiten waren höher als bei Männern, was man zum großen Teil auf die Mehrfachbelastung von Haushalt und Kinderbetreuung zurückführen kann.

Arbeiterinnen hatten kaum Aufstiegsmöglichkeiten im Beruf. Oft war eine Heirat die einzige Möglichkeit, ihre Situation zu verbessern. Üblich war für Arbeiterfrauen eine Erwerbstätigkeit bis zur Ehe: 1882 waren in Deutschland 45 Prozent der 15- bis 20-jährigen Frauen erwerbstätig und nur 18 Prozent der 30- bis 40-jährigen. Im Laufe der Zeit arbeiteten immer mehr Frauen als Angestellte in Büros und Warenhäusern oder als Beamtinnen im Telefondienst.

Kleidung

Arbeiterinnen trugen einfache, lange Kleider oder lange Röcke mit Bluse. Über den Kleidern wurden häufig Schürzen* getragen. Hosen waren hingegen den Männern vorbehalten. Die Kleidung war meist aus einfachen Stoffen wie Baumwolle oder Leinen hergestellt. Als Kopfbedeckung im Alltag wurde oft ein einfaches Kopftuch getragen.

Wohnen

Wie die Arbeiter lebten Arbeiterinnen meist in kleinen, einfachen Wohnungen mit nur ein oder zwei Zimmern. In diesen Zimmern wurde mit mehreren Personen gekocht, gewohnt, geschlafen und gelebt. Privatsphäre gab es nicht. Arme Fabrikarbeiterinnen lebten teilweise als Schlafgängerin. Sie hatten nur ein Bett für die Nacht in einer Wohnung gemietet und mussten den Raum tagsüber verlassen.

*

die **ungelernte Arbeitskraft:** Arbeiter oder Arbeiterin ohne Berufsausbildung

die **Schürze:** Kleidungsstück, das über der normalen Kleidung getragen wird, um diese vor Schmutz zu schützen

Tipps für die Erarbeitung

- Führe gemeinsam mit deinen Mitschülern und Mitschülerinnen ein Gruppenpuzzle durch. Nutzt dazu die anderen Wahlseiten des Kapitels.

☒ Wahlseite Angestellte

1 Informiere dich auf dieser Seite über die Bevölkerungsgruppe der Angestellten.

2 Präsentiere deine Ergebnisse in geeigneter Form in der Klasse.

[1] *Angestellte im Büro.* Foto, um 1900.

[2] *Bürgerliches Wohnzimmer.* Foto, um 1909.

Angestellte

Als Angestellte galten Arbeitskräfte, die überwiegend geistige Tätigkeiten verrichteten. Dazu zählte man z. B. Büroangestellte wie Buchhalter, Telefonisten, Sekretäre, Sachbearbeiter oder Abteilungsleiter. Es gab auch die Gruppe der technischen Angestellten, zu denen z. B. Zeichner, Ingenieure* und Chemiker gehörten. Auch Verkäufer waren Angestellte.

Oft hatten diese Berufsgruppen eine höhere Ausbildung und einen höheren Verdienst als Arbeiter. Damit verbunden war auch ein höheres gesellschaftliches Ansehen*.

Kleidung

Angestellte konnten sich mehr und bessere Kleidung leisten als Arbeiter. Männer trugen normalerweise Anzüge mit Hemd und Weste. Auf der Straße und beim Spaziergang trugen Männer fast immer einen Hut. Frauen trugen lange Röcke oder Kleider. In der Öffentlichkeit zeigte ein aufwendiger Hut den Wohlstand*. Die Stoffe und die Qualität dieser Kleidungsstücke waren meist besser als die der Arbeiterinnen und Arbeiter.

Wohnen

Auch wenn nicht alle Angestellten mehr Geld als Arbeiter verdienten, so konnten sich viele von ihnen eine größere Wohnung oder gar ein eigenes Haus leisten. In diesen Wohnungen gab es meist fließend Wasser und Badezimmer mit einer Toilette.

Höhere Angestellte hatten teilweise sogar eigenes Personal, wie z. B. ein Dienstmädchen. Die Frauen von besserverdienenden Angestellten hatten meist keinen Arbeitsplatz mehr und kümmerten sich als Hausfrauen um den Haushalt und die Kinder.

*

der **Ingenieur/***die* **Ingenieurin:** Berufsbezeichnung für studierte Menschen in technischen Berufen

das **gesellschaftliche Ansehen:** Hochachtung von anderen Menschen aufgrund der sozialen Stellung

der **Wohlstand:** genug Geld zur Verfügung haben

Tipps für die Erarbeitung

- Führe gemeinsam mit deinen Mitschülern und Mitschülerinnen ein Gruppenpuzzle durch. Nutzt dazu die anderen Wahlseiten des Kapitels.

☒ Wahlseite Unternehmer

1 Informiere dich auf dieser Seite über die Bevölkerungsgruppe der Unternehmer.

2 Präsentiere deine Ergebnisse in geeigneter Form in der Klasse.

[1] *Wohnung einer reichen Familie.* Foto, um 1910.

[2] *Kaffeetafel einer feinen Gesellschaft.* Foto, 1907.

Unternehmer

Unternehmer waren meist Besitzer einer Fabrik oder eines Betriebes. Ihnen gehörten in der Regel die Produktionsmittel*. Unternehmer konnten das Personal auswählen und die Bezahlung der Mitarbeiter festlegen. Ziel war es, einen größtmöglichen Gewinn zu erzielen. Dafür war es notwendig, die Kosten der Produktion möglichst niedrig zu halten. Gewinne konnten genutzt werden, um den Betrieb zu vergrößern. Ein Unternehmer trug jedoch auch alle Risiken seines Betriebes. So konnte bei ausbleibenden Gewinnen der Betrieb zu hohen Schulden führen.

Kleidung

Reiche Unternehmer konnten sich sehr teure Kleidung kaufen. Männer trugen feine Anzüge aus besten Stoffen. Frauen teure Kleider, Röcke und Blusen. Auffällige Hüte und Pelzkleidung waren ein Zeichen für Reichtum.

* *die* **Produktionsmittel:** für die Herstellung von Produkten benötigte Dinge wie Maschinen, Gebäude, Grundstücke, Werkzeuge, Rohstoffe etc.

Wohnen

Unternehmer konnten sich meist größere Wohnungen oder Häuser leisten als Angestellte. Auch die Möbel waren teurer. Sehr erfolgreiche Unternehmer wie Werner von Siemens oder Alfred Krupp erschufen Unternehmen mit mehreren zehntausend Mitarbeitern. Sie lebten in großen Villen mit etlichen Bediensteten (Gärtner, Köche, Kutscher, Butler, Zimmermädchen, Handwerker etc.). Ihre Kinder wurden oft von Kindermädchen großgezogen und von Privatlehrern unterrichtet.

[3] *Villa Hügel: das ehemalige Wohnhaus der Familie Krupp in Essen, erbaut 1873.* Foto, 2009.

Tipps für die Erarbeitung

- Führe gemeinsam mit deinen Mitschülern und Mitschülerinnen ein Gruppenpuzzle durch. Nutzt dazu die anderen Wahlseiten des Kapitels.

Die Soziale Frage

Welche sozialen Probleme entstanden durch die Industrialisierung?

[1] *Englische Karikatur „Reichtum und Armut" aus dem Jahr 1843. Links vor der verschlossenen Tür steht „Britannia" (Frau mit Anker) als Symbol für den Staat England, der nicht eingreift.* Zeichnung von R. J. Hamerton aus der Zeitschrift The Punch.

1 Beschreibe die Karikatur [1]. **Starthilfe:** *Unten rechts in der Karikatur sieht man ...*

Die Lage der Arbeiter

Im Umfeld von Fabriken, Bergwerken und Eisenhütten* stieg die Einwohnerzahl der naheliegenden Städte stark an. Viele Menschen zogen an diese Orte, um Arbeit zu finden. Trotz harter Arbeit und Arbeitszeiten von 12–14 Stunden reichte der Lohn kaum aus, um eine Familie zu ernähren. Daher waren auch Frauen und Kinder gezwungen zu arbeiten. Wer als Arbeiter gegen die Arbeitsordnung verstieß oder Anweisungen nicht befolgte, konnte sofort entlassen werden. War man krank oder arbeitsunfähig, bekam man kein Geld. Es gab keine Rente und so mussten die Menschen möglichst lange arbeiten oder waren auf die Hilfe der Familie angewiesen.

Viele Menschen litten Hunger und waren schlecht ernährt. Besonders Kinder litten unter der Mangelernährung* und wurden krank. Da es noch keine Krankenversicherung gab, waren Ärzte für viele unbezahlbar. Kinder gingen nicht in die Schule und hatten so keine Chance, bessere Berufe zu erlernen, um der Armut zu entkommen.

2 Nenne Punkte, die du aus heutiger Sicht kritisieren würdest.

* *die* **Eisenhütte:** Anlage zur Eisengewinnung

die **Mangelernährung:** Der Zustand entsteht, wenn man zu wenig isst oder wenn man sich einseitig ernährt, z. B. nur von Kartoffeln.

Sprachspeicher

1: Nutze die Methodenseite „Karikaturen deuten", S. 46
gegen *die* Arbeitsordnung verstoßen • sich nicht an Regeln halten

an Hunger leiden • zu wenig zu essen haben • an einem Mangel leiden

[2] *Wohn- und Schlafraum einer Arbeiterfamilie in Berlin.* Foto, 1912.

Was tun?

Was soll man tun, um die Lebensverhältnisse der Arbeiter zu verbessern? Diese Frage nannte man „Soziale Frage". Sie zu lösen, war eine gewaltige Aufgabe.

3 Erkläre mit eigenen Worten:
- Was versteht man unter der Sozialen Frage?
- Warum versuchte man, sie zu lösen?

Wohnverhältnisse

Bezahlbare Wohnungen waren knapp und so teilten sich oft mehrere Menschen ein oder zwei Zimmer. Um an Geld zu kommen, vermieteten viele ihre Betten tagsüber an Kollegen, die in der Nachtschicht arbeiteten und noch keine eigene Wohnung hatten. Gekocht und geheizt wurde mit einem Kohleofen. Die Toilette war auf dem Hof oder im Treppenhaus. Ein Badezimmer gab es nicht.

4 Beschreibe die Wohnverhältnisse der Arbeiter mit eigenen Worten. Nutze auch den Text [3].

Ein Arzt berichtet 1908 über die Wohnverhältnisse:

Fast 40 bis 50 Prozent aller Arbeiterwohnungen bestehen aus zwei Zimmern, werden bewohnt von Familien, die sechs bis zehn Köpfe stark sind. ... In gesundheitlicher Beziehung jeder Beschreibung spottend, wie den elenden, krankhaft aussehenden Insassen unschwer anzusehen ist. ... In einem Schlafraum mit zwei Bettgestellen ausgestattet, der nie gelüftet, noch seltener gereinigt wird ... kampieren oft bis zehn Personen, vier Kinder in einem Bette, zwei am Kopf und zwei am Fußende, ohne Rücksicht auf Alter und Geschlecht.

[3] *nach: de Buhr, H. u. a. (Hg.): Industrielle Revolution und Industriegesellschaft, Frankfurt a. M., 1983, S. 46.*

Wähle einen der Arbeitsaufträge aus:

- Gestalte ein Protestplakat mit Forderungen der Arbeiter. **Starthilfe:** *Arbeitszeiten, Bezahlung, Wohnung*
- Schreibe einen Bericht aus Sicht eines 14-jährigen Kindes, das in einer Arbeiterfamilie lebt.

Sprachspeicher

eine Familie hat zehn Mitglieder ▪ eine Familie ist zehn Köpfe stark

jeder Beschreibung spotten > etwas ist so schlimm, dass man es nicht mit Worten sagen kann ▪ in einem Zelt kampieren > in einem Zelt wohnen

Gemeinsam sind wir stark

Wie versuchten die Arbeiter, ihre Lage zu verbessern?

[1] *Arbeiter und Unternehmer.* Gemälde von Stanislaw Lentz, 1895.

1 Beschreibe Bild [1]. Vermute, worum es bei dem Gespräch gehen könnte.

Die Arbeiter organisieren sich

Vielen Unternehmern waren die Arbeitsbedingungen ihrer Arbeiter egal. Sie hatten kein Interesse, die Lage der Arbeiter zu verbessern. Sie fürchteten, dadurch Geld und die Kontrolle zu verlieren. Die Arbeiter erkannten, dass sie nur gemeinsam etwas erreichen konnten. Sie schlossen sich zusammen und organisierten Streiks*. Doch während der Streiks erhielten sie keinen Lohn. Daher gründeten die Arbeiter Gewerkschaften. Das waren Zusammenschlüsse von Arbeitern aus mehreren Fabriken. Das Ziel von Gewerkschaften war es, Forderungen durchzusetzen und die Lage der Arbeiter zu verbessern. Bei Streiks erhielten die Mitglieder Geld aus einer gemeinsamen Kasse, in die monatlich eingezahlt wurde.

2 Erkläre, warum sich Arbeiter gemeinsam organisierten.

* *der* **Streik:** Verweigerung der Arbeit, um Forderungen durchzusetzen

Eine Partei für die Arbeiter

1863 gründete sich in Leipzig der Allgemeine deutsche Arbeiterverein. In den folgenden Jahren entstand daraus die Sozialdemokratische Partei Deutschlands (SPD). Ziel war es, dass auch die Arbeiter im Staat mitbestimmen durften. Politische Forderungen waren unter anderem eine gesetzliche Rente, Lohnfortzahlung im Krankheitsfall, eine Krankenversicherung, kürzere Arbeitszeiten, Wahlrecht für alle ab 20 Jahren und die Abschaffung der Kinderarbeit. Innerhalb weniger Jahre unterstützte eine große Wählerschaft diese Partei.

3 Zähle auf, welche Forderungen die SPD damals stellte.

Zur Gründung des Arbeitervereins verfasst der Dichter Georg Herweg das „Bundeslied". Darin heißt es:

„... Mann der Arbeit, aufgewacht!
Und erkenne Deine Macht!
Alle Räder stehen still,
Wenn Dein starker Arm das will. ..."

4 Vermute, was der Dichter damit aussagen will.

Sprachspeicher

Forderungen durchsetzen • sich gemeinsam organisieren • sich zusammenschließen • zu einem Streik aufrufen • einen Streik organisieren

[2] *Der Streik. Das Streiken war in Deutschland vor 1919 nicht erlaubt.* Gemälde von Robert Koehler, 1886.

5 Beschreibe Bild [2]. Achte dabei auf einzelne Personen und Gruppen.

6 Beschreibe, wie der Staat gegen die frühe SPD vorging.

Die SPD wird vom Staat verfolgt

Kaiser, Adel und viele Bürger sahen die SPD mit großem Misstrauen. Sie fürchteten, Macht und ihren Einfluss zu verlieren. Für Arbeiter hatten sie kein Verständnis. Adel und Bürgertum konnten sich nicht vorstellen, das „ungebildete" Arbeiter in einem Staat politische Verantwortung übernehmen konnten.

1878 wurden Attentate* auf Kaiser Wilhelm I. verübt. Der Kaiser überlebte. Doch Reichskanzler Otto von Bismarck nutzte die Situation aus. Er gab den Sozialdemokraten die Schuld an den Attentaten, obwohl sie nichts damit zu tun hatten. Bismarck erließ daraufhin das Sozialistengesetz. Es trat 1878 in Kraft. Den Sozialdemokraten wurde jede Tätigkeit verboten. Ihre Mitglieder durften sich nicht mehr treffen und keine Texte veröffentlichen. Viele Mitglieder verloren ihren Arbeitsplatz. Die Anführer der SPD wurden mit Gefängnis bestraft. Doch die Arbeiter gaben nicht auf. 1889 kam es zu einem großen Streik. In der Folge wurde das Sozialistengesetz im Jahr 1890 wieder aufgehoben.

* *das* **Attentat:** Mordanschlag auf eine oder mehrere Personen

[3] *Während der Zeit der Sozialistengesetze organisierten sich die Sozialdemokraten heimlich in Turnvereinen.* Fahne von 1883. Foto.

Wähle einen der Arbeitsaufträge aus:

- Gestalte Sprechblasen für die Personen in Bild [2]. **Starthilfe:** *Wir sind wütend auf ... Die Kinder hungern, weil ...*
- Entwickle zu Bild [1] oder [2] eine kurze Spielszene. Berücksichtige dabei die Stimmung der Beteiligten.
- Gestalte ein Plakat mit dem Titel: „Die Bewegung der Arbeiter". Nutze die Materialien und Texte dieser Doppelseite.

Sprachspeicher
kein Verständnis haben > sich nicht in etwas hineinversetzen können

Üben 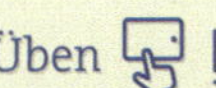

Lösungsversuche

Wie sollte man die Soziale Frage lösen?

[1] *Jungenwerkstatt im „Rauhen Haus" in Hamburg, das 1833 gegründet wurde.* Holzstich, um 1855.

Kirchliche Sozialbewegung

Das Elend der Arbeiter, ihrer Frauen und Kinder machte es notwendig, nach Lösungen für dieses Problem zu suchen. Schon in der ersten Hälfte des 19. Jahrhunderts setzten sich evangelische und katholische Geistliche mit der Sozialen Frage auseinander.

1833 gründete der evangelische Pfarrer Johann Heinrich Wichern (1808–1848) in Hamburg das *Rauhe Haus*. Hier wurden verwaiste, straffällige und obdachlose Kinder aufgenommen. Die Kinder lebten dann in familienähnlichen Wohngruppen und erhielten in der Einrichtung eine berufsvorbereitende Ausbildung.

Großen Einfluss übte auch Adolf Kolping (1813–1865) aus. Er machte zunächst eine Lehre als Schuhmacher und erlebte die schwierigen Lebensumstände der wandernden Handwerksgesellen* am eigenen Leibe. Später wurde er katholischer Priester und gründete überall in Deutschland *Kolpinghäuser*. Hier erhielten jüngere und alleinstehende Handwerksgesellen Unterkunft und Verpflegung.

1 Zähle stichpunktartig die im Text genannten Hilfen auf.

Unternehmer reagieren

Einzelne Unternehmer versuchten, das Elend der Arbeiter zu verringern. So gründete Alfred Krupp in seinem Betrieb schon 1838 eine Krankenkasse und 1858 eine Pensionskasse*. Krupp und andere Unternehmer ließen auch Werkswohnungen bauen, in denen Arbeiter vergünstigt wohnen konnten. Krupps Werksangehörige konnten in speziellen Geschäften preisgünstig Nahrungsmittel und Kleidung kaufen. Vereinzelt errichteten Unternehmer auch Schulen und Krankenhäuser für ihre Arbeitskräfte.

2 Nenne mögliche Gründe von Unternehmern, ihre Arbeiter besser zu behandeln.

*

der **Handwerksgeselle:** Handwerker mit abgeschlossener Berufsausbildung

die **Pensionskasse:** Altersversorgung, nichtstaatliche Rentenkasse

Sprachspeicher

der Geistliche • *die* Nächstenliebe • obdachlose Kinder aufnehmen • *das* Elend verringern

die Werkswohnungen • vergünstigt wohnen

Das Kommunistische Manifest

Eine grundsätzliche Verbesserung der Lage der Arbeiter strebten auch Karl Marx und Friedrich Engels an. Sie wollten eine Gesellschaft, in der alle Menschen gleichberechtigt sind. Die Fabrikanten sollten enteignet* und die Arbeiter selbst die Eigentümer der Fabriken werden. Diese Veränderungen sollten laut Marx und Engels durch eine gewaltsame Revolution der „Proletarier"* gegen die „Kapitalisten"* Wirklichkeit werden. Wie eine solche Gesellschaft entstehen könnte beschreiben sie im „Kommunistischen Manifest*".

Auszug aus dem Kommunistischen Manifest: ...
Die Kommunisten ... erklären das offen, dass ihre Zwecke nur erreicht werden können durch den gewaltsamen Umsturz aller bisherigen Gesellschaftsordnungen. Mögen die herrschenden Klassen vor einer kommunistischen Revolution* zittern. Die Proletarier haben nichts in ihr zu verlieren als ihre Ketten. Sie haben eine Welt zu gewinnen.

[3] *Marx, Karl; Engels, Friedrich: Manifest der Kommunistischen Partei, London, 1848, S. 23.*

3 Beschreibe, wie Marx und Engels die Soziale Frage lösen wollten.

[4] *Friedrich Engels (l.), Karl Marx (r.).* Fotos, 1880.

[2] *Unterkünfte armer Arbeiter am Stadtrand von Berlin.* Holzstich, 1872.

*
enteignen: Eigentum wegnehmen

der **Proletarier:** Lohnarbeiter

der **Kapitalist:** Person, die in (eigene) Unternehmen investiert, um mehr Geld zu erhalten

das **Kommunistische Manifest:** Streitschrift mit Positionen von Marx und Engels

Wähle einen der Arbeitsaufträge aus:

- Schreibe ein Gespräch zu folgender Situation: Ein Kind unterhält sich mit seiner Freundin über den Umzug aus einer Baracke [2] in eine neue Arbeiter-Siedlungswohnung. **Starthilfe:** *Ich freue mich darauf, weil ... Ich möchte gern ... Ich bin traurig, weil ...*
- Erstelle ein Plakat über eine der in den Texten genannten Personen und stelle es der Klasse vor.
- Schreibe einen Brief aus der Sicht eines Fabrikbesitzers an Karl Marx und Friedrich Engels.

Sprachspeicher
die grundsätzliche Verbesserung • *die* gleichberechtigte Gesellschaft
der gewaltsame Umsturz • *die* herrschenden Klassen • *die* Ketten verlieren > befreit werden

Üben

Reformen statt Revolution

Wie reagierte der deutsche Staat auf die Soziale Frage?

Grüß dich, Johann. Weißt du, was mit Karl passiert ist
Oje, wie geht es nun weiter?
Er hatte einen Unfall. Als er im Schacht war, ist die Decke über ihm eingebrochen. Er wurde gerettet, aber er hat ein Bein verloren.
Er kann nicht mehr arbeiten. Aber er hat vier Kinder. Seine Frau ist krank. Wir haben Geld für ihn gesammelt, aber es reicht nicht ...

[1] *Zwei junge Bergarbeiter.* Foto, 1908.

1 Gib das Gespräch der Arbeiter [1] in eigenen Worten wieder.

2 Vermute, welche Probleme sich für die Familie des Arbeiters Karl ergaben.

Die Einführung der Sozialversicherung

Zu Beginn der Industrialisierung hatten die Arbeiter keine Sicherheiten. Wer nicht mehr arbeiten konnte, der erhielt keinen Lohn. Der durchschnittliche Lohn eines Arbeiters lag um 1890 bei ca. 2,5 Mark am Tag, eine Arbeiterin verdiente ca. 1,5 Mark am Tag. Der Staat half den Arbeitern in Notlagen nicht: Wenn sie krank, arbeitslos oder alt wurden, bekamen sie keine Unterstützung. Gegen diese Zustände gab es immer mehr Proteste aus der Arbeiterschaft. Diese reichten von Streiks bis hin zu Aufrufen zu einer gewaltsamen Revolution nach den Ideen von Marx und Engels. Der deutsche Reichskanzler Bismarck erkannte diese Stimmungen, die den Staat und die Machthabenden bedrohten. Um die Gefahr abzuwenden, führte die Regierung ab 1883 Sozialversicherungen ein. Sie sollten die Not der Arbeiter lindern.

3 Beschreibe, warum die Sozialversicherungen eingeführt wurden.

Die Entwicklung der Sozialversicherungen:

1883 Krankenversicherung
Wenn man krank wurde, bezahlte die Versicherung Arztbesuche und Medizin; nach zweitägiger Wartezeit Krankengeld (50 % des Durchschnittslohns, max. 2 Mark/Tag).

1884 Unfallversicherung
Nach Unfällen wurden Heilungskosten übernommen. Bei Erwerbsunfähigkeit (Invalidität) bekam man 2/3 des Einkommens; 1/5 für Witwen.

1889 Rentenversicherung
Ab dem 70. Lebensjahr und nach 30 Beitragsjahren bekam man eine Rente von durchschnittlich 187 Mark pro Jahr.

1911 Rente für Hinterbliebene
Ab dieser Zeit bekamen auch Hinterbliebene eine Rente.
(Erst 1927 wurde die Arbeitslosenversicherung eingeführt.)

[2] *Autorentext.*

4 Erstelle ein Schaubild zur Entwicklung der Sozialversicherungen.

Sprachspeicher
die Erwerbsunfähigkeit • *die* Invalidität

[3] *Amtliches Schaubild zur Sozialversicherung;* Ausschnitt, 1914.

Wer zahlte die Beiträge?
Um die Leistungen der Krankenversicherungen zu ermöglichen, mussten sowohl Arbeiter als auch Unternehmer einen monatlichen Beitrag leisten. Zwei Drittel des Versicherungsbeitrags zahlte der Arbeiter und ein Drittel der Arbeitgeber. In die Rentenversicherung wurde im Verhältnis 50:50 eingezahlt. Nur die Unfallversicherung bezahlte der Arbeitgeber zu 100 Prozent.

Die Wirkung der Sozialversicherungen
Die Versicherungen waren etwas völlig Neues. Nirgendwo auf der Welt gab es damals etwas Vergleichbares. Der deutsche Staat wollte beweisen, dass er sich auch um seine Arbeiter kümmerte. Bismarck hoffte, dass sich die Arbeiterparteien auflösen würden. Doch das geschah nicht. Grundsätzlich begrüßten viele Arbeiter die Einführung der Sozialversicherungen. Doch die geringen Leistungen der Versicherungen reichten in ihren Augen nicht aus, um die Not wirkungsvoll zu lindern. So musste man, um eine Rente zu bekommen, 70 Jahre alt werden. Dieses Alter erreichten damals nur wenige Arbeiter. Da die Löhne meist sehr gering waren, reichte ein Krankengeld in Höhe von 50 Prozent des Lohnes meist kaum zum Überleben.

5 Bewerte die Einführung der Sozialversicherung aus Sicht der Arbeiter.

Wähle einen der Arbeitsaufträge aus:

- ▼ Zwei Arbeiter unterhalten sich 1883 über die Einführung der Sozialversicherung. Der eine findet sie gut, der andere ist kritisch. Finde Argumente, die für die Sozialversicherung sprechen (pro) und welche, die gegen sie sprechen (kontra). **Starthilfe:** *pro: Eine Absicherung bei Krankheit ist gut, weil ... ; kontra: Wenn man nur die Hälfte des Lohns bei Krankheit bekommt, reicht das aber nicht ...*
- ◣ Erstelle eine Mindmap zur Einführung der Sozialversicherungen.
- ⧗ Erkundige dich, wie Beschäftigte heute sozialversichert sind. Erstelle dazu eine Übersicht.

Sprachspeicher
der Versicherungsbeitrag • *die* Not lindern

⧗: Spreche mit Erwachsenen und informiere dich zusätzlich im Internet.

Veränderungen in der Arbeitswelt

Ist der Industrialisierungsprozess zu Ende?

[1] *Fertigung von Lokomotiven in Berlin.* Holzstich, 1847.

[2] *Fließbandproduktion von Staubsaugern.* Foto, 1926.

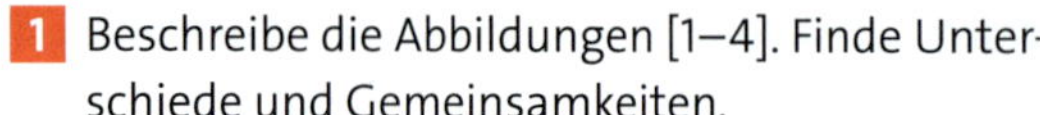

1 Beschreibe die Abbildungen [1–4]. Finde Unterschiede und Gemeinsamkeiten.

Veränderungen und kein Ende

Im mittelalterlichen Handwerksbetrieb stellten ein Meister und seine Gesellen ein Werkstück vollständig selbstständig her. Dies geschah durch Handarbeit und die Ware war meist für einen lokalen Markt* bestimmt.
In der Fabrik des 19. Jahrhunderts arbeiteten Lohnarbeiter für einen Unternehmer. Maschinen übernahmen einen großen Teil der Produktion. Die Produkte waren jetzt oft für das In- und Ausland gedacht.
Diese Veränderungen in der Arbeitswelt gingen auch nach der industriellen Revolution weiter und endeten nicht mit der Dampfmaschine und der Arbeit in der Fabrik.

2 Nenne Unterschiede zwischen der mittelalterlichen Arbeitsweise und der industriellen Produktion.

* *der* **lokale Markt:** Käufer und Anbieter von Waren sind in der Umgebung

Entwicklungsstufen der Industrie

Erfindungen, Weiterentwicklungen aber auch Forderungen der Beschäftigten verändern die Arbeitswelt ständig.

Industrie 1.0

Um 1800 ermöglichen Dampfmaschinen und Fabriken die Massenproduktion. Eisenbahnen und Dampfschiffe erleichtern den Transport und die Fortbewegung.

Industrie 2.0

Um 1900 ersetzen elektrisch angetriebene Maschinen zunehmend die Dampfmaschinen. Henry Ford setzt 1913 die moderne Fließbandarbeit in der Automobilindustrie ein. Arbeiter führen jetzt, an einem sich bewegenden Band, immer nur einen kleinen Arbeitsschritt aus. Telefon, Telegramme und Schreibmaschine verändern die Arbeit im Büro. Autos und Flugzeuge machen die Menschen mobiler.

Sprachspeicher
der Handwerksbetrieb · *der* Meister · *die* Arbeitswelt · *die* Fließbandarbeit

[3] *Schweißroboter in der Autoindustrie.* Foto, 2009.

Industrie 3.0

Ab 1970 übernehmen Computer und Roboter immer mehr Arbeiten. Das wichtigste Elektronikbauteil wird der Mikrochip*. Im Büro werden Computer unersetzlich.

* *der* **Mikrochip:** kleines elektronisches Bauteil mit einer elektronischen Schaltung

Industrie 4.0

Ab 2020: Maschinen sollen sich durch künstliche Intelligenz* möglichst selbst steuern und Entscheidungen treffen. Die Industrie und die Maschinen sind dazu über digitale Systeme (Internet, 5G) vernetzt. Man nennt eine stark digitalisierte Fabrik auch Smart Factory.

In einer Fabrik 4.0 führen intelligente Maschinen selbstständig Fertigungsprozesse* durch, Serviceroboter unterstützen Menschen, fahrerlose Transportfahrzeuge erledigen den Materialtransport und Maschinen erkennen Fehler und können sich zum Teil selbstständig reparieren.

3 Beschreibe die Entwicklungsschritte von der Industrie 1.0 zur Industrie 4.0

[4] *Computergestützte Produktion in der Industrie 4.0.* Foto, 2020.

Chancen und Herausforderungen

Im Idealfall steigert die Industrie 4.0 Produktivität und Effizienz. Ressourcen und Arbeitskräfte werden eingespart. Kleinstserien und Einzelstücke können ohne hohe Zusatzkosten hergestellt werden. Arbeitsplätze fallen dafür in vielen Bereichen weg. Beschäftigte müssen umgeschult werden. Der Datenschutz und die Sicherheit von Computersystemen stellen Unternehmen und die Gesellschaft vor große Herausforderungen.

* *die* **künstliche Intelligenz:** Ein Computerprogramm erkennt und sortiert selbstständig Informationen. Das Programm lernt dabei durch Wiederholungen dazu.

der **Fertigungsprozess:** Reihenfolge von Arbeitsschritten zur Herstellung eines Produkts

Wähle einen der Arbeitsaufträge aus:

- Erstelle eine Zeitleiste zum Thema „Von der Industrie 1.0 zur Industrie 4.0“.
- Erstelle eine Mindmap, wie eine Industrie 5.0 aussehen könnte.
- „Technische Neuerungen sind der Motor der Wirtschaft.“ Nimm Stellung zu dieser Aussage.

Sprachspeicher

das Elektronikbauteil · *die* Intelligenz · *der* Serviceroboter

Computer steuern Maschinen · Beschäftigte müssen sich weiterbilden · Beschäftigte müssen Neues lernen

Das kann ich!

Versuche zunächst, die Aufgaben auf dieser Doppelseite zu lösen, ohne im Kapitel nachzusehen. Wenn du Hilfe brauchst, kannst du bei den Aufgaben nachschlagen. Dort sind in Klammern die Seiten angegeben.

Begriff	Bedeutung
die Dampfmaschine	Frage, wie man die Not der Arbeiter bekämpfen konnte
die Fabrik	Sammelbegriff für gesetzlich vorgeschriebene Kranken-, Renten-, Arbeitslosen- und Unfallversicherung
Alfred Krupp	Antriebsmaschine (1769 von James Watt konstruiert)
die Soziale Frage	Auswirkung der Industrialisierung auf die Umwelt
die Sozialversicherung	Bezeichnung für die Gewinnung von Bodenschätzen (z. B. Kohle und Eisenerz)
der Bergbau	Besitzer eines Unternehmens (Fabrik/Bergwerk o. Ä.)
der Unternehmer	Zusammenschluss von Arbeitnehmern zur Durchsetzung ihrer Interessen
die Gewerkschaft	Besitzer einer Guss-Stahlfabrik in Essen
die Umweltverschmutzung	Produktionsstätte (mit Maschinen ausgestattet)

[1] *Begriffe und ihre Bedeutung.*

[2] *Motorenbau für Pkw in Rüsselsheim.* Foto, um 1900.

[3] *Wortwolke.*

Stadt/Einwohner	1800	1900
Essen	4000	119000
Berlin	172000	1889000
Manchester (GB)	77000	544000
Liverpool (GB)	82000	685000
Arbeiter in:	**1780**	**1900**
Landwirtschaft	65%	38%
Industrie	19%	37%

[4] *Autorentext, Wohnen und Arbeiten 1800 und 1900.*

Sachkompetenz

1 Ordne den Begriffen auf der linken Seite [1] die jeweils passende Erklärung zu.

2 Beschreibe, wie die industrielle Revolution mit der Textilindustrie in England begann. Nutze dazu die Wortwolke [3]. (S. 74/75)

3 Beschreibe die Folgen der Industrialisierung für die Umwelt. (S. 79)

4 Stelle die soziale Lage der Arbeiter in der Zeit um 1870/80 dar. (S. 84/85, 88/89)

5 Nenne Lösungsansätze für die Soziale Frage. (S. 92–95)

6 Erkläre, wie sich die Industrie seit der 1. industriellen Revolution weiterentwickelt hat. (S. 96/97)

Methodenkompetenz

7 Werte die Statistik [4] aus. Erläutere, welche Entwicklungen ablesbar sind und wodurch sie verursacht wurden. (S. 74–77)

8 Analysiere das Foto [2]. Nutze dabei die Schritte auf S. 82/83.

Urteilskompetenz

9 Beurteile, ob die industrielle Revolution den Menschen mehr Vor- oder Nachteile brachte.

10 Beurteile, ob Reichskanzler Bismarck die Sozialversicherungen nur zum Wohl der Arbeiter einführte. (S. 94/95)

Orientierungskompetenz

8 Diskutiert die Aussagen des Geleitwortes [5]. Sind sie zutreffend?

Teste dich

GWINN
15

Einigkeit und Freiheit? – Nationalstaaten im 19. Jahrhundert

Die deutsche Fußballnationalmannschaft der Frauen bei der Europameisterschaft 2022
Deutschlandfahnen sind bei internationalen Fußballspielen ein normales Bild. Auch die Nationalhymne wird gespielt und gesungen.

1 Beschreibe das Bild.
2 Berichte, wo dir die Deutschlandfahne und die Nationalhymne noch begegnen.
3 Schreibe die Nationalhymne auswendig auf oder notiere, was du zur Fahne oder zur Hymne wissen möchtest.

Schauplatz Nation und nationale Symbole

Fußball spielen für Deutschland

Das ist für die Frauennationalmannschaft nicht so selbstverständlich wie für die Männernationalmannschaft. Noch bis 1970 war Fußball für Frauen in Deutschland verboten. Erst im Jahr 1991 fand die erste Fußball-WM der Frauen statt.
Auch in der Politik mussten die Frauen hart dafür kämpfen, dieselben Rechte zu bekommen wie die Männer. Das Wahlrecht für Frauen wurde in Deutschland erst im Jahr 1919 eingeführt.

[2] *Bundesadler im Zeichen des Deutschen Fußballbundes,* Foto, 2022.

Nationalsymbole zur Wiedererkennung

Jede Nation hat verschiedene Symbole*, an denen sie zu erkennen ist. Sie dienen gewissermaßen als Erkennungsmerkmal. Wenn jemand ein solches Symbol trägt, kann man als Angehörige oder Angehöriger einer Nation erkannt werden. Beim Fußball ist es ähnlich: Fans einer Mannschaft erkennen sich am Trikot oder Schal. Gleichzeitig dienen diese Nationalsymbole auch als Abgrenzung gegen andere Nationen. Wer sie nicht trägt oder Symbole anderer Staaten trägt, gehört nicht dazu. Auch das kennen wir vom Sport und besonders vom Fußball. Bei Länderspielen ist an den Flaggen zu erkennen, wo im Stadion die Fans welcher Mannschaft sitzen.

* *das* **Symbol:** ein Zeichen, das für etwas steht – wie eine Flagge oder *der* Bundesadler

[1] *Die Nationalflagge der Bundesrepublik Deutschland vor dem Reichstagsgebäude in Berlin.* Foto, 2016.

Aber was ist eigentlich eine Nation?

Im Wort Nationalstaat steckt das Wort „national". Dieses Wort ist das Adjektiv zum Nomen „Nation". Wenn man ausdrücken möchte, dass etwas mit der Nation zu tun hat, kann man das Wort „national" verwenden. So gibt es Nationalhymnen, Nationalflaggen, Nationalwappen, aber eben auch Nationalmannschaften und nationale Wettkämpfe im Sport. Im Bereich der Kultur gibt es Nationalmuseen und Nationaltheater.
Aber was ist eigentlich eine Nation? Der Begriff stammt aus dem Lateinischen und bedeutet ursprünglich „Volk" oder „Herkunft". Heute verwendet man ihn oft, wenn man einen Staat meint, wie etwa Deutschland. Auch spricht man von einer Nation, wenn man ausdrücken möchte, dass Menschen zusammengehören, weil sie eine gemeinsame Sprache haben, weil sie als Gruppe eine gemeinsame Geschichte haben oder weil sie sich einer Gesellschaft zugehörig fühlen.

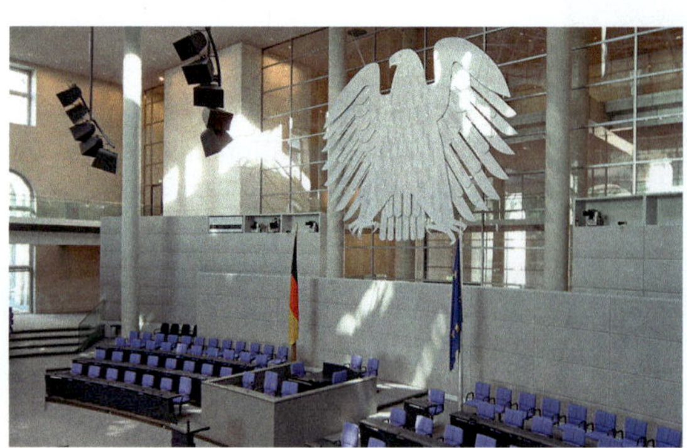

[3] *Der Bundesadler im Plenarsaal des Deutschen Bundestages in Berlin.* Foto, 2005.

[4] *„Das Lied der Deutschen", 3. Strophe, die Nationalhymne der Bundesrepublik Deutschland.* Text: Hoffmann von Fallersleben (1841), Musik: Joseph Haydn (1797).

Die Nationalflagge und das Nationalwappen

Die schwarz-rot-goldene Nationalflagge [1] wurde 1848 zum ersten Mal offiziell für einen deutschen Staat benutzt. Als Erkennungszeichen der Deutschen ist sie aber noch älter. Das Grundgesetz bestimmt in Artikel 22: Die Bundesflagge ist schwarz-rot-gold.

Das deutsche Nationalwappen ist der Bundesadler [2, 3]. Er findet sich z.B. auf offiziellen Dokumenten oder Uniformen und Trikots. Im Plenarsaal des Bundestages hängt ein besonders großes und schweres Exemplar des Bundesadlers: Es ist aus Aluminium und 8,5 Meter hoch und 6,5 Meter breit und wiegt 2,5 Tonnen. Dieser Bundesadler wird deshalb auch scherzhaft als „fette Henne" bezeichnet.

[5] *Im Bundestag wird die Nationalhymne bei einer Gedenkveranstaltung gespielt,* Foto, 2023.

Nationalhymne

Auch die deutsche Nationalhymne [4] stammt bereits aus dem 19. Jahrhundert. Der Dichter Hoffmann von Fallersleben hat „Das Lied der Deutschen" 1841 geschrieben. Da die ersten zwei Strophen von den Nationalsozialisten missbraucht wurden, wurde nach dem Zweiten Weltkrieg entschieden, dass nur die dritte Strophe des Liedes als Nationalhymne der Bundesrepublik Deutschland gilt. Seit 1991 ist sie die Nationalhymne des vereinten Deutschlands.

Wähle einen der Arbeitsaufträge aus:

- Recherchiere weitere Informationen zum Bundesadler unter Bundestag.de.
- Erstelle eine Collage mit den Nationalsymbolen der Herkunftsländer deiner Mitschülerinnen und Mitschüler.
- Gestalte eine Diashow mit Bildern der deutschen Nationalsymbole und hinterlege sie mit der Nationalhymne.

Sieg über Napoleon

Napoleon eroberte weite Teile von Europa. 1812 nahm er sogar Moskau ein. Seine Armee wurde vom sehr kalten Winter in Russland überrascht, von den vermutlich 450 000 Soldaten überlebten nur 18 000. Die europäischen Großmächte Großbritannien, Russland, Österreich und Preußen verbündeten sich daraufhin gegen Napoleon. Dies rief auch in Deutschland große Kampfesfreude hervor. Viele junge Männer meldeten sich freiwillig zum Kampf gegen die Franzosen. In der Völkerschlacht bei Leipzig konnte Napoleons Armee 1813 geschlagen werden.

Er wurde auf die Mittelmeerinsel Elba verbannt. Von dort versuchte er 1815, noch einmal die Macht zu ergreifen. Bei Waterloo wurde er ein weiteres Mal geschlagen und auf die Insel St. Helena im Südatlantik ins Exil geschickt, wo er 1821 starb.

1 Erkläre mithilfe des Textes, warum die Denkmäler auf den Bildern [1] und [2] errichtet wurden.

Neuer Schwung für die deutsche Idee

Der Sieg über Napoleon beflügelte das Nationalgefühl in Deutschland. In zahlreichen Städten entstanden Denkmäler, die an den Sieg über Napoleon erinnerten.

Viele Deutsche träumten von einem vereinten Deutschland. Durch Napoleon war nicht nur der Krieg über Europa gekommen. Auch die freiheitlichen Gedanken der französischen Revolution verbreiteten sich in Europa. So gab es auch in den deutschen Staaten immer mehr Menschen, die über Politik nachdachten und sich neben dem Nationalstaat auch Meinungs- und Pressefreiheit wünschten und sich durch Wahlen an der Politik beteiligen wollten. Sollten diese Hoffnungen nun erfüllt werden?

[1] *oben: Die Waterloo-Säule in Hannover von 1832 erinnert an den Sieg in der Schlacht bei Waterloo, den Großbritannien, Hannover und Preußen gemeinsam gegen Napoleon errungen hatten.* Foto, 2010.

[2] *rechts: 1865, als der 50. Jahrestag des Siegs bei Waterloo gefeiert wurde, wurde in Wiesbaden ein Denkmal für bei dieser Schlacht gefallene Soldaten errichtet.* Foto, o. J.

▸ **1815**
Wiener Kongress/Gründung des Deutschen Bundes

▸ **1817**
Wartburgfest: Studenten und Professoren demonstrieren für Freiheit und Einheit

▸ **1819**
Karlsbader Beschlüsse: Die Fürsten überwachen die Universitäten und kontrollieren die Presse

▸ **1830**
Revolutionen in Frankreich und Polen

▸ **1832**
Hambacher Fest

▸ **1848/49**

Revolutionen in Deutschland
Nationalversammlung

▸ **1862**
Otto von Bismarck wird Ministerpräsident in Preußen

▸ **1864**
Preußen führt Krieg gegen Dänemark

▸ **1866**
Preußen führt Krieg gegen Österreich

▸ **1870/71**
Preußen führt Krieg gegen Frankreich
Gründung des Deutschen Kaiserreichs

Einigkeit und Freiheit? Nationalstaaten im 19. Jahrhundert

Die Neuordnung Mitteleuropas

Was geschah nach dem Sieg über Napoleon?

[1] *Der Deutsche Bund 1815.* Karte.

Der Wiener Kongress

Nach dem Sieg über Napoleon musste Europa neu geordnet werden. Die Großmächte hatten ein großes Interesse daran, alles wieder so zu ordnen, wie es vor Napoleon gewesen war. Das nennt man Restauration*. So schlossen sich der Zar von Russland, der Kaiser von Österreich und der König von Preußen zur sogenannten „Heiligen Allianz" zusammen, um gegen alle nationalen und freiheitlichen Ziele der Menschen zu kämpfen. Die Menschen waren davon sehr enttäuscht, besonders auf dem Gebiet des späteren Deutschlands. Sie hatten auf einen einheitlichen deutschen Staat und eine Volksvertretung gehofft. Diese hatte der preußische König versprochen, um Kämpfer gegen Napoleon zu gewinnen. Sein Versprechen hielt er im Wiener Kongress nicht ein.

1 Benenne die Ziele der Fürsten auf dem Wiener Kongress.

2 Vergleiche die Karte [2] auf Seite 63 und die Karte [1] auf dieser Seite und beschreibe die Gebietsveränderungen nach dem Wiener Kongress. Arbeite mit einem Partner oder einer Partnerin, damit ihr eure Bücher nebeneinanderlegen könnt.

* *die* **Restauration:** Wiederherstellung des alten Zustands nach einer Revolution oder einem Aufstand

Sprachspeicher
von etwas enttäuscht sein

1: Die europäischen Fürsten hatten zum Ziel, dass ...

[2] *Europas Herrscher auf dem Wiener Kongress.* Unbekannter Künstler, Radierung/Aquarell, um 1815.

3 Beschreibe Bild [2]: Was tun die Fürsten?

Lange Verhandlungen

Der Wiener Kongress* wurde vom österreichischen Außenminister Fürst Klemens von Metternich geleitet. In Wien trafen sich Abgesandte oder Herrscher aus ungefähr 200 europäischen Staaten und Städten. Fast alle Staaten Europas waren vertreten. Die Verhandlungen dauerten zehn Monate lang. Neben offiziellen Verhandlungsterminen, wie auf Bild [2] zu sehen, gab es auch inoffizielle Treffen, auf denen weiterdiskutiert wurde. So wurden viele Gespräche z.B. beim Abendessen geführt. Am 9. Juni 1815 wurden die vereinbarten Verträge beschlossen.

4 Erkläre, warum die Menschen in den deutschen Staaten nach dem Wiener Kongress enttäuscht waren.

Der Deutsche Bund

Die europäischen Herrscher, besonders die Großmächte Österreich, Großbritannien und Russland, wollten verhindern, dass in der Mitte von Europa ein mächtiger deutscher Staat entstand.

Auch die Fürsten der deutschen Einzelstaaten wollten keinen deutschen Kaiser über sich haben. So schlossen sich 35 deutsche Staaten und vier freie Reichsstädte zum Deutschen Bund zusammen. Dieser Bund war ein eher lockeres Bündnis. Die Staaten behielten ihre eigenen Währungen und an den Grenzen zwischen den Staaten mussten Zölle bezahlt werden. Einig waren sich die deutschen Fürsten nur darin, dass sie alle freiheitlichen Bestrebungen bekämpfen wollten.

5 Beschreibe den Deutschen Bund.

* *der* **Kongress:** politische Tagung oder Versammlung von Fachleuten

Wähle einen der Arbeitsaufträge aus:

- Gestalte ein Protestplakat für ein vereinigtes Deutschland.
- „Diplomatie ist die Kunst des Verhandelns." Erkläre diese Aussage am Beispiel des Wiener Kongresses.

Sprachspeicher

sich zusammenschließen ▪ Staaten, die sich zusammenschließen, bilden einen Bund

Verhandlungen führen ▪ *die* Ergebnisse in einem Vertrag festhalten ▪ einen Vertrag abschließen

Protest und Unterdrückung

Welche Forderungen hatten die Menschen im Deutschen Bund?

[1] *„Der Denker Club".* Karikatur, um 1820, unbekannter Künstler, Radierung/Aquarell. Auf dem Schild über dem Tisch steht: „Wie lange möchte uns das Denken noch erlaubt bleiben?"

1 Arbeite mit der Karikatur: Beschreibe, was du siehst. Was drückt die Körperhaltung der Figuren aus? Warum tragen die Figuren einen Maulkorb*? Was bedeutet die Aussage auf dem Schild?

Protest gegen die Fürsten

Im Jahr 1517 hatte Martin Luther die Reformation angestoßen (vgl. S.16). Später musste er sich auf der Wartburg verstecken. 300 Jahre später, im Oktober 1817, trafen sich dort Studenten. Sie wollten diese Reformation feiern, aber auch den Sieg gegen Napoleon in der Völkerschlacht bei Leipzig vier Jahre zuvor (vgl. S. 104). Die Wartburg als Versteck Luthers war für viele ein besonderer Ort, weshalb dorthin eingeladen wurde. Die Studenten wollten aber nicht nur fröhlich feiern. Sie waren unzufrieden mit der Situation seit dem Wiener Kongress. An den Universitäten entstanden Burschenschaften, in denen politische Themen diskutiert wurden. Die Studenten wollten einen einheitlichen deutschen Staat und forderten u.a. Meinungs- und Pressefreiheit. Ihre Wut und Unzufriedenheit äußerte sich auf dem Wartburgfest in der Verbrennung von Büchern und Symbolen, die für die Fürstenherrschaft standen.

Die Karlsbader Beschlüsse

Die Entwicklungen an den Universitäten und die Geschehnisse des Wartburgfestes gefielen den Fürsten überhaupt nicht, da sie um ihre Macht fürchteten. Als am 23. März 1819 der Burschenschafter Karl Ludwig Sand den Dichter August von Kotzebue ermordete, nahmen die Fürsten dies zum Anlass, um strenge Gesetze zu beschließen. Die Burschenschaften wurden verboten, die Universitäten sollten überwacht werden und die Pressezensur* wurde eingeführt.

2 Erkläre den Zusammenhang zwischen Wartburgfest und Karlsbader Beschlüssen.

* *der* **Maulkorb:** Ihn tragen Hunde über der Schnauze, damit sie nicht beißen können. Im übertragenen Sinn steht der Maulkorb dafür, dass man etwas nicht aussprechen darf.

die **Pressezensur:** Der Staat bestimmt, was in Zeitungen und Büchern geschrieben werden darf.

Sprachspeicher

etwas anstoßen • dafür sorgen, dass etwas anfängt •
u. a. > unter anderem, nicht nur das, sondern auch noch andere Sachen

um etwas fürchten > befürchten, dass etwas aufhört und nicht mehr so ist wie vorher

3 Beschreibe das Bild [2].

[2] *Zeitgenössische Darstellung vom Hambacher Fest 1832.* Druck, 1832.

Das Hambacher Fest

Im Jahr 1830 kam es in Frankreich erneut zu einer Revolution, bei der der König abgesetzt wurde. Auch in anderen europäischen Staaten, wie z.B. Polen, Belgien, Großbritannien und der Schweiz, kam es im Verlauf des Jahres zu Demonstrationen, Reformen oder auch Revolutionen. Auch in einigen Teilstaaten des Deutschen Bundes kam es zu Unruhen. Immer mehr Menschen forderten die Abschaffung der Karlsbader Beschlüsse und eine Verfassung für ein geeintes Deutschland. Einen Höhepunkt erreichte diese nationale Bewegung auf dem Hambacher Fest am 27. Mai 1832. Dieses Mal kamen nicht nur Studenten zusammen, sondern es versammelten sich 30 000 Männer und Frauen aus allen gesellschaftlichen Schichten. Es wurde gegessen und getrunken, aber natürlich war die Politik das Hauptthema. Viele schmückten sich mit der schwarz-rot-goldenen Fahne. Lieder mit politischen Inhalten wurden gesungen. Redner forderten Einheit und Freiheit.

Und die Fürsten?

Sie sahen ihre Macht stärker bedroht als zuvor und verboten den Menschen, sich zu versammeln und in Reden ihre Meinung zu äußern. Es wurde ganz genau darauf geschaut, was in Zeitungen veröffentlicht wurde, die Zensur wurde noch strenger umgesetzt. Personen, die sich weiterhin für Freiheit und Einheit in Deutschland einsetzten, liefen Gefahr, ins Gefängnis zu kommen. Selbst im Freundeskreis musste man vorsichtig sein, was man sagte, da man nie wusste, ob man nicht verraten würde. Viele Menschen verließen in dieser Zeit den Deutschen Bund und wanderten aus, weil sie nicht in solcher Unterdrückung leben wollten. Sie gingen nach Ost- und Südeuropa, aber auch in die USA.

4 Stelle die Forderungen der Menschen und die Maßnahmen der Fürsten in einer Tabelle gegenüber.

Wähle einen der Arbeitsaufträge aus:

- Lies den Text „Das Hambacher Fest". Entwirf ein Plakat mit Forderungen, das jemand auf dem Hambacher Fest tragen könnte.
- Überlege, wie sich die Menschen trotz der Verbote über politische Themen austauschen konnten, ohne erwischt zu werden. Schreibe eine kurze Szene eines solchen Austauschs.
- Eine Frau möchte ihren Mann überzeugen, dass sie mit ihm zum Hambacher Fest gehen darf. Liste Argumente auf, die sie nennen könnte.

Sprachspeicher
geeint • vereint • vereinigt sein • einen Höhepunkt erreichen • die Ereignisse steigern sich immer mehr gründlich umsetzen • darauf achten, dass etwas sehr genau eingehalten wird • in Unterdrückung leben • ohne Freiheit leben

Üben

Methode Politische Dichtung verstehen

Wichtige Ereignisse oder politische Entwicklungen werden von Dichterinnen und Dichtern in Texten festgehalten. Die in Versen und Strophen verfassten Gedanken lassen sich leicht merken. So finden politische Gedichte oft eine schnelle Verbreitung. Da solche Gedichte auch die Gefühle von Hörerinnen und Hörern ansprechen, bleiben sie noch besser in Erinnerung. Diese Wirkung wird noch verstärkt, wenn die Gedichte vertont werden. Als Lieder können sie mitgesungen werden, das gemeinsame Singen mit Gleichgesinnten verstärkt das Zusammengehörigkeitsgefühl. Das Singen macht darüber hinaus auch Mut. So kann es auch sein, dass das Singen zum Handeln auffordert. Wer sich davon angesprochen fühlt, denkt die Ideen der Lieder nicht nur mit, sondern lässt sich vielleicht auch ermutigen, die Gedanken durch Handeln in die Tat umzusetzen. Die Menschen des 19. Jahrhunderts verstanden die Texte beim ersten Hören. Wir müssen etwas genauer hinschauen und hinhören, um zu verstehen, was gemeint ist. Dazu helfen die folgenden Schritte.

1 Bearbeite die deutsche [1] und die französische [2] Nationalhymne mithilfe der Schritte.

Die Nationalhymne der Bundesrepublik Deutschland:

Einigkeit und Recht und Freiheit
für das deutsche Vaterland!
Danach lasst uns alle streben
brüderlich mit Herz und Hand!
Einigkeit und Recht und Freiheit
sind des Glückes Unterpfand:
Blüh im Glanze dieses Glückes,
blühe, deutsches Vaterland!

[1] *„Das Lied der Deutschen"; 3. Strophe;* Text: August Heinrich von Fallersleben, 1841. Der Dichter übernahm für seinen Text die Melodie des Liedes „Gott erhalte Franz den Kaiser". Diese wurde von Joseph Haydn komponiert und war bis 1918 die Nationalhymne von Österreich.

Die Nationalhymne der Französischen Republik:

Auf, Kinder des Vaterlandes,
Der Tag des Ruhmes ist da.
Gegen uns wurde der Tyrannei
Blutiges Banner erhoben.
Hört Ihr im Land
Das Brüllen der grausamen
Krieger?
Sie rücken uns auf den Leib
Eure Söhne, eure Frauen zu köpfen!

Refrain:

Zu den Waffen, Bürger!
Schließt die Reihen,
Vorwärts, marschieren wir!
Das unreine Blut

[2] *Marseillaise;* Text und Melodie: Claude Joseph Rouget de Lisle, 1792. Das Lied hatte zuerst den Titel „Kriegslied für die Rheinarmee".

	Sprachliche Formulierungshilfen/Tipps
1. Schritt **Den Text lesen und hören**	
Höre dir das Lied an und lies den Text mit.	*Du kannst dir die Nationalhymnen im Internet anhören.*
2. Schritt **Die Entstehung des Liedes klären**	
▪ **Wer** hat den Text gedichtet?	*Der Autor des Textes heißt …*
▪ **Wer** hat die Melodie geschrieben?	*Die Melodie wurde von … geschrieben.*
▪ **Was** war zuerst da: der Text oder die Musik?	*Der Komponist hat den fertigen Text vertont.* Oder: Der Dichter hat den Text zur Melodie geschrieben.
▪ **Wann** sind Text und Musik entstanden?	*Die Melodie ist im Jahr … entstanden, der Text im Jahr …*
▪ **Wo** (in welchem Land/in welcher Gegend) wurde das Lied gesungen?	*Das Lied wurde vor allem in … gesungen.*
▪ **Wer** hat das Lied gesungen?	*Das Lied wurde zuerst von … gesungen.*
3. Schritt **Den Text untersuchen**	
▪ **Wie** heißt der Titel des Liedes?	*Der Text hat den Titel …*
▪ **Worum** geht es in den einzelnen Strophen?	*In der ersten Strophe geht es um …* *Die zweite Strophe handelt von …* *Die dritte Strophe beschreibt …*
▪ **Worum** geht es im Refrain?	*Im Refrain geht es um … Durch die Wiederholung wird diese Aussage besonders betont.*
▪ **Was** ist die Aussage des Textes?	*Die Aussage des Liedes ist …* *Das Lied will dazu aufrufen, dass …*
4. Schritt **Die Wirkung beurteilen**	*Tipp: Hör dir das Lied für diesen Schritt noch* einmal *an.*
▪ **Wie** ist die Musik? ▪ schnell – langsam ▪ laut – leise ▪ fröhlich – traurig ▪ mitreißend – zurückhaltend ▪ kämpferisch – friedlich	*Die Musik ist eher …* *Die Musik hört sich … an.*
▪ **Wie** passen Text und Musik zusammen?	*Text und Musik passen gut/nicht gut zusammen, weil …*
▪ Welche **Gefühle** hast du beim Hören des Liedes?	*Beim Hören fühle ich …* *Das Lied löst bei mir …. aus.*
▪ Ist die **Botschaft** des Liedes **positiv** oder **negativ**?	*Die Botschaft des Liedes ist eher …*

Die Revolution von 1848

Gelingt der Kampf für Einheit und Freiheit?

[1] *Kampf zwischen Bürgern und Militär in Berlin auf dem Alexanderplatz am 18./19. März 1848,* Farbdruck.

1 Beschreibe die Bilder [1] und [2].

In Europa wird es unruhig

Im Jahr 1848 kam es erneut zu Revolutionen in Europa. Der französische König musste vor den aufgebrachten Bürgern ins Ausland fliehen. Vom französischen Vorbild ermutigt, gingen auch in Württemberg, Bayern und Österreich die Menschen auf die Straße, um für Einheit und Freiheit zu demonstrieren.

Demokratische Forderungen werden laut

Am 18. März 1848 kamen um die 10 000 Menschen nach Berlin. Berlin war die Hauptstadt von Preußen, dem größten Staat im Deutschen Bund. Bereits seit einigen Tagen waren im Deutschen Bund die Forderungen immer lauter geworden: Die Menschen wollten Pressefreiheit, Redefreiheit und Versammlungsfreiheit. Außerdem forderten sie eine Verfassung und ein gemeinsames Parlament* für alle deutschen Staaten. Der preußische König, Friedrich Wilhelm IV., hatte Angst vor einem Machtverlust und schickte zur Verteidigung seiner Macht seine Soldaten auf die Straßen. Schließlich gab er dennoch den Forderungen nach. An diesem Tag wollten die Menschen dem König danken, dass er auf ihre Forderungen einging.

Bei der Versammlung am Schloss fielen plötzlich zwei Schüsse. Unter den versammelten Menschen verbreitete sich Angst, aber auch Wut: Hatte der König sie betrogen?

* *das* **Parlament:** Versammlung der gewählten Volksvertreter

Sprachspeicher

Forderungen werden laut > was bisher nur im Privaten gefordert wurde, wird nun laut und öffentlich ausgesprochen

Barrikadenkämpfe

In aller Eile bauten die Menschen Barrikaden (= Hindernisse) auf. Alle halfen mit, Männer, Frauen, Kinder. Sie nutzen alles, was ihnen in die Hände fiel: Karren, Möbel, gefüllte Säcke. Davon fühlte der König sich bedroht und schickte seine gut ausgebildeten Soldaten in den Kampf. Die Menschen in den Straßen duckten sich hinter die Barrikaden und bekämpften von dort die Soldaten des Königs. Sie hatten nicht viele Waffen und benutzten zusätzlich Messer, Heugabeln und andere Werkzeuge um, sich zu verteidigen. Als Zeichen ließen sie die schwarz-rot-goldene Fahne wehen.

[2] *Kinder gießen Bleikugeln hinter einer Barrikade in Berlin, 1848,* Holzstich.

Obwohl die Menschen nur mit einfachen Mitteln gegen die Truppen kämpften, konnten sie die Soldaten abwehren. Schließlich zog der König die Truppen zurück. Er wollte nicht noch mehr Blutvergießen zulassen.

2 Beschreibe, wie es zu den Barrikadenkämpfen kam.

Sieg der Revolution

150 Menschen waren den Kämpfen zum Opfer gefallen. Am nächsten Tag wurden die Gefallenen vor das Schloss getragen. Der König sollte sie anschauen und so erkennen, welche Folgen sein Handeln hatte. Friedrich Wilhelm IV. verneigte sich vor den Särgen der Gefallenen. Bei seinem Ritt durch die Stadt trug er eine schwarz-rot-goldene Armbinde.

3 Erkläre, welche Bedeutung die Verbeugung des Königs vor den Gefallenen für die Barrikadenkämpfer hatte.

Wähle einen der Arbeitsaufträge aus:

- Schreibe in dein Heft, was die Kinder auf Bild [2] während der Barrikadenkämpfe gedacht haben könnten.
- Schreibe einen Bericht über die Barrikadenkämpfe in Berlin.
- Als sich der König vor den Gefallenen der Barrikadenkämpfe verneigte, soll die Königin ihm zugeflüstert haben: „Jetzt fehlt nur noch die Guillotine.“ Erkläre, was sie damit gemeint haben könnte. Tipp: Denke an die Französische Revolution.

Sprachspeicher

die Soldaten abwehren • die Soldaten besiegen
fallen > im Kampf sterben • die Gefallenen

Die Nationalversammlung

Vor welchen Herausforderungen standen die ersten Abgeordneten?

[1] *Eröffnung der Nationalversammlung in der Paulskirche in Frankfurt am Main am 18. Mai 1848.* Druck.

1 Beschreibe die Bilder [1] und [2].

Eine Nationalversammlung wird gewählt

Wie der preußische König in Berlin wurden auch die Fürsten in anderen deutschen Staaten unter Druck gesetzt. Sie stimmten der Wahl eines Parlaments schließlich zu oder wurden abgesetzt. In sehr kurzer Zeit wurde die Wahl der Nationalversammlung vorbereitet. Wer Abgeordneter werden wollte, konnte sich freiwillig melden. Parteien gab es noch nicht. Wählen durften Männer, die über ein Einkommen in bestimmter Höhe verfügten. Männer mit geringem Einkommen und alle Frauen waren von der Wahl ausgeschlossen, sie konnten auch nicht gewählt werden. 573 Abgeordnete wurden schließlich gewählt. Für so eine große Gruppe von Menschen gab es noch gar kein eigenes Gebäude. Deshalb traf sich die Nationalversammlung am 18. Mai 1848 in der Paulskirche in Frankfurt am Main. Wer als Abgeordneter tätig wurde, konnte für die Zeit der Nationalversammlung seiner normalen Arbeit nicht nachkommen. Man musste vor Ort bleiben, da die An- und Abreise viel zu lange gedauert hätte. Es konnten also nur Männer Abgeordnete sein, die so reich waren, dass sie nicht unbedingt arbeiten mussten. Oder sie hatten genug Angestellte, die die Arbeit für sie übernahmen. Deshalb repräsentierte die Nationalversammlung nicht die Gesellschaft.

2 Erkläre das Besondere an der neuen Nationalversammlung. Nutze dazu auch Quelle [2].

Sprachspeicher

1: du kannst folgende Begriffe benutzen: Abgeordnete, Fahnen, Gemälde, Paulskirche, Präsident, Redner, Rundbau, Säulen, Wappen, Zuschauende

repräsentieren > die Zusammensetzung der Gesellschaft abbilden

Die Aufgaben der Nationalversammlung

Die Nationalversammlung hatte die Aufgabe, die Forderungen der Revolution nach Freiheit und Einheit umzusetzen. Damit in einem Staat die Macht gut aufgeteilt wird, braucht er eine Verfassung (vgl. S. 56). Darin werden alle Zuständigkeiten festgelegt. Auf so eine Verfassung mussten sich die Abgeordneten in der Paulskirche einigen. Ein Teil der Abgeordneten wollte eine Monarchie, die anderen wollten eine Republik für Deutschland.

Auch die zweite Aufgabe stellte sich als große Herausforderung heraus. Es sollte ein einheitlicher Staat entstehen. Durch die Frage, ob Österreich dazugehören sollte, entstanden viele hitzige Diskussionen. Zehn Monate lang verhandelten die Abgeordneten. Im März 1849 war die Verfassung endlich beschlossen.

Deutschland sollte eine konstitutionelle Monarchie* werden. Alle drei Jahre sollten Männer über 25 Jahre Abgeordnete für das Parlament wählen. Frauen waren weiterhin nicht wahlberechtigt. In der Verfassung wurden auch die Grundrechte festgehalten.

* *die* **konstitutionelle Monarchie:** Bei dieser Staatsform gibt es ein Oberhaupt (König/Königin bzw. Kaiser/Kaiserin), dieses hat aber nicht alle Macht. Der oder die Herrschende muss sich mit anderen Mitgliedern der Regierung absprechen. Welche Aufgaben das Oberhaupt hat, wird in der Verfassung festgeschrieben.

Grundrechte des deutschen Volkes

Alle Bürger sollen frei und vor dem Gesetz gleich sein. Der Adel soll abgeschafft werden. Die Wohnung jedes Bürgers soll geschützt sein. Niemand soll sie einfach betreten dürfen, auch nicht Beamte des Staates. Alle sollen ihre Meinung frei äußern dürfen in Wort, Schrift und Bild. Jeder Bürger soll sich mit anderen versammeln dürfen.

[2] *Autorentext nach der Verfassung des Deutschen Reichs vom 28. März 1849.*

[3] *Einzug der Parlamentsmitglieder in die Frankfurter Paulskirche 1848.* Fritz Bergen, Holzstich, 1896.

3 Arbeite mit Quelle [2]: Bewerte die Wichtigkeit der neuen Grundrechte, indem du ein Ranking erstellst. Beginne mit dem wichtigsten Recht.

4 Beantworte die Frage in der roten Kapitelüberschrift.

5 Frauen waren weiterhin von der Politik ausgeschlossen. Bilde dir dazu ein Urteil.

Wähle einen der Arbeitsaufträge aus:

- Lies den Text auf dieser Doppelseite. Nutze den Lese-Profi auf Seite 307. Erstelle eine Mindmap zum Thema Nationalversammlung.
- Verfasse einen Podcast über die Eröffnung der Nationalversammlung im Mai 1848.
- Recherchiere, welche Grundrechte im Grundgesetz festgehalten sind, und vergleiche sie mit den Grundrechten von 1848. Tipp: Es handelt sich um die Artikel 1 bis 19 des Grundgesetzes. Du findest sie auf der Webseite des Bundestages.

Sprachspeicher

Forderungen umsetzen > sich darum kümmern, dass das, was gefordert wird, im Gesetz steht • Zuständigkeiten festlegen > die Aufgaben verteilen

: Wahl • Abgeordnete • Paulskirche in Frankfurt • Verfassung • Staatsform • Grundrechte

Üben

Die Fürstenmacht setzt sich durch

Wird alles wieder so wie vorher?

Der preußische König will nicht Kaiser werden

Da die Entscheidung für eine konstitutionelle Monarchie gefallen war, brauchte das neue Deutschland einen Kaiser. In den Teilstaaten des Deutschen Bundes gab es viele Fürsten, die dieses Amt hätten übernehmen können. Aus Sicht der Nationalversammlung sollte es der Fürst des größten Teilstaats sein. Da das zukünftige Deutschland den Teilstaat Österreich nicht mehr mit einschloss, sollte der König von Preußen Kaiser werden.

Als eine Gesandtschaft der Nationalversammlung dem König die Bitte vortrug, lehnte dieser die deutsche Kaiserkrone ab. Diese Ablehnung brachte die Abgeordneten so durcheinander, dass sie aufgaben. Sie hatten ein Jahr lang an der Verfassung gearbeitet und waren gescheitert. Voller Enttäuschung reisten die meisten aus Frankfurt ab. Ungefähr 100 Abgeordnete wollten dennoch weitermachen. Sie trafen sich in Stuttgart, um zu beraten. Auch in anderen Orten in Deutschland versuchten Menschen gewaltsam, eine Demokratie durchzusetzen, auch ohne Kaiser an der Spitze. Überall wurde von den Fürsten das Militär eingesetzt, um diese Aufstände niederzuschlagen. Schließlich wurden die Aufständischen erschossen, ins Gefängnis geworfen oder sie flohen ins Ausland.

1 Erkläre, warum Friedrich Wilhelm IV. die Kaiserkrone ablehnt. Berücksichtige den Text [1] und das Bild [2].

Friedrich Wilhelm IV. schrieb:

... Diese Krone ist nicht die tausendjährige Krone „deutscher Nation“, sondern eine Geburt des scheußlichen Jahres 1848. ... Untertanen können keine Krone vergeben. ... Mit Gottes Hilfe werden wir „oben“ wieder „oben“ und „unten“ wieder „unten“ machen. ...

[1] *Venohr, Wolfgang; Kabermann, Friedrich (Hrsg.): Brennpunkte der deutschen Geschichte 1450–1850, Kronberg 1978, S. 292.*

[2] *Gesandte der Nationalversammlung bieten dem preußischen König Friedrich Wilhelm IV. im April 1849 die Kaiserkrone an.* Die Abgeordneten hatten das Schloss nur durch den Lieferanteneingang betreten dürfen. Holzstich, 1849.

Sprachspeicher

das zukünftige Deutschland > *der* deutsche Staat, der durch *die* neue Verfassung gegründet werden sollte

der Gesandte > *der* Bote

die Gesandtschaft > eine Gruppe von Boten

[3] *Deutscher Bund, Norddeutscher Bund und Deutsches Reich,* Karte.

Die Wiederherstellung der alten Ordnung

Die Revolution von 1848 war gescheitert. Die Fürsten hatten erlebt, dass sie ihre Macht fast verloren hätten. Sie wollten sicherstellen, dass dies nicht noch einmal passiert: Die Grundrechte wurden wieder abgeschafft, die Pressezensur wurde noch strenger, Menschen, die sich in der Revolution für die Freiheit eingesetzt hatten, bekamen ein Berufsverbot, Versammlungen wurden verboten oder sehr scharf überwacht.

1850 beschlossen Preußen und Österreich, dass der Deutsche Bund wiederhergestellt werden sollte. Statt eines einheitlichen deutschen Staates gab es also wieder einen Bund mit vielen kleinen Teilstaaten.

Die Ideen der Revolution von Freiheit und Einheit konnten aber nicht ausgelöscht oder verboten werden. Viele Menschen glaubten weiterhin daran, dass eine Demokratie die richtige Staatsform für ein geeintes Deutschland wäre.

2 Beschreibe die Situation in Deutschland nach 1848.
- Welche Stimmung herrschte?
- Wie sah die Geografie Deutschlands aus [3]?

3 Warum konnten die Ideen der Revolution nicht ausgelöscht werden? Begründe.

Wähle einen der Arbeitsaufträge aus:

- Betrachte das Bild [2] und die Bildunterschrift auf Seite 116 genau. Lies außerdem den Text [2] auf Seite 116. Was könnten die Abgeordneten und der König gesagt haben? Ergänze Sprechblasen mit passenden Aussagen in deinem Heft.
- Ein Abgeordneter der Nationalversammlung kehrt im März 1849 enttäuscht nach Hause zurück. Schreibe auf, was er seiner Familie berichten könnte.
- Diskutiere mit einem Partner oder einer Partnerin: Warum ist die Revolution von 1848 gescheitert?

Sprachspeicher

wiederherstellen > etwas so machen, wie es vorher war

2: Wo liegen die Grenzen des Deutschen Bundes? Wie ist der Deutsche Bund aufgeteilt? (Stichwort Teilstaaten)

Die Reichsgründung

Wurden Einheit und Freiheit doch noch umgesetzt?

[1] *„Aufzug der Fahnen vor dem Eingang des Schlosses" von Versailles anlässlich der Ernennung von König Wilhelm I. von Preußen zum deutschen Kaiser am 18. Januar 1871.* Holzstich, ohne Jahr.

Einheit ja, aber ohne Österreich

Der Gedanke an einen einheitlichen deutschen Nationalstaat war weiterhin sehr wichtig für viele Menschen in den deutschen Teilstaaten. Die beiden größten dieser Teilstaaten, Preußen und Österreich, wollten beide die Führung in einem geeinten deutschen Staat übernehmen. Obwohl sie 1864 noch gemeinsam gegen Dänemark gekämpft hatten, kam es 1866 zu einem Krieg zwischen Preußen und Österreich.

Der preußische Ministerpräsident Otto von Bismarck versuchte, die deutschen Teilstaaten auf die Seite von Preußen zu ziehen. Damit provozierte er Österreich so sehr, dass es Preußen den Krieg erklärte. Preußen siegte und Bismarck gründete mit den Teilstaaten, die nördlich des Mains lagen, den Norddeutschen Bund. Österreich war von da an nicht mehr Teil von Deutschland.

Bismarck erklärte in einer Rede 1862:

Preußens Grenzen [...] sind zu einem gesunden Staatsleben nicht günstig; nicht durch Reden und Majoritätsbeschlüsse werden die großen Fragen der Zeit entscheiden – das ist der große Fehler von 1848 und 1849 gewesen – sondern durch Eisen und Blut.

[2] *Schönbrunn, Günter (Hrsg.): Geschichte in Quellen, Bd.* 5, München 1970, S. 312.

1 Untersuche die Rede Bismarcks [2].
- Welchen Zustand stellt er fest?
- Was kritisiert er als großen Fehler von 1848 und 1849?
- Was versteht Bismarck unter Eisen und Blut?

Sprachspeicher

provozieren > jemanden reizen oder herausfordern

die Mehrheit • *die* Majorität
der Mehrheitsbeschluss • *der* Majoritätsbeschluss

Auf dem Weg zur Einheit

Bismarck war mit dem Norddeutschen Bund noch nicht zufrieden, sein Ziel war es, auch die süddeutschen Staaten in den Bund zu holen und einen einheitlichen deutschen Nationalstaat zu schaffen. Frankreich, Deutschlands Nachbar im Westen, sah die mögliche Entstehung eines großen deutschen Staates mit Sorge. Deshalb vereinbarte Bismarck zunächst geheime Abkommen mit den süddeutschen Staaten. Darin stand, dass alle deutschen Staaten gemeinsam kämpfen würden, sollte es zu einem Angriff von außen kommen. Als es 1870 zum Krieg mit Frankreich kam, kämpften alle deutschen Staaten gemeinsam.

[3] *Otto von Bismarck (1815–1898), preußischer Ministerpräsident und späterer deutscher Reichskanzler.* Druck, 19. Jahrhundert

[4] *Wilhelm I. (1797–1888), König von Preußen und seit 1871 deutscher Kaiser.* Gemälde von Paul Bülow, 1879.

Die Zusammengehörigkeit wächst

Der Krieg gegen Frankreich schweißte die deutschen Staaten noch enger zusammen, sie fühlten sich als Angehörige einer gemeinsamen deutschen Nation. Frankreich konnte schließlich besiegt werden und kapitulierte im Januar 1871. Es musste als Entschädigung Gebiete seines Staates an Deutschland abgeben und hohe Geldsummen als Kriegsentschädigung bezahlen. Die französische Bevölkerung war darüber sehr enttäuscht und wütend. Viele Menschen entwickelten einen regelrechten Hass gegen die deutschen Nachbarn. In den deutschen Staaten war die Stimmung ganz anders. Das Zusammengehörigkeitsgefühl war durch den Sieg über Frankreich gewachsen. Viele Menschen hofften, dass es nun zur Vereinigung der deutschen Staaten zu einem gemeinsamen Nationalstaat kommen würde.

Staatsgründung von oben

Da Bismarck bereits während des Kriegs Verhandlungen mit den deutschen Staaten über eine Einheit geführt hatte, gelang die Gründung des Deutschen Reiches sehr zügig. Am 18. Januar 1871 wurde der preußische König Wilhelm I. zum deutschen Kaiser ernannt. Wilhelm I. war der Bruder des preußischen Königs Friedrich Wilhelm IV., der 1849 die Kaiserkrone abgelehnt hatte. Im Gegensatz zu 1848 war dieser neue deutsche Staat nicht von den Bürgern „von unten", sondern von den Fürsten, also „von oben" gegründet worden.

2 Erkläre, warum Wilhelm I. bereit war, im Gegensatz zu seinem Bruder Friedrich Wilhelm IV., die Kaiserkrone anzunehmen.

Wähle einen der Arbeitsaufträge aus:

- Erstelle einen Steckbrief für Otto von Bismarck. Recherchiere dafür weitere Informationen im Internet.
- Erkläre am Beispiel der Reichsgründung, was Bismarck mit dem Ausdruck „Eisen und Blut" meinte.
- „Mit der Reichsgründung von 1871 waren die Ziele von 1848 erreicht." Nimm Stellung zu dieser Aussage.

Sprachspeicher

kapitulieren > sich für besiegt erklären, sich dem Feind ergeben

2: Verwende die Ausdrücke „von oben" und „von unten" und vgl. mit Quelle [1] auf Seite 116.

Üben

Methode Bildquellen überprüfen

Nicht erst in der Zeit von Internet und digitaler Fotografie können wir bildliche Darstellungen so verändern, dass sie das aussagen, was wir möchten. Auch in früheren Zeiten wurden Bilder so gestaltet, dass sie eine bestimmte Aussage bekamen. Das war vor allem dann der Fall, wenn ein Maler extra beauftragt wurde, eine bestimmte Person oder auch ein Ereignis in einem Bild festzuhalten. Der Auftraggeber, also derjenige, der das Bild haben wollte, hatte oft genaue Vorstellungen, wie er selbst oder eine andere Person dargestellt werden sollte. Diese Vorstellungen musste der Maler dann umsetzen.

Gerade wichtige und mächtige Personen wollten mit einem Bild von sich selbst (= Porträt) ihre Macht demonstrieren. Wenn Ereignisse dadurch anders dargestellt wurden, als sie passiert waren, wurde das in Kauf genommen. Das wichtigste war, dass die gewünschte Aussage beim Betrachter des Bildes ankam. Die historische Richtigkeit war zweitrangig. Deshalb ist es wichtig, bei der Auswertung von Bildquellen zu berücksichtigen, wer das Bild in Auftrag gegeben hat und warum.

1 Bearbeite das Bild [1] mithilfe der Schritte.

1. Schritt – Das Bild beschreiben

- **Wie** ist dein erster Eindruck?
- **Welche** Einzelheiten fallen dir besonders auf?

2. Schritt – Das Bild genauer untersuchen

- **Was** siehst du auf dem Bild? Achte auf Personen und Gegenstände.
- Steht etwas oder jemand im **Mittelpunkt?**
- **Welche** Informationen zu dem Thema, den dargestellten Personen, der Entstehungszeit und dem Maler erfährst du aus der Bildlegende?
- **Wer** hat das Bild in Auftrag gegeben?
- **Wie** werden Farben, Licht und Schatten eingesetzt?

Sprachliche Formulierungshilfen / Tipps

Auf mich wirkt das Bild ...
Tipp: Benutze Adjektive!

Mir fällt besonders auf, dass ...
Besonders auffällig ist ...

Auf dem Bild ist zu sehen ...
Vorne sehe ich ...
Im Hintergrund befindet sich ...
Auf der rechten/linken Seite sieht man ...

Im Mittelpunkt des Bildes steht ...
Mein Blick fällt direkt auf ...

Auf dem Bild ist ... dargestellt. Das Bild wurde ... von ... gemalt.

Das Bild wurde von ... in Auftrag gegeben.

Es gibt Gegenstände, die durch Licht besonders betont werden, z. B. ...
Durch den Schatten wirkt die Person/der Gegenstand ...
Die Farben betonen ...

3. Schritt Das Bild deuten

- Zu welchem **Zweck** wurde das Bild gemalt?
- **Welche** Veränderungen wurden in das Bild eingearbeitet, um den **Zweck** zu erreichen?
- Wie hat das Bild wohl auf die damaligen Betrachtenden gewirkt?

Das Bild wurde gemalt, weil ...

Auf dem Bild wurde ... verändert. Dadurch wird ... hervorgehoben. In Wirklichkeit war die Situation aber so, dass ...

Auf damalige Betrachtende hat das Bild vermutlich die Wirkung gehabt, dass ...

[1] *Ausrufung des Deutschen Kaiserreichs im Schloss Versailles 1871.* Gemälde von Anton von Werner, 1885.

Die Geschichte hinter dem Bild

Bei diesem Gemälde handelt es sich um die dritte Fassung des Bildes. Die Kaiserfamilie beauftragte den Maler, dieses Gemälde für Otto von Bismarck zu malen. Er sollte es zu seinem 70. Geburtstag erhalten. Die auf dem Bild anwesenden Personen malte Anton von Werner so, wie sie 1885 waren: 14 Jahre älter geworden und in den Machtpositionen, die sie 1885 innehatten. So trägt Bismarck auf dem Bild einen Orden, den er erst später erhielt. Auch trug er bei der Kaiserernennung keine weiße Uniform. Der Kaiser bat den Maler außerdem, eine Person auf dem Bild zu ergänzen, obwohl sie 1871 gar nicht dabei war.

[2] *Wichtige Personen im Gemälde [1]: 1 Kaiser Wilhelm I; 2 Otto von Bismarck; 3 Kronprinz Friedrich, Sohn des Kaisers; 4 Fürsten der deutschen Staaten; 5 Offiziere*

Deutschland über alles

Wer steht oben, wer steht unten?

[1] *Kaiser Wilhelm II. (Vierter von rechts) besucht mit seiner Frau eine Hauswirtschaftsschule bei Hameln.* Foto, 1910.

1 Betrachte auf dem Bild [1] die Körperhaltung der wartenden Schülerinnen. Wie würdest du dich in so einer Haltung fühlen?

Kaiserkult

Kaiser Wilhelm I. und Otto von Bismarck waren die Gründer des Deutschen Kaiserreichs. Weil viele Deutsche begeistert von dem neuen geeinten Deutschland waren, wurden Kaiser und Kanzler als Helden geehrt. In ganz Deutschland wurden Denkmäler von ihnen errichtet. Viele Deutsche waren stolz auf ihr Vaterland und dessen Herrscher. Auch in den Schulen wurde dieser Stolz gelehrt. Gleichzeitig lernten die Kinder, dass der Kaiser für alle seine Untertanen sorgt und alle ihm deshalb zu unbedingtem Gehorsam verpflichtet sind. Aus dem Stolz auf das Vaterland wurde außerdem abgeleitet, dass alle bereit sein müssen, sich für dieses Vaterland zu opfern.

Übersteigerter Nationalismus

Im Kaiserreich wurde der Sieg über das benachbarte Frankreich begeistert gefeiert. Seit Napoleon zu Beginn des Jahrhunderts halb Europa erobert hatte, galt Frankreich als besonderer Feind der Deutschen. Immer wieder wurde an den Sieg 1871 erinnert. Es wurden Denkmäler von Feldherren aufgestellt und am Jahrestag der großen Schlachten gab es Gedenkfeste. Im Laufe der Zeit wurde der Stolz auf das eigene Vaterland so groß, dass man daraus ableitete, dass alle anderen Länder viel weniger wert wären. In dieser Zeit wurde die erste Strophe des Deutschlandliedes „Deutschland, Deutschland über alles, über alles in der Welt" begeistert gesungen. Dieses Überlegenheitsgefühl trugen die Deutschen auch nach innen: So wurden alle „Nichtdeutschen", die in Deutschland lebten, oder alle, die man als Gegner des Staates verstand, ausgegrenzt, wie z.B. die Sozialdemokraten (vgl. S. 91).

2 Benenne die äußeren und inneren Feinde im Kaiserreich.

Sprachspeicher
ausgrenzen > jemanden ausschließen, benachteiligen

[2] *Sechs Kinder in Marineuniformen. Ein Kind trägt die Reichskriegsflagge der deutschen Marine.* Postkarte, um 1910.

3 Was bedeutet es für Kinder, wenn sie wie im Bild [2] Uniformen tragen müssen?

Menschen erster und zweiter Klasse

Personen aus dem Adel galten als besser als andere. Man begegnete ihnen mit äußerstem Respekt. Umgekehrt wurden Nichtadlige von Adligen als Menschen zweiter Klasse gesehen. Leistungen für die Gesellschaft oder im Beruf zählten für sie nicht. Wichtige Ämter oder hohe Positionen beim Militär konnte nur jemand übernehmen, der adlig war.

Mitglieder des Militärs wurden mit besonderem Respekt behandelt. Nur wer beim Militär gedient hatte, konnte darauf hoffen, eine gute Arbeitsstelle zu bekommen. Beim Militär lernten die Soldaten neben Nationalstolz auch Disziplin und Gehorsam. Dieses Prinzip wurde gleichermaßen auf andere Bereiche der Gesellschaft übertragen. Zivilisten sollten verstehen, dass die Obrigkeit das Sagen hat und alle sich unterordnen müssen. Dieser Militarismus übte Einfluss auf alle Teile der Gesellschaft aus.

Antisemitismus

In der Verfassung von 1871 wurde festgehalten, dass Juden die gleichen Rechte haben wie alle anderen Religionsgruppen. Trotzdem kam es im Kaiserreich immer wieder zu Anfeindungen gegenüber Juden. Viele jüdische Familien legten großen Wert auf Bildung, deshalb waren Juden sehr häufig in guten Berufen vertreten. Gerade in Krisenzeiten, wie z.B. der Wirtschaftskrise, die im Kaiserreich 1873 einsetzte, kam es zu Feindseligkeiten gegenüber Juden. Dahinter steckte oft Neid auf den Erfolg oder Angst, selbst nicht genug zu bekommen. Juden wurden als Konkurrenten wahrgenommen, was für manche Menschen reichte, ihnen mit Hass zu begegnen.

Am Ende des 19. Jahrhunderts entstand eine neue Theorie, die sogenannte Rassenlehre. Von nun an sah man das Judentum nicht mehr nur als eine Religion an, sondern bezeichnete Juden als eine eigene Rasse. Damit bekam der Antisemitismus ein neues Gesicht. Dieser Rassenantisemitismus fand seinen Höhepunkt im Nationalsozialismus.

4 Erkläre den Unterschied zwischen der Judenfeindschaft und dem neu entstandenen Rassenantisemitismus.

Wähle einen der Arbeitsaufträge aus:

- Recherchiere mithilfe einer Karte im Internet, ob es in deiner Nähe Bismarcktürme gibt.
- Stell dir vor, du hättest im Kaiserreich gelebt und wolltest Soldat werden. Du erklärst deinen Eltern warum. Schreibe das Gespräch auf.
- Recherchiere, welche Minderheiten heute ausgegrenzt werden. Sammele Gründe, warum es zu den Ausgrenzungen kommt.

Sprachspeicher

beim Militär dienen > Soldat sein, bei der Marine auf einem Kriegsschiff seinen Militärdienst leisten ▪ ich bin Zivilist, kein Soldat

überdurchschnittlich > mehr als der Durchschnitt ▪ er schaut feindselig > er ist mir gegenüber feindlich eingestellt

Wahlseite Frauenrechte um 1900

1 Lies den Text und fasse die Inhalte der Seite mit deinen Worten zusammen. Arbeite gemeinsam mit deinem Lernpartner oder deiner Lernpartnerin. **Starthilfe:** *Nutze den Lese-Profi auf Seite 307.*

2 Liste in einem Steckbrief auf, wie Frauen früher benachteiligt wurden, und präsentiere ihn deinen Mitschülern und Mitschülerinnen.

[1] *Frauen demonstrieren in Berlin für das Frauenwahlrecht.* Foto, 1912.

Frauen wurden nicht mitgedacht

Als im Zuge der Französischen Revolution die Menschen- und Bürgerrechte formuliert wurden (vgl. S. 50/51), waren daran nur Männer beteiligt. Für die Menschen im 18. Jahrhundert war es völlig normal, dass mit Menschenrechten eigentlich **Männerrechte** gemeint waren. Frauen wurden nicht mitgedacht. Auch für viele Frauen war das noch normal und wurde nicht infrage gestellt. In Paris gab es allerdings eine **erste Frauenbewegung**. Sie kämpfte gegen die Benachteiligung von Frauen und forderte, dass auch Frauen in den Generalständen vertreten sein sollten. Sie wurden in ihren Forderungen so deutlich, dass auch der König sie nicht übergehen konnte. An der Formulierung der Menschenrechte änderte das allerdings trotzdem nichts.

* *das* **aktive Wahlrecht:** Eine Person darf bei Wahlen wählen.

das **passive Wahlrecht:** Eine Person stellt sich zur Wahl und möchte gewählt werden.

Fehlende Bildung

Ein großes **Problem** für die Mädchen und Frauen im 19. Jahrhundert war, dass sie keinen Zugang zur **höheren Bildung** hatten. Sie konnten nicht zum Gymnasium gehen und auch **nicht studieren**. Eigentlich gab es kaum eine Alternative als das Leben als **Ehefrau und Mutter**.

Doppelbelastung bleibt

Im Laufe der Industrialisierung verschlechterte sich die Situation für Frauen in der **unteren Bevölkerungsschicht**. Sie waren gezwungen, zum Familieneinkommen beizutragen. Sie arbeiteten z.B. in einer **Fabrik**. Sie **verdienten** aber wesentlich **weniger als Männer**. Gleichzeitig blieben die Hausarbeit und die Kindererziehung ihre Aufgaben. Da es vielen Frauen so ging, schlossen sie sich in **Frauenvereinen** zusammen. Dort kämpften sie für mehr **Gleichberechtigung** und Bildung. Sie gaben Zeitungen heraus und demonstrierten für ihre Rechte. So konnten sie nicht länger ignoriert werden und erhielten 1918 mit Gründung der Weimarer Republik das **Wahlrecht**.

Erste Frauenrechte in Deutschland	
1878	Mutterschutz: Beschäftigungsverbot für drei Wochen nach der Geburt
1891	Arbeiterinnenschutzgesetz: 11-Stunden-Tag für Frauen, vier Wochen Ruhepause nach der Entbindung
1901	Zulassung von Mädchen zum Gymnasium und zum Studium (in einigen Ländern)
1908	Zulassung von Frauen zu politischen Vereinen und Parteien
1918	aktives und passives Wahlrecht* für Frauen

[2] *Autorentext.*

Tipps für die Erarbeitung

- Führe gemeinsam mit deinen Mitschülern und Mitschülerinnen ein Gruppenpuzzle durch. Nutzt dazu die anderen Wahlseiten des Kapitels.

Wahlseite Deutschland als Nationalstaat

1 Informiere dich auf dieser Seite über Deutschlands Entwicklung zum Nationalstaat.

2 Präsentiere deine Ergebnisse in geeigneter Form in der Klasse.

[1] *Heiliges Römisches Reich Deutscher Nation um 1789.*

[2] *Deutscher Bund 1815.*

[3] *Deutsches Kaiserreich 1871.* Karten.

Zahlreiche Kleinstaaten

Seit dem Mittelalter bestand auf dem Gebiet des heutigen Deutschlands das **„Heilige Römische Reich Deutscher Nation"** (HRRDN). An der Spitze dieses Reiches stand der **deutsche Kaiser**. Allerdings gab es auf dem Gebiet des Reiches über **300 kleine Staaten**, an deren Spitze Fürsten mit unterschiedlichen Titeln standen. Die Fürsten waren vom Kaiser abhängig, waren aber Herrscher auf ihrem Gebiet. Diese kleinen Staaten nennt man **Territoritalstaaten**.

Deutschland unter Napoleons Einfluss

Das HRRDN endete 1806 mit der Eroberung Europas durch Napoleon. Nun **existierten*** nur noch die Territorialstaaten und **kein einheitliches** Reich mehr. Die Bevölkerung verstand sich dennoch als deutsch und träumte von einem **Nationalstaat**, wie es ihn auch in Frankreich gab. Diese Hoffnungen wurden nach dem Sieg über Napoleon bitter enttäuscht, als der **Wiener Kongress 1815** die **alte Ordnung** wieder herstellte.

* **existieren:** da sein, vorhanden sein

Nationale Bewegung in Deutschland

Die Menschen in den deutschen Territorialstaaten hofften weiter. Auf **nationalen Festen** wie dem **Wartburgfest** und dem **Hambacher Fest** (vgl. S.109) wurden die Hoffnungen laut geäußert und mit **schwarz-rot-goldenen Fahnen** zum Ausdruck gebracht. Ihren Höhepunkt erreichte die nationale Bewegung mit der **Revolution von 1848/49**, die in der ersten deutschen Verfassung mündete. Auch wenn die Verfassung nicht umgesetzt werden konnte, weil der preußische König sich weigerte, deutscher Kaiser zu werden, war diese **Verfassung** ein **großer Erfolg** (vgl. S.115).

Nationalstaatsgründung von oben

Die deutschen Staaten wurden schließlich **1871** zu einem **deutschen Nationalstaat** mit einem Kaiser an der Spitze vereint (vgl. S.119). Dieser Staat war zwar einheitlich, aber die Forderungen der Bevölkerung nach **politischer Mitbestimmung** und **freiheitlichen Grundrechten** wurden **nicht umgesetzt**. Die Gründung des Reiches wurde von den Fürsten geplant und durchgeführt und gilt deshalb als **Staatsgründung „von oben"**.

Tipps für die Erarbeitung

- Arbeitet heraus, warum Deutschland als „späte Nation" bezeichnet wird.

Tipps für die Präsentation

- Ihr könnt Expertengruppen zu allen Wahlseiten bilden und euch die verschiedenen Nationalstaaten in Kleingruppen vorstellen.

Wahlseite Frankreich als Nationalstaat

1 Informiere dich auf dieser Seite über Frankreich als Nationalstaat.

2 Präsentiere deine Ergebnisse in geeigneter Form in der Klasse.

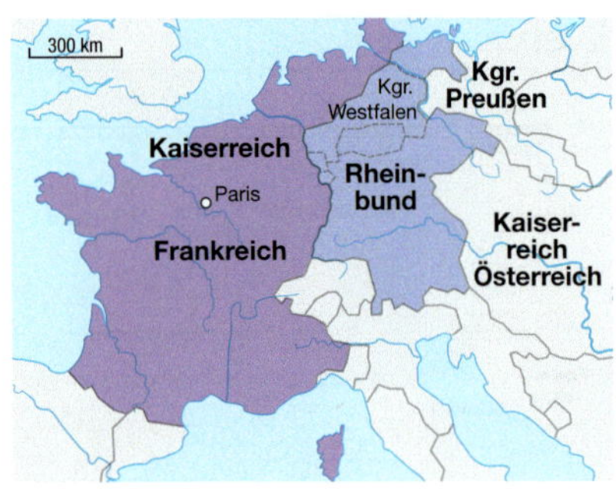

[1] *Frankreich und Deutschland 1806–1815.*

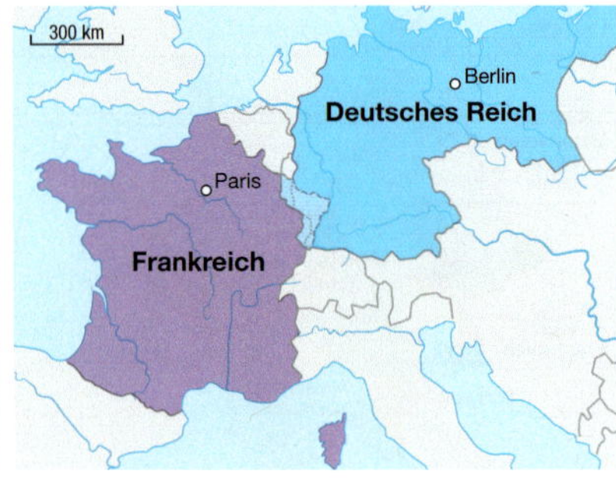

[2] *Frankreich und Deutschland 1871.*

[3] *Frankreich und Deutschland seit 1990.*

Schon früh ein einheitlicher Staat

Im Mittelalter herrschte in Frankreich ein König. Es gab weitere Adlige, die aber nicht so mächtig waren wie der König. Um seine **Macht** gegen die anderen Adligen und die Kirche zu **sichern**, schickte der König seine **Beamten** durch das ganze Land, um seine Gesetze und seine Macht bekannt zu machen. Mussten Angelegenheiten vor Gericht geklärt werden, fand dieses **Gericht am Hof des Königs** statt. So hatte er die **alleinige Entscheidungsgewalt**.

Der Absolutismus

Unter Ludwig XIV. wurde Frankreich eine **absolute Monarchie** (vgl. S. 40/41). Er sicherte seine Macht mit einem **stehenden Heer**, d.h., die Soldaten waren jederzeit einsatzbereit. Außerdem war die Verwaltung des Staates so geregelt, dass **alles beim König zusammenlief**. Am Königshof war eine **zentrale Verwaltung** für das ganze Land.

Revolution und Kaisertum Napoleons

Mit der **Französischen Revolution 1789** (vgl. S. 48/49) wurde zwar der König abgesetzt und es entstand eine erste Demokratie in Frankreich, aber Frankreich blieb als **einheitlicher Nationalstaat** bestehen. Daran änderte sich auch nichts, als **Napoleon** sich zum **Kaiser der Franzosen** machte (vgl. S. 62).

Nationalstaat im 19. Jahrhundert

Im Verlauf des 19. Jahrhunderts wechselten sich **Monarchie** und **Demokratie** in Frankreich mehrfach ab, Frankreich blieb aber immer ein einheitlicher Nationalstaat. Seit **1871** ist Frankreich eine **parlamentarische Demokratie**. Da der Nationalstaat in Frankreich schon so lange besteht, zählt man Frankreich zu den **alten Nationalstaaten**.

[4] *Französische Nationalsymbole: Die Flagge und der Eiffelturm in Paris.* Foto, 2017.

Tipps für die Erarbeitung

- Arbeite heraus, warum Frankreich als „frühe Nation" bezeichnet wird.

Tipps für die Präsentation

- Ihr könnt Expertengruppen zu allen Wahlseiten bilden und euch die verschiedenen Nationalstaaten in Kleingruppen vorstellen.

☒ Wahlseite Polen als Nationalstaat

1 Informiere dich auf dieser Seite über Polen als Nationalstaat.

2 Präsentiere deine Ergebnisse in geeigneter Form in der Klasse.

[1] *1795: Nach der dritten polnischen Teilung ist Polen zwischen Preußen, Österreich und Russland aufgeteilt. Bis 1918 gibt es keinen polnischen Staat.*

[2] *1923: Polen nach der Wiedererrichtung des Staates 1918/19 und den Erweiterungen bis 1923.*

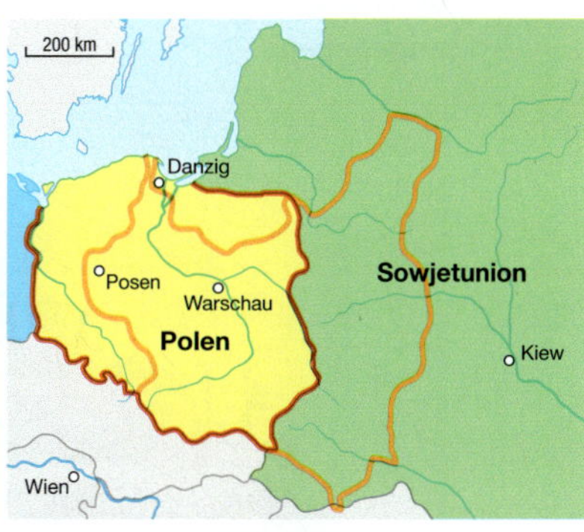

[3] *1945: Neugründung Polens nach dem Zweiten Weltkrieg und seine Westverschiebung.*

Polen wird geteilt

Polen war seit dem Mittelalter der größte und mächtigste Staat in Osteuropa. Er wurde von Königen beherrscht. Im 18. Jahrhundert erhoben die Nachbarstaaten Polens – das Deutsche Reich im Westen, Österreich im Süden und Russland im Osten – Anspruch auf Polen. Im Jahr 1772 kam es schließlich zur sogenannten ersten polnischen Teilung. In den Jahren 1793 und 1795 erfolgten die zweite und die dritte polnische Teilung, in denen das Land noch einmal anders unter die drei Nachbarländer aufgeteilt wurde [1]. Der Nationalstaat Polen hörte auf zu existieren.

Kampf um die Eigenständigkeit

Die polnische Bevölkerung litt unter der Aufteilung auf die anderen Staaten. Sie gab die Hoffnung nicht auf, dass Polen eines Tages wieder als Nationalstaat bestehen würde. Es dauerte allerdings über 100 Jahre, bis es so weit war.

Neugründung

Im Jahr 1918, am Ende des Ersten Weltkriegs, wurde der Nationalstaat Polen neu gegründet. Es gab nicht länger einen König, sondern Polen war von nun an eine Republik. Bis 1923 kam es zu verschiedenen Erweiterungen, sodass sich das Staatsgebiet vergrößerte [2].

Polen im Zweiten Weltkrieg

Am 1. September 1939 begann der Zweite Weltkrieg mit Deutschlands Angriff auf Polen. Die Deutschen eroberten Polen von Westen her. Von Osten wurde Polen von der Sowjetunion eingenommen. Polen war also wieder aufgeteilt. Nach Ende des Zweiten Weltkriegs 1945 gab es wieder einen polnischen Nationalstaat, wenn auch mit etwas verändertem Staatsgebiet [3].

[4] *Die Flagge Polens.* Foto, 2023.

Tipps für die Erarbeitung

- Arbeitet heraus, ob Polen eine „frühe“ oder eine „späte“ Nation ist.

Tipps für die Präsentation

- Ihr könnt Expertengruppen zu allen Wahlseiten bilden und euch die verschiedenen Nationalstaaten in Kleingruppen vorstellen.

Das kann ich!

Versuche zunächst, die Aufgaben auf dieser Doppelseite zu lösen, ohne im Kapitel nachzusehen. Wenn du Hilfe brauchst, kannst du bei den Aufgaben nachschlagen. Dort sind in Klammern die Seiten angegeben.

[1] *30.000 Teilnehmer kamen zum Hambacher Fest 1832.* Druck, 1832.

[2] *Soldaten und Militärschüler auf einem Bahnsteig.* Druck, um 1900.

der Wiener Kongress	Dieser Staatsmann hielt nichts von der Demokratie und setzte auf „Eisen und Blut".
das Hambacher Fest	Das eigene Land wird übertrieben verehrt, andere Länder werden abgewertet.
die National-versammlung	Er lehnte die Kaiserkrone aus der Hand der Untertanen ab.
Friedrich Wilhelm IV.	Verhandlungen zur Neuordnung Europas nach dem Sieg über Napoleon
Otto von Bismarck	Er wurde in Versailles 1871 zum deutschen Kaiser ausgerufen.
Wilhelm I.	Protestveranstaltung für Freiheit und Einheit
der Nationalismus	verfassungsgebende Versammlung in der Paulskirche in Frankfurt

[3] *Begriffe und ihre Bedeutung.*

Ein Teilnehmer des Wiener Kongresses berichtet:
Man hat vergessen, dass diesen Krieg nicht die Herrscher, sondern die Nationen gemacht haben. Seit der Niederlage Napoleons hat man das Interesse der Nationen aus dem Auge verloren und sich nur mit den Interessen der Fürsten beschäftigt wie in den Kriegen früher; und jetzt ist wieder alles in Verwirrung geraten, es ist zu Interessenkonflikten gekommen und es ist unmöglich, alle Länder zufrieden zu stellen ... Wenn man sich wenigstens als Grundlage die Gerechtigkeit genommen hätte, wären die Völker davon erbaut ... und von ihrem schönen Zauber beruhigt worden; aber ... jetzt ... trennen sich [die Völker] immer mehr von den Herrschern.

[4] *zit. n.: Spiel, Hilde (Hg.): Der Wiener Kongress in Augenzeugenberichten, München 1965, S. 74.*

Sachkompetenz

1 Ordne die Begriffe [3] in der linken Spalte den Bedeutungen rechts zu. Schreibe die Lösung in dein Heft.

2 Erkläre, warum die Menschen von den Ergebnissen des Wiener Kongresses enttäuscht waren. Werte dazu auch Quelle [4] aus. (S. 106/107)

3 Beschreibe Bild [1] und nenne die Forderungen der Menschen auf dem Hambacher Fest. (S. 109)

4 Erstelle einen Zeitstrahl zu den Ereignissen der Revolution von 1848.

5 Erkläre, was mit „Reichsgründung von oben" gemeint ist. (S. 119)

6 Zeige an Bild [2] die Merkmale der Gesellschaft im Kaiserreich. (S. 122/123)

Methodenkompetenz

7 Wende die Methode „Politische Dichtung verstehen" auf eine Nationalhymne deiner Wahl an. (S. 110/111)

Urteilskompetenz

8 „Die Revolution von 1848 war erfolgreich." Nimm Stellung zu dieser Aussage. (S. 112–117)

9 Beurteile, ob durch die Reichsgründung von 1871 Forderungen der Revolution von 1848 erfüllt worden sind. (S. 115, 122/123)

Teste dich

Vom Imperialismus zum Ersten Weltkrieg

Von 1914 bis 1918 kämpften die europäischen Staaten auf dem Kontinent und in den von ihnen in Besitz genommenen Kolonien. 1917 traten auch die USA in den Krieg ein. Zurück blieben zerstörte Dörfer, Städte und Landschaften. Rund 17 Millionen Menschen verloren ihr Leben.

1 Beschreibe das Bild.
2 Formuliere Fragen zu dem Bild.
3 Berichte, was du schon über den Ersten Weltkrieg weißt.

Schauplatz Im Schützengraben

[1] *Deutsche Soldaten in einem Schützengraben an der Westfront bei Verdun.* Foto, 1916.

1 Beschreibe die Fotografie.

Kriegserwartungen

Als 1914 der Erste Weltkrieg begann, dachten viele Menschen in allen europäischen Staaten, dass es ein kurzer Krieg für sie werde und das eigene Land bald als Kriegssieger dastehen würde. Ihre Erwartungen und die Realität des Kriegs lagen aber weit auseinander.

Vom Bewegungs- zum Stellungskrieg

Siegessicher marschierten deutsche Soldaten zu Kriegsbeginn durch das neutrale* Belgien Richtung Frankreich. Die französischen Truppen sollten überrascht, umgangen oder frontal angegriffen werden. Dieser sogenannte Bewegungskrieg kam aber bald zum Stillstand. Weder die deutschen noch die französischen Truppen konnten weiter vordringen. Stattdessen gruben sie sich in Schützengräben ein. Die feindlichen Truppen lagen einander nun im Stellungskrieg gegenüber. Die Soldaten waren ständigem Beschuss mit Granaten ausgesetzt.

Verdun

Der Schützengraben bei der französischen Stadt Verdun wurde zum Symbol des Ersten Weltkriegs. Dort ging es über anderthalb Jahre weder vor noch zurück. 1916 versuchten die Deutschen, vom Stellungs- zurück zum Bewegungskrieg zu kommen. Die „Schlacht von Verdun" dauerte zehn Monate. Die deutschen und französischen Soldaten sprachen damals von der „Hölle von Verdun". Insgesamt verloren hier über 300 000 Soldaten ihr Leben und über 400 000 wurden verwundet. Gleichzeitig fand der Krieg auch im Osten statt. Dort standen sich russische und deutsche Truppen gegenüber.

2 Erkläre den Unterschied zwischen Bewegungs- und Stellungskrieg.

* **neutral,** *die* **Neutralität:** Ein Staat beteiligt sich nicht an einem Konflikt zwischen anderen Staaten, er bleibt neutral.

[2] *Deutsche Soldaten in einem Schützengraben bei Amiens in Frankreich.* Foto, 1918.

Kriegsvorstellungen

Auszug aus einem Bericht in der Tageszeitung „Vorwärts" über den Ausstellungs-Schützengraben in Berlin, Mai 1915:

... Da gibt es Mannschaftsunterstände für 50 Mann, die mit „allem Komfort der Neuzeit" ausgestattet sind. Hier ist in der kleinsten Hütte Raum für glücklich schlafende Krieger. Selbstverständlich sind die Offiziersunterstände noch eleganter. Hier gibt es sogar Tische und sonstige Ausstattung. Die Schreibstube des Feldwebels* kann in Friedenszeiten kaum besser eingerichtet sein, sogar ein Tintenfass ist vorhanden. Alle Unterstände sind mit elektrischem Licht erleuchtet, so dass zu einem wirklich gemütlichen Aufenthalt nichts fehlt.

[3] *Vorwärts vom 13.5.1915; zitiert nach: Glatzer, Dieter; Glatzer, Ruth: Berliner Leben 1914–1918, Ost-Berlin 1983, S. 142f., vereinfacht.*

3 Beschreibe, wie der Schützengraben im Text [3] dargestellt wird.

* *der* **Feldwebel:** Dienstgrad beim Militär

Kriegsrealität

Ein unbekannter deutscher Soldat schreibt in einem Feldpostbrief aus Verdun am 2.7.1916:

In der Stellung angekommen legten wir uns todmüde in Granatlöcher – Schützengräben oder gar Unterstände gab es nicht. Dort lagen wir vier Tage lang zuerst ganz nass und 1/2 Meter tief im Dreck – ein Trommelfeuer ging auf uns los, dass es einen von einem Loch ins andere riss. Die Schmerzensrufe und das Gestöhne der Verwundeten, die elend zu Grunde gehen müssen. An ein Zurücktragen ist nicht zu denken.

Tag und Nacht Granatfeuer – oft in der Sekunde 10–20 Geschosse. Es verschüttete uns und grub uns wieder aus. Unser Leutnant hat geweint wie ein Kind. Ja, wie sie da lagen, ein Fuß weg, Arme weg, ganz zerfetzt. Gott, das war furchtbar.

[4] *Krüger, Clemens: Fronterfahrung und Heimatalltag im Ersten Weltkrieg, 2010, S. 20, vereinfacht.*

4 Vergleiche die Vorstellungen der Menschen in der Heimat [3] und die Beschreibung der Kriegsrealität an der Front [4] in einer Tabelle:

	Vorstellung	**Realität**
Unterkunft	komfortabel, ...	...
Stimmung der Soldaten	...	...
Tätigkeiten an der Front	...	...

Orientierung

[1] *Europa 1914*. Karte.

1 Beschreibe die Karte [1].

Das Zeitalter des Imperialismus*

Großbritannien war Mitte des 19. Jahrhunderts die größte Industrienation. Das Land begann früh, Kolonien* zu errichten. Im britischen Empire* lebte etwa ein Viertel der Weltbevölkerung. Die anderen europäischen Großmächte wollten nachziehen und wetteiferten um Kolonien in Afrika und Asien. Die eigene Stellung als Großmacht sollte mit Kolonien ausgebaut werden. Die Menschen in den Industrieländern fühlten sich den Menschen in den Kolonien religiös und kulturell überlegen.

2 Recherchiere im Internet, welche Staaten zum britischen Empire gehörten.

* *das* **Empire:** englisch, das Weltreich

der **Imperialismus:** Streben eines Landes nach Macht über andere Lander, mit dem Ziel, das eigene Herrschaftsgebiet zu erweitern

die **Kolonie:** Besitz eines Staates in einem anderen Land, das von ihm abhängig ist

Konkurrenz in Europa

Nicht nur in Übersee versuchten die europäischen Großmächte ihren Einfluss zu vergrößern. Mit Bündnissen untereinander wollten sie ebenfalls ihre Macht sichern und sich im Kriegsfall zur Seite stehen.

Der Erste Weltkrieg

Die Konkurrenzsituation gipfelte im August 1914 im Ersten Weltkrieg. Die Ursachen waren unter anderem:

- das Streben nach Macht und der Konkurrenzgedanke unter den europäischen Großmächten (Nationalismus)
- die Ansicht der europäischen Industrienationen, ihre Kolonialreiche erweitern zu müssen (Imperialismus)
- dass Gewalt und Krieg für alle Staaten Mittel waren, um ihre Ziele durchzusetzen
- das Aufrüsten und Wettrüsten der Großmächte (Militarismus)

1917 traten die USA in den Krieg ein und kämpften auf der Seite der Alliierten (Großbritannien, Frankreich, Russland) gegen die Mittelmächte (Deutschland, Österreich). Aufgrund der weltweiten Kämpfe spricht man von einem Weltkrieg. Der Erste Weltkrieg endete 1918, als Deutschland seine Niederlage erklärte.

3 Beschreibe die Situation zwischen den europäischen Staaten zu Beginn des 20. Jahrhunderts.

Üben

- **um 1870**
  das Zeitalter des Imperialismus beginnt
- **ab 1871**
  Aufteilung Afrikas durch europäische Staaten

- **1914**
  Attentat von Sarajevo
  Beginn des Ersten Weltkriegs

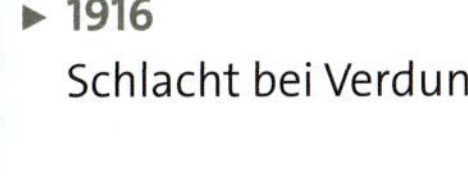

- **1916**
  Schlacht bei Verdun

- **1917**
  Kriegseintritt der USA
  Russische Revolution im Oktober
- **1918**
  Waffenstillstand im November
  Ende des Ersten Weltkriegs
- **1919**
  Friedensverträge von Versailles

Vom Imperialismus zum Ersten Weltkrieg

Wettstreit um Kolonien

Warum wollten europäische Staaten Kolonien besitzen?

[1] *„The World's Plunderers" (Die Plünderer der Welt), amerikanische Karikatur.* Robert Nast, 1885.

1 Beschreibe die Karikatur.

- Für welche Länder stehen die drei Männer?
- Was machen die Männer?
- Auf welches Problem bezieht sich die Karikatur? Stelle Vermutungen an.

Wettlauf um die letzten „freien" Gebiete

Ab etwa 1870 versuchten auch Frankreich, Italien, Belgien, Deutschland, das russische Reich, Japan und die USA, Kolonien zu erwerben. Die industrielle Entwicklung führte zu einem Überlegenheitsgefühl gegenüber den Einheimischen in den Kolonien. Es begann ein Wettstreit um scheinbar „freie" Gebiete in der Welt – insbesondere in Afrika. Die europäischen Staaten nahmen Gebiete in Besitz, die ihnen als Rohstoffquellen und Absatzmärkte für die eigenen Waren dienen sollten. Dieses Vorgehen bezeichnet man als Imperialismus.

Motive des Imperialismus

Die Politiker der Kolonialmächte rechtfertigten ihr Handeln. Viele Europäer waren überzeugt, dass ihre Kultur wertvoller war als die anderer Völker. Sie nannten sie barbarisch* und wollten sie zivilisieren. Daher begannen die Europäer den Einheimischen, die in den eroberten Gebieten seit langer Zeit lebten, ihren christlichen Glauben und ihre Kultur aufzuzwingen. Sie waren überzeugt, den Menschen so ein besseres Leben zu ermöglichen. Sie dachten, dass sie über die Völker in den Kolonien bestimmen konnten, weil sie ihnen überlegen seien. Die Europäer hielten ihre Lebensweise für die einzig richtige. Deshalb waren sie überzeugt, in den Kolonien gerecht zu handeln. Doch auch Nahrungsmittel und Bodenschätze, die es in Europa nicht gab, waren in den Kolonien zu beschaffen. Die Großmächte wollten außerdem nicht hinter den europäischen Nachbarstaaten zurückstehen, sondern Kolonien erobern, um die eigene Macht auszudehnen.

2 Nenne die Motive für das imperialistische Handeln der Großmächte.
Starthilfe: *Unterscheide wirtschaftliche, politische und kulturelle Gründe.*

* **barbarisch:** roh, unzivilisiert

Sprachspeicher
die Kolonie erwerben ▪ *die* Kolonien erobern ▪ *die* einheimische Bevölkerung unterdrücken ▪ überlegen ▪ unterlegen
die Kolonialmächte ▪ *die* Großmächte ▪ *das* imperialistische Handeln

Die Kolonialmächte begründen ihre Politik

Der britische Unternehmer und Politiker Cecil Rhodes war einer der führenden Kolonisten in Afrika. Nach ihm wurden die Kolonien Nord-Rhodesien (heute Sambia) und Süd-Rhodesien (heute Simbabwe) benannt.

1877 schrieb Rhodes:

Ich behaupte, dass wir die erste Rasse in der Welt sind, und dass es für die Menschheit umso besser ist, je größere Teile der Welt wir bewohnen. Darüber hinaus bedeutet es einfach das Ende aller Kriege, wenn der größere Teil der Welt von uns beherrscht wird. Da Gott offensichtlich die Englisch sprechende Rasse zu seinem auserwählten Werkzeug geformt hat, muss es auch seinem Wunsch entsprechen, der englischen Rasse in Afrika so viel Raum wie möglich zu verschaffen.

[2] *zit. n.: Mommsen, Wolfgang: Imperialismus. Hamburg, 1977, S. 48 f.*

3 Fasse zusammen, wie Rhodes die Kolonialpolitik seines Landes begründet [2].
Starthilfe: *Cecil Rhodes war überzeugt, dass die Briten …*

Adolph Woermann, Chef des größten deutschen Unternehmens in Westafrika, begründet den Kolonialismus* im Jahr 1879:

Es liegt auf der Hand, dass in Afrika zwei große ungehobene Schätze sind: Die Fruchtbarkeit des Bodens und die Arbeitskraft vieler Millionen Neger*. Wer diese Schätze zu heben versteht …, der wird nicht nur Geld verdienen, sondern auch gleichzeitig eine große Kultur-Mission erfüllen.

[3] *Woermann, Adolph: Kulturbestrebungen in West-Afrika. Vortrag, gehalten in der Geographischen Gesellschaft zu Hamburg am 1.5.1879, in: Mittheilungen der Geographischen Gesellschaft in Hamburg 1878–79, Hamburg 1880, S. 69.*

[4] *„Koloss von Rhodes".* Karikatur, 1892.

4 Benenne die Gründe, die Woermann für sein Handeln in Afrika anführt [3].

5 Deute die Karikatur [4]. Wende dafür die Arbeitsschritte der Methode Karikaturen deuten an (S. 46). Beachte auch den **Sprachspeicher.**

* *der* **Kolonialismus:** Politik, die auf den gewalttätigen Erwerb von Kolonien abzielt. Die kolonialisierten Völker werden unterdrückt und ausgebeutet.

der **Neger:** Frühere Bezeichnung eines Menschen dunkler Hautfarbe; der Begriff wird nicht mehr verwendet, weil er abwertend und beleidigend ist.

Wähle einen der Arbeitsaufträge aus:

- Lies den Text „Wettlauf um die letzten ‚freien' Gebiete" auf Seite 136. Beschreibe, was eine Kolonie war.
- Ein Kolonist erklärt, warum sein Land Kolonien braucht. Schreibe eine Stellungnahme mithilfe von Aufgabe 2, 3 und 4.

Sprachspeicher

von Gott auserwählt > höherwertig

5: Großbritannien besaß viele Kolonien in Afrika. Diese wollten die Briten mit einer Eisenbahnlinie verbinden. In der Karikatur ist Cecil Rhodes zu sehen.

Der Koloss von Rhodos war in der Antike eine über 30 Meter hohe Bronzestatue und eines der sieben Weltwunder.

Die Kolonialisierung von Afrika

Wie herrschten die Kolonialherren über die Einheimischen?

[1] *Afrika um 1914.* Karte.

1 Werte die Karte [1] aus. Erstelle dazu eine Tabelle.

Europäischer Staat	Besitzt diese Kolonien
Deutschland	...
...	...

Die Aufteilung Afrikas

Die europäischen Staaten teilten die „freien" Gebiete Afrikas untereinander auf. Dabei zogen sie die Grenzen ihrer Kolonien ohne Rücksicht auf die dort lebende Bevölkerung und die bestehenden Grenzen und Gebiete.

Die Nama

Die Nama sind ein Volk der Khoikhoi, die unter anderem im heutigen Namibia (damalige Kolonie Deutsch-Südwestafrika) leben. Sie wurden von den Kolonialherren abwertend als „Hottentotten" bezeichnet und unterdrückt.

Aus einem Brief des Nama-Oberhauptes Hendrik Witbooi an das Oberhaupt eines anderen Stammes:

Wir sind nicht hart gegeneinander, sondern ordnen Dinge in Frieden und Brüderschaft. Wir stellen keine Gesetze gegeneinander auf über Wasser, Weide und Wege, um Geld daraus zu schlagen.

Die weißen Menschen handeln ganz anders. Die Deutschen lassen sich im Gebiet nieder, ohne um Erlaubnis zu bitten. Sie drängen den Menschen, denen die Gebiete gehören, ihre Gesetze auf, sie verbieten den Einheimischen die Jagd auf ihr eigenes Wild.

[2] *zit. n.: Witbooi, Hendrik: Afrika den Afrikanern. Aufzeichnungen eines Nama-Häuptlings; Reinhard, Wolfgang (Hg.), Berlin/Bonn, 1982, S. 132ff.*

2 Beschreibe, wie Witbooi das Verhalten der Deutschen empfunden hat [2].

[3] *Ein deutscher Kolonialist in Togo lässt sich in einer Hängematte mit Sonnenschutz tragen. Togo war eine deutsche Kolonie in Westafrika.* Foto, 1885.

Sprachspeicher

der einheimischen Bevölkerung *das* Land wegnehmen • Land einnehmen • Land erobern • Kolonialherren

2: Witbooi war nicht einverstanden mit dem Verhalten der Deutschen, denn ...

3 Beschreibe die Fotografien [3] und [4]. Was sagen sie über das Verhältnis der Kolonialherren und Einheimischen aus?

Der deutsche Kaufmann und Kolonialist Carl Peters berichtet über die Entstehung von Deutsch-Ostafrika (heute Tansania, Burundi, Ruanda und Teile Mosambiks):
Nachdem der Sultan mit Alkohol und Kaffee „in vergnügliche Stimmung" gebracht wurde, schlossen wir den Vertrag. Danach wurden die Fahnen gehisst und der Vertrag in deutschem Text verlesen. Ich hielt eine kurze Ansprache, wodurch ich die Besitzergreifung vornahm, die mit einem Hoch auf seine Majestät, den deutschen Kaiser, endete. Drei Schüsse, von uns und den Dienern abgegeben, demonstrierten den Schwarzen ..., was sie zu erwarten hätten, wenn sie sich nicht an den Vertrag hielten.

[5] Peters, Carl: Wie Deutsch-Ostafrika entstand, Leipzig, 1912, S. 27 ff., *vereinfacht*.

Über den Kolonialismus aus afrikanischer Sicht schreibt 2017 Aimé Césaire, ein afro-karibischer Schriftsteller und Politiker:
Ich spreche aber von Gesellschaften, die um sich selbst gebracht worden sind, von zertretenen Kulturen, von beschlagnahmtem Land, von ermordeten Religionen, von vernichteter Kunst. Ich spreche von tausenden hingeopferten Menschen, vom Raub an Erzeugnissen und Grundstoffen.

[6] *Césaire, Aimé: Über den Kolonialismus. Übers. v. Heribert Becker; Berlin, 2017, S. 14.*

[4] *Einheimische Frauen in Kettenhaft in Deutsch-Ostafrika.* Die Zwangsarbeit in Ketten war eine Strafmaßnahme der Kolonialherren. Foto, um 1900.

4 Erläutere anhand der Quelle [5] die Einstellung von Carl Peters. **Starthilfe:** *In der Quelle wird deutlich, dass Carl Peters die Einheimischen ...*

5 Erkläre, was Aimé Césaire mit „beschlagnahmtem Land", „ermordeten Religionen" und „zertretenen Kulturen" meint.

Wähle einen der Arbeitsaufträge aus:

- „Die Deutschen verhielten sich in den Kolonien grausam." Begründe die Aussage. Nimm das Bild [4] von dieser Seite zu Hilfe und beachte auch die Bildunterschrift.
- Nicht alle Europäer befürworteten den Kolonialismus. Entwirf eine Gegenposition, in der du das Handeln der Europäer kritisierst.
- Beurteile mithilfe der Doppelseite das Verhalten der Europäer. **Starthilfe:** *Die Europäer sehen Afrika als ... Deshalb handeln sie ... Aber ihre Ansicht ...*

Sprachspeicher
etwas in Besitz nehmen • *die* Besitzergreifung

5: „Ermordet" und „zertreten" ist hier nicht wörtlich zu verstehen. Aber was beschreibt Aimé Césaire damit sehr anschaulich?

Üben

Beispiel Namibia

Welche Folgen hat der Kolonialismus für die eroberten Gebiete und Menschen?

1 Erkläre mithilfe der Karte [1] und des Textes, warum die Eisenbahnlinie das Leben der Herero und Nama bedrohte.

Deutsch-Südwestafrika

Der Bremer Tabak- und Waffenhändler Adolf Lüderitz erwarb 1883 einen Küstenstreifen in Südwestafrika. Er legte damit den Grundstein für die Kolonie Deutsch-Südwestafrika, dem heutigen Namibia. Auf diesem Gebiet bildeten die 80 000 Herero und 20 000 Nama die größten Völker. Sie lebten von der Viehzucht. Doch deutsche Händler nahmen ihnen ihr Land und ihr Vieh. Die neue Eisenbahnlinie der Kolonialherren verlief mitten durch das Weideland, auf das die Einheimischen angewiesen waren. Dadurch waren die lebenswichtigen Wasserlöcher für das Vieh nicht mehr zugänglich. Für die Herero und Nama wurden Gewalt, Diebstahl, Betrug und Vergewaltigungen durch die deutschen Besatzer zur Regel.

[1] *Siedlungsgebiet der Herero und Nama.* Karte.

2 Beschreibe die Fotografie [2].

[2] *Aneinandergekettete Herero-Männer in Deutsch-Südwestafrika.* Foto, um 1904.

Der Hererokrieg

Die Lage der Herero und Nama in Deutsch-Südwestafrika war immer aussichtsloser geworden. Daher erhoben sie sich ab 1904/1905 gegen die deutsche Fremdherrschaft und setzten sich mit einfachen Waffen zur Wehr. Doch die deutschen Truppen schlugen mit Maschinengewehren zurück. Es war die erklärte Absicht der deutschen Kolonialherren, die aufständischen Herero aus dem Land zu drängen und zu vernichten.
Nach den Kämpfen wurden zehntausende Herero in die Wüste getrieben. Dort starben sie an Durst und Erschöpfung. Im Zuge des Aufstandes und Kriegs kamen 65 000 Herero und 10 000 Nama ums Leben. Die wenigen Überlebenden mussten in Reservaten unter katastrophalen und erbärmlichen Bedingungen leben.

3 Fasse die Folgen der Aufstände zusammen.

Sprachspeicher
Siedlungsgebiet • Fremdherrschaft durch *die* Deutschen

3: Die Aufstände der Herero und Nama führten dazu, dass …
Die Überlebenden …

Koloniale Folgen
In Namibia findet man heute viele Spuren des Kolonialismus. In der Stadt Lüderitz gibt es noch immer deutsche Geschäfte und Straßennamen. Die koloniale Ausbeutung hat auch nicht sichtbare Spuren hinterlassen: Manche Familien wissen bis heute nicht, was mit ihren Vorfahren unter der deutschen Herrschaft geschehen ist. Viele von ihnen leben in Armut, weil das Land noch immer weißen Siedlern gehört.

Der deutsche Völkermord
Erst im Mai 2021, mehr als 100 Jahre nachdem deutsche Kolonialisten zehntausende Menschen ermordet hatten, erkannte Deutschland die Verbrechen an den Herero und Nama öffentlich als Völkermord* an. Der damalige Außenminister Heiko Maas sagte, Namibia und Deutschland müssten nun einen gemeinsamen Weg zu echter Versöhnung und Angedenken der Opfer finden. Maas bat für die Taten des Deutschen Reichs um Entschuldigung und kündigte Entwicklungshilfe in Höhe von 1,1 Milliarden Euro an.
Die Herero und Nama wurden nicht an den Verhandlungen beteiligt, obwohl sie dies immer wieder fordern. Sie kritisieren, dass das Geld nicht bei den Betroffenen ankomme und für die Folgen, die die Verbrechen 1904/1905 bis heute nach sich ziehen, kaum ausreiche.

4 Recherchiere den aktuellen Stand der Debatte um den Völkermord in Namibia.

[3] *Zwei koloniale Straßennamen in Düsseldorf.* In der Stadt wird über eine Umbenennung der Petersstraße diskutiert. Foto, 2020.

[4] *Denkmal im Zentrum der namibischen Hauptstadt Windhoek.* Es erinnert an den von deutschen Kolonialtruppen begangenen Völkermord an den Herero und Nama. Die Inschrift lautet: „Ihr Blut nährt unsere Freiheit." Foto, 2019.

* *der* **Völkermord:** Vernichtung einer Volksgruppe aufgrund ethnischer oder sozialer Merkmale, der Nationalität oder der Religion

Spuren des Kolonialismus in Deutschland
Heute gibt es in Deutschland noch immer Straßen, die nach ehemaligen deutscher Kolonialherren oder Kolonialgebieten benannt wurden. Vielerorts wird über Umbenennungen diskutiert, weil die deutsche Kolonialzeit von Gewalt und Ausbeutung geprägt war. Die deutsch-ghanaische Wissenschaftlerin May Ayim kritisiert die kolonialen Straßennamen. Sie sagt, dass durch die Beibehaltung die Kolonialisten noch immer als Helden dargestellt und die Opfer weiterhin gedemütigt werden.

Wähle einen der Arbeitsaufträge aus:

- Finde Namibia im Atlas. Nenne drei Namen großer Städte.
- Recherchiere, nach wem die Lüderitzstraße und die Petersstraße benannt wurden.
- Nimm Stellung zur Umbenennung der Petersstraße.

Sprachspeicher
koloniale Ausbeutung · *die* Kolonialisten · *die* Versöhnung · sich nach einem Streit versöhnen

⊠: Überlege, warum eine Straße nach einer Person benannt wird. Was haben Menschen, nach denen Straßen benannt werden, meistens gemacht?

Beginn des Ersten Weltkriegs

Was waren Auslöser und Ursachen des Ersten Weltkriegs?

[1] *Attentat auf den österreichischen Thronfolger.* Zeichnung in einer französischen Zeitschrift, 1914.

1 Beschreibe die Zeichnung [1].

Das Attentat von Sarajevo

Am 28. Juni 1914 wurden der österreichische Thronfolger Franz Ferdinand und seine Frau bei einer Rundfahrt durch die bosnische Stadt Sarajevo erschossen. Das Land Bosnien wurde 1908 vom Königreich Österreich-Ungarn gewaltsam in seinen Besitz gebracht. Viele Serben lebten in Bosnien. Dass sie zu Österreich-Ungarn gehörten, gefiel vielen Bosniern und Serben nicht. Hinter dem Attentat auf den Thronfolger stand die serbisch-nationalistische Organisation „Junges Bosnien". Ihre Ziele waren die Stärkung des serbischen Nationalbewusstseins und die Befreiung Bosniens von der österreich-ungarischen Besatzung. Die Organisation forderte die Gründung eines „Großserbischen Reichs", in dem Bosnien, Serbien und Montenegro vereint sein sollten.

2 Fasse mit deinen Worten die politische Situation in Bosnien 1914 zusammen.

Die Julikrise

Der Kaiser von Österreich verlangte nach dem Attentat auf den Thronfolger eine Bestrafung Serbiens. Er forderte, dass er in Serbien uneingeschränkt gegen die Hintermänner des Attentats vorgehen dürfe. Serbien stimmte diesen Forderungen weitgehend zu. Der Kaiser von Österreich wollte aber die volle Zustimmung und erklärte Serbien daher am 28. Juli 1914 den Krieg. Beide Staaten machten ihre Armeen einsatzbereit. Dies löste eine Kette von Kriegserklärungen aus: 1. August: Deutschland – Russland; 3. August: Deutschland – Frankreich: 4. August; England – Deutschland.

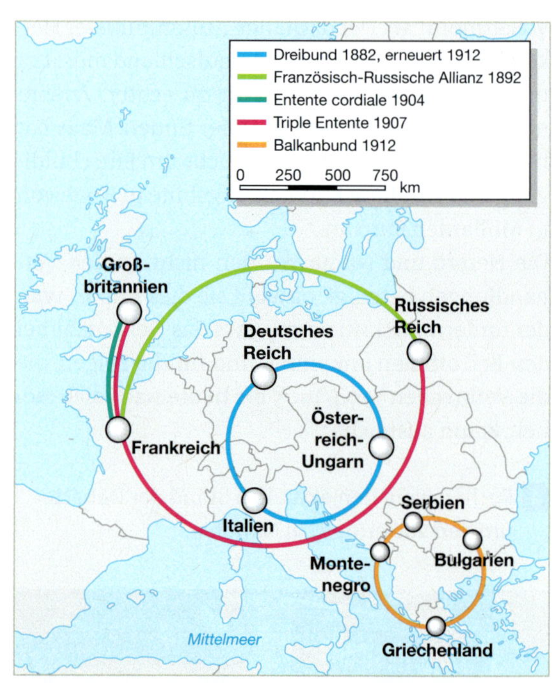

[2] *Bündnisse vor dem Ersten Weltkrieg.* Karte.

3 Beschreibe mithilfe der Karte [2], welche Staaten 1914 Verbündete waren. Leg dazu eine Tabelle an.
Starthilfe: *Linke Spalte der Tabelle Bündnisse, rechte Spalte beteiligte Staaten.*

4 Stelle Vermutungen an, wieso ein Attentat auf eine Einzelperson einen Weltkrieg auslöste.

Sprachspeicher
etwas gewaltsam in Besitz nehmen > sich etwas nehmen, was einem nicht gehört • *der* Kaiser • sein Sohn • *der* Thronfolger

2: Bosnien gehörte seit 1908 ... Die Organisation „Junges Bosnien" wollte stattdessen ...

Ursachen für den Ersten Weltkrieg

Mit dem Wettstreit um Kolonien verschärften sich die bestehenden Konflikte der europäischen Großmächte. Kaiser Wilhelm II. wollte, dass das noch junge Deutsche Reich (gegründet 1871) nicht nur eine Großmacht, sondern eine Weltmacht wie Großbritannien sein sollte. Dafür benötigte er eine starke Marine. Das Deutsche Reich begann mit dem Ausbau der Kriegsflotte. Dadurch fühlte sich Großbritannien in seiner Stellung als größte Seemacht der Welt bedroht.

Europäisches Wettrüsten

Die europäischen Großmächte verfolgten jeweils ihre eigenen Ziele und Interessen. Diese wollten sie notfalls auch mit Waffengewalt erreichen. Daher erhöhten sie die Militärausgaben. Es herrschte ein Misstrauen gegenüber den Nachbarstaaten und besonders viele Deutsche fühlten sich aufgrund der Bündnisse von Feinden umgeben.

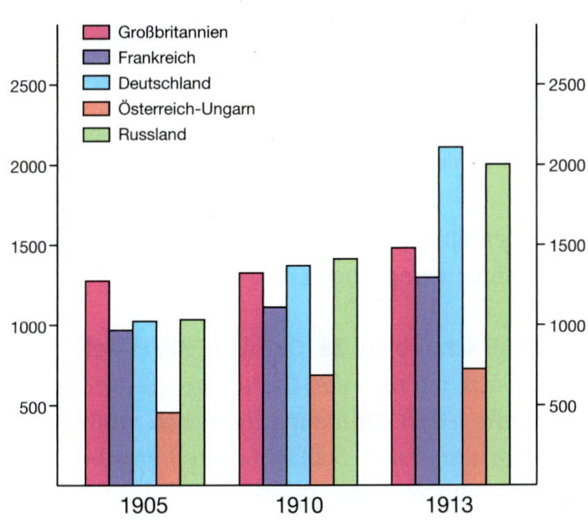

[3] *Ausgaben für Rüstung (Waffen und Munition) durch die Großmächte Europas von 1905 bis 1913 in Millionen Mark.* Diagramm.

5 Beschreibe mit dem Diagramm [3] die Entwicklung der Rüstungsausgaben. **Sprachspeicher**.

[4] *„Wie sollen wir uns da die Hand geben?“*, Karikatur aus der Zeitschrift „Simplicissimus“ von 1912. Die linke Person stellt einen Deutschen dar, die Person rechts einen Engländer. Beide halten Kriegsschiffe in den Armen.

6 Deute die Karikatur [4]. **Sprachspeicher**.

Frieden für Europa?

Bereits 1892 hatte sich die „Deutsche Friedensgesellschaft“ gegründet. Mitgründerin war die Friedensnobelpreisträgerin Bertha von Suttner. Sie schrieb den Roman „Die Waffen nieder!“. Die Empörung, die das Attentat von Sarajevo auslöste, überlagerte jedoch die Gedanken an Frieden. Die Überlegungen der Friedensbewegung waren wie weggeblasen durch den beginnenden Krieg.

7 Recherchiere die Biografie von Bertha von Suttner und berichte darüber.

Wähle einen der Arbeitsaufträge aus:

- Lies den Text auf dieser Doppelseite. Nutze den Lese-Profi auf Seite 307. Benenne Gründe, warum es zum Ausbruch des Ersten Weltkriegs kam.
- Bewerte Aufrüstung und Krieg als Mittel der Politik.

Sprachspeicher

5: Das Diagramm gibt Informationen über ... • Zwischen ... stiegen die ... • Vergleicht man die ..., ist zu erkennen, dass ...

6: Ich sehe ... • Das Thema der Karikatur ist ... • Der Titel bedeutet ... • Die Aussage der Karikatur ist meiner Meinung nach ...

Üben

Kriegsbeginn und Kriegsverlauf

Wie veränderte sich die Stimmung in den Kriegsjahren?

[1] *Deutsche Kriegsfreiwillige im August 1914.* Foto, vermutlich gestellt. Auf die Waggonwände wurden Sprüche wie „Ausflug nach Paris" und „Auf in den Kampf – mir juckt die Säbelspitze" geschrieben.

[2] *Englische Kriegsfreiwillige nach ihrer Einkleidung.* Foto, 1914.

1 Beschreibe die Fotos [1] und [2].

2 Vergleiche die Fotos miteinander. Achte dabei auf die Nationalität der abgebildeten Personen.

Kriegsbeginn

Nur 34 Tage nach dem Attentat in Sarajevo begann im August 1914 der Erste Weltkrieg. Überall in Europa glaubten die Menschen an einen schnellen und siegreichen Krieg für ihr eigenes Land. Junge Männer, vor allem Studenten und Großstädter, meldeten sich freiwillig zum Kriegsdienst. Sie glaubten, für die „Ehre" ihres Vaterlandes zu kämpfen. Allerdings gab es auch kritische Stimmen. Doch in der Öffentlichkeit (z.B. in den Zeitungen) gingen diese Stimmen in den Begeisterungsrufen für den Krieg unter.

3 Erkläre mit dem Autorentext, was der Spruch „Ausflug nach Paris" auf dem Waggon in [1] bedeutet.

Der Student Andreas Wilmer schrieb am 1. August 1914 an seine Mutter:
Nie werde ich diesen Tag vergessen. Als die Kriegserklärung an Russland und Frankreich vorgelesen wurde, jubelten alle. Überall Militärmusik, wildfremde Menschen fielen sich in die Arme. Es hat sein müssen und unsere Sache ist gerecht. Viel zu lang haben der deutsche Kaiser und der Kanzler gezögert, das Schwert zu ziehen. Ade, schöne Ludwig-Maximilians-Universität, die ich eben erst betreten habe! Wie alle Studenten habe ich mich sofort freiwillig gemeldet!

[3] *Peschke, Hans-Peter: Von der Schulbank in den Tod. in: Journal Geschichte. 1, 1993, S. 6f.*

4 Beschreibe, wie Andreas Wilmer den Kriegsausbruch empfunden hat.

Wilmer schrieb am 28. Oktober 1914 in Belgien:
Jetzt sitze ich hier, von Grauen geschüttelt, und genieße jeden Atemzug! Eigentlich wollte ich Dir von der großen Schlacht schreiben. Aber mir stehen nur wenige, grauenvolle Einzelheiten vor Augen, die ich ganz schnell wieder vergessen möchte: der Kamerad mit dem blutenden Armstumpf, das zerschossene Gesicht eines Freundes. Es war furchtbar. So habe ich mir den Kampf nicht vorgestellt!

[4] *Peschke, Hans-Peter: siehe [3]*

5 Vergleiche die Stimmung von Andreas Wilmer im August [3] und im Oktober [4].

Sprachspeicher
in den Krieg ziehen · sich zum Kriegsdienst melden · freudige, ausgelassene, beschwingte Stimmung · angsterfüllt · besorgt · nachdenklich

grauenvoll · schrecklich · *das* Grauen · *die* Furcht · *das* Entsetzen · von Grauen geschüttelt · man sieht etwas Schreckliches

Ein Hauptmann schreibt 1916 an den Vater des gefallenen Rudolf Emmerich:
Hochverehrter Herr Justizrat!
... ich habe die traurige Pflicht, Ihnen den Heldentod Ihres Sohnes Rudi anzuzeigen. ... Aber mich ... und alle seine Kameraden drängt es, Ihnen unser Beileid auszusprechen. Persönlich war er ein lieber, sehr lieber Offizier, frisch, dienstfreudig, hingebend seinen schweren Pflichten, vorbildlich tapfer. Seinen Leuten voran stürmte er zur Rückeroberung einer verlorenen Stellung gestern früh den feindlichen Graben. Hierbei fand er durch Kopfschuß schmerzlosen Soldatentod, 5 Uhr früh. Mit Ihnen und seiner Mutter betrauern wir und ich besonders den braven Kameraden und Offizier. ... Ihr sehr ergebener von Germar Hauptmann

[5] *Museumsstiftung* Post und Telekommunikation, Feldpost 1914–1918, Briefesammlung, https://www.briefsammlung.de/feldpost-erster-weltkrieg/brief.html?action=detail&what=letter&id=1907.

6 Beschreibe, wie der Hauptmann den Tod des Soldaten schildert.
7 Stelle Vermutungen an, warum er so schreibt.
8 Vergleiche die Schilderungen des Hauptmannes [5] mit Wilmers Brief [4].

Neue Kriegswaffen
Der Erste Weltkrieg war der erste industrialisierte Krieg. Statt nur Mann gegen Mann im Nahkampf nutzten alle Beteiligten neue Waffen mit hoher Reichweite: Maschinengewehre, Panzer, Schlachtschiffe, U-Boote und Flugzeuge. 1915 setzten die Deutschen erstmals Giftgas ein. Giftgase führten zur Erblindung und zu Verätzungen der Lunge. Die Soldaten starben einen qualvollen Tod. Ab 1916 kämpften die Briten mit Tanks, den Vorläufern der Panzer. Mit ihnen konnten Schützengräben und Stacheldrahtsperren überwunden werden. Maschinengewehre und Granaten konnten ihnen nicht viel anhaben. Die modernen Waffen ermöglichten zudem ein stundenlanges Trommelfeuer.

[6] *Soldaten der USA geraten in einen Giftgasangriff.* Foto, 1918.

9 Erkläre, warum der Erste Weltkrieg der erste industrialisierte Krieg genannt wird.

Die USA helfen den Alliierten
1917 traten die USA in den Krieg ein und versorgten die Alliierten mit zusätzlichem Material. Die deutsche Industrie konnte nicht die benötigte Menge Material zur Verteidigung bereitstellen. Schließlich führte die Unterlegenheit beim Material zur Niederlage und zum Kriegsende 1918.

Wähle einen der Arbeitsaufträge aus:

- Erstelle eine Mindmap mit wichtigen Begriffen zum Ersten Weltkrieg. **Starthilfe:** *Beachte die Zwischenüberschriften auf den Seiten 136 bis 145.*
- Man sagt, im Ersten Weltkrieg seien sogenannte „Materialschlachten“ geführt worden. Erkläre den Ausdruck.
- Andreas Wilmer starb im November 1914 in einer Schlacht in Belgien. Verfasse einen Tagebucheintrag seiner Mutter.

Sprachspeicher
maschinelle Waffen • in großer Stückzahl produziert • Waffen führen zu ... • *der* Heldentod • *die* Tapferkeit • tapfer sein

7: Realität an der Front, Wahrheit, fehlende deutsche Erfolge, Kriegspropaganda, Werbung für den Krieg

Wahlseite Kinderalltag während des Kriegs

1 Lies den Text und fasse die Inhalte der Seite mit deinen Worten zusammen. Arbeite gemeinsam mit deinem Lernpartner oder deiner Lernpartnerin. **Starthilfe:** *Nutze den Lese-Profi auf Seite 307.*

2 Male ein Bild, wie du dir den Kinderalltag während des Ersten Weltkriegs vorstellst.

[1] *Kinder spielen Krieg.* Foto, 1916.

Kriegserziehung

Während des Ersten Weltkriegs sollten auch Kinder, durch **intensive Werbung**, für den Krieg begeistert werden. In **Schulen und Vereinen**, in **Jugendbüchern, Liedern und Spielen** wurde der Krieg positiv dargestellt. Häufig sah man Jungen in **Uniformen** „Krieg spielen“. Auch die Bevölkerung sollte den Krieg mit Begeisterung unterstützen.

Auszug aus einem Schullesebuch einer Berliner Gemeinschaftsschule:

Mein Baukasten.
Ich spiele jeden Tag mit meinem Baukasten
Da stelle ich die Hölzer in Reihen auf. Das sind dann die Soldaten. Nun wird Krieg gemacht. Ich hole meine Kanone herzu und schieße – bum! bum! die Soldaten alle über den Haufen.

[1] *Friedrich, Ernst: Krieg dem Kriege, 2004, S. 44.*

Der Alltag verändert sich

Der Alltag der Kinder veränderte sich. Ihre Väter und älteren Brüder wurden eingezogen und ihre Mütter mussten plötzlich die **Familie versorgen**. Nach der anfänglichen Begeisterung kam schnell die **Ernüchterung**. Viele Familien bekamen die Nachricht vom **Tod der Väter**. Wiederum andere Väter kamen schwer verletzt oder seelisch verstört zurück.

Ab 1915 wurden die **Lebensmittel** in Deutschland **knapper**. Es gab immer weniger zu essen. Das, was es gab, war oft von schlechter Qualität. Im Mai 1918 standen jeder Person nur noch 150 Gramm Brot pro Tag zu. Viele Kinder wurden durch die **mangelhafte Ernährung** krank oder starben.

Tipps für die Erarbeitung

- Führe gemeinsam mit deinen Mitschülern und Mitschülerinnen ein Gruppenpuzzle durch. Nutzt dazu die anderen Wahlseiten des Kapitels.

Wahlseite Mangel an Lebensmitteln

1 Informiere dich auf dieser Seite über den Lebensmittelmangel 1914 bis 1918.

2 Präsentiere deine Ergebnisse in geeigneter Form in der Klasse.

[1] *Wartende vor einer Ausgabestelle für Lebensmittel in Berlin.* Foto, 1917.

Lebensmittelknappheit

Zu Beginn des Kriegs hatten alle beteiligten Staaten mit einem kurzen und siegreichen Krieg gerechnet. Aus diesem Grund wurden keine Vorbereitungen für die Lebensmittelversorgung der Bevölkerung getroffen. Doch schon in den ersten Kriegsmonaten wurden die Lebensmittel knapp. Gerade Deutschland wurde hart von der **Lebensmittelknappheit** getroffen. Dafür gab es drei Gründe:

- Deutschland war durch die **britische Seeblockade** von der Lebensmittelzufuhr abgeschnitten.
- Der Kaiser gab den Befehl aus, dass erst mal die **Versorgung der Soldaten** an der Front Vorrang besaß.
- Die **Ernten** waren sehr schlecht.

Bald wurden Lebensmittel nur noch im Tausch gegen **Lebensmittelkarten** ausgegeben. So sollte sichergestellt werden, dass alle Menschen mit Nahrung versorgt werden können.

Steckrübenwinter

Im Winter 1916/17 erreichte die miserable Lebensmittelversorgung ihren Höhepunkt, denn es gab eine **Missernte** bei Kartoffeln. Als Ersatz für das Grundnahrungsmittel gab es für die Bevölkerung Steckrüben. Diese hatten aber nicht denselben Nährwert wie Kartoffeln. Mit der Zeit teilte der Staat die **Lebensmittelrationen** für die Bevölkerung ein. Jeder Haushalt bekam nur noch bestimmte Mengen. Im Frühjahr 1917 hatten die zugeteilten Lebensmittel nur noch einen Nährwert von 1000 Kalorien pro Tag. Ein Kind zwischen 13 und 15 Jahren benötigt etwa die doppelte Menge. Neben der Rationierung hatte die schlechte Versorgung zur Folge, dass Lebensmittel des täglichen Bedarfs, wie Butter, Mehl oder Brot, durch Beimischungen gestreckt wurden. Nach Schätzungen starben zwischen 1914 und 1918 allein in Deutschland über 750 000 Menschen an **Hunger und Unterversorgung**.

Tipps für die Erarbeitung

- Arbeite die Ursachen und die Folgen der Lebensmittelknappheit heraus. Informiere dich über die Lebensmittelkarten im Ersten Weltkrieg.

Tipps für die Präsentation

- Erstelle ein Plakat zum Thema. Suche weitere Quellen wie Kriegsrezepte zur Gestaltung.

☒ Wahlseite Kriegsverletzte und Kriegsinvalide

1 Informiere dich auf dieser Seite über Menschen, die im Krieg verletzt wurden.

2 Präsentiere deine Ergebnisse in geeigneter Form in der Klasse

[1] *Kriegsversehrter Bettler in Militäruniform.* Foto, 1923.

Und nach dem Krieg?

Diejenigen, die langfristige Verletzungen hatten (Kriegsversehrte), sollten Prothesen für ihre fehlenden Arme und Beine bekommen. Das hat die Entwicklung der Orthopädie vorangetrieben. Dahinter steckten aber nicht nur wohltätige Überlegungen. Die Menschen sollten auch möglichst schnell wieder arbeiten gehen.
Erst ab 1920 wurde in Deutschland die sogenannte Kriegsbeschädigtenfürsorge gesetzlich geregelt. Der Grundgedanke dabei war, den Versehrten eine Geldentschädigung durch eine Rente zu gewähren. Dennoch mussten viele Kriegsinvalide noch Jahre nach dem Krieg betteln, um zu überleben [1].

Versorgung in den Lazaretten

Der erste industrialisierte Krieg, mit Maschinengewehren, Granaten, Giftgas und anderen Kriegsgeräten, sorgte für schwerste körperliche und seelische Verletzungen bei den Soldaten. Insgesamt gab es in Deutschland 1,2 Millionen Kriegsverwundete. Sie waren erblindet, hatten Arme oder Beine verloren oder ihre Gesichter waren von den Geschossen entstellt.
Das gute Sanitätswesen war der Grund, warum überhaupt so viele Soldaten in die Heimat zurückkehrten. Schon unmittelbar hinter der Front waren Verbandsplätze und Feldlazarette aufgebaut, in denen Ärzte und Krankenschwestern die Erstversorgung übernahmen. Anschließend wurden die Schwerverletzten in Lazarette gebracht und dort so gut es ging behandelt. Diejenigen, die gesund wurden, gingen zurück an die Front.
Viele litten noch ihr gesamtes Leben an den Folgen ihrer körperlichen und seelischen Verletzungen. Sie waren Kriegsinvaliden.
Psychische Erkrankungen durch Kriegserlebnisse waren damals noch nicht erforscht. Die Behandlungsmöglichkeiten waren sehr eingeschränkt. Viele ehemalige Soldaten bekamen nicht die Hilfe, die sie gebraucht hätten.

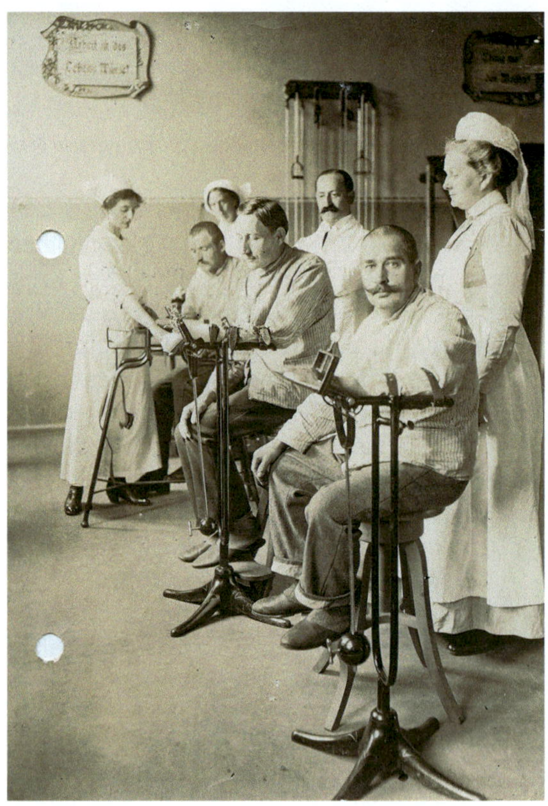

[2] *Kriegsinvalide bei Übungen an gymnastischen Geräten.* Foto, ohne Jahr.

Tipps für die Erarbeitung
- Beschreibe mithilfe der Bilder und Texte, wie es vielen Soldaten mit ihren Kriegsverletzungen erging.

Tipps für die Präsentation
- Verwende die Fotos für deine Präsentation.

☒ Wahlseite Frauen im Ersten Weltkrieg

1 Informiere dich auf dieser Seite über die Rolle der Frauen im Ersten Weltkrieg.

2 Präsentiere deine Ergebnisse in geeigneter Form in der Klasse.

[1] *Frauen in der Rüstungsproduktion in den Krupp-Werken.* Foto, 1917.

Frauen an der „Heimatfront"

Die eingezogenen Männer mussten von heute auf morgen ihre Familien, Höfe oder Arbeitsplätze verlassen. Die Frauen waren nun allein für den Haushalt, den Hof und die Kinder verantwortlich. Der Staat half diesen Frauen, indem er einen Teil des Soldes der Männer an sie auszahlte. Dieser reichte aber oftmals nicht zum Leben aus. Gleichzeitig sollten alle geeigneten Betriebe in der Heimat dem Krieg angepasst werden. Sie sollten Waffen, Munition oder Uniformen herstellen. In den Betrieben waren jedoch durch den Einzug der Männer in den Krieg die Arbeitsplätze nicht besetzt. Deshalb wurden die Arbeitsplätze teilweise an Frauen vergeben. Sie wurden allerdings deutlich schlechter bezahlt, obwohl sie dieselbe Arbeit verrichteten wie zuvor die Männer [1].

Einsatz an der Front

Frauen arbeiteten zunehmend in der Krankenpflege und im Sanitätsdienst, da die ausgebildeten Krankenschwestern bald nicht mehr ausreichten. Das Rote Kreuz bildete deshalb interessierte Frauen in Kursen für die Pflege in Lazaretten aus. Der Einsatz an der Front war freiwillig. Außerdem wurden Frauen an der Front auch zur Versorgung der Truppen und zur Unterstützung in den Schreibstuben eingesetzt.

Und nach dem Krieg?

Mit ihrem Einsatz in den Kriegsjahren bewiesen Frauen, dass der Ausschluss von bestimmten Berufen und ihre Benachteiligung im öffentlichen Leben, zum Beispiel beim Wahlrecht, völlig zu Unrecht bestanden. Daher blieb es nicht aus, dass Frauen ein neues Selbstbewusstsein entwickelten. Die Stimmen, die das Wahlrecht der Frauen forderten, wurden zunehmend lauter.

Tipps für die Erarbeitung

- Recherchiere die Situation der Frauen nach dem Krieg.

Tipps für die Präsentation

- Entwirf ein Plakat, mit dem du darauf aufmerksam machst, was die Frauen während des Kriegs geleistet haben und wie ihre Situation nach dem Krieg ist.

Das Epochenjahr 1917

Welche Folgen hatten die Ereignisse im Jahr 1917?

[1] *„Vernichtet dieses wilde Tier."* „Enlist" bedeutet so viel wie „sich verpflichten/sich freiwillig melden". Die Figur trägt eine deutsche Pickelhaube. Auf ihr steht „Militarismus". Amerikanisches Propagandaplakat*, Harry R. Hopps, 1917.

1 Beschreibe das Plakat
- Was ist darauf abgebildet?
- Welchen Zweck hatte das Plakat?

Kriegseintritt der USA

1916 verhängte die britische Marine eine Seeblockade, um Deutschland von der Lebensmitteleinfuhr abzuschneiden. Daraufhin erklärte Deutschland den uneingeschränkten U-Boot-Krieg: Deutsche U-Boote griffen ohne Vorwarnung neben Kriegsschiffen auch Passagier- und Handelsschiffe an. Das rief Proteste bei den neutralen Staaten, insbesondere den USA, hervor. Bereits am 7. Mai 1915 hatte ein deutsches U-Boot den Passagierdampfer Lusitania versenkt. Unter den 1198 Opfern befanden sich auch 128 US-Staatsbürger.

Auszug aus der „War Message" des US-Präsidenten Woodrow Wilson, 2. April 1917:
Die deutsche U-Boot-Kriegsführung gegen den Handel ist ein Krieg gegen die Menschheit. Amerikanische Schiffe wurden versenkt, amerikanische Leben wurden genommen. Unser Motiv ist nicht Rache, oder die siegreiche Behauptung der physischen Macht der Nation, sondern nur die Bestätigung des Rechts, des Menschenrechts.

[2] *zit. n.: Schönbrunn, Günter (Hg.): Geschichte in Quellen, Bd. 6: Weltkriege und Revolutionen, München, 1978, S. 52.*

2 Erläutere, wie der amerikanische Präsident den Kriegseintritt der USA im Jahr 1917 begründet.

Der Sieg der Alliierten

Der Eintritt der USA in den Krieg brachte die Wende. Die USA kämpften aufseiten der Alliierten. Sie schickten 1,8 Millionen Soldaten und große Mengen Material nach Europa. Dennoch dauerten die Kämpfe noch ein weiteres Jahr an. Im Herbst 1918 zeichnete sich ab, dass der Krieg für Deutschland und seine Verbündeten nicht mehr zu gewinnen war.

3 Begründe, warum der Kriegseintritt der USA die Wende brachte.

* *die* **Propaganda:** gezielte Beeinflussung der öffentlichen Meinungsbildung

Sprachspeicher
1: *der* Gorilla • Kaiser Wilhelm II • *die* Bestie • *das* Ungeheuer • zerstörtes Europa • betritt amerikanischen Boden • Angst und Hass • zu etwas aufrufen

Nur wenn wir hart und radikal vorgehen und die Klasse der Arbeiter an die Macht bringen, können wir die Probleme lösen. Es ist der einzig richtige Weg!
Durch den Krieg fehlt es uns an Kohle und Lebensmitteln. Die Preise steigen immer schneller.
Wir haben an der Front schon 1914 große Schlachten gegen die Deutschen verloren. Wir waren auf einen so großen Krieg nicht vorbereitet! Den Truppen fehlt es an Munition und Lebensmitteln. Es sterben zu viel Soldaten.
Die Arbeiter und Bauern müssen die ganze Macht haben.

[3] *Lenin und seine Anhänger im Jahr 1917 in Moskau.* Foto.

4 Lies die Texte in den Sprechblasen.
- Nenne die Gründe für die Unzufriedenheit großer Teile der russischen Bevölkerung.
- Stelle Vermutungen an, wie Lenin die bestehenden Probleme lösen wollte.

Die Februarrevolution

Russische Soldaten kämpften bereits seit 1914 im Ersten Weltkrieg. Die Bevölkerung, überwiegend Bauern und Arbeiter, war verarmt und litt Hunger. Mit Andauern des Kriegs wurden die Menschen immer unzufriedener.

Im Februar 1917 gingen daher Tausende Menschen im russischen Petrograd (heute Sankt Petersburg) auf die Straße. Sie hatten das Vertrauen in den Kaiser, Zar Nikolaus II., verloren und forderten Reformen. Im März 1917 dankte der Zar ab.

Die neu gebildete, vorläufige Regierung schaffte es jedoch nicht, die Lage im russischen Reich zu beruhigen. Die Menschen forderten mehr Macht für die Arbeiter und Bauern und ein Ende des Kriegs.

Die Oktoberrevolution

Es kam erneut zu Protesten und eine Gruppe um den Anführer Wladimir Lenin übernahm gewaltsam die Macht. Sie besetzten wichtige Gebäude, verhafteten die Regierung, schafften die Pressefreiheit ab. Gegner der Revolution wurden ausgeschaltet oder zur Todesstrafe verurteilt. Die Gruppe um Lenin hatte den Anspruch, allein die Macht in ihren Händen zu halten.

Um die radikale Revolution im Land nicht zu gefährden, war es sinnvoll, den Weltkrieg für Russland zu beenden. Russland zog sich daher im Februar 1918 aus den Kriegshandlungen zurück.

5 Fasse die Ereignisse in Russland im Jahr 1917 zusammen.

Wähle einen der Arbeitsaufträge aus:

- Beschreibe, wie Lenin vorging. **Starthilfe:** *Lies dazu den Absatz „Die Oktoberrevolution".*
- Stelle Vermutungen an, warum 1917 als „Epochenjahr" bezeichnet wird.
- Beurteile, ob die Revolutionen in Russland 1917 positiv oder negativ zu werten sind.

Sprachspeicher

der Zar • *der* russische Kaiser • *die* Reform • *die* Veränderungen • *die* Abdankung • den Kaisertitel ablegen

die Revolution • *der* Umbruch • *die* Arbeiter • *die* Bauern • *die* Staatsform Republik • *die* Staatsform Monarchie

Die Neuordnung Europas

Welche Folgen hatte der Erste Weltkrieg?

1 Beschreibe die Karte [1].

Die Friedensverhandlungen von Versailles

Im Herbst 1918 erkannte die militärische Führung des Deutschen Kaiserreichs, dass der Krieg verloren war. Der Erste Weltkrieg endete mit der Kapitulation* Deutschlands und der Abdankung des Kaisers.
Die Siegermächte Frankreich, USA und Großbritannien legten Deutschland einen Friedensvertrag vor. Deutsche Vertreter durften an der Verhandlung nicht teilnehmen. Der sogenannte „Versailler Vertrag" legte unter anderem fest, dass Deutschland und seine Verbündeten die alleinige Schuld am Ersten Weltkrieg tragen. Deutschland unterschrieb den Vertrag, obwohl er von vielen Menschen kritisiert wurde. Andernfalls hätten die Siegermächte Deutschland besetzt.

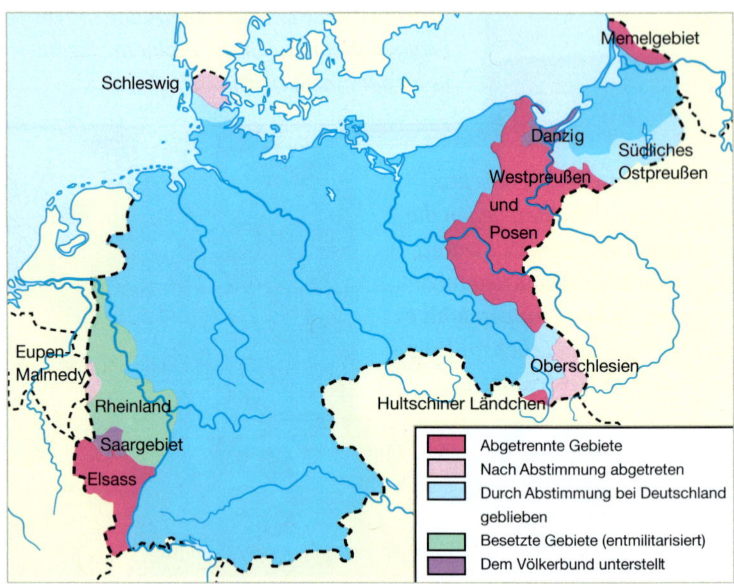

[1] *Gebietsveränderungen durch den Versailler Vertrag 1919.* Karte.

2 Erläutere die Bestimmungen des Versailler Vertrags mithilfe von [1] und [2].

Reaktionen auf den Versailler Vertrag

Für die Bevölkerung in Deutschland waren die Bestimmungen des Versailler Vertrags ein Schock und eine Demütigung. Es war für sie völlig unverständlich, warum sie alleine die Kriegsschuld tragen sollten und für die Kosten aller Länder, die am Weltkrieg beteiligt waren, aufkommen mussten. Die Wut vieler Menschen auf den Vertrag richtete sich nicht nur gegen die Siegermächte, sondern insbesondere gegen die neue deutsche Regierung, die den Vertrag akzeptierte und unterzeichnete.

* *die* **Kapitulation:** ein besiegter Staat erklärt seine Niederlage

Reichswehr: maximal 100 000 Mann; Auslieferung des Kriegsmaterials

Reparationen: 226 Millionen Goldmark, zahlbar in 42 Jahren

Verlust der Kolonien

Sachlieferungen

[2] *Weitere Bestimmungen des Versailler Vertrags für Deutschland.* Schaubild.

Sprachspeicher
Gebiete abtreten • Gebiete abgeben • militärische Besetzung von Gebieten
die Reparationen • *die* Entschädigungszahlungen • *die* Abrüstung

Georges Clemenceau, französischer Ministerpräsident, 1919:
„Die Stunde der Abrechnung ist da."

Philipp Scheidemann, deutscher Reichskanzler, 1919:
„Welche Hand müsste nicht verdorren, die sich und uns in solche Fesseln legte? Der Vertrag ist unerträglich und unerfüllbar."

Lloyd George, britischer Premierminister, 1919:
„Ungerechtigkeit und Anmaßung, in der Stunde des Triumphs zur Schau getragen, werden niemals vergessen und vergeben werden."

[3] *Aussagen zum Versailler Vertrag.*

3 Ordne jede Aussage aus [3] einem Schlagwort zu: Zumutung – Vergeltung – Überheblichkeit.

4 Erkläre, was die Politiker mit ihren Aussagen meinen.

Die Neuordnung Europas

Das Ende des Kriegs brachte große Veränderungen in Europa. Europa wurde politisch und geografisch neu strukturiert: Das Deutsche Kaiserreich wurde 1918 zur Republik. Im selben Jahr wurde das Kaiserreich Österreich-Ungarn aufgelöst und an seiner Stelle entstanden neue Nationalstaaten. Durch die Oktoberrevolution 1917 endete das Zarenreich und die Union der Sozialistischen Sowjetrepubliken (UdSSR), auch Sowjetunion genannt, entstand.

[5] *Philipp Scheidemann (SPD) war der erste Kanzler der jungen deutschen Demokratie.* Foto, 1919.

[4] *Neuordnung Europas 1920.* Karte.

5 Vergleiche die Karte [4] mit der Karte [1] von Seite 134. Welche Staaten sind neu entstanden?

6 Fasse die geografischen und politischen Veränderungen in Europa zusammen.

Wähle einen der Arbeitsaufträge aus:

- Beschreibe, was der Versailler Vertrag war. **Starthilfe:** *Lies dazu den ersten Absatz auf Seite 152.*
- Beurteile den Versailler Vertrag mithilfe der Materialien der Doppelseite.
- Verfasse einen Tagebucheintrag zum Versailler Vertrag, in dem du aus der Sicht eines deutschen Soldaten, der im Weltkrieg gekämpft hat, die Bestimmungen kritisierst.

Sprachspeicher

4: verdorren > austrocknen ▪ Eigennutz > auf den eigenen Vorteil achten ▪ jemanden in Fesseln legen: bildlich gemeint für jemanden gefangen nehmen

6: 1914: Deutsches Reich mit Kaiser Wilhelm II., Kaiserreich Österreich-Ungarn, Russisches Zarenreich ▪ 1920 ...

Üben 

Das kann ich!

Versuche zunächst, die Aufgaben auf dieser Doppelseite zu lösen, ohne im Kapitel nachzusehen. Wenn du Hilfe brauchst, kannst du bei den Aufgaben nachschlagen. Dort sind in Klammern die Seiten angegeben.

- *der* Imperialismus
- *die* Alliierten
- *der* Stellungskrieg
- *der* Versailler Vertrag
- *die* Kolonie
- *die* Bündnisse
- Lenin

- Verbündete: Großbritannien, Frankreich, Russland, USA
- russischer Revolutionär und Gründer der Sowjetunion
- Zusammenschluss von Staaten
- das Streben von Staaten nach größtmöglicher Macht, um das eigene Herrschaftsgebiet zu erweitern
- Gegner stehen sich in befestigten Gräben und Bunkern gegenüber
- auswärtiger Besitz eines Landes, der politisch und wirtschaftlich von ihm anhängig ist
- Friedensvertrag, der von den Alliierten auf der Pariser Friedenskonferenz 1919 ausgehandelt wurde

[1] *Begriffe und ihre Bedeutung.*

1914.
2. Westafrikanische Pflanzungs-Gesellschaft „Viktoria", Kamerun.
Transport der Kakaobohnen zur Trockenhalle.

[2] *Einheimische transportieren Kakaobohnen unter Aufsicht eines deutschen Kolonisten in Kamerun.* Postkarte, 1914.

[3] *Britischer Tank.* Foto, ohne Jahr.

Deutschland, Deutschland über Alles!

[4] *Postkarte,* 1916.

Sachkompetenz

1 Ordne den Begriffen in [1] die jeweils passende Erklärung zu.

2 Nenne drei Motive für den Imperialismus der europäischen Industrieländer. (S. 136)

3 Erkläre mithilfe der Bildquelle [3], warum der Erste Weltkrieg der erste industrialisierte Krieg war. (S. 145)

4 Erkläre, warum der Kriegseintritt der USA die Kriegswende brachte. (S. 150)

5 Nenne drei Bestimmungen des Versailler Vertrags. (S. 152)

Methodenkompetenz

6 Beschreibe die Abbildung auf der Postkarte [4]. Erkläre, welchen Zweck die Abbildung hatte.

Urteilskompetenz

7 Beurteile anhand des Bildes [2] die Auswirkungen des Imperialismus auf die einheimische Bevölkerung und den Umgang der Kolonialherren mit den Einheimischen.

8 Erkläre, was Auslöser und Ursache des Ersten Weltkriegs waren. (S. 134, 143)

9 Beurteile, warum die deutsche Bevölkerung unzufrieden mit dem Versailler Vertrag war.

Teste dich

Die Weimarer Republik

Die Novemberrevolution
Die Lage an der Front ist für die Deutschen aussichtslos, der Krieg ist verloren. Am 29. Oktober 1918 kommt dann der Befehl für die Kriegsschiffe zum Auslaufen. Für die Matrosen wäre dies eine Fahrt in den Tod. Sie widersetzen sich dem Befehl zum Auslaufen – sie meutern. Diese Meuterei wird eine Revolution auslösen. Es beginnt eine neue Zeit – die der Weimarer Republik.

1 Beschreibe das Bild.
2 Berichte, was du über den Ersten Weltkrieg weißt.
3 Die Weimarer Republik wird die erste deutsche Demokratie werden. Überlege, welche Erwartungen die Menschen damals an sie hatten.

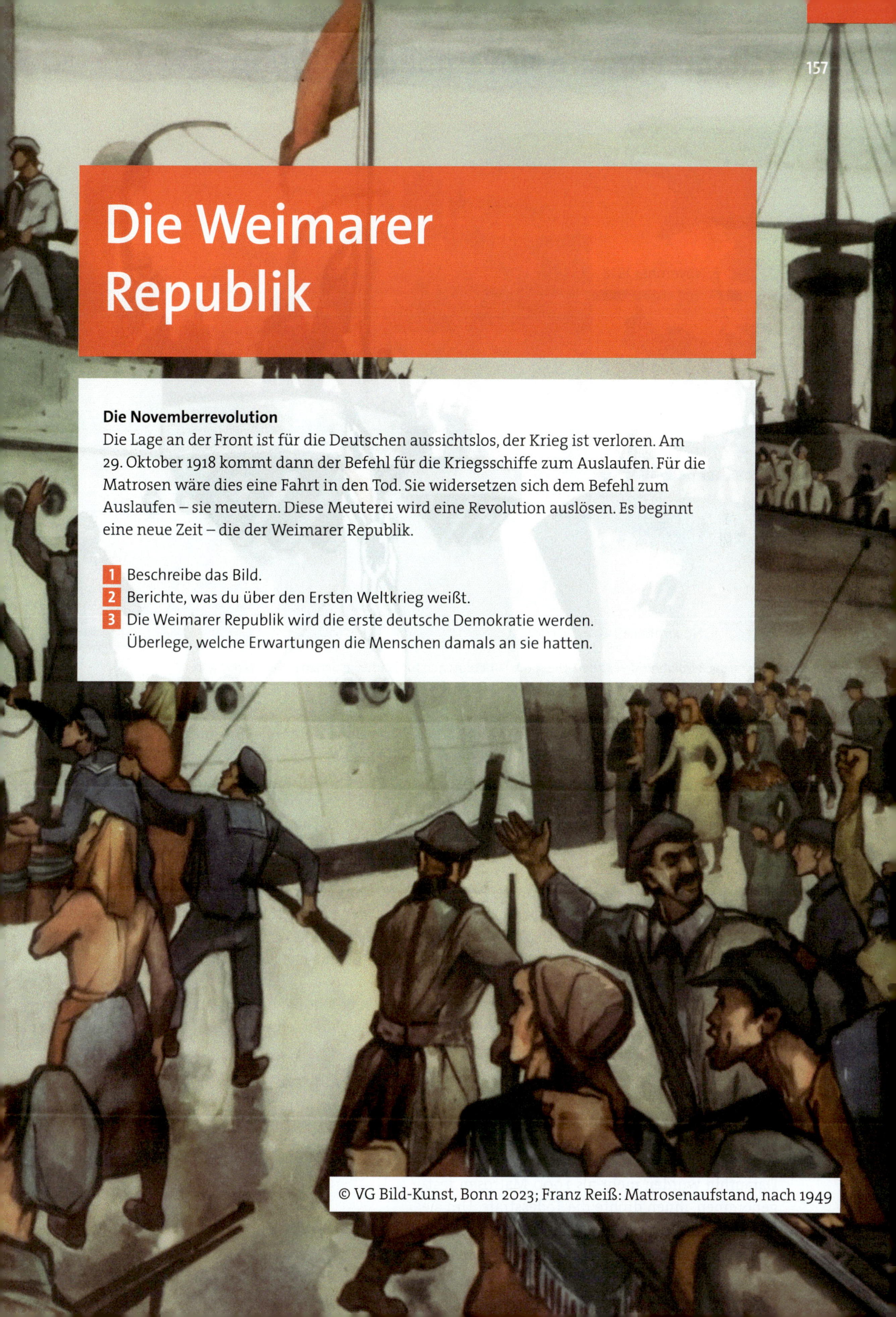

 Franz Reiß: Matrosenaufstand, nach 1949

Schauplatz Die Novemberrevolution

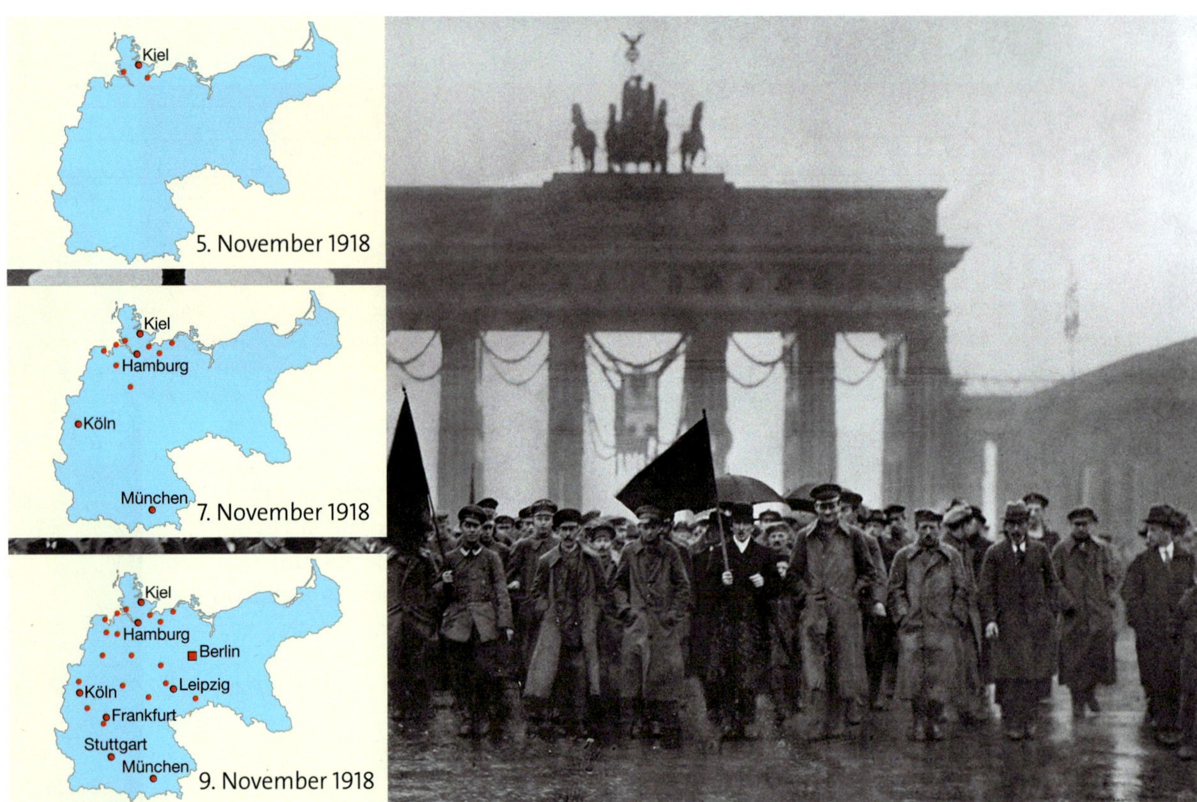

[1] *Die Ausbreitung der Revolution, drei Karten.* Die roten Punkte stehen für Städte, in denen es Aufstände gab.
Foto dahinter: Demonstranten vor dem Brandenburger Tor in Berlin, Dezember 1918.

1 Beschreibe mithilfe der Karten, wie sich die Aufstände vom 5. bis zum 9. November 1918 In Deutschland verbreitet haben.

September 1918 – der Krieg ist aussichtslos

1914 waren die Deutschen siegessicher „für Kaiser und Vaterland" in den Krieg gezogen. Sie glaubten, den Feind in wenigen Wochen oder Monaten besiegen zu können. Doch der Krieg dauerte vier Jahre und forderte Millionen von Toten und Verletzten. Ende September 1918 erkannte die militärische Führung (Oberste Heeresleitung), dass der Krieg für Deutschland verloren war. Sie forderte die Regierung auf, mit dem Gegner einen Waffenstillstand auszuhandeln.

Obwohl die Führung der deutschen Marine von den Plänen wusste, gab sie am 29. Oktober 1918 den Befehl, mit der Flotte auszulaufen und weiterzukämpfen. Doch die Matrosen widersetzten sich dem Befehl. Es kam zu einer Meuterei.

Daraufhin wurden mehr als 1000 Matrosen festgenommen, ihnen drohte die Todesstrafe. Um sie zu retten, schlossen sich weitere Kameraden an.

Aus einer Meuterei wird eine Revolution

Auch Soldaten und Arbeiter verbündeten sich mit den Matrosen. So wurde aus der Meuterei ein Aufstand*, der bald immer mehr Städte erreichte. Die Aufständischen forderten, den Krieg sofort zu beenden, sie verlangten „Frieden und Brot".

Schließlich erreichte der Aufstand am 9. November die Hauptstadt Berlin. Immer mehr Stimmen wurden laut: „Der Kaiser muss weg!" Aus der Meuterei war eine Revolution geworden, die das gesamte Deutsche Reich erfasste.

2 Begründe, warum sich aus den Aufständen eine Revolution entwickelte.

* *der* **Aufstand:** ein gewaltsamer Widerstand gegen die bestehende Regierung (Staatsgewalt)

[2] *Der Sozialdemokrat Philipp Scheidemann spricht zu den Menschen vor dem Reichstag.* Foto, 9. November 1918.

Deutschland wird eine Republik

Hunderttausende Menschen demonstrierten auf den Straßen Berlins: Matrosen, Soldaten, Arbeiter und andere Zivilisten. Sie forderten Frieden, die Abdankung des Kaisers, freie Wahlen und eine Republik. Bislang war der Aufstand friedlich verlaufen.

Der deutsche Kaiser war in die Niederlande geflohen. Würde er dem Druck nachgeben, die Kaiserkrone niederlegen und abdanken? Die Menschenmenge auf den Straßen wuchs immer weiter an. Wie lange würde alles noch friedlich bleiben?

Um die Menschen zu beruhigen, trat der sozialdemokratische Politiker Philipp Scheidemann am 9. November 1918 auf einen Balkon des Reichstags in Berlin. Er verkündete vor der Menschenmenge, dass Deutschland nun eine Republik sei.

Scheidemann sagte: „Der unglückselige Krieg ist zu Ende. Der Kaiser hat abgedankt*. Das Alte und Morsche, die Monarchie ist zusammengebrochen. Es lebe das Neue! Es lebe die Deutsche Republik!"

3 „Es lebe die Deutsche Republik!" Erkläre, warum sich die Forderung nach einer Republik durchsetzen konnte.

Wähle einen der Arbeitsaufträge aus:

- Notiere, was die Menschen damals forderten. **Starthilfe:** *Lies den Absatz „Deutschland wird eine Republik". Die Menschen forderten ...*
- Schreibe einen Zeitungsbeitrag über die Forderungen der Menschen.
- „Der unglückselige Krieg ist zu Ende. Der Kaiser hat abgedankt. Das Alte und Morsche, die Monarchie ist zusammengebrochen. Es lebe das Neue! Es lebe die Deutsche Republik!" Schreibe einen Kommentar, in dem du Scheidemanns Forderungen begründest.

* **abdanken:** von einem Amt zurücktreten, hier: der Kaiser verzichtete auf seinen Thron

Orientierung

[1] *Deutschland 1918–1933,* Karte.

1 Untersuche die Karte [1]:
- Beschreibe die Grenzen der Weimarer Republik und vergleiche mit der Bundesrepublik Deutschland.
- Vergleiche die damaligen Länder der Weimarer Republik mit den heutigen Bundesländern. Welche Bundesländer gibt es heute noch?

Die Weimarer Republik

Nach dem Ende des Kaiserreichs gab es vor allem in Berlin bewaffnete Auseinandersetzungen. Daher tagte die 1919 gewählte Nationalversammlung statt in Berlin in Weimar. Dort wurde sie von Soldaten besser geschützt. So entstand die Bezeichnung „Weimarer Republik".
Die Weimarer Republik war die erste deutsche Demokratie. Als Flagge wählte man die Farben Schwarz-Rot-Gold. Diese Farben stammten aus der Zeit der Revolution von 1848. Demokraten hatten unter dieser Flagge für Einheit und Freiheit gekämpft.

Staatsform:	Bundesrepublik mit 19 Ländern
Regierungsform:	parlamentarische Demokratie
Staatsoberhaupt:	Reichspräsident
Regierungschef:	Reichskanzler
Wichtigster Entscheidungsträger:	Reichstag (= Parlament)
Hauptstadt:	Berlin
Einwohnerzahl (1925):	etwa 62 Millionen

[2] *Steckbrief zur Weimarer Republik.*

[3] *Die Flagge der Weimarer Republik,* Abbildung.

- **1914–1918**
  Erster Weltkrieg
- **9. November 1918**
  Ende des Kaiserreichs, Deutschland wird eine Republik
- **19. Januar 1919**
  freie Wahlen zur Nationalversammlung
- **Juni 1919**
  Unterzeichnung des Versailler Vertrages

- **1923**
  „Hitlerputsch"
- **1923**
  Inflation

- **1924–1929**
  wirtschaftlicher und kultureller Aufschwung
- **1929**
  Beginn der Weltwirtschaftskrise

- **1932**
  6 Millionen Arbeitslose in Deutschland
- **1933**
  Hitler wird Reichskanzler

Die Weimarer Republik

Deutschland wird eine Demokratie

Bekommt Deutschland eine Volksherrschaft?

Seit November 1918 war Deutschland kein Kaiserreich mehr. Es gab unterschiedliche Vorstellungen darüber, wie es nun weitergehen sollte.

(A) Wir brauchen allgemeine, freie und gleiche Wahlen! Alle Frauen und Männer sollen wählen! Entscheidungen müssen im Reichstag gefällt werden und nirgendwo anders!

(C) Keine Wahlen! Kein Reichstag! Alle Macht den Arbeitern und Soldaten! Wir entscheiden alles selbst!

(B) Schluss mit dem Chaos! Wir brauchen wieder Ruhe und Ordnung. Danach ist Zeit für wohlüberlegte Reformen.

(D) Der Adel und die reichen Fabrikbesitzer hatten lange genug das Sagen. Wir Arbeiter und Soldaten müssen sie enteignen! Die Fabriken und das Land gehören dem Volk!

[1] *Stimmen aus dem Volk.* Illustrationen.

Regierung und „Spartakusgruppe“

Im November 1918 übernahm der Rat der Volksbeauftragten, eine vorläufige Regierung, die Macht. Sie wurde von dem SPD-Politiker Friedrich Ebert geführt. Die vorläufige Regierung wollte, dass eine Nationalversammlung eine demokratische Verfassung beschließt: Deutschland sollte eine parlamentarische Demokratie werden. Bürgerinnen und Bürger wählen Abgeordnete, die sie im Parlament vertreten. Es sollte unterschiedliche Parteien geben. Die Mehrheit sollte entscheiden.
Doch die „Spartakusgruppe“ lehnte eine Nationalversammlung und eine parlamentarische Demokratie ab. Arbeiter und Soldaten sollten alle wichtigen politischen Entscheidungen treffen. Unterschiedliche Parteien und Wahlen sollte es nicht geben.

1 Notiere in einer Tabelle:

Ziele der vorläufigen Regierung:	Ziele der „Spartakusgruppe“:
...	...

Der Spartakusaufstand

Um Ruhe und Ordnung aufrecht zu erhalten, schloss die vorläufige Regierung ein Bündnis mit der militärischen Führung. Falls Unruhen ausbrachen, würde das Militär darauf reagieren. Dies würde notfalls mit Gewalt passieren. Im Januar 1919 besetzten bewaffnete Anhänger der „Spartakusgruppe“ das Zeitungsviertel in Berlin. Sie wollten gewaltsam die vorläufige Regierung stürzen und die Wahlen zur Nationalversammlung verhindern.
Die vorläufige Regierung ließ den Aufstand durch „Freikorps“ blutig niederschlagen. In den „Freikorps“ dienten Soldaten, die im Ersten Weltkrieg gekämpft hatten. Die „Freikorps“ gingen brutal vor: Viele Aufständische wurden getötet, Gefangene ohne Gerichtsverfahren erschossen. Freikorpssoldaten nahmen die Anführenden der „Spartakusgruppe“ Karl Liebknecht und Rosa Luxemburg fest und ermordeten sie. Das brutale Vorgehen der Freikorps machte viele Arbeiter zu Feinden der Weimarer Republik.

Sprachspeicher

die Macht übernehmen • eine Verfassung beschließen • Entscheidungen treffen • ein Bündnis schließen • eine Regierung stürzen • einen Aufstand niederschlagen

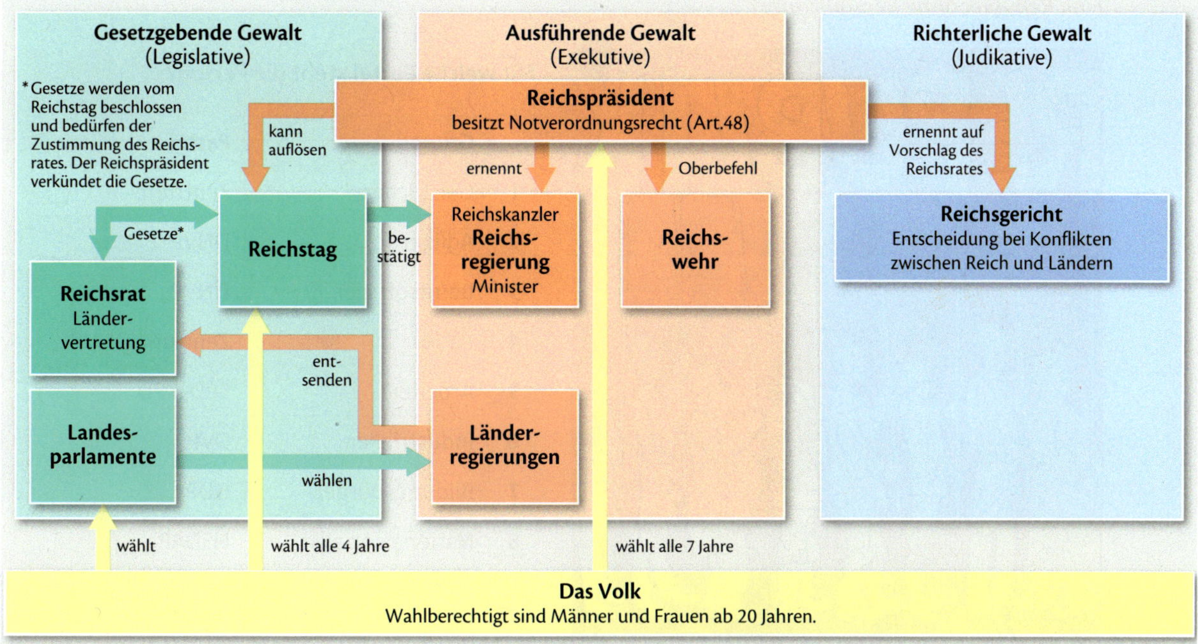

[2] *Die Verfassung der Weimarer Republik.* Schema.

2 Erläutert das Verfassungsschema [1].
- Wer durfte wählen?
- Wer wurde gewählt?
- Wo wurden Gesetze beschlossen?

Wahlen und Nationalversammlung

Am 19. Januar 1919, wenige Tage nach dem Spartakusaufstand, fanden die Wahlen zur Nationalversammlung statt. Alle Deutschen ab 20 Jahren durften nun wählen – zum ersten Mal auch Frauen. Die Aufgabe der Nationalversammlung war es, eine Verfassung auszuarbeiten.

Die Weimarer Verfassung

Die neue Verfassung bestimmte, dass Deutschland nun eine Republik war. Es herrschte Gewaltenteilung:
- Das Parlament, also der Reichstag, stimmt über die Gesetze ab. (Legislative)
- Reichspräsident und Reichsregierung sorgen dafür, dass die Gesetze ausgeführt werden. (Exekutive)
- Unabhängige Gerichte sprechen Recht. (Judikative)

Die Macht des Reichspräsidenten

Der Artikel 48 der Weimarer Verfassung gab dem Reichspräsidenten sehr viel Macht. Zum Schutz der Republik und zur schnelleren Gesetzgebung während einer Krise konnte er ohne die Zustimmung des Parlaments per Notverordnung Gesetze erlassen. Damit sollten die öffentliche Sicherheit und Ordnung wiederhergestellt werden. Diese Machtfülle lud aber zum Missbrauch ein.

Wähle einen der Arbeitsaufträge aus:

- Lies den Text „Regierung und ‚Spartakusgruppe'" auf der Seite 162. Nutze dazu den Lese-Profi auf Seite 307. Beantworte dann die Frage: Wer leitete die vorläufige Regierung?
- Schreibe zu dem Verfassungsschema [2] mindestens 4 Sätze. **Starthilfe:** *Das Volk wählt alle 4 Jahre den Reichstag...*
- „Die Demokratie ist eine Volksherrschaft." Zeige anhand der Verfassung [2], ob dies zutrifft.
- Das Notverordnungsrecht (Art. 48) verlieh dem Reichspräsidenten eine besondere Macht. Begründe dies.

Sprachspeicher

Wahlen finden statt • eine Verfassung ausarbeiten • über Gesetze abstimmen

Rechte und Pflichten haben • das Recht haben, seine Meinung zu äußern

Die Parteien in der Weimarer Republik

Eine Republik ohne Republikaner?

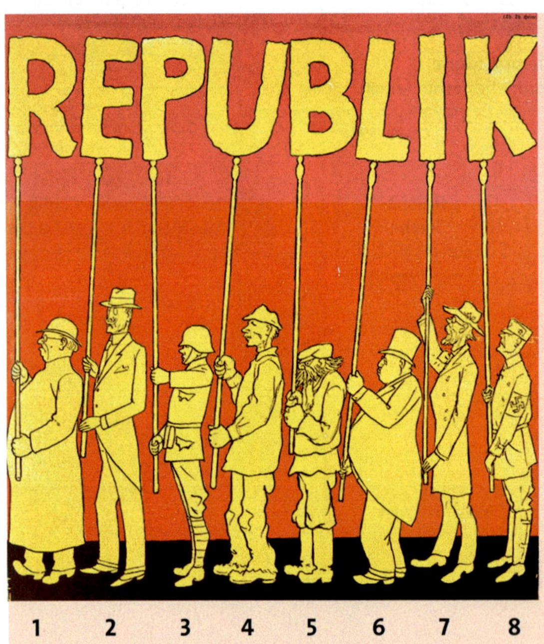

Für welche Partei steht die Person?

	Gruppe	Partei
1	Geistlicher	Zentrum
2	Adliger	DNVP
3	Berufsoffizier	DNVP
4	Bauer	Zentrum/DNVP
5	Arbeiter	SPD/KPD
6	Industrieller	DVP
7	Bildungsbürger	DDP
8	Nationalsozialist	NSDAP

[1] *Auf der Titelseite der Zeitschrift Simplicissmus erscheint am 27. März 1927 eine Karikatur von Thomas Theodor Heine mit dem Untertitel. „Sie tragen die Buchstaben der Firma – aber wer trägt den Geist?!".*

1 Beschreibe die Karikatur [1]. Benutze dabei folgende Begriffe: schwarz, rot, gold – einzelne Buchstaben – verschiedene Gruppen (s. Tabelle).

Auf der Suche nach einer gemeinsamen Idee

Zu Beginn der Weimarer Republik* gab es viele Fragen: Wie regiert sich ein Volk selbst? Welche Werte sind uns wichtig? Welche gesellschaftliche Gruppe kann ihre Ideen gegen andere durchsetzen? Wer bekommt die Macht in dem neuen Staat?
Die neue demokratische Staatsform brauchte auch Bürgerinnen und Bürger, die demokratisch denken und handeln. Gemeinsame Lösungen waren schwer zu finden, denn zu viele Parteien mit unterschiedlichen Interessen waren in den Parlamenten vertreten.

2 Erkläre, warum es immer schwieriger wurde, gemeinsame Entscheidungen zu treffen.

* *die* **Republik:** ein Staat, in dem das Volk die oberste Gewalt hat, vom Volk alle Entscheidungsgewalt ausgeht

der **Republikaner:** eine Person, die für die Republik ist, also gegen die Monarchie

Ein Parlament ohne 5-Prozent-Hürde

In den Wahlen zum Reichstag der Weimarer Republik gab es keine 5-Prozent-Hürde. Parteien, die von mindestens 60 000 Wählerinnen und Wählern gewählt wurden, bekamen entsprechend ihrer Anteile Sitze im Parlament. Es zeigte sich, dass durch die vielen vertretenen Parteien eine Einigung schwierig wurde.

3 Begründe, warum die Parteien heute 5 Prozent der Stimmen benötigen, um im Deutschen Bundestag vertreten zu sein.

Sprachspeicher

2: Welche Interessen hatten die einzelnen Gruppen? Gab es unterschiedliche Vorstellungen über die Demokratie?

3: Wenn zu viele Parteien in einem Parlament sind, werden viele Interessen und Meinungen vertreten. Das kann die Arbeit blockieren.

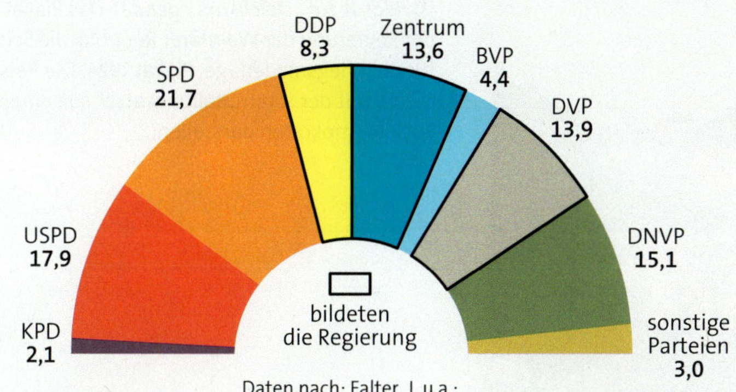

[2] *Die Ergebnisse der Reichstagswahl der Weimarer Republik, 6. Juni 1920*, Grafik.

Neun Wahlen in 14 Jahren
Der Reichstag der Weimarer Republik (1919–1933) wurde immer wieder aufgelöst und es wurden Neuwahlen ausgerufen. Neun Mal wählten die Bürgerinnen und Bürger ein neues Parlament mit der Hoffnung, dass dies besser arbeiten würden.

4 Wie setzt sich nach der Wahl [2] das Parlament zusammen, wenn es etwa 500 Sitze hatte [eigentlich 459]?

Parteien als Abbild der Gesellschaft
Die Zusammenarbeit im Parlament war von den verschiedenen Zielen, fehlender Kompromissbereitschaft der Parteien und nicht handlungsfähiger Regierungen geprägt.

- **SPD (Sozialdemokratische Partei Deutschlands)**
  Ziele: Erhaltung und Ausbau der Demokratie, Verbesserung der Lebensumstände durch Veränderungen;
  Mitglieder: Arbeiter, Bürgertum
- **USPD (Unabhängige Sozialdemokratische Partei Deutschlands) und KPD (Kommunistische Partei Deutschlands)**
  Abspaltung 1917 von der SPD; Ziel: Errichtung einer Räterepublik nach sowjetischem Vorbild;
  Mitglieder: Arbeiter, Bürgertum
- **Zentrum und BVP (Bayerische Volkspartei)**
  Ziel: Republik und Verfassung (Zentrum), Bayern stärken (BVP) katholische Partei;
  Mitglieder: Bürgertum
- **DDP (Deutsche Demokratische Partei) und DVP (Deutsche Volkspartei)**
  Ziel: Verfassung (DDP), wirtschaftliche Interessen (DVP), liberale Parteien;
  Mitglieder: demokratisches Bürgertum (DDP), konservativ-nationale Großbürger (DVP)
- **DNVP (Deutschnationale Volkspartei)**
  Ziel: Interessen der großen Landwirtschaft und der Großindustrie vertreten, Ablehnung der Demokratie und Wiederherstellung der Monarchie;
  Mitglieder: konservative und nationalistische Kräfte des Kaiserreichs
- **NSDAP (Nationalsozialistische Deutsche Arbeiterpartei)**
  Ziel: radikale Ablehnung der Demokratie, nationale Ideen, Abwertung anderer Völker,
  Mitglieder: aus allen Schichten des Volkes

5 „Eine Republik ohne Republikaner*" [1].
Erkläre die Aussage der Karikatur von 1927.

Wähle einen der Arbeitsaufträge aus:

- Werte die Grafik [2] auf dieser Seite aus. Welche Partei hat 1920 die meisten Stimmen bekommen? Notiere die Partei mit den meisten Stimmen, dann die mit den zweitmeisten Stimmen usw.
- Untersuche, welche Parteien aus der Zeit es heute noch gibt.
- Den politischen Parteien wurde damals eine fehlende Kompromissbereitschaft vorgeworfen. Führte dies dazu, dass eine Regierung scheitern muss? Nimm Stellung dazu.

Sprachspeicher
4: Teile die Prozentzahl durch Hundert und multipliziere das Ergebnis mit 500. Runde das Ergebnis auf ganze Sitze auf oder ab.

5: *„Wenn alle eine andere Vorstellung von einer Republik haben, ..."*

Ein schwieriger Anfang

Dolchstoßlegende und Versailler Vertrag – eine Last für die junge Republik?

[1] *Plakat zur „Dolchstoßlegende".* Das Plakat gibt der Regierung der Weimarer Republik die Schuld für die Kriegsniederlage. Plakat 1924. Die Person rechts mit der roten „Ballonmütze" soll einen Sozialdemokraten darstellen.

1 Beschreibe das Plakat [1].
Starthilfe: *Auf dem Plakat sehe ich zwei Personen. Der Mann rechts in Rot ...*

Die „Dolchstoßlegende"

1918 endete der Erste Weltkrieg. Als ein deutscher Sieg unmöglich erschien, forderte die Oberste Heeresleitung die Regierung auf, dem Kriegsgegner ein Friedensangebot zu machen.

Zu diesem Zeitpunkt standen deutsche Soldaten noch in Frankreich, also im Land des Feindes. Viele Soldaten und die Menschen in der Heimat wurden von der Niederlage überrascht. Vier Jahre lang glaubten sie daran, dass sie siegen würden. Plötzlich war der Krieg verloren.

Später behaupteten viele Offiziere, die Soldaten hätten noch im Kampf gestanden und seien von der Heimat im Stich gelassen worden. Die Soldaten seien „von hinten erdolcht" worden.

Diese Behauptung entsprach nicht der Wahrheit. Doch die „Dolchstoßlegende" verbreitete sich trotzdem schnell. Viele Menschen glaubten daran und gaben der neuen Regierung die Schuld an der Niederlage.

2 Erkläre den Begriff „Dolchstoßlegende".

3 Die Verbreitung der „Dolchstoßlegende" war eine starke Belastung für die Weimarer Republik. Begründe dies.

Angriffe auf die Weimarer Republik

In den ersten fünf Jahren der Weimarer Republik gab es zahlreiche Angriffe auf den Staat:

- April/Mai 1919: „Münchener Räterepublik". In Bayern versuchten linke Gruppen, einen eigenen Staat zu gründen. Der Aufstand wurde niedergeschlagen.
- März 1920: Die Reichsregierung floh wegen des „Kapp-Putsches" – benannt nach dem Anführer der Aktion Wolfgang Kapp – nach Dresden und Stuttgart. Der Putsch* scheiterte.
- Bis 1922 gab es über 350 politische Morde. Opfer waren z. B. der jüdische Außenminister Rathenau und Finanzminister Erzberger, der den Versailler Vertrag unterschrieben hatte.
- Oktober 1923: Im Ruhrgebiet bildete sich eine gegen den Staat gerichtete „Rote Armee". In Thüringen und Sachsen wurden „Räterepubliken" ausgerufen. Alle drei Aufstände scheiterten.
- November 1923: „Hitlerputsch": Hitlers Versuch, die Regierung in Berlin abzusetzen, misslang.

* *der* **Putsch**: Versuch einer bewaffneten Gruppe, mit Gewalt eine Regierung zu stürzen

Sprachspeicher
jemanden zu etwas auffordern • *der* Regierung *die* Schuld geben
ein Putsch scheitert/gelingt • eine Regierung absetzen

Der Vertrag von Versailles

1919 legten die Siegermächte der deutschen Regierung den Versailler Vertrag vor. Die deutsche Regierung sollte ihn unterzeichnen. Andernfalls würden die Alliierten in Deutschland einmarschieren. Im Versailler Vertrag wurde festgelegt:

- Deutschland sollte als Wiedergutmachung Rohstoffe wie Kohle und Stahl abliefern und viele Jahre lang Geld an die Alliierten bezahlen („Reparationen").
- Das deutsche Heer wurde auf 100.000 Soldaten begrenzt. Militärflugzeuge waren verboten.
- Deutschland sollte Gebiete abtreten und seine Kolonien verlieren.
- Deutschland musste erklären, dass es allein die Schuld am Krieg trage.

[2] *„Was wir verlieren sollen!"*, Plakat aus dem Jahr 1919. Es zeigt die Verluste Deutschlands, die im Versailler Vertrag festgelegt wurden.

4 Gib die Bestimmungen des Versailler Vertrages in eigenen Worten wieder.

Unterzeichnen oder nicht?

Deutschland war militärisch nicht dazu in der Lage weiterzukämpfen. Die deutschen Truppen waren größtenteils schon aufgelöst und die Soldaten zu ihren Familien heimgekehrt.
Die meisten Deutschen und die Regierung empfanden die Bedingungen des Versailler Vertrags als hart und ungerecht. Doch schließlich unterzeichneten die Vertreter der Regierung Ende Juni 1919 den Vertrag, weil sie keine andere Möglichkeit sahen.
Viele Menschen gaben der Regierung die Schuld für die Belastungen, die auf sie zukamen. Besonders rechtsradikale Gruppen nutzten den Versailler Vertrag, um gegen die Republik zu hetzen. Politiker, die der deutschen Regierung angehörten, wurden als Verräter beschimpft.

5 Begründe, warum die deutsche Regierung den Vertrag trotzdem unterschreiben musste.

6 Für die junge Republik waren der Versailler Vertrag und die „Dolchstoßlegende" eine Belastung. Erkläre dies.

Wähle einen der Arbeitsaufträge aus:

- Erstelle eine Zeitleiste der Jahre 1919 bis 1924. Notiere dort die Angriffe auf die Weimarer Republik. **Starthilfe:** *Du findest die Informationen dazu auf Seite 166 im Absatz „Angriffe auf die Weimarer Republik".*
- Zeichne eine Zeitleiste über acht Monate (November 1918 bis Juni 1919). Notiere dort, was in den einzelnen Monaten passierte.
- Erläutere in einem Text, warum die „Dolchstoßlegende" nicht der Wahrheit entspricht. **Starthilfe:** *„Nach vier Jahren war der Krieg für Deutschland verloren. Die Militärführung …"*
- Die Unterzeichnung des Versailler Vertrags wurde im deutschen Reichstag kritisch diskutiert. Schreibe eine Rede, die für die Annahme oder Ablehnung des Vertrags plädiert.

Sprachspeicher

Gebiete abtreten • Truppen auflösen

der Regierung *die* Schuld geben • einen Vertrag akzeptieren/unterschreiben

Üben

Ruhrkampf und Inflation

Wertloses Geld – ein Problem für die Bevölkerung?

[1] *Kinder und Erwachsene suchen in den Abfällen einer Markthalle nach Essbarem.* Die Not war damals groß in Deutschland. Foto, 1923.

1 Beschreibe die Menschen auf dem Foto, die in den Abfällen nach Nahrung suchen.

Die Besetzung des Ruhrgebiets (1923–1925)

Der Versailler Vertrag schrieb vor, dass Deutschland den Alliierten Kohle aus dem Ruhrgebiet liefern musste. Doch Deutschland hatte erhebliche Probleme, seine eigene Bevölkerung zu versorgen und die Wirtschaft in Gang zu bekommen. Als es seinen Verpflichtungen nur teilweise und verspätet nachkam, besetzten 60 000 französische und belgische Soldaten das Ruhrgebiet. Sie sollten sicherstellen, dass die Lieferungen an die Siegermächte zuverlässig erfolgten.

Die deutsche Regierung forderte die Bevölkerung zum „passiven Widerstand" auf: Die Menschen sollten die Anordnungen der Besatzer nicht befolgen. Die deutschen Bergarbeiter legten ihre Arbeit nieder. Auch die Eisenbahner streikten. Nahezu alle Arbeiten im Ruhrgebiet kamen zum Erliegen. Nach Frankreich und Belgien wurde fast gar keine Kohle mehr geliefert. Es folgten gewaltsame Auseinandersetzungen, 132 Menschen starben.

Die hohe Inflation (1923)

Die Ruhrbesetzung hatte schwerwiegende Folgen für die deutsche Wirtschaft und Geldpolitik. Während des passiven Widerstands wurden die Löhne von etwa zwei Millionen streikenden Arbeitern im Ruhrgebiet vom Staat übernommen. Um das zu finanzieren, ließ die deutsche Regierung mehr Geld drucken. Dieses Vorgehen konnte nicht längere Zeit durchgehalten werden, da sich die Wirtschaftskrise verstärkte. Es begann eine große Inflation*.

Es gab also plötzlich Milliarden Geldscheine mehr, aber es wurden kaum noch Waren produziert. Die Preise stiegen immer schneller. Schließlich wurden den Menschen ihre Gehälter in Wäschekörben voller Scheine ausgezahlt. Schon nach wenigen Stunden oder sogar Minuten war das Geld viel weniger wert. Das Geld wurde wertlos und die Menschen tauschten Wertgegenstände ein, um an Lebensmittel zu gelangen.

2 Begründe, warum das Geld wertlos wurde.

Sprachspeicher

seinen Verpflichtungen nachkommen • ein Gebiet besetzen

Anordnungen befolgen / nicht befolgen • Waren produzieren

[2] *Kinder spielen mit wertlos gewordenem Geld.* Im November 1923 wurde eine neue Währung* eingeführt – die Rentenmark. Die bisherige Währung war nun völlig wertlos. Foto, 1923.

3 Erkläre, warum die Kinder auf Foto [2] mit Geld spielen durften.

[4] *Zahlen zur Inflation:*

1 Kilogramm Brot kostete:
1918: 0,80 Mark
1923: 201 000 000 000 Mark
1 US-Dollar kostete:
1918: 4,20 Mark
1923: 4 200 000 000 000 Mark

Das Ende der Inflation

Schließlich einigten sich Deutschland und die Alliierten über neue Bedingungen bezüglich der Reparationszahlungen. Reichskanzler Gustav Stresemann beendete den passiven Widerstand gegen die Ruhrbesetzung und führte die „Rentenmark" ein. Deutschland hatte wieder eine funktionierende Währung. Langsam beruhigte sich die Situation. Im August 1925 wurde das Ruhrgebiet von den belgischen und französischen Soldaten wieder geräumt.
Dennoch: Viele Menschen hatten durch die Inflation ihr Erspartes verloren und gaben der Republik die Schuld.

[3] *Briefmarke aus der Inflationszeit.* 1923.

* *die* **Inflation:** Ein Begriff für Preissteigerungen: Das Geld verliert an Wert, man kann immer weniger Waren für das Geld kaufen.

die **Währung:** Das Geld in einem Land; in der Weimarer Republik gab es zunächst die Mark. Sie wurde 1923 durch die Rentenmark ersetzt. Ab 1924 gab es noch die Reichsmark als Zahlungsmittel.

Wähle einen der Arbeitsaufträge aus:

- Schreibe einen kurzen Text zu folgenden Stichworten:
  - Die Besetzung des Ruhrgebiets
  - Die Inflation
  - Das Ende der Inflation
- Zwei Personen unterhalten sich über die Not infolge der Inflation. Schreibt zu zweit ein Gespräch und führt es in der Klasse vor.
- Ist eine wertlose Währung ein Problem für die Bevölkerung? Begründe deine Position zu dieser Frage.

Was du noch tun kannst:

→ Frage deine Eltern oder Großeltern, ob sie alte Geldscheine oder Briefmarken aus dieser Zeit besitzen.

Sprachspeicher
sich über Bedingungen einigen • ein Gebiet räumen
die Situation beruhigt sich • *der* Republik / *der* Demokratie die Schuld geben

Üben

Wahlseite Technische Leistungen

1 Lies den Text und fasse die Inhalte der Seite mit deinen Worten zusammen. Arbeite gemeinsam mit deinem Lernpartner oder deiner Lernpartnerin. **Starthilfe:** *Nutze den Lese-Profi auf Seite 307.*

2 Zeichne ein Bild, in dem du die technischen Leistungen darstellst.

[1] *Das Luftschiff „Graf Zeppelin“ kehrt von seiner Nordpol-Expedition zurück.* Foto, 1931.

Rekorde!

Mit dem wirtschaftlichen Aufschwung ab 1924 wurde Deutschland das **Land der Erfindungen und Rekorde**. Große Projekte wie der **Bau des Luftschiffes „Graf Zeppelin“** oder des **Passagierschiffes „Bremen“** erregten weltweit Aufmerksamkeit.
1929 trat die „Bremen“ ihre erste Fahrt von Bremerhaven nach New York an. Das Schiff hatte eine Länge von 286 Metern und eine Breite von 31 Metern sowie eine Maschinenleistung von 135 000 PS. Etwa 2200 Passagiere und knapp 1000 Mann Besatzung konnten mit dem **schnellsten Passagierschiff der damaligen Zeit fahren**.

Weitere Höchstleistungen:

- Der **„Schienenzeppelin“**, ein Eisenbahntriebwagen, erreichte auf der Strecke Hamburg – Berlin eine **Geschwindigkeit von 230 km/h**.
- Das **Flugzeug DO X** war 1929 das **größte der Welt**. 170 Menschen fanden darin Platz. Es konnte auch auf dem Wasser landen. Erst 20 Jahre später wurde wieder ein Flugzeug dieser Größe gebaut.
- **RAK 2**: ein von **24 Raketen** angetriebenes **Auto**, das im Jahr 1928 **238 km/h** fuhr – ein Weltrekord!
- Das **Luftschiff „Graf Zeppelin“** umrundete 1929 in **21 Tagen** die Erde.

Tipps für die Erarbeitung

- Führe gemeinsam mit deinen Mitschülern und Mitschülerinnen ein Gruppenpuzzle durch. Nutzt dazu die anderen Wahlseiten des Kapitels.

Wahlseite Die „Goldenen Zwanziger“

1 Informiere dich über die Jahre der „Goldenen Zwanziger“.

2 Präsentiere deine Ergebnisse in geeigneter Form vor der Klasse.

[1] *Das Theater „Wintergarten“ in Berlin.* Foto, 1929. Unter einer riesigen Glaskuppel verfolgten 3 000 Zuschauende Shows von Artisten und Künstlerinnen.

Unterhaltung und Massenkultur

Das Leben nach dem Krieg war hart und geprägt von Arbeitslosigkeit, Unsicherheit und Not. Doch bald besserte sich die Situation. Die Menschen wollten sich jetzt **vergnügen** und **ihr Leben genießen.**
In den **Großstädten** entstand ein **großes Angebot** an **Vergnügungsstätten**, zumindest für Leute, die es sich leisten konnten. Aus ganz Europa kamen Menschen in die Hauptstadt Berlin. Dort gab es 20 000 Restaurants, Hunderte Kinos, Theater, Bars und Nachtclubs. Es kam zu einem **Aufschwung der Massenkultur:** Millionen Menschen hörten Radio und gingen täglich ins Kino. Von 1918 bis 1930 wuchs die Zahl der Kinos von 2 300 auf 5 000. Diese Phase des kulturellen Aufschwungs nennt man auch die „Goldenen Zwanziger“.

[2] *Drei junge Tänzerinnen in einem Theater.* Foto um 1920.

Tipp für die Erarbeitung

- Überlege, warum die Menschen es genossen, sich zu vergnügen. Warum wurde Berlin so bekannt für die „Goldenen Zwanziger“?

Tipp für die Präsentation

- Vergleiche beim Vortrag die Situation damals und heute: Was ist heute ähnlich? Was ist ganz anders?

☒ Wahlseite Frauen

1 Informiere dich auf dieser Seite über die Frauen in der Weimarer Republik.

2 Präsentiere deine Ergebnisse in geeigneter Form vor der Klasse.

[1] *Frauen in Berlin*, Foto, 1920. Solche Bilder waren vor allem in den Großstädten zu sehen.

Die „moderne Frau"

Was heute selbstverständlich ist, war damals neu. Frauen durften seit 1919 wählen und selbst als Kandidatinnen für den Reichstag und die Landtage antreten.

Nach dem Krieg öffneten sich neue Berufsfelder für Frauen in Fabriken, Büros und in der Verwaltung. Im Jahr 1907 gab es nur etwa eine halbe Million weiblicher Angestellter. Bis 1925 hatte sich diese Zahl verdreifacht. Viele Frauen verdienten für die gleiche Arbeit jedoch weniger als ihre männlichen Kollegen. Vor allem in den Großstädten sah man auf den Straßen und in Lokalen oder Kinos selbstbewusst auftretende modern gekleidete Frauen. Neu war auch, dass sich Frauen mit kurz geschnittenen Haaren und in Hosen in der Öffentlichkeit präsentierten.

Fortschritt mit Hindernissen

Bereits im Kaiserreich hatten Frauen Zugang zu den Universitäten, nun konnten sie auch Richterinnen und Professorinnen werden und an einer Hochschule lehren. Dennoch blieb die Zahl der studierten Frauen gering.

Trotz mancher Fortschritte waren Frauen noch immer benachteiligt. So hatten verheiratete Frauen grundsätzlich nur dann das Recht zu arbeiten, wenn der Ehemann dies erlaubte. Berufstätige, verheiratete Frauen nahmen in den Augen vieler Menschen arbeitslosen Männern die Arbeitsplätze weg. Die nicht berufstätige Ehefrau und Mutter blieb auch in der Weimarer Republik der Normalfall, besonders in den ländlichen Gebieten.

Tipp für die Erarbeitung
- Unterscheide: Wo gab es Fortschritte, wo noch nicht?

Tipp für die Präsentation
- Erkläre: Was ist für uns heute normal? Wie sah es in der Weimarer Republik aus?

☒ Wahlseite Sport

1 Informiere dich auf dieser Seite über den Sport in der Weimarer Republik.

2 Präsentiere deine Ergebnisse in geeigneter Form vor der Klasse.

[1] *Finale der Deutschen Meisterschaft zwischen dem 1. FC Nürnberg und dem Hamburger SV in Berlin.* Foto, 1924.

Sport wird beliebt

Die Einführung des Acht-Stunden-Tages im November 1918 führte dazu, dass die Menschen mehr Freizeit hatten als zuvor. Unterhaltung und Sport gewannen einen höheren Stellenwert. Viele Menschen wurden in Turn- und Sportvereinen aktiv.

Das Interesse an Sport wuchs. Die Menschen strömten zu Sportveranstaltungen wie Autorennen, Flugtagen, Boxkämpfen oder dem „Sechs-Tage-Rennen", einem sechs Tage dauernden Radrennen mit Unterhaltungsprogramm.

Das Radio gewann an Bedeutung. Kurz nach der Einführung des Radios in Deutschland im Jahr 1923 gab es rund 10 000 Geräte. 1933 waren es bereits fünf Millionen. Fußballspiele, Boxkämpfe und Radrennen wurden übertragen und live verfolgt.

Fußball

Besonders Fußball war sehr beliebt. Die Landesteile ermittelten in Turnieren ihre jeweiligen Champions. Diese spielten dann in einem K.-o.-System um den Titel „Deutscher Fußballmeister". In der Weimarer Republik holte der 1. FC Nürnberg gleich fünf Mal den Titel.

Fußball und Politik

In den ersten Jahren nach dem Weltkrieg weigerten sich Frankreich und England, gegen Deutschland zu spielen. England wollte Deutschland sogar aus der FIFA ausschließen lassen. Der erste internationale Gegner Deutschlands war 1920 die Schweiz. Frankreich trat erst 1930 gegen Deutschland an, nachdem sich das Verhältnis beider Staaten längst verbessert hatte.

Tipp für die Erarbeitung

- Unterscheide: Was veränderte sich in der Weimarer Republik und warum?

Tipp für die Präsentation

- Vergleiche die Bedeutung von Sport heute und während der Weimarer Republik.

Die Weltwirtschaftskrise

Eine Krise der Weltwirtschaft – auch in Deutschland?

[1] *Arbeitslose warten vor einer Suppenküche in Chicago, USA, auf eine warme Mahlzeit.* Foto, 1931.

1 Beschreibe das Bild [1].

2 Die US-Amerikaner galten Anfang der Zwanziger-jahre als wohlhabend. Überlege, was dazu geführt haben könnte, dass so viele Menschen um 1930 in Not gerieten.

Die amerikanische Wirtschaft boomt

Seit dem Ende des Kriegs waren die USA die weltgrößte Wirtschaftsmacht. Mithilfe der neu entwickelten Fließbandproduktion konnte man immer mehr Autos, Radios oder Kühlschränke herstellen. Das brachte den Menschen für einige Jahre Wohlstand. Viele Amerikaner kauften Aktien und wurden dadurch Mitbesitzer einer Firma. Manche liehen sich dafür Geld bei den Banken, denn Aktien versprachen sehr viel Gewinn. Wenn es einer Firma gut ging, stieg der Wert der Aktie.

Es kam zu einer Krise

Die meisten Haushalte waren mit Gebrauchsgegenständen gut versorgt. Die Firmen, die diese Produkte herstellten, konnten davon nicht mehr so viel verkaufen. Ab 1928 verschlechterte sich die wirtschaftliche Situation der Firmen und sie mussten viele Mitarbeiter entlassen.

Der „schwarze Freitag"

Weil die Firmen nur noch sehr wenige Waren verkauften, sank der Wert der Aktien. Die Besitzer wollten daher ihre Aktien verkaufen, sie bekamen aber kaum noch Geld dafür. So kam es am 24. Oktober 1929 zu einer schweren Finanzkrise. Viele Amerikaner verschuldeten sich und verloren fast alles, was sie hatten. Etwa 15 Millionen Menschen verloren ihre Arbeit, viele ihre Wohnung. Es herrschte Hunger. Schnell breitete sich die Krise auf alle Industrieländer aus. Die USA vergaben keine Kredite mehr an andere Länder und fielen als Absatzmarkt für Waren aus. Es entstand eine Weltwirtschaftskrise.

3 Beschreibe die Hintergründe des wirtschaftlichen Aufschwungs in den USA.

4 Erkläre, warum die amerikanische Krise zu einer Weltwirtschaftskrise wurde.

Sprachspeicher

eine führende Wirtschaftsmacht sein • *der* Wert steigt/sinkt

Schulden haben / verschuldet sein • eine Krise entsteht / breitet sich aus

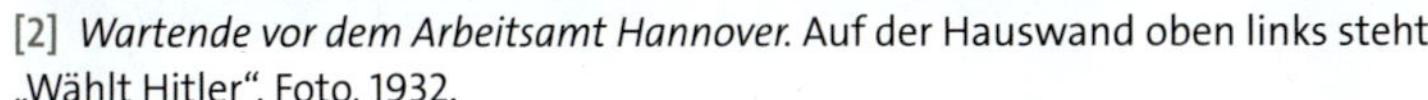

[2] *Wartende vor dem Arbeitsamt Hannover.* Auf der Hauswand oben links steht „Wählt Hitler". Foto, 1932.

[3] *Ein Arbeitsloser.* Foto, 1932.

Jahr	Arbeitslose
1924	900 000
1929	2 900 000
1931	4 900 000
1932	6 000 000

[4] *Entwicklung der Arbeitslosenzahlen in Deutschland.*

Auswirkungen auf Deutschland

Die Folgen der Weltwirtschaftskrise machten sich in Deutschland besonders stark bemerkbar. Geld aus dem Ausland konnte sich der Staat nun nicht mehr leihen und der Verkauf deutscher Waren ins Ausland kam zum Erliegen. Viele Menschen verloren ihren Arbeitsplatz.

Seit 1927 gab es zwar eine Arbeitslosenversicherung, doch die Zahl der Menschen, die innerhalb kurzer Zeit ihren Arbeitsplatz verloren, war zu groß. 1932 war ein Drittel aller Erwerbsfähigen arbeitslos. Daher sah der Staat sich gezwungen, die monatliche Unterstützung zu senken.

1927 erhielt ein Arbeitsloser durchschnittlich 81 Reichsmark, 1932 nur noch etwa 43 Reichsmark. Eine Familie mit zwei Erwachsenen und zwei Kindern erhielt 51 Reichsmark Krisenfürsorge. Für Wohnung, Heizung und Strom brauchte die Familie ca. 32 Reichsmark. Das restliche Geld reichte für ein halbes Brot, 500 Gramm Kartoffeln, 50 Gramm Margarine, etwas Kohl und einen halben Liter Milch täglich. Nur selten kam Fleisch oder Fisch auf den Tisch.

5 Wurde die Weltwirtschaftskrise auch zu einer deutschen Krise? Nimm dazu Stellung.

6 Erkläre, warum in Foto [2] „Wählt Hitler" gerade hier an die Wand geschrieben wurde.

Wähle einen der Arbeitsaufträge aus:

- Notiere, was der Arbeitslose in Bild [3] gedacht haben könnte.
  Starthilfe: *„Jetzt stehe ich hier. Alle können sehen, dass ..."*
- Berechne mit den Werten der Tabelle [4] den durchschnittlichen Anstieg der Arbeitslosenzahlen. **Sprachspeicher**
- Erkläre aus der Sicht eines Arbeitslosen die aussichtslose Situation durch Wahlen die wirtschaftliche Lage zu beeinflussen.

Sprachspeicher
Folgen machen sich bemerkbar • einen Arbeitsplatz verlieren

: Für 1924 bis 1929 (fünf Jahre)
(2.900.000 – 900.000) : 5 =

Üben

Methode Wahlplakate analysieren

[1] *Politische Parteien werben mit Wahlplakaten vor einem Berliner Wahlamt.* Foto, 1932.

Was sind Wahlplakate?
Parteien versuchen, Wähler und Wählerinnen mithilfe von Plakaten für sich zu gewinnen. Sie wollen für ihren Kandidaten oder ihr Programm Werbung machen. Die Betrachtenden schauen meist nur kurze Zeit auf ein Plakat. Menschen sehen sie im Vorbeigehen an und nehmen sie vielleicht nur unbewusst wahr. Deshalb ist es Parteien wichtig, schnell Aufmerksamkeit zu erregen und die Meinung der Wählerinnen oder des Wählers zu ihren Gunsten zu beeinflussen.
Zur Zeit der Weimarer Republik spielten sie eine wichtige Rolle bei der Meinungsbildung. Die folgenden Schritte helfen dir, politische Wahlplakate besser zu verstehen.

1. Schritt Plakat beschreiben

- Beschreibe das Plakat genau und notiere alles, was zu sehen ist.
- Wer oder was ist bildlich dargestellt?
- Welcher Text ist zu lesen?

2. Schritt Darstellung untersuchen

- Mit welchen Mitteln arbeitet das Plakat? (angsteinflößend, übertreibend, beruhigend, hetzerisch, ...)
- Wie werden Personen dargestellt?
- Welche Zeichen und Farben werden benutzt und was bedeuten sie?

3. Schritt Plakat einordnen und beurteilen

- Wer „spricht“ hier? Von welcher Partei stammt das Plakat?
- Was weißt du über die Ziele dieser Partei?
- Gibt es ein Ereignis oder eine Situation, auf die sich das Plakat bezieht?
- Wen soll das Plakat ansprechen? (Zielgruppe)
- Wie beurteilst du das Plakat?

zum Schritt 1 **Plakat beschreiben**

- Es ist eine große Menschenmenge dargestellt.
- Man erkennt Männer und Frauen verschiedenen Alters. Eine Frau hält ein Kind auf dem Arm.
- Die Figuren blicken leicht nach unten, den Betrachtenden entgegen. Ihre Blicke sind düster und betrübt, sie wirken niedergeschlagen.
- Das Plakat hat eine grelle gelbe Farbe, die sofort ins Auge sticht.
- Das Plakat trägt den Schriftzug „Unsere letzte Hoffnung: Hitler“. Das Wort „Hitler“ ist in Großbuchstaben geschrieben. Es nimmt mehr als ein Viertel des Plakates ein.

zum Schritt 2 **Darstellung untersuchen**

- Das Bild drückt durch die dunkle Farbgebung und die schattenhaften Figuren und Gesichter Niedergeschlagenheit und Elend aus.
- Es werden verschiedene gesellschaftliche Gruppen dargestellt. Dies geschieht mithilfe bestimmter Kleidungsstücke.
- Die Kappe, die mehrfach zu sehen ist, war eine für die Arbeiterschicht typische Kopfbedeckung. Der Hut und die Krawatte wurden von Angehörigen der Mittelschicht getragen. ...

Beispiel: Wahlplakat der NSDAP

[2] *Wahlplakat der Nationalsozialistischen Deutschen Arbeiterpartei (NSDAP), der Partei Adolf Hitlers.* Juli 1932.

zum Schritt 3 **Plakat einordnen und beurteilen**

- Das Plakat stammt von der NSDAP, der Partei Adolf Hitlers. Es war ein Ziel Hitlers, über Wahlen an die Macht zu gelangen. Er wollte die Demokratie zerstören. Das ist auf dem Plakat aber so nicht erkennbar.
- Das Plakat war im Juli 1932 vor den Reichstagswahlen zu sehen. Zu dieser Zeit gab es wegen der Weltwirtschaftskrise eine hohe Arbeitslosigkeit in Deutschland. Arbeitslose waren nicht ausreichend abgesichert.
- Zielgruppe des Plakats sind Arbeitslose und Menschen, die sich von Arbeitslosigkeit und wirtschaftlicher Not bedroht fühlen: Arbeiter, Angestellte und andere Angehörige der Mittelschicht, Familien (Frau mit Kind auf dem Arm) und alte Menschen. ...
- Das Plakat sprach 1932 vermutlich viele Menschen an, die von Wirtschaftskrise und Arbeitslosigkeit betroffen waren.
- Das Plakat zeigt eine in Not geratene Menschenmenge, die es damals tatsächlich gegeben hat. Die dargestellten gesellschaftlichen Gruppen litten tatsächlich unter den Folgen der Wirtschaftskrise.
- Die angebotene Lösung des Problems ist aber sehr vereinfachend: Hitler sei die letzte Hoffnung all dieser Menschen.

Hitler wird Reichskanzler

Scheitert die Weimarer Republik?

[1] *Adolf Hitler (stehend im Auto) wird von seinen Anhängern während einer Wahlkundgebung in Berlin bejubelt.* Foto, 1932.

1 Wie reagierten 1932 die Menschen auf Hitler? Beschreibe dies anhand des Fotos [1].

Politische Parteien der Weimarer Republik
Ein Problem der Weimarer Republik war, dass einige Parteien die Demokratie grundsätzlich ablehnten und bekämpften. Sie wollten nicht, dass eine Mehrheit der Bevölkerung entscheidet, sondern sie wollten ihre Ziele selbst durchsetzen. Diese Parteien waren die Feinde der Demokratie: die KPD, die DNVP sowie die NSDAP. Die anderen Parteien standen zur Demokratie (s. Seite 164/165). Ähnlich sah es in der Bevölkerung aus. Nur ein Teil befürwortete die Demokratie und nur ein Teil gab demokratischen Parteien seine Stimme. Viele Menschen wählten undemokratische Parteien.

2 Begründe, warum die Demokratie damals kritisch gesehen wurde.

Republik ohne Republikaner?
In der Zeit der Weimarer Republik hatten die Menschen mit verschiedenen Problemen zu kämpfen: dem Versailler Vertrag und den sich daraus ergebenden Belastungen, der Inflation und schließlich den Folgen der Weltwirtschaftskrise.
Besonders wegen der hohen Arbeitslosigkeit verloren immer mehr Bürger das Vertrauen in die demokratischen Parteien. Sie lebten oft in großer Not und glaubten nicht mehr daran, dass der Staat ihnen helfen konnte. Hitler und seiner Partei gelang es, viele Menschen davon zu überzeugen, dass die demokratischen Politiker die Schuld an all diesen Problemen trugen. Hitler versprach, die Arbeitslosigkeit zu bekämpfen und Deutschland wieder stark zu machen.

3 Erkläre, warum sich damals viele Wählerinnen und Wähler von den demokratischen Parteien abwandten.

Sprachspeicher
die Demokratie befürworten oder ablehnen • Ziele durchsetzen
Menschen von etwas überzeugen • *das* Vertrauen verlieren • nicht mehr daran glauben

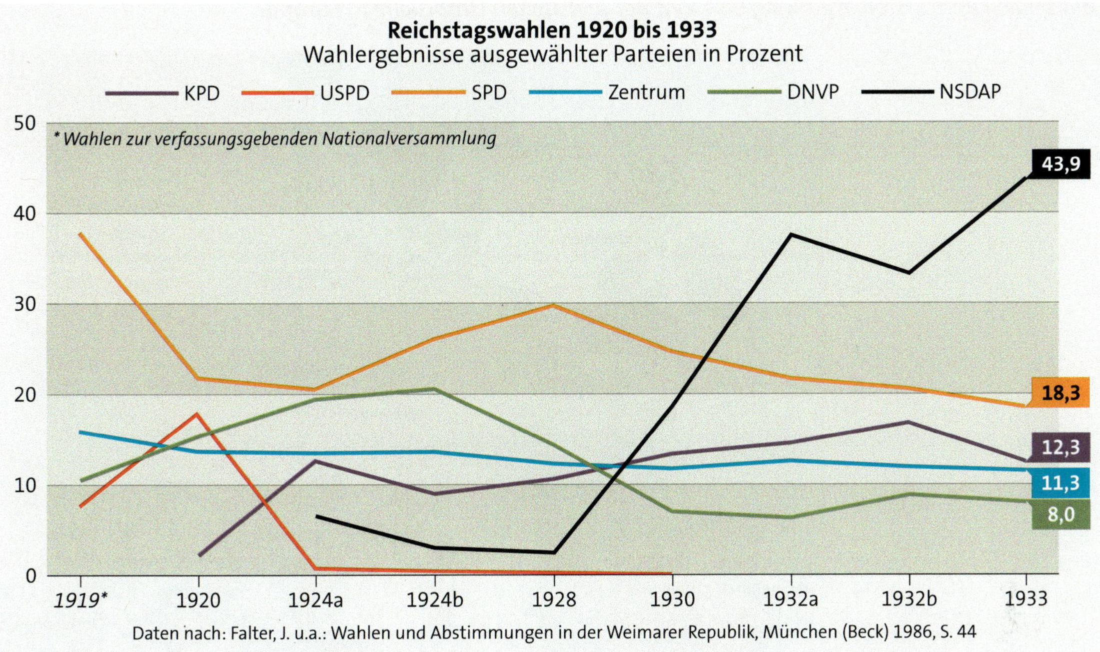

[2] *Ergebnisse von sechs ausgewählten Parteien bei den Reichstagswahlen.* Diagramm.

Der Aufstieg Hitlers

Spätestens seit den Reichstagswahlen 1930 wurde es sehr schwer, eine Regierung mit demokratischen Parteien zu bilden, die im Reichstag über eine Mehrheit der Stimmen verfügte. Seit 1932 war dies gar nicht mehr möglich. Es gab immer mehr Menschen, die ihre Stimme an Parteien gaben, die die Demokratie ablehnten. Besonders die NSDAP gewann viele Wähler. Am 30. Januar 1933 ernannte Reichspräsident von Hindenburg Hitler zum Reichskanzler.

Der Journalist Sebastian Haffner äußert sich zum Untergang der Weimarer Republik:
„Es waren drei Gründe, die die Nationalsozialisten ... zur stärksten Partei überhaupt machten. Die erste ist in der Wirtschaftskrise zu suchen ... Ein zweiter Grund lag in einem plötzlich wieder erstarkenden Nationalismus. ... Der dritte Grund ... lag in der Person Hitler selbst ... Hitler wirkte auf die Deutschen seiner Zeit nicht abstoßend, sondern anziehend, ja mitreißend."

[3] *zit. n.: Sebastian Haffner, Von Bismarck zu Hitler. München (Knaur) 1989, S. 204–219.*

4 Nenne Gründe, warum es zum Scheitern der Weimarer Republik kam. Nimm die Materialien [2] und [3] zu Hilfe.
Starthilfe: *Für das Scheitern der Weimarer Republik gibt es mehrere Gründe: An den Wahlergebnissen in [2] kann man sehen, dass ...*

Wähle einen der Arbeitsaufträge aus:

- Berechne, wie sich die Wahlergebnisse der NSDAP verändern.
- Gestalte ein Mindmap: „Die Belastungen der Weimarer Republik."
- Scheiterte die Weimarer Republik? Nimm begründet Stellung dazu.

Was du sonst noch tun kannst:

→ In der Prenzlauer Allee 227 in Berlin steht eine Gedenktafel für Sebastian Haffner [3]. Dort wird er als Vorbild dargestellt. Recherchiere die Hintergründe.

Sprachspeicher
eine Regierung bilden • über eine Mehrheit verfügen • zum Reichskanzler ernennen • auf Menschen anziehend oder abstoßend wirken

Zwischen Demokratie und Diktatur

Folgte nach dem Ersten Weltkrieg eine Zeit der politischen Umbrüche in Europa?

[1] *Politische Systeme in Europa um 1930*, Karte.

* **faschistisch,** *der* **Faschismus:** Eine Weltanschauung mit extremen rassistischen und fremdenfeindlichen Gedanken; das eigene Volk wird aufgewertet, andere abgewertet, Minderheiten werden verfolgt.

das **autoritäre Regime:** Die Macht liegt in einer Hand, z. B. beim Militär. Die Regierung fühlt sich überlegen. Es wird keine Kritik oder Widerspruch zugelassen.

1 Untersuche die Karte [1]. Welche Staaten waren Demokratien, welche waren Diktaturen? Lege eine Tabelle an.

2 Vergleiche die Jahreszahlen der Errichtung einer Diktatur in der Karte [1]. Was fällt dir auf?

3 Beschreibe, wie die politische Situation in Europa um 1930 war.

* *die* **Diktatur:** Es herrscht nur eine einzige Person oder eine Gruppe.

die **Demokratie:** Volksherrschaft

Die Demokratie aus Herausforderung

In vielen europäischen Staaten war die Idee einer Demokratie als Staatsform neu. Viele zweifelten an der damals neuen Staatsform. Die Bürger kannten bislang nur politische Systeme, in denen sie gehorchen mussten und die Verantwortung andere trugen. Sie hatten nie gelernt, was Demokratie ist.

Nach dem Ersten Weltkrieg (1914–1918) brachen in vielen Ländern innenpolitische Konflikte aus. Viele Länder hatten eine hohe Arbeitslosigkeit und es herrschte dort Armut.

4 Beschreibe, warum die Menschen in Europa politisch verunsichert waren.

Sprachspeicher

2: Tipp zur Orientierung: In der Zeit von 1914 bis 1918 war der Erste Weltkrieg.

innenpolitische Konflikte > Streit zwischen Parteien darüber, wie man einen Staat regiert

[2] *Wahlkampf in Großbritannien.* Foto, 1930.

[3] *Die faschistischen Führer Adolf Hitler (l.) und Benito Mussolini aus Italien.* Foto, 1934.

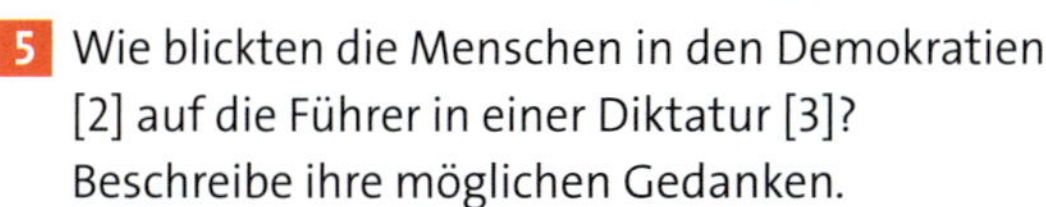

5 Wie blickten die Menschen in den Demokratien [2] auf die Führer in einer Diktatur [3]? Beschreibe ihre möglichen Gedanken.

Faschistische Diktatur

Viele Menschen glaubten daran, dass ein starker Führer die drängenden Probleme besser lösen kann als eine Volksvertretung. In Italien (ab 1922) und Deutschland (ab 1933) setze sich ein Führerkult durch. Der Führer war unfehlbar und hatte die Entscheidungsgewalt. Das eigene Volk wurde aufgewertet und über andere Völker gestellt. Politische Gegner und Minderheiten wurden verfolgt und getötet.

Kommunistische Diktatur

In der Sowjetunion* wurde eine kommunistische* Diktatur errichtet. Die Bevölkerung wurde in ein kommunistisches System gedrängt. Es gab nur eine Partei, die regierende. Andere Parteien wurden verboten, verfolgt und die Gegner brutal beseitigt.

* *die* **Sowjetunion:** Ein Staat, der von 1922 bis 1991 existierte und von der kommunistischen Partei regiert wurde; Russland ist der Nachfolgestaat.

* **kommunistisch,** *der* **Kommunismus:** Weltanschauung, nach der alle Menschen gleich sind; sie sollen alle gleich arm oder reich sein. Es soll keine unterschiedlichen Gesellschaftsklassen und kein Privateigentum geben.

Militärdiktatur

In vielen Staaten ergriff das Militär die Macht und löste gewählte Regierungen ab. Es gab dort keine freien Wahlen mehr. Die Medien durften dann nicht mehr frei berichten. Politische Gegner wurden verfolgt. Gerichte mussten im Sinne der Generäle urteilen.

6 Welche Gemeinsamkeiten haben die Diktaturen? Wie unterschieden sie sich?

Wähle einen der Arbeitsaufträge aus:

- Was war in einer Diktatur verboten? Zeichne dazu drei Bilder.
- In Spanien und Italien entwickelten sich ebenfalls Diktaturen. Wähle eine aus und recherchiere, wie sich diese weiterentwickelt hat.
- Schreibe einen Kommentar, warum sich in Frankreich und Großbritannien (Sieger des Ersten Weltkriegs) die Demokratie durchsetzen konnte.

Sprachspeicher
ein Führerkult > übertriebenes Verehren eines politischen Führers

6: Mögliche Vergleichskriterien sind: Wer regierte? Welche Rechte hatte das Volk? Wie ging man mit politischen Gegnern um?

Das kann ich!

Versuche zunächst, die Aufgaben auf dieser Doppelseite zu lösen, ohne im Kapitel nachzusehen. Wenn du Hilfe brauchst, kannst du bei den Aufgaben nachschlagen. Dort sind in Klammern die Seiten angegeben.

[1] *Begriffe und Abbildungen: Dolchstoßlegende, Die „Goldenen Zwanziger", Inflation, Weltwirtschaftskrise, Novemberrevolution.*

die Nationalversammlung	Versuch einer bewaffneten Gruppe, mit Gewalt eine Regierung zu stürzen
der Putsch	Die Preise für Waren steigen und man bekommt weniger für sein Geld.
die Inflation	Die gewählten Abgeordneten diskutierten und beschlossen eine Verfassung.
die Meuterei	Staatsform ohne König oder Kaiser, die Staatsgewalt wird von Personen ausgeübt, die vom Volk gewählt werden.
die Republik	Matrosen oder Soldaten verweigern ihren Vorgesetzten den Gehorsam und führen Befehle nicht aus.

[2] *Begriffe und Erklärungen.*

[3] *Wahlplakat der SPD*, 1919.

[4] *Wahlplakat des Zentrums.* Reichstagswahlen 1932.

Sachkompetenz

1 Ordne den Abbildungen in [1] je eine passende Bildunterschrift zu.

2 Suche die passenden Erklärungen für die Fachbegriffe in [2]. Ordne zu.

3 Ordne die Begriffe den Jahreszahlen zu:
1918, 1919, 1923, 1924-1929, 1929, 1933
Inflation, Hitler wird Reichskanzler, Jahre der wirtschaftlichen Stabilität, Weltwirtschaftskrise, Novemberrevolution, Nationalversammlung

4 Nenne politische Parteien der Weimarer Republik. (S. 164/165)

Urteilskompetenz

5 Beurteile und begründe: Was war an der Weimarer Verfassung demokratisch, was weniger demokratisch? (S. 163)

6 Beurteile: Welche politischen Parteien der Weimarer Republik waren Anhänger der Demokratie, welche waren ihre Gegner? (S. 164/165)

7 Nimm Stellung: War die Weimarer Republik eine „Republik ohne Republikaner“? Begründe! (S. 178/179)

8 In der Bundesrepublik Deutschland können Parteien, die gegen den Staat kämpfen, verboten werden (Grundgesetz Artikel 21 Absatz 2). Nimm dazu Stellung.

Methodenkompetenz

9 Analysiere die Plakate [3] und [4]. Wende die Schritte der Methode von Seite 176/177 an.

Handlungskompetenz

10 Gestalte ein Wahlplakat für eine demokratische Partei der Weimarer Republik.

11 Die Menschen hatten 1918/1919 große Erwartungen an die Weimarer Republik. Überprüfe die zu Beginn des Kapitels (Seite 157, Aufgabe 3) notierten Erwartungen. Sind sie erfüllt worden?

Teste dich

Nationalsozialismus

30. Januar 1933

Am 30. Januar 1933 wurde Adolf Hitler zum Reichskanzler ernannt. Noch am selben Abend veranstalteten seine Anhänger einen Fackelzug durch das Brandenburger Tor in Berlin, um dieses Ereignis zu feiern.

1. Beschreibe das Bild.
2. Was weißt du schon über den „Nationalsozialismus"? Notiere Stichworte.
3. Sammele deine Fragen zum Thema.

Schauplatz 30. Januar 1933

[1] *Die Ernennung der „Regierung Hitler" am 30. Januar 1933.* Foto, 1933.

1 Beschreibe die Bilder [1] und [2].

Hitler wird Reichskanzler

Am 30. Januar 1933 wurde Adolf Hitler von Reichspräsident Hindenburg zum Reichskanzler ernannt. Die Nationalsozialistische Deutsche Arbeiterpartei (NSDAP) war bei der vorangegangenen Reichstagswahl zwar zur stärksten Partei geworden, hatte aber die absolute Mehrheit (50 %) nicht erreicht. Deshalb musste sie mit anderen Parteien zusammen die Regierung bilden. Viele Menschen glaubten nicht an eine lange Regierungszeit des neuen Reichskanzlers. Noch am Abend seiner Ernennung veranstalteten Hitlers Anhänger einen Fackelzug durch das Brandenburger Tor, um seinen Amtsantritt zu feiern. Danach zogen sie weiter zur Reichskanzlei in der Wilhelmstraße. Hitler zeigte sich am Fenster und nahm den Jubel seiner Anhänger entgegen.

2 Fasse die Ereignisse vom 30. Januar 1933 mit eigenen Worten zusammen.

[2] *Die Mitglieder der „Regierung Hitler". Sitzende von links: Hermann Göring (NSDAP), Adolf Hitler (NSDAP) und Franz von Papen (parteilos).* Foto, 30.1.1933.

Die SA

Die SA (Sturmabteilung) war die bewaffnete Kampforganisation der NSDAP. Sie ging als Schlägertrupp aggressiv und radikal gegen politische Gegner vor. 1934 waren vier Millionen Menschen Mitglied der SA. SA-Männer verfolgten gezielt Mitglieder der SPD oder der KPD, aber auch der Gewerkschaften. Sie organisierten Mordaktionen und Bombenanschläge.

3 Benenne die Funktion der SA für die NSDAP.

Radioreportage des Propagandachefs* der NSDAP Joseph Goebbels vom 30.1.1933

„Das, was wir unten erleben, diese Tausende und Tausende und Zehntausende und Zehntausende von Menschen, die in einem sinnlosen Taumel von Jubel und Begeisterung der neuen Staatsführung entgegenrufen – das ist wirklich die Erfüllung unseres geheimsten Wunsches, das ist die Krönung unserer Arbeit. Man kann mit Fug und Recht sagen: Deutschland ist im Erwachen!"

[3] *zit. n.: Benz, Wolfgang: Geschichte des Dritten Reiches, München 2000, S. 19.*

4 Erkläre, welchen Eindruck Goebbels vermittelt.
Starthilfe: *Suche Ausdrücke, die den 30.1.1933 als einen ganz besonderen Tag darstellen.*

5 Stelle Vermutungen an, was Goebbels mit „Deutschland ist im Erwachen" meint.

[4] *Nach Adolf Hitlers Ernennung zum Reichskanzler hat sich eine begeisterte Menschenmenge eingefunden. Am Fenster der Reichskanzlei steht Adolf Hitler.* Foto, 30.1.1933 in Berlin.

Eine Zeitzeugin erinnerte sich 20 Jahre später an den Fackelzug, bei dem sie 15 Jahre alt war:

Am Abend des 30. Januar nahmen meine Eltern uns Kinder mit in das Stadtzentrum. Dort erlebten wir den Fackelzug, mit dem die Nationalsozialisten ihren Sieg feierten. Etwas Unheimliches ist mir von dieser Nacht her gegenwärtig geblieben. Das Hämmern der Schritte, die düstere Feierlichkeit roter und schwarzer Fahnen, zuckender Widerschein der Fackeln auf den Gesichtern und Lieder, deren Melodien aufpeitschend und sentimental (gefühlvoll) zugleich klangen. Stundenlang marschierten die Kolonnen vorüber. ... Irgendwann sprang plötzlich irgendjemand aus der Marschkolonne und schlug auf einen Mann ein, der nur wenige Schritte von uns entfernt gestanden hatte. Vielleicht hatte er eine feindliche Bemerkung gemacht ...

[5] *Matschmann, Melitta: Fazit. Kein Rechtfertigungsversuch, Stuttgart 1963, S. 17f.*

6 Schildere, wie die Zeitzeugin den Fackelzug erlebt hat [5]. Was war für die Beobachterin so unheimlich an dem Ereignis?

Radioreportage vom 30.1.1933

Reporter Heinz von Lichberg: „Wir sind nun herübergegangen aus dem Zimmer, in dem wir den Herrn Reichspräsidenten sehen konnten in das Zimmer, in dem sich der neue Reichskanzler Adolf Hitler befindet. Wir stehen am offenen Fenster. Sie können jetzt besonders gut hören, wie die Menge jubelt. Wir lassen Ihnen noch einen Augenblick die Musik von draußen durchs Fenster hereinschallen."

Reporter Wulf Bley: „Über dieses erwachende Deutschland, über diese Massen von Menschen aus allen Ständen, aus allen Schichten der Bevölkerung, die hier vorbeimarschieren, Arbeiter der Stirn und der Faust, alle Klassenunterschiede sind verwischt. [...] Und so erleben wir es jetzt hier auch: Das ganz Große, dass wir einen geschichtlichen Moment, über dessen Bedeutung wir uns heute vielleicht noch gar nicht klar sind, in diesem Augenblick durch den Rundfunk miterleben." ...

von Lichberg: „Sie hören jetzt, immer jubelt es zu den Fenstern herauf; und immer weiter die Fackeln, der ganze Platz, der ganze Kaiserplatz ist wie in Tageshelle getaucht. Ein wunderbares Bild, ein Bild, was man so bald jedenfalls nicht wieder erleben wird." ...

Bley: „Ja, als die Leute hörten, dass Hitler zum Reichskanzler ernannt worden war, dass die Einigung Hitler – Hindenburg vollzogen war, da ahnten und hofften sie wohl etwas. " ...

von Lichberg: „Herr Bley, wir müssen schließen. Wir wollen vor dem Mikrofon uns verabschieden mit dem Wort Heil Deutschland!"

Bley: „Heil Deutschland!"

[6] *Lichberg, Heinz von; Bley, Wulf: Reportage am 30.1.1933, Deutscher Rundfunk,. Deutsches Rundfunk Archiv, Wiesbaden.*

Wähle einen der Arbeitsaufträge aus:

- Erkläre: Warum ernannte Reichspräsident Hindenburg Adolf Hitler zum Reichskanzler?
- Gib mit deinen Worten wieder, wie die beiden Radioreporter [6] die Szene vom 30. Januar 1933 beschreiben.
- Diskutiert, ob sich heute ein neuer Regierungschef so feiern lassen würde.

Orientierung

[1] *Politische Systeme in Europa um 1930*, Karte.

1 Werte die Karte [1] aus. Welche Staaten sind noch demokratisch? **Starthilfe:** *Wenn du Begriffe in der Legende nicht kennst, blättere auf Seite 180 zurück.*

Der Nationalsozialismus

Von 1933 bis 1945 herrschte in Deutschland die Diktatur des Nationalsozialismus. Heute wird diese Zeit meist als „NS-Zeit" bezeichnet, manchmal auch als „Drittes Reich*". Die Diktatur war auf die Leitfigur des „Führers" Adolf Hitler ausgerichtet. Unter seiner Herrschaft wurde die Demokratie abgeschafft. Menschenrechte wurden nicht mehr geachtet. Juden und andere Minderheiten wie Homosexuelle, Menschen mit Behinderung oder psychischer Erkrankung sowie politische Gegner wurden ausgegrenzt, verfolgt und oftmals ermordet. Die nationalsozialistische Ideologie* hatte tiefgreifenden Einfluss auf alle Lebensbereiche.

In der Zeit des Nationalsozialismus spielten Symbole eine große Rolle: Das Hakenkreuz war überall zu sehen. Flaggen hingen an Gebäuden. Es verzierte Münzen und Geldscheine, offizielle Briefe erhielten einen Hakenkreuzstempel. Hitlers Fotografie hing in den Klassenzimmern der Schulen und den Esszimmern vieler Wohnungen. Zur Begrüßung sagte man „Heil Hitler" und hob dazu den rechten Arm („Hitlergruß").

Die ideologische Ausrichtung des Nationalsozialismus führte zum Krieg: Sechs Jahre nachdem Hitler in Deutschland zum Reichskanzler ernannt worden war, begann Deutschland den Zweiten Weltkrieg (1939–1945).

2 Vermute, warum das Thema „Nationalsozialismus" auch heute noch so viele Menschen interessiert und berührt.

*

das **Dritte Reich:** Bezeichnung für die Zeit des Nationalsozialismus. Heute wird der Begriff nicht mehr verwendet, weil es ein Begriff für die politischen Ziele der Nationalsozialisten war und die Ereignisse der Epoche verharmlost.

die **Ideologie:** Das ist eine fest verwurzelte Weltanschauung, die oft zur Staatsideologie wird. Sie verspricht Lösungen für die Probleme einer Gesellschaft.

das **Regime:** eine Regierung, die diktatorisch ist

- ▶ **Anfang 1932**
  über 6 Millionen Arbeitslose
- ▶ **31. Juli**
  Reichstagswahl: NSDAP wird stärkste Partei

- ▶ **30. Januar 1933**
  Hitler wird Reichskanzler
- ▶ **3. Februar**
  Hitler verkündet Ziel: „Eroberung neuen Lebensraums im Osten“
- ▶ **27. Februar**
  Brand des Reichstags

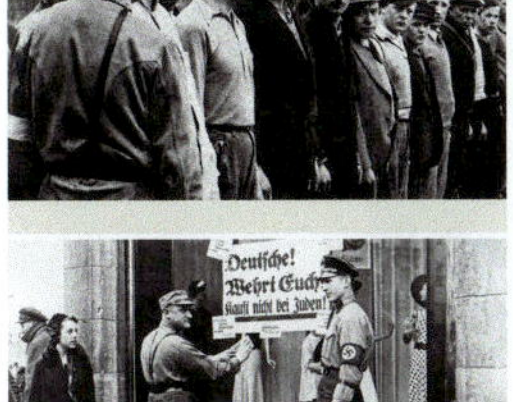

- ▶ **28. Februar**
  Grundrechte werden außer Kraft gesetzt
- ▶ **März**
  Bau von Konzentrationslagern beginnt, Entmachtung des Parlaments

- ▶ **1. April**
  Aufruf zum Boykott jüdischer Geschäfte
- ▶ **10. Mai**
  Bücherverbrennungen in ganz Deutschland
- ▶ **14. Juli**
  Verbot aller Parteien außer der NSDAP

- ▶ **2. August 1934**
  Reichspräsident Hindenburg stirbt, Hitler übernimmt auch dessen Amt

- ▶ **1935**
  „Nürnberger Gesetze“ nehmen Juden die Rechte und führen zu ihrer Verfolgung

- ▶ **1938**
  „Anschluss“ Österreichs an das Deutsche Reich, Besetzung von Teilen der Tschechoslowakei

- ▶ **9. November**
  Reichspogromnacht: Angriff auf Synagogen und jüdische Mitbürgerinnen und Mitbürger

- ▶ **1. September 1939**
  Deutschland überfällt Polen, Beginn des Zweiten Weltkriegs

Nationalsozialismus

Der Weg in die Diktatur

Wie wurde in Deutschland die Demokratie abgeschafft?

[1] *Der Reichstagsbrand.* Foto. 1933 (Foto nachkoloriert).

1 Beschreibe das Foto [1]. Vermute, was die Zuschauer gedacht haben könnten.

Der Reichstagsbrand

Am 27. Februar 1933 brannte in Berlin der Reichstag. Hitler nutzte dies, um die Kommunisten als Brandstifter zu verdächtigen. Die Sitze der KPD im Reichstag wurden aberkannt, Mitglieder der KPD verhaftet. Es ist bis heute ungeklärt, wer den Brand legte.
In Absprache mit Hitler erließ Reichspräsident Hindenburg am nächsten Tag die Notverordnung „Zum Schutz von Volk und Staat". Die Notverordnung setzte die Grundrechte außer Kraft. Nun konnte jeder ohne gerichtliche Anordnung verhaftet werden. Behörden durften Telefone abhören, die Post öffnen oder privates Eigentum einziehen. Die Nationalsozialisten konnten so gezielt politische Gegner verfolgen lassen.

2 Erkläre, was die Notverordnung „Zum Schutz von Volk und Staat" für die Menschen bedeutete.

Das Ermächtigungsgesetz

Bei den Reichstagswahlen am 5. März 1933 erreichte die NSDAP mit 43,9 Prozent nur die einfache Mehrheit der Stimmen. Die Nationalsozialisten waren also allein nicht regierungsfähig. Daraufhin schlug Hitler dem Reichstag am 23. März 1933 die Annahme eines „Ermächtigungsgesetzes" vor.
Mit dem Ermächtigungsgesetz erhielt die Regierung das Recht, auch ohne Zustimmung des Reichstags Gesetze zu erlassen. Die Gesetze durften sogar von der Reichsverfassung abweichen. Im Reichstag stimmten 444 der 538 Abgeordneten für das Ermächtigungsgesetz. Die SPD stimmte als einzige Partei dagegen.

3 Erkläre, wie das Ermächtigungsgesetz zur Abschaffung der Demokratie beitrug.

Sprachspeicher
ein Gebäude „geht in Flammen auf" ▪ *die* einfache Mehrheit der Stimmen
ein Gesetz oder ein Recht außer Kraft setzen ▪ eine Notverordnung oder ein Gesetz erlassen

Noch niemals, seit es einen deutschen Reichstag gibt, ist die Kontrolle der öffentlichen Angelegenheiten durch die gewählten Vertreter des Volkes in solchem Maße ausgeschaltet worden, wie es jetzt geschieht und wie es durch das neue Ermächtigungsgesetz noch mehr geschehen soll. ... Wir stehen zu den Grundsätzen des Rechtsstaates!

[2] *Auszug aus der Rede von Otto Wels (SPD) am 23. März 1933.* Foto, 1932.

„Ich habe für das Ermächtigungsgesetz gestimmt. Die letzten Jahre waren so unruhig und ständig gab es Neuwahlen. Unsere Weimarer Verfassung funktioniert nicht. Die Regierung braucht mehr Macht für eine stabile Führung."

„Ich habe für das Ermächtigungsgesetz gestimmt aus Angst, auch verhaftet oder ermordet zu werden, wie viele Abgeordnete der KPD und SPD."

„Wir haben zugestimmt. Als Zentrumspartei wollen wir am Neuaufbau unseres Staates unbedingt teilhaben. Hitler hat uns versprochen, dass wir beteiligt werden."

„Wir konnten nicht gegen das Gesetz abstimmen, weil unsere 81 Mandate aufgrund des Reichstagsbrands einfach aufgehoben wurden."

[3] *Mögliche Stimmen aus dem Reichstag am 23. März 1933.* Autorentexte.

4 Fasse zusammen, wie Otto Wels seine Ablehnung des Ermächtigungsgesetzes [2] begründet.

5 Erläutere mithilfe von [3], warum so viele Abgeordnete dem Ermächtigungsgesetz zustimmten.

Gleichschaltung

Den Nationalsozialisten gelang es in kürzester Zeit, alle staatlichen Einrichtungen systematisch unter ihre Kontrolle zu bringen. Sie schafften die politischen Parteien, Gewerkschaften und Vereine ab. Organisationen der NSDAP ersetzten sie. In den Städten und Gemeinden wurden die Bürgermeister durch NS-Anhänger ausgetauscht. Diese Vorgänge wurden als „Gleichschaltung" bezeichnet.

6 „Die Gleichschaltung war ein entscheidender Schritt in die Diktatur." Nimm Stellung zu der Aussage.

Diktatur

Hitler sah in der stärker werdenden SA (Sturmabteilung, s. Seite 186) eine Gefahr für seine Alleinherrschaft. Deshalb ließ er die 89 führenden Männer der SA am 30. Juni 1934 verhaften und ohne Gerichtsverhandlung umbringen.
Nach dem Tod des Reichspräsidenten Hindenburg im August 1934 war Hitler schließlich Reichskanzler, Reichspräsident, Oberbefehlshaber der Armee und Chef der NSDAP in einer Person.

Wähle einen der Arbeitsaufträge aus:

- Liste auf, welche Maßnahmen Hitler gegen die Kommunisten anordnete. Nenne den Grund dafür.
- Beschreibe mit einem Zeitstrahl den Weg von der Demokratie zur Diktatur.
- „Die Demokratie in Deutschland schafft sich selbst ab!" Erkläre diese Aussage.
- Zwei Freundinnen überlegen, ob sie sich für ihren verhafteten Nachbarn einsetzen sollen. Eine ist dafür, die andere hat Angst und argumentiert dagegen. Schreibe das Gespräch.

Sprachspeicher

für oder gegen ein Gesetz stimmen ▪ Terror gegen Andersdenkende ausüben ▪ etwas unter *die* eigene Kontrolle bringen
gegen Gegner vorgehen ▪ *die* Gegner einschüchtern ▪ *die* Gegner umbringen

Üben 

Methode Propaganda erkennen und entschlüsseln

Was ist Propaganda?
„Propaganda" ist der Versuch, die Meinung von Menschen zu beeinflussen. Dadurch soll das Verhalten der Menschen in eine bestimmte Richtung gelenkt werden.
Die politische Propaganda bekämpft Gegner oder Andersdenkende und versucht, sie lächerlich zu machen, auszugrenzen oder gegen sie zu hetzen. Deshalb werden in der Propaganda oft Ereignisse oder Vorgänge in irreführender Sprache dargestellt. Bei Fotos werden Perspektiven gewählt, die alles schöner, gewaltiger oder auch abschreckender erscheinen lassen, als es in Wirklichkeit ist. Meist werden zusätzlich Symbole oder Zeichen (z. B. Hakenkreuz, Abzeichen, Fahnen) verwendet.
Die folgenden Arbeitsschritte können dir helfen, Propaganda zu erkennen und zu entschlüsseln.

1 Untersuche die Fotografie [1] mithilfe dieser Methode.
2 Untersuche die Rede von Goebbels auf der Seite 186 mithilfe dieser Methode.
3 Beurteile, ob die Radioreportage von Seite 187 auch Propaganda ist.

	Sprachliche Formulierungshilfen/Tipps
1. Schritt **Erster Eindruck**	
▪ Welche Gedanken und Gefühle löst die Propaganda in dir aus?	▪ Die ... wirkt Angst einflößend, mitreißend, sympathisch, abschreckend, ... Tipp: Benutze Adjektive!
2. Schritt **Propagandaform bestimmen**	
▪ Um welches Medium handelt es sich (z. B. Foto, Plakat, Spielfilm, Rede im Radio)?	▪ Es handelt sich um ein/eine ...
▪ Wer hat das Propagandamedium erstellt?	▪ Das Medium stammt von ...
▪ Von wann ist das Propagandamedium?	▪ Das Medium ist aus dem Jahr ...
▪ Bei welcher Gelegenheit kam es zum Einsatz?	▪ Der Anlass war ...
3. Schritt **Propaganda beschreiben**	
Bei Bildquellen:	**Zu den Bildquellen:**
▪ Was ist zu sehen? (Personen, Gebäude ...)	▪ Auf dem Foto/Plakat ... sind ... zu sehen.
▪ Wie ist es abgebildet? (Farben, Vorder- und Hintergrund, Symbole ...)	▪ Im Vordergrund/Hintergrund/Zentrum sind ... ▪ Die gewählten Farben sind ... ▪ Die Person links steht ... und guckt ... ▪ Der Gegenstand ... ist nicht zu identifizieren.
▪ Was verstehe ich nicht?	▪ Das Symbol ... verstehe ich nicht.
Bei Textquellen:	**Zu den Textquellen:**
▪ Worum geht es in dem Text?	▪ In dem Text geht es um ...
▪ Wie wird berichtet (z. B. symbolhafte Sprache, Begriffe ...)?	▪ Die Sprache ist ideologisch aufgeladen. Die typischen NS-Propagandabegriffe ... tauchen auf. Die Lesenden werden direkt angesprochen, indem ... Übertreibungen werden genutzt.
▪ Was verstehe ich nicht?	▪ Ich verstehe nicht, was mit ... gemeint ist.

4. Schritt **Propaganda einordnen**

- Welche Bedeutung haben die verwendeten Begriffe (z. B. „Volk“, „Verräter“)?
- Welche Ziele verfolgt die Propaganda (z. B. begeistern, Sympathie wecken, aufhetzen, jemanden ehren)?
- Mit welchen Mitteln wird gearbeitet (z. B. Lügen, Übertreibungen, irreführende Sprache)?
- Was weißt du über die Ereignisse oder Probleme der Zeit, zu der das Propagandamedium entstanden ist?

- Das Hakenkreuz steht für... Der Mensch mit dem Davidstern soll ein Jude sein.
- „Tausende und Zehntausende und Zehntausende“ soll bedeuten, dass sehr viele Menschen dahinterstehen.
- Die Propagandafotografie soll beeindruckend wirken und Hitler als ... darstellen.
- Die übertrieben positive Sprache wirkt ...
- Am 30.1.1933 wurde Hitler... Mit der Radioreportage ...
- Das Reichserntedankfest war ... Das Foto ...

5. Schritt **Propaganda beurteilen**

- Wie wirkt die Propaganda auf dich?
- Wie könnte sie auf die Menschen damals gewirkt haben?
- Welche Absicht verfolgte die Propaganda?
- Welche Botschaft wird vermittelt?

- Der Text wirkt ..., weil ...
- Das Bild wirkt beeindruckend, weil ...
- Die Menschen haben vermutlich ...
- Die Propaganda sollte vermutlich ...
- Der Text soll zusammengefasst den Eindruck erwecken, dass ... Das Bild soll vermitteln, dass ...

[1] *Hitler beim Reichserntedankfest auf dem Bückeberg bei Hameln.* Foto von Hitlers Fotografen Heinrich Hoffmann, 1934.

„Führer“ und Volk

Warum waren so viele Menschen begeistert von Hitler?

[1] *Veranstaltung zu Hitlers Geburtstag am 20. April 1937 in Berlin.* Foto von Heinrich Hoffmann.

1 Beschreibe Bild [1]. Welche Gefühle kommen in dem Foto zum Ausdruck?

Der „Führer“

„Ein Volk – ein Reich – ein Führer“ – so lautete der Leitspruch im nationalsozialistischen Deutschland, seit Adolf Hitler Diktator war.
Alle politischen und wirtschaftlichen Erfolge Deutschlands seit 1933 wurden der Person Adolf Hitlers zugeschrieben. Viele Deutsche betrachteten Hitler als einen Menschen mit außergewöhnlichen, fast übernatürlichen Fähigkeiten.
Ein beliebter Spruch war: „Führer befiehl, wir folgen!“ Statt „Guten Tag“ sagte man jetzt: „Heil Hitler!“ Dazu wurde der rechte Arm zum „deutschen Gruß“ gehoben.
Hitler selbst beschrieb sein Verhältnis zur Bevölkerung 1936 so: „Das ist das Wunder unserer Zeit, dass ihr mich gefunden habt ... unter so vielen Millionen! Und dass ich euch gefunden habe, das ist Deutschlands Glück!“

Das Volk

Überall, wo Hitler auftrat – bei den Reichsparteitagen, bei Sportveranstaltungen oder Festen –, jubelten ihm die Massen zu. Laut tönten die „Heil“-Rufe durch fahnengeschmückte Stadien und Sporthallen. Stundenlang warteten die Menschen an den Straßen, um einen Blick auf Hitler zu erhaschen. Junge Mädchen warfen ihm Blumen zu, Mütter streckten ihm ihre Kinder entgegen. Was brachte so viele Deutsche dazu, Hitler zu lieben und zu verehren?
Ein großer Teil der Menschen glaubte Hitlers Propaganda, wenn er von einer Volksgemeinschaft sprach, in der es keine Unterschiede zwischen den Bevölkerungsschichten mehr geben sollte. Sie trauten ihm zu, dass er nach all den Entbehrungen nach dem Ersten Weltkrieg ein neues, mächtiges Deutschland aufbauen könnte. Viele Menschen folgten ihm aber auch nur, weil sie Angst hatten, selbst verfolgt oder verhaftet zu werden.

2 Beurteile das Verhältnis von „Führer“ und Volk im NS-Staat. Welche Bedeutung hat Hitler für das Volk?

Sprachspeicher
den Erfolg jemandem zuschreiben • jemandem zujubeln • jemandem etwas zutrauen • einen Blick von etwas/von jemandem erhaschen

2: Beantworte für dich zunächst diese Fragen: Wie sieht Hitler sich selbst und das deutsche Volk? Wie steht das deutsche Volk zu Hitler?

[2] *Sammeln für das Winterhilfswerk in Berlin.* Foto, 1936.

3 Beschreibe Bild [2]. Vermute, warum die Uniformträger anwesend sind.

Die „Volksgemeinschaft"

Die Nationalsozialisten bezeichneten alle Deutschen damals als „Volksgenossen". Sie sollten eine Einheit bilden, in der alle Unterschiede wie Beruf, Vermögen oder Bildung aufgehoben waren. In der „Volksgemeinschaft" sollten alle zusammenhalten und sich gegenseitig helfen.
Allerdings schlossen die Nationalsozialisten viele Menschen aus der „Volksgemeinschaft" aus: zum Beispiel Juden, Sinti und Roma oder Andersdenkende.

Winterhilfswerk

Um das Zusammengehörigkeitsgefühl der sogenannten „Volksgemeinschaft" zu stärken, wurde 1933 das Winterhilfswerk gegründet. Es unterstützte Arme und Arbeitslose. Mehr als eine Million Freiwillige zogen von Haus zu Haus und sammelten Geld oder Kleidung. Kaum jemand traute sich, die Spende zu verweigern. Vor allem das Auftreten von SA-Leuten wirkte oft einschüchternd.

Eintopfsonntag

Beim „Eintopfsonntag" waren alle Menschen aufgerufen, auf ein aufwendiges Sonntagsessen zu verzichten. Stattdessen sollte es nur Suppe geben. Das gesparte Geld sollte an das Winterhilfswerk gespendet werden. In größeren Städten wurden Gemeinschaftsessen auf öffentlichen Plätzen veranstaltet, zu denen auch hohe NSDAP-Mitglieder kamen. Juden und andere sogenannte „Gemeinschaftsfremde" wurden ausgeschlossen.

4 Erläutere den Begriff „Volksgemeinschaft". Was bedeutete es, wenn man ausgeschlossen war?

5 Bewerte den Begriff „Volksgemeinschaft".

Wähle einen der Arbeitsaufträge aus:

- Zähle auf, wer nicht zur „Volksgemeinschaft" gehörte. Lies dazu den Text „Die Volksgemeinschaft".
- Erstelle kurze Begriffserklärungen für „Führer", „Volksgemeinschaft", „Winterhilfswerk".
- Erläutere das Ziel des „Eintopfsonntags" und nimm kritisch Stellung dazu.

Sprachspeicher

eine Einheit bilden • sich gegenseitig helfen • *die* Unterschiede sind aufgehoben

jemanden aus der Gemeinschaft ausschließen • Spenden sammeln • ein Hilfswerk gründen

Üben

Jugend unterm Hakenkreuz

Warum wurden so viele Jugendliche von der nationalsozialistischen Ideologie verführt?

[1] *Werbeplakat für den Bund Deutscher Mädel.* Plakat, 1937.

1 Beschreibe das Plakat.

Adolf Hitler sagte über die Ziele der Jugenderziehung:
Eine herrische, unerschrockene, grausame Jugend will ich. Jugend muss das alles sein. Schmerzen muss sie ertragen. Es darf nichts Schwaches und Zärtliches an ihr sein. Das freie, herrliche Raubtier muss erst wieder aus ihren Augen blitzen. Stark und schön will ich meine Jugend. Ich werde sie in allen Leibesübungen ausbilden lassen. Ich will eine athletische Jugend. Das ist das Erste und Wichtigste ... Mit Wissen verderbe ich mir die Jugend ... Aber Beherrschung müssen sie lernen. Sie sollen mir in den schwierigsten Proben die Todesfurcht besiegen lernen.

[2] *zit. n.: Rauschning, Hermann: Gespräche mit Hitler, Zürich und New York, 1940, S. 237*

Die Hitlerjugend
Die Hitlerjugend (HJ) wurde 1926 von der NSDAP gegründet. Nach der Machtübernahme 1933 wurden alle anderen Jugendverbände, z.B. kirchliche Gruppen, verboten oder in die HJ eingegliedert. Anfangs war die Mitgliedschaft in der HJ freiwillig. 1936 wurde ein Gesetz erlassen. Alle Jugendlichen mussten nun in die HJ eintreten. Wer nicht eintrat, wurde von Lehrkräften, Mitschülerinnen und Mitschülern ausgegrenzt. Auch die Eltern bekamen Probleme.
Marschieren mit Musikbegleitung, Sport, Ausflüge und Zeltlager machten die HJ für viele Jugendliche interessant. Die Jugendlichen sollten zu einer Gemeinschaft zusammenwachsen. Gleichzeitig wollte man sie für die Armee vorbereiten und ihr Denken beeinflussen. Gruppen der HJ trafen sich mindestens einmal pro Woche. Gemeinsam hörten sie Radiosendungen oder Vorträge über Hitler und die Partei oder lasen aus Zeitungen und Büchern vor, die gegen Juden und Andersdenkende hetzten.

Alter	Jungen	Mädchen
10–14 Jahre	Jungvolk: Pimpfe	Jungmädelbund
14–18 Jahre	Hitlerjugend (HJ)	Bund Deutscher Mädel
ab 18 Jahre	Arbeitsdienst, danach Wehrdienst in der Armee	Arbeitsdienst

[3] *Der Aufbau der NS-Jugendorganisationen.* Tabelle.

2 Arbeite aus Textquelle [2] in Stichworten heraus, wie Hitler die Jugend sah und wie sie sein sollte.
3 Erkläre mit Tabelle [3], wie die NSDAP sicherstellte, dass die Jugend möglichst lange unter ihrem Einfluss blieb.

Sprachspeicher
1: Wie wirkt das Plakat auf dich? Was denkst du darüber? Was sagt der Spruch aus?
in eine Organisation eintreten • gegen jemanden hetzen

das Mädel > *das* Mädchen • *die* Leibesübungen > *der* Sport, *das* Turnen • Beherrschung lernen • Todesfurcht besiegen

[4] *Berliner Schülerinnen üben für eine Aufführung im Rahmen des „Tags des deutschen Volkstums“.* Foto, 1934.

[5] *Jungen der Hitlerjugend beim Sport an der Führerschule in Potsdam.* Foto, um 1935.

Zeitzeuge Wolfgang Frank, Jahrgang 1928:
1938 war ich zehn Jahre alt und bin natürlich in das deutsche Jungvolk eingetreten, zum Leidwesen meines Vaters, der immer versucht hatte, mich davon abzubringen. Es gab große Konflikte zwischen meinem Vater und mir. Das ging so weit, dass ich mir überlegt habe, meinen Vater zu denunzieren.

[7] *Freyberg, Jutta, u. a.: Wir hatten andere Träume, Frankfurt/M., 1995.*

Zeitzeuge Uwe Holmer, Jahrgang 1929:
Es gab ja eine Kameradschaft, die war wirklich schön. Also der Sohn des Bankdirektors und der Sohn des Arbeiter, die marschierten in einem Schritt ... Wir waren EINE Kameradschaft. ... Und sportlich, ... da war ich in der Motor-HJ. Wir waren 14, 15 Jahre und durften schon Motorrad fahren, wurden darin geübt. ... Das hat uns schon fasziniert, da wurde auch was gelernt. ... Für uns war das, das ist die Zukunft, da musst du dabei sein. Und wir haben fröhliche Heimspiele gemacht und dann Erntelager, Lagerleben: marschiert und übernachtet in Scheunen auf Heu und Stroh. Also das alles war irgendwie ein Jugendleben, das gesellig war. Und das hat uns schon gefallen.

[8] *zit. nach: https://www.zeitzeugen-portal.de/zeitraeume/jahrzehnte/1930/die-hitler-jugend-und-der-bdm/08OS8w9rNyk, Zugriff: 24.4.2024*

[6] *Während eines Zeltlagers der Hitlerjugend an der Ostsee.* Foto, 1938.

4 Erkläre, warum viele Jugendliche die Hitlerjugend mochten.

Wähle einen der Arbeitsaufträge aus:

- Formuliere einen Gedanken eines Mädchens in Foto [4] oder eines Jungen in Foto [5] oder [6].
- Stelle Organisation, Aktivitäten und Ziele der Hitlerjugend in einer Mindmap dar.
- Schreibe ein Streitgespräch zwischen Vater und Sohn – wie in [7] angedeutet – über die Hitlerjugend auf. **Starthilfe:** *Vater Frank: „In der HJ sollt ihr doch nur ...“ Sohn Wolfgang: „Aber Vater, ich möchte ein Pimpf sein. Wir ...“*

Sprachspeicher
jemanden denunzieren > jemanden anzeigen, öffentlich bloßstellen

Das Ziel: Krieg

Wie bereiteten die Nationalsozialisten den Krieg gegen Polen und die Sowjetunion vor?

[1] *Vorführung neuer Panzer während des NSDAP-Parteitags 1935 in Nürnberg.* Foto.

Täuschung der Nachbarstaaten

Hitler betonte gegenüber den europäischen Staaten, dass Deutschland friedliche Absichten habe. Sie sollten dadurch über die wahren Absichten getäuscht werden. Deutschland hatte so Zeit, um aufzurüsten. Ein Vertrag mit der Sowjetunion (1933) und der Nichtangriffspakt mit Polen (1934) sollten die Beziehungen zwischen beiden Staaten und Deutschland verbessern.

Während der Aufrüstung missachtete Hitler die Bestimmungen des Versailler Vertrages durch:

- den Aufbau einer modernen Armee mit Flugzeugen und Panzern
- die Einführung der Wehrpflicht 1935
- den Einmarsch deutscher Truppen in das Rheinland 1936

Gezielte Vertragsbrüche

Mit diesen Vertragsbrüchen testete die NS-Regierung, wie Großbritannien und Frankreich reagierten. Beide Staaten protestierten gegen die Vertragsverletzungen, unternahmen aber nichts weiter. Die deutsche Bevölkerung jubelte Hitler zu. Hitler schien vieles zu gelingen, was die Regierungen der Weimarer Republik nicht erreicht hatten. Er hatte Deutschland wieder zu einer militärischen Großmacht gemacht.

1 Beschreibe Hitlers Politik gegenüber Großbritannien und Frankreich.

2 Nenne Gründe, warum die überwiegende Mehrheit der Deutschen Hitlers Politik unterstützte.

Frühe Kriegspläne

Bereits im Februar 1933 hatte Hitler in einer Rede gesagt, dass er sich eine Frist von sechs bis acht Jahren setze. Dann sei das deutsche Militär fähig, eine aktive Außenpolitik zu führen, um „Lebensraum" für das deutsche Volk im Osten zu gewinnen.

3 Erkläre, was Hitler mit „aktiver Außenpolitik" wirklich meinte.

Sprachspeicher

einen Vertrag schließen ▪ einen Vertrag brechen oder missachten ▪ *der* Nichtangriffspakt > Staaten versprechen sich, sich nicht anzugreifen

eine Frist setzen > eine Zeit festlegen, bis etwas passiert

[2] *Reichsernährungsminister und Reichsbauernführer Walter Darre während einer Rede in den 1930er-Jahren. Unter dem Motto „Blut und Boden" wurde von den Nationalsozialisten das bäuerliche Leben verherrlicht. Mehr reinrassige Deutsche sollten als Bauern leben. Der Raum dafür sollte im Osten Europas erobert werden.* Foto.

„Lebensraum im Osten"

Die Nationalsozialisten folgten rassenideologischen Vorstellungen von unterlegenen und überlegenen Menschenrassen. Sie sagten außerdem, dass Deutschland „überbevölkert" sei, also zu viele Menschen auf zu wenig Platz leben müssten. Dieses erfundene Problem wollten sie mit Landgewinn im Osten lösen. Als „höherwertige Rasse" sahen sie sich dazu im Recht. Vor allem die Menschen in Polen und der Sowjetunion sahen die Nationalsozialisten als minderwertig an. Propaganda wurde gezielt genutzt, um die Menschen in Deutschland gegen Polen und die Sowjetunion aufzuhetzen.

4 Erkläre, wie die Nationalsozialisten begründeten, dass sie Länder im Ostern erobern wollten.

5 Vermute, welche Sorgen der Begriff „Lebensgefahr" bei den Menschen auslösen konnte [3].

„Lebensraum"-Propaganda des NS-Regime

„Wir sind noch immer ein ‚Volk ohne Raum'. Da Grund und Boden wirtschaftlich die Sicherung der Lebensmittelversorgung und bevölkerungspolitisch die Heimat des bodenständigen, lebenskräftigen Menschentums darstellt, liegt in diesem Raummangel eine große Lebensgefahr für das deutsche Volk."

[3] *zit. n.: NS-Propagandaplakat: Bevölkerungsdichte bei uns und im Ausland, 1938/39;* Bundesarchiv, Plak. 003-002-036.

Wählt einen der Arbeitsaufträge aus:

- Überlege, warum Hitler Nichtangriffspakte schloss, obwohl er die Absicht hatte, Krieg zu führen.
- Stelle die Hintergründe der „Lebensraum"-Propaganda in einer Mindmap dar (z. B. Grundlagen, Argumente, Folgen).
- Erläutere das Zitat „Von Frieden reden, den Krieg planen" im Hinblick auf Hitlers Politik.

Sprachspeicher

einer Vorstellung oder einer Ideologie folgen • jemanden gegen jemanden oder etwas aufhetzen

der Landgewinn • *die* Eroberung • *die* Rassenideologie

Üben

Arbeit für alle

Wie gelang es, die Arbeitslosigkeit zu beseitigen?

[1] *Beim Reichsarbeitsdienst.* Foto, 1930er-Jahre.

1 Beschreibe die Bilder [1] und [2].

Massenarbeitslosigkeit

In Folge der Weltwirtschaftskrise 1929 waren in Deutschland rund sechs Millionen Menschen arbeitslos. 20 Millionen lebten in Armut. Die NSDAP hatte den Menschen bessere Lebensbedingungen versprochen. 1933 begann die NS-Regierung mit dem „Angriff auf die Arbeitslosigkeit". Sie investierte in Wohnungsbau, Landwirtschaft und Industrie.

Arbeit in der Rüstungsindustrie

Ab 1935 wurde immer mehr Geld in die Aufrüstung gesteckt. Kasernen und Flugplätze wurden gebaut, zahlreiche Panzer und Flugzeuge produziert. Dies nützte den Rüstungsunternehmen. Dadurch sanken aber auch die Arbeitslosenzahlen, denn die Fabriken brauchten zur Produktion Arbeitskräfte. Viele Menschen beachteten dabei nicht, dass das investierte Geld nicht vorhanden war und Deutschland riesige Schulden machte.

2 Erkläre, wieso die Aufrüstung dazu beitrug, dass viele Menschen für den Nationalsozialismus gewonnen wurden.

[2] *Werbeplakat für Reichsautobahnen,* 1933.

Der Autobahnbau

Im Mai 1933 verkündete Hitler ein Programm zum Bau vierspuriger Autobahnen. Es sollte die Arbeitslosigkeit senken. Im Kriegsfall konnten Militärfahrzeuge zudem auf den neuen Straßen schnell vorankommen. Die Idee des Autobahnbaus stammte jedoch bereits aus der Zeit vor 1933. Im Mai 1935 eröffnete Hitler das erste Autobahnteilstück Frankfurt – Darmstadt. Von geplanten 6 900 Kilometern Autobahn wurden bis 1945 rund 3 800 Kilometer gebaut.

3 Erkläre die Bedeutung des Autobahnbaus für das Ansehen Hitlers sowie für die Entwicklung der Arbeitslosigkeit.

Sprachspeicher

in Armut leben ▪ arm sein ▪
Geld investieren > Geld für etwas ausgegeben

die Arbeitslosigkeit senken ▪ *die* Arbeitslosenzahlen sinken oder steigen ▪ ein Programm verkünden

[3] *Frauen beim Arbeitsdienst.* Foto, 1930er-Jahre.

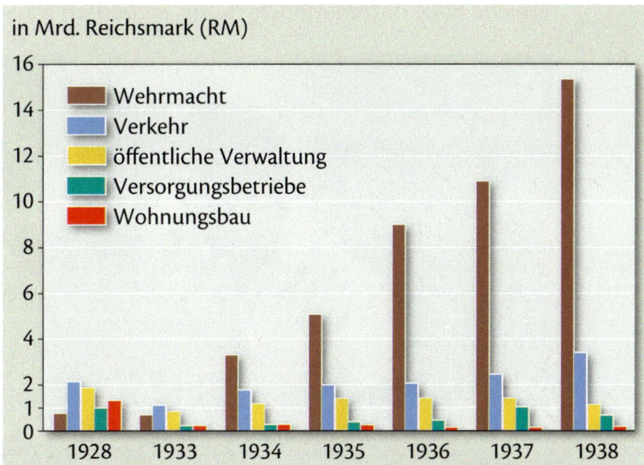

[4] *Die öffentlichen Ausgaben im Deutschen Reich 1928–1938,* Schaubild.

Jahr	Anzahl Arbeitslose
1933	4800000
1934	2700000
1936	1600000
1937	900000
1938	400000

[5] *Die Entwicklung der Arbeitslosigkeit im Deutschen Reich 1933–1938.* Statistisches Jahrbuch für das Deutsche Reich, 1939/40. Tabelle.

Reichsarbeitsdienst

1935 wurde in Deutschland der Arbeitsdienst eingeführt. Er dauerte ein halbes Jahr und war für Männer von 18 bis 25 Jahren verpflichtend. Mädchen konnten sich bis 1939 freiwillig melden. Sie wurden in der Landwirtschaft oder in kinderreichen Familien eingesetzt. Die jungen Männer wurden meist bei Bauarbeiten eingesetzt, halfen zum Beispiel beim Autobahnbau. Später wurden sie auch zu militärischen Arbeiten herangezogen.

Ende der Weltwirtschaftskrise

Die große, weltweite Wirtschaftskrise dauerte von 1929 bis 1933. In den Jahren nach 1933 normalisierte sich in den Industriestaaten die Wirtschaft, so auch im Deutschen Reich. Die Nachfrage nach Arbeitskräften stieg wieder an. Zugleich waren durch die Krise die Löhne stark gefallen. Die Arbeitslosigkeit ging auch durch diese Einflüsse zurück.

4 Werte das Schaubild [4] aus:
- Wofür wurde das meiste Geld ausgegeben?
- Welche Ausgaben gingen deutlich zurück?

5 Werte die Tabelle [5] aus.

Wähle einen der Arbeitsaufträge aus:

- Die Nationalsozialisten versprachen den Menschen „Arbeit und Brot". Erkläre mit dem Text „Massenarbeitslosigkeit", was damit gemeint war.
- Stelle die Entwicklung der Arbeitslosigkeit von 1933 bis 1938 in einem Säulendiagramm dar.
- Erkläre, wie die Arbeitslosigkeit beseitigt wurde.
- „Aber unter Hitler hatten wenigstens alle Arbeit!" Nimm Stellung mithilfe der Doppelseite.

Sprachspeicher

jemanden als Helfer oder Helferin einsetzen • als Helfer oder Helferin eingesetzt werden • Arbeitsdienst leisten

die Ausgaben steigen • *die* Ausgaben gehen zurück • unter Hitler > als Hitler an der Macht war

Frau und Familie

Welche Rolle hatten Mädchen und Frauen im NS-Staat?

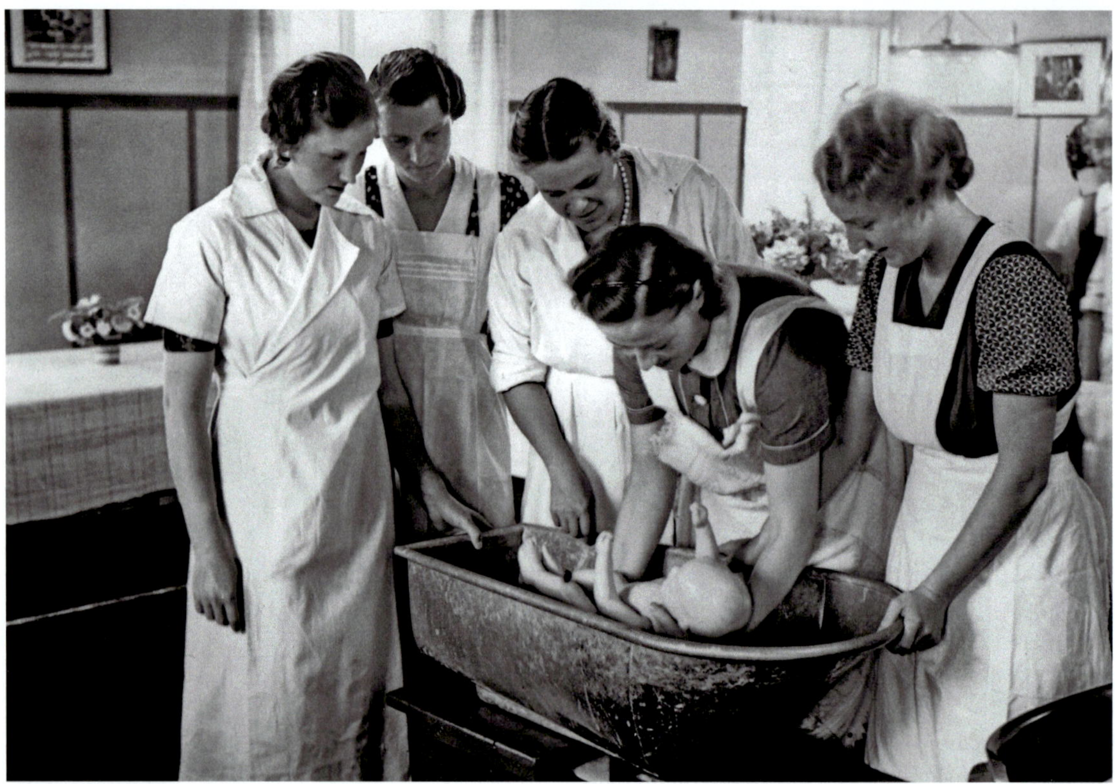

[1] *Junge Frauen bei einem Säuglingslehrgang in einer nationalsozialistischen „Bräuteschule".* Foto, 1930er-Jahre.

1 Beschreibe das Foto [1].
2 Stelle Vermutungen an, wieso keine Jungen auf dem Foto zu sehen sind.

Die Rolle der Frau im Nationalsozialismus

Der NS-Staat war eine Männergesellschaft. Die Nationalsozialisten betonten „typisch männliche" Eigenschaften wie Härte und Entschlossenheit. Frauen sollten vor allem Hausfrau und Mutter sein und möglichst viele Kinder bekommen. Sie sollten ihrem Mann dienen und die Kinder im Sinne des Nationalsozialismus erziehen.
Von früh an wurden Mädchen auf die Rolle der Mutter vorbereitet. In der Schule lernten sie Nähen und Stricken, Kochen und Säuglingspflege. In sogenannten „SS-Bräuteschulen" wurden Mädchen, die ein Mitglied der SS heiraten wollten, in Kinderpflege, Haushaltsführung und Rassenlehre unterrichtet.

Förderung von Ehe und Familie

Um Eheschließungen zu fördern und die Berufstätigkeit von Frauen einzuschränken, wurden seit 1933 „Ehestandsdarlehen" an Heiratswillige vergeben. Das bedeutete, der Staat lieh Paaren Geld mit der Bedingung, dass die Frau nach der Heirat auf eine Berufstätigkeit verzichtete. Gleichzeitig sollte damit die Zahl der Geburten erhöht werden. Das Darlehen konnte bis zu 1000 Reichsmark betragen – das war damals viel Geld. Bei der Geburt des ersten Kindes musste man nur noch 750 Reichsmark zurückzahlen, beim zweiten nur noch 500 und so weiter.

3 Fasse in Stichworten zusammen, welche Rolle der Frau im Nationalsozialismus zugewiesen wurde.

Sprachspeicher
Hausfrau und Mutter sein ▪ auf *die* Berufstätigkeit verzichten

Eheschließungen fördern ▪ ein Darlehen vergeben ▪ *die* Zahl *der* Geburten soll erhöht werden

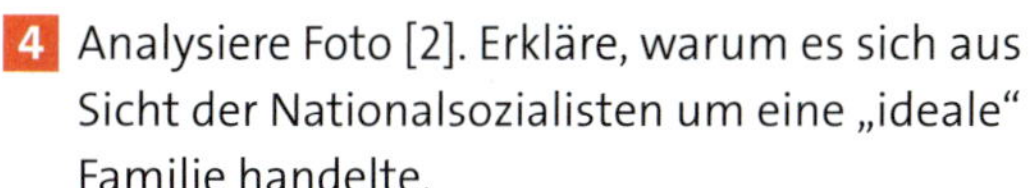

[2] *Mutterkreuzträgerin mit Familie.* Propagandafoto, 1940.

4 Analysiere Foto [2]. Erkläre, warum es sich aus Sicht der Nationalsozialisten um eine „ideale" Familie handelte.

Öffentliche Anerkennung

Der Muttertag wurde schon 1914 in den USA eingeführt und seit 1922 auch in Deutschland gefeiert. Aber die Nationalsozialisten machten daraus ein politisches Fest. 1934 wurde der Muttertag erstmals als „Gedenk- und Ehrentag der deutschen Mutter" gefeiert. Besonders kinderreiche Mütter wurden als „Heldinnen des Volkes" geehrt.
1938 führte Hitler ein besonderes „Ehrenzeichen" ein: das Mutterkreuz. Frauen, die vier und mehr Kinder hatten, konnten es bekommen. Jüdische Frauen waren allerdings ausgeschlossen.
Ein Jahr später wurde das Mutterkreuz in öffentlichen Feierstunden erstmals an drei Millionen Mütter vergeben.

5 Erkläre die Bedeutung des Muttertags und des Mutterkreuzes für die Frauen in der NS-Zeit.

[3] *Arbeiterin in einer Munitionsfabrik während des Kriegs.* Foto, 1941.

Berufstätigkeit von Frauen im Krieg

Als 1939 der Zweite Weltkrieg begann, wurden wieder mehr Frauen berufstätig. Sie nahmen die Arbeitsplätze von Männern ein, die als Soldaten eingesetzt waren. Frauen arbeiteten vor allem in der Rüstungsindustrie, in der Landwirtschaft, bei der Reichsbahn und in der Verwaltung. Von 1939 bis 1944 stieg die Zahl der weiblichen Arbeitskräfte von 4,6 Millionen auf 14,9 Millionen. Viele Frauen waren jetzt durch Berufs- und Familienarbeit besonders stark belastet.

Wähle einen der Arbeitsaufträge aus:

- Stell dir vor, die Frau auf Bild [3] hat zwei Kinder und ihr Mann ist Soldat im Krieg. Wie könnte ihr Alltag aussehen?
- Erkläre, wieso der Muttertag von den Nationalsozialisten für ihre Zwecke genutzt wurde.
- Verfasse aus heutiger Sicht eine Kritik an der Frauenpolitik der Nationalsozialisten.

Sprachspeicher
Mütter als „Heldinnen des Volkes" ehren ·
einen „Ehrentag" haben

Überlege zunächst, welche Rolle Mädchen und Frauen heute in Deutschland haben.

Judenverfolgung 1933–1939

Warum wurden die Juden verfolgt?

[1] *Ein SA- und ein SS-Mann bekleben ein Schaufenster mit einem Boykottplakat: „Deutsche! Wehrt Euch! Kauft nicht bei Juden!“* Foto, April 1933.

1 Beschreibe das Foto [1]. Was war vermutlich Ziel dieser Aktion?

Judenfeindlichkeit

Seit 1871 waren die Juden in Deutschland gleichberechtigte Bürgerinnen und Bürger. Sie konnten ihre Religion frei ausüben, sich politisch beteiligen und alle Berufe ergreifen. Im Ersten Weltkrieg kämpften viele jüdische Männer als Soldaten für Deutschland. Dennoch gab es Menschen, die ihre jüdischen Mitmenschen nach wie vor für alles Schlechte in der Welt verantwortlich machten.

Der Rassismus der Nationalsozialisten

Viele Nationalsozialisten hatten die Ansicht, dass es verschiedene menschliche „Rassen“ gibt. Sie behaupteten, dass sich diese „Rassen“ durch Hautfarbe oder Kopfform unterschieden. Außerdem seien nicht alle „Rassen“ gleich intelligent und hätten verschiedene Charaktereigenschaften. Menschen aus Nord- und Mitteleuropa mit blonden Haaren und heller Haut nannten die Nationalsozialisten „Arier“. Sie behaupteten, diese seien den anderen „Rassen“ überlegen.

Die etwa 500 000 Juden in Deutschland wurden nicht mehr wegen ihrer Religion, sondern wegen ihrer angeblich anderen „Rasse“ verfolgt. Sie galten bei den Nationalsozialisten als besonders minderwertig und wurden als Gefahr für das deutsche Volk dargestellt. Judenfeindlichkeit und Judenhass werden auch als Antisemitismus bezeichnet.

2 Erläutere das Rassendenken der Nationalsozialisten.

Sprachspeicher

benachteiligt sein • verfolgt sein • einen Beruf ausüben • gleichberechtigt sein • jemanden als „minderwertig“ ansehen • Menschen ausgrenzen und verfolgen • sich überlegen fühlen

3 Beschreibe die Fotos [2] und [3]. Stelle Vermutungen an, warum beide Fotos am selben Tag aufgenommen wurden.

Ausgrenzung
Schon 1933 wurden jüdische Beamte aus dem Staatsdienst entlassen. Im selben Jahr wurde zum Boykott* jüdischer Geschäfte aufgerufen. Die „Nürnberger Gesetze" von 1935 verboten die Eheschließung und alle Sexualbeziehungen zwischen Juden und Nichtjuden. Im Jahr darauf verhängte der NS-Staat Berufsverbote für jüdische Ärzte und Apotheker. Der Druck auf die Juden, ihren Besitz (Häuser, Grundstücke usw.) unter Wert an „Arier" zu verkaufen, verstärkte sich.
Ab 1939 mussten alle Juden den zweiten Vornamen „Israel" oder „Sara" offiziell im Pass stehen haben. Ab 1941 mussten sie in der Öffentlichkeit einen gelben Stern tragen.

Das Novemberpogrom
In der Nacht vom 9. auf den 10. November 1938 wurden in ganz Deutschland 1400 jüdische Gotteshäuser (Synagogen) angezündet. Die SA zerstörte jüdische Geschäfte, Friedhöfe und Wohnungen, jüdische Männer und Frauen wurden verhaftet. Kaum ein Bürger unternahm etwas dagegen. Es gab sogar manche, die sich von der Gewalt anstecken ließen und wie in einem Rausch beim Zerstören und Morden mitmachten. In der Pogromnacht* starben mehrere Hundert Menschen.

4 Im April 2024 wurde in Oldenburg ein Brandanschlag auf die Synagoge verübt. Erkläre, warum es sich dabei um eine antisemitische Straftat handelt.

* *der* **Boykott:** Ausschluss von politischen, wirtschaftlichen oder sozialen Beziehungen; wer ein Geschäft boykottiert, kauft dort nicht mehr.

das **Pogrom:** gewalttätige Aktion (Hetze und Verfolgung) gegen Menschen, die einer Minderheit angehören

[2] *Brennende Synagoge in Frankfurt.* Foto, 10.11.1938.

[3] *Jüdischer Männer werden in Regensburg durch die Stadt geführt. Sie werden dann in das KZ Dachau transportiert.* Foto, 10.11.1938.

Wähle einen der Arbeitsaufträge aus:

- Liste in einer Tabelle die Stationen der Judenverfolgung mit Jahreszahlen auf.
- Formuliere den Gedanken eines Schaulustigen in Bild [3].
- Lege ein Lexikon mit kurzen Erklärungen zu folgenden Begriffen an: Antisemitismus, Rassismus, Arier, Synagoge, Novemberpogrom.
- Recherchiere die Ereignisse der Pogromnacht in deiner Stadt oder Region und berichte darüber in der Klasse.

Sprachspeicher
jemanden aus dem Dienst entlassen • Berufsverbote verhängen • etwas unter Wert verkaufen > zu wenig Geld für etwas bekommen

Verfolgung von Minderheiten

Was geschah mit Menschen in Konzentrationslagern oder „Heilanstalten“?

[1] *Eines der ersten Konzentrationslager: Oranienburg; Häftlinge beim Appell.* Foto, März/April 1933.

1 Beschreibe Foto [1].

2 Berichte, was du über Konzentrationslager bereits gehört hast.

Verfolgte Minderheiten

Die Nationalsozialisten erklärten Menschen, die nach ihren Vorstellungen nicht zur deutschen Volksgemeinschaft gehörten, zu „Volks- und Reichsfeinden“. Dazu zählten in erster Linie Juden, Sinti und Roma. Sie wurden damals als „Zigeuner“ bezeichnet. In der NS-Zeit wurden sie genauso schlecht behandelt wie die Juden. Sie hatten keine Rechte, wurden verfolgt, inhaftiert und später oft getötet. Von 30 000 Sinti und Roma in Deutschland überlebten nur 5 000.

In der NS-Zeit wurden auch andere Minderheiten wie die religiöse Gruppe der „Zeugen Jehovas“ sowie Homosexuelle verfolgt, misshandelt und getötet. Einige Priester setzten sich für verfolgte Minderheiten ein oder protestierten gegen das Unrecht. Viele von ihnen wurden ebenfalls verhaftet und in ein Konzentrationslager gebracht.

3 Nenne Gruppen, die in der NS-Zeit verfolgt wurden, und die Gründe dafür.

Konzentrationslager

Konzentrationslager (KZ) wurden überall in Deutschland gebaut, um die große Zahl von Verfolgten, Minderheiten und politischen Gegnern einzusperren. Schon im Frühjahr 1933 wurden die ersten Konzentrationslager errichtet. Ein KZ bestand aus Holzbaracken. Sie waren primitiv eingerichtet. Um das Lager herum gab es einen Stacheldrahtzaun und Wachtürme. Die Häftlinge durften auch im Winter nur einen dünnen, gestreiften Anzug, z.B. aus Papierfasern, tragen. Meist gab es nur eine dünne Suppe und etwas Brot zu essen. Trotzdem mussten die Menschen bis zur totalen Erschöpfung arbeiten, sie wurden willkürlich schikaniert und misshandelt.

Schon bei den kleinsten Fehlern gab es harte Strafen: Essensentzug, langes Stehen oder Peitschenschläge. Ab 1941 wurden zusätzlich „Vernichtungslager“ im von Deutschland eroberten Polen errichtet. Die Menschen wurden nun aus den KZ in die Vernichtungslager transportiert und dort in speziell dafür errichteten Anlagen mit Giftgas ermordet.

Sprachspeicher

inhaftiert > eingesperrt sein • sich für etwas einsetzen • gegen etwas protestieren • willkürlich > zufällig, ohne Grund

die Stimme erheben > Widerstand leisten • schikanieren > jemanden Schwierigkeiten bereiten oder quälen

[2] *Denkmal „Der Graue Bus" von Horst Hoheisel und Andreas Knitz. Es erinnert an die Morde an Menschen, die psychisch krank waren oder eine geistige oder körperliche Behinderung hatten, durch das NS-Regime. Solche Busdenkmäler stehen an verschiedenen Orten.*
Foto, Berlin 2008.

4 Stelle Vermutungen an, wohin die Menschen mit den Bussen transportiert wurden.

Zwangssterilisationen

1935 erließen die Nationalsozialisten das „Gesetz über die Verhütung erbkranken Nachwuchses". Es erlaubte Ärzten, Menschen gegen ihren Willen und ohne ihr Wissen zu sterilisieren. Sie konnten dann keine Kinder mehr bekommen. Die Nationalsozialisten wollten, dass sich nur gesunde Menschen fortpflanzen, um die „Rasse" zu erhalten. Betroffen waren Personen mit Behinderung und Alkoholkranke sowie „Arbeitsscheue". So bezeichneten die Nationalsozialisten Menschen, die keine regelmäßige Arbeit hatten, z.B. Obdachlose oder Prostituierte. Diese Menschen wurden oft unter einem falschen Vorwand zu einem Arzt bestellt. Man schätzt die Gesamtzahl der zwangssterilisierten Frauen und Männer auf etwa 400 000.

Mord an Menschen mit Behinderung

Menschen mit psychischen Krankheiten oder einer geistigen Behinderung galten bei den Nationalsozialisten als „lebensunwert". Sie nannten sie „Erbkranke". Deshalb begann das NS-Regime 1939 unter größter Geheimhaltung, diese Menschen aus ihren Pflegeheimen zu holen. Sie wurden mit Bussen in Kliniken gefahren und dort von Ärzten mit Gas getötet. Diese Mordaktion nannte man „Euthanasie". Um Spuren zu verwischen, wurden die Leichen sofort verbrannt. Die Angehörigen erhielten Todesnachrichten mit gefälschten Angaben.

Der Bischof von Münster, Clemens August Graf von Galen, predigte am 3. August 1941 öffentlich gegen die Tötung „der armen, wehrlosen Geisteskranken". Daraufhin wurde die Aktion offiziell eingestellt. Die Menschen, die in die sogenannten „Heilanstalten" transportiert wurden, wurden aber weiterhin ermordet. Essensentzug oder überdosierte Medikamente waren nun die Mordinstrumente. Insgesamt wurden im Rahmen der Euthanasie zwischen 1933 und 1945 etwa 200 000 Menschen ermordet.

5 Erläutere, wie die Nationalsozialisten mit psychisch kranken Menschen und Menschen mit Behinderung umgingen.

Wähle einen der Arbeitsaufträge aus:

- Beschreibe, was die Menschen im KZ ertragen mussten. Lies dazu den Text „Konzentrationslager" auf Seite 206.
- Schreibe Worterklärungen zu den Begriffen „Konzentrationslager" und „Euthanasie".

Sprachspeicher

als minderwertig gelten • *die* Verfolgung und Tötung von Minderheiten • Menschen gegen ihren Willen behandeln • mit Menschen umgehen • Menschen mit Behinderungen

Wahlseite Verfolgt: Johann Trollmann

1 Lies den Text und fasse die Inhalte der Seite mit deinen Worten zusammen. Verwende den Lese-Profi.

2 Erstelle ein Plakat. Schreibe die Jahreszahlen aus dem Text heraus. Schreibe dahinter, was passiert ist.

[1] *Johann Wilhelm „Rukeli" Trollmann. Man sagt, Trollmann habe beim Boxen getanzt, weil er sich so leichtfüßig bewegte.* Foto, o. J.

[2] *Dieser Stolperstein in Berlin erinnert an den Boxer Johann Trollmann.* Foto, 2010.

Trollmanns Leben bis 1933

Johann Trollmann wurde 1907 in Wilsche bei Gifhorn in Niedersachsen geboren. Er gehörte zur Minderheit der Sinti, die man damals als „Zigeuner" bezeichnete. Trollmann wurde „Rukeli" genannt. „Ruk" bedeutet in der Sprache seiner Eltern „Baum", denn er war schön und groß gewachsen. Trollmann wuchs in Hannover auf. Mit acht Jahren begann er zu **boxen**. Mehrmals wurde er **Regionalmeister** und sogar **Norddeutscher Meister**.

1933 wurde er **Deutscher Meister** im Boxen. Nur acht Tage später wurde ihm der Titel von den Nationalsozialisten aber wieder aberkannt. Als Sinto durfte er nun nicht mehr boxen und keinem Boxclub angehören. Seine Profikarriere war damit beendet.

Trollmann zur NS-Zeit

In Berlin heiratete Trollmann 1935 seine Freundin, mit der er eine Tochter hatte. Im selben Jahr wurde er verhaftet und in einem Gefängnis **zwangssterilisiert**. Mehrere Jahre trat er auf Jahrmärkten auf, um Geld zu verdienen. 1939 wurde er zur Wehrmacht eingezogen und kämpfte als Soldat. Im **Krieg** wurde er **verwundet**. 1942 wurde er erneut **verhaftet**, **misshandelt** und in das **KZ Neuengamme** in Hamburg gebracht. Dort musste er gegen SS-Männer und Mithäftlinge boxen. 1944 wurde er in einem Außenlager des KZ Neuengamme **ermordet**. Ein Mithäftling, der als Aufseher arbeitete, erschlug ihn. Seit 2003 ist Johann Trollmann wieder **offiziell „Deutscher Meister im Halbschwergewicht"** von 1933.

Tipp für die Erarbeitung
- Schreibe dir Stichworte zum Leben von Johann Trollmann auf.

Tipp für die Präsentation
- Erzähle die Lebensgeschichte von Johann Trollmann mit deinen Worten.

Wahlseite Verfolgt: Sally Perel

1 Informiere dich über das Schicksal von Sally Perel.

2 Präsentiere deine Ergebnisse der Klasse.

[1] *Sally Perel mit einem Bild von ihm, das ihn als Hitlerjunge Salomon zeigt.* Foto, 1992.

Sally Perel aus Peine

Salomon Perel, genannt Sally, wurde am 21. April 1926 in Peine in Niedersachsen geboren. 1935 floh die jüdische Familie nach Polen. 1939 überfiel Deutschland Polen. Die Juden wurden von den Deutschen in Ghettos zusammengetrieben. Sally und sein älterer Bruder flohen, seine Eltern und die anderen beiden Geschwister blieben zurück.

Jupp, der „Volksdeutsche"

Auf der Flucht wurden die Brüder getrennt. Sally Perel wurde von der Wehrmacht aufgegriffen. Auf die Frage, ob er Jude sei, antwortete er, er sei „Volksdeutscher". Denn er wusste, dass die Juden deportiert wurden. Dabei dachte er, so Sally Perel selbst, an die Abschiedsworte seiner Mutter. Diese habe ihm gesagt: „Du sollst leben!"

Die Soldaten glaubten Sally Perel. Unter dem Namen Josef Perjell, genannt Jupp, arbeitete er zwei Jahre lang für die Wehrmacht als deutsch-russischer Übersetzer. Danach wurde er an die „Akademie für Jugendführung" in Braunschweig geschickt – eine Schule zur Ausbildung der nationalsozialistischen Elite. Später machte er eine Ausbildung bei Volkswagen. Sally Perel war ständig in Angst, dass jemand seine wahre Identität herausfindet. Hinzu kam die Trauer um seine Familie. Als Jude lebte er als Nationalsozialist und begann, sich dafür selbst zu hassen.

Einsatz für Weltoffenheit nach 1945

Sally Perel überlebte den Holocaust. Nach dem Krieg emigrierte er nach Israel. Seinem Überleben wollte er einen Sinn geben. Er wollte die jungen Menschen aufklären, ihnen die Augen öffnen für Bedrohungen von rechts und mit ihnen kämpfen gegen Antisemitismus und Rassismus. Seine Erfahrungen veröffentlichte er 1990 in der Autobiografie „Ich war Hitlerjunge Salomon". Sie wurde noch im selben Jahr verfilmt.

Sally Perel starb am 2. Februar 2023. Bis kurz vor seinem Tod besuchte er regelmäßig Schulen, um Schülerinnen und Schülern als Zeitzeuge des Holocaust von seiner Geschichte zu berichten und sich für Toleranz und Weltoffenheit einzusetzen.

Tipp für die Erarbeitung

- Du kannst einen Lebenslauf von Sally Perel verfassen.
- Mehrere Schulen tragen den Namen Sally Perels. Sammele Argumente, die dafür sprechen, eine Schule nach einem Holocaust-Überlebenden zu benennen.

Tipp für die Präsentation

- Von Sally Perel gibt es zahlreiche Videointerviews. Du kannst eines auswählen und der Klasse vorstellen.

☒ Wahlseite Verfolgt: Heinrich Jasper

1 Informiere dich auf dieser Seite über das Schicksal des Politikers Heinrich Jasper.

2 Präsentiere deine Ergebnisse in geeigneter Form in der Klasse.

Karriere als Politiker

Heinrich Jasper wurde am 21. August 1875 geboren, wuchs in Hildesheim auf und ging in Braunschweig zur Schule. Nach dem Studium arbeitete er als Rechtsanwalt. 1903 begann sein politisches Engagement in der SPD.
Während des Ersten Weltkriegs war er als Soldat in Russland. Nach der Novemberrevolution 1918 wurde Jasper zum ersten Präsidenten des Landtags des Landes Braunschweig gewählt. Bis 1933 war er Mitglied des Braunschweigischen Landtags und viermal Braunschweigischer Ministerpräsident.
Als Ministerpräsident setzte sich Jasper für den Ausbau von Sozialeinrichtungen, eine stabile Wirtschaft und eine moderne Schul- und Bildungspolitik ein.

Überfall auf die SPD-Zentrale

Am 9. März 1933 überfielen SA und SS das „Volksfreund-Haus" in Braunschweig. Dort hatten die SPD, deren Parteizeitung und Gewerkschaften ihren Sitz. SA und SS trieben die Menschen auf die Straße und misshandelten sie. Das Ermächtigungsgesetz ermöglichte dies. Bücher, Zeitungen, Fahnen sowie sämtliche Akten wurden drei Tage lang öffentlich auf der Straße verbrannt.
Heinrich Jasper zeigte den verantwortlichen SS-Mann bei der Polizei an, legte Beschwerde beim Innenminister und sogar bei Reichspräsident Hindenburg ein. Er wurde immer zurückgewiesen. Das Volksfreundhaus wurde von der NSDAP in ein „Schutzgefängnis" verwandelt, in dem Juden und politische Gegner gefoltert wurden.

[1] *Heinrich Jasper.* Foto, 1927.

Jasper wird verhaftet

Am 17. März 1933 wurde Jasper von den Nationalsozialisten unter einem Vorwand verhaftet, ins Volksfreundhaus gebracht und gefoltert, damit er sein Landtagsmandat niederlegte. Viele seiner Genossen stimmten dieser Forderung unter Folter zu. Jasper weigerte sich. Im Juni 1933 wurde er erneut verhaftet und ins KZ Dachau gebracht.
Als er 1938 freigelassen wurde, durfte er nicht mehr als Rechtsanwalt arbeiten und wurde von der Geheimen Staatspolizei überwacht. 1944 wurde er schließlich ins KZ Sachsenhausen und im Februar 1945 ins KZ Bergen-Belsen gebracht. Dort starb er am 19. Februar 1945 im Alter von 69 Jahren an Erschöpfung.

Tipp für die Erarbeitung
- Du kannst einen Lebenslauf von Heinrich Jasper verfassen.
- Du kannst auch noch einmal nachlesen, was das Ermächtigungsgesetz war.

Tipp für die Präsentation
- Zeige die Stationen von Jaspers Verfolgung 1933–1945 auf.

☒ Wahlseite Verfolgt: Benjamin Traub

1 Informiere dich über das Schicksal von Benjamin Traub.
2 Präsentiere deine Ergebnisse der Klasse.

„Euthanasie"
Für die Nationalsozialisten galten Menschen mit Behinderungen als „lebensunwert". Unter großer Geheimhaltung wurden ca. 100 000 Menschen abgeholt und in Kliniken ermordet. Die Nazis nannten das „Euthanasie". Eines der Opfer war Benjamin Traub.

Die Kindheit von Benjamin Traub
Benjamin Traub wurde am 25. November 1914 als viertes Kind des Predigers Karl Friedrich Traub und seiner Ehefrau Karoline in Mülheim an der Ruhr geboren. Während des Ersten Weltkriegs lebte die Familie in Bremerhaven, danach für ein paar Jahre in Köln, wo Benjamin eingeschult wurde. 1923 zogen die Traubs wieder nach Mülheim. Dort besuchte Benjamin die Oberrealschule. Er war ein begabter Junge, der sehr gut Klavier spielte. Er sammelte Briefmarken und spielte leidenschaftlich gern Schach. Aufgrund seiner besonderen Schulleistungen konnte er sogar eine Klasse überspringen.

[1] *Die Familie Traub im Garten. Benjamin sitzt ganz links.* Foto um 1927.

Krankheit und Ermordung
1931 hackte sich Benjamin beim Holzhacken versehentlich ein Stück des Fingers ab. Der Unfall stürzte ihn in eine schwere innere Krise. Nachdem Benjamin mehrfach angekündigt hatte, sich selbst umzubringen, brachten ihn die Eltern im August 1931 in die Heil- und Pflegeanstalt Bedburg-Hau am Niederrhein, wo er neun Jahre lang behandelt wurde. Er erhielt häufig Besuch von den Eltern und Geschwistern oder fuhr selbst zu Besuch nach Hause. 1940 wurde Benjamin für ein Jahr nach Weilmünster in Hessen verlegt.

Wie man später herausfand, wurde er am 13. März 1941 abgeholt und in die „Heil- und Pflegeanstalt Hadamar" in Hessen gebracht. Dort bestätigte ein Arzt auf einem Totenschein eine „natürliche Todesursache". Unmittelbar danach wurde Benjamin im Keller der Anstalt durch Giftgas umgebracht. Sein Leichnam wurde verbrannt.
Im April 1941 erhielten die Eltern die Nachricht, ihr Sohn sei „plötzlich und unerwartet an einer Hirnhautentzündung" verstorben. Niemand in der Familie konnte das glauben. Kurz danach wurde eine Urne zugesandt, die angeblich die Asche von Benjamin enthielt.

Tipps für die Erarbeitung
- Erstelle eine Stichwortliste zum Leben von Benjamin Traub.

Tipps für die Präsentation
- Beschreibe die Lebensgeschichte von Benjamin Traub mit eigenen Worten.
- Verfasse einen Text für einen Gedenkstein.

Das kann ich!

Versuche zunächst, die Aufgaben dieser Doppelseite zu lösen, ohne im Kapitel nachzusehen. Wenn du Hilfe brauchst, kannst du bei den Aufgaben nachschlagen. Dort sind in Klammern die Seiten angegeben.

Begriff	Bedeutung
die Diktatur	Zerstörung jüdischen Eigentums und Brandstiftung an Synagogen im gesamten Deutschen Reich
die Hitlerjugend	ab 1933 errichtetes Lager, in dem Verfolgte arbeiten mussten und misshandelt wurden
die Pogromnacht	politische Meinungsmache, oft hetzerisch
der Antisemitismus	Tötungsaktion von Menschen mit Behinderungen oder psychischen Krankheiten durch die Nationalsozialisten
die Euthanasie	Alleinherrschaft
die Propaganda	Judenfeindschaft, Judenhass
das Konzentrationslager	NS-Jugendorganisation

[1] *Begriffe und ihre Bedeutung.*

30. Januar 1933	Hitler wird Reichspräsident
August 1934	Mehrheit für das Ermächtigungsgesetz im Reichstag
ab März 1933	Hitler wird Reichskanzler
23. März 1933	Pogromnacht
9./10. November 1938	erste Konzentrationslager werden errichtet

[2] *Daten und Ereignisse.*

[3] *Hitler im Olympiastadion in Berlin: Anlass war eine Kundgebung der Hitlerjugend zum nationalen Feiertag des Deutschen Volkes am 1. Mai 1939.* Foto.

[4] *„Dem Führer – die Jugend“.* Postkarte, 1939.

[5] *Trommler der Hitlerjugend.* Foto, um 1935.

Sachkompetenz

1 Ordne den Begriffen in [1] die richtige Erklärung zu.

2 Ordne den Daten in [2] die entsprechenden Ereignisse zu.

3 Beschreibe den Weg von der Demokratie zur Diktatur in den Jahren 1933–1934. Benutze dafür folgende Stichworte: Hitler wird Reichskanzler, Reichstagsbrand, Ermächtigungsgesetz, Gleichschaltung, Terror gegen Andersdenkende. (S. 186, 190/191)

4 Erläutere, wie es den Nationalsozialisten gelang, die Arbeitslosigkeit zu verringern. (S. 200/201)

5 Beschreibe die Hitlerjugend [5]: Organisation, Aktionen bzw. Unternehmungen, Ausrichtung. (S. 196/197)

6 Erläutere den Begriff Konzentrationslager. (S. 206)

7 Erkläre, warum Begriffe, die die Nationalsozialisten geprägt haben (z. B. „Drittes Reich“ oder „Rasse“), heute nicht mehr genutzt werden. (S. 188, 204)

Methodenkompetenz

8 Analysiere das Foto [3] mithilfe der Methodenseite „Propaganda erkennen und entschlüsseln“. (S. 192/193)

9 Erläutere mit Plakat [4] die Rolle der Frau im Nationalsozialismus. (S. 202/203)

Urteilskompetenz

10 Beurteile, warum viele Kinder und Jugendliche gerne zur Hitlerjugend oder zum Bund Deutscher Mädel gingen. Beachte dabei auch Foto [5]. (S. 196/197)

Teste dich

Der Zweite Weltkrieg

22. März 1944

Am Abend des 22. März 1944 erlebte Frankfurt am Main erneut einen schweren Luftangriff. Weite Teile der Innenstadt wurden zerbombt. Bei Kriegsende war das Zentrum zu 90 Prozent zerstört. Etwa die Hälfte aller Wohnungen im Stadtgebiet war völlig zerstört, ebenso fast alle Schulen, Kirchen und Krankenhäuser.

1 Beschreibe das Bild.
2 Was weißt du über den „Zweiten Weltkrieg"?
3 Welche Fragen hast du zum Thema?

Schauplatz Bombenkrieg

[1] *Die englische Stadt Coventry nach deutschem Luftangriff.* Foto, 17.11.1940.

[2] *Menschen suchen in einer Londoner U-Bahn-Station Schutz vor deutschen Luftangriffen.* Foto, 1940.

1 Beschreibe die Bilder [1] und [2]. Vermute, welche Gefühle die Menschen gehabt haben könnten.

Zerstörung in unbekanntem Ausmaß

Technische Entwicklungen machten es im Zweiten Weltkrieg erstmals möglich, weit entfernte Orte anzugreifen. Viermotorige Bomber waren in der Lage, bis zu neun Tonnen Bomben abzuwerfen. Diese Spreng- und Brandbomben konnten einen Feuersturm entfachen, der ganze Stadtteile vernichtete. Ab 1944 setzte Deutschland zudem erstmals weitreichende Raketen ein.

Nach dem Sieg über Frankreich begann der Luftkrieg über England. Trauriger Höhepunkt der Luftschlacht war der deutsche Angriff auf die englische Stadt Coventry am 14. November 1940.

Ab dem Jahr 1942 begannen britische und amerikanische Bomberverbände mit Großangriffen auf deutsche Städte und Industrieanlagen. Bewusst wurden dabei auch Wohnviertel bombardiert. Angriffe mit 1000 Bombern trafen deutsche Städte. Bei diesen Bombenangriffen starben wohl mehr als 500 000 Menschen.

2 Nenne Folgen, die die genannten technischen Entwicklungen im Zweiten Weltkrieg hatten.

Angriff auf Coventry

Am 14. November 1940 um 19.20 Uhr begann der schwerste Angriff der deutschen Luftwaffe auf Coventry. Mehr als 500 Flugzeuge gehörten zum deutschen Verband. Elf Stunden lang, die ganze Nacht hindurch, wurden Spreng- und Brandbomben auf die mittelenglische Stadt abgeworfen. Die Angriffe trafen sowohl Industrieanlagen als auch Wohngebiete. Mindestens 568 Menschen kamen bei diesem Bombenangriff ums Leben, 1000 wurden verletzt. 60 000 Gebäude wurden getroffen und mehr als 4 000 Häuser dabei völlig zerstört.

Eine Augenzeugin aus Coventry erinnert sich:

Die Bomben fielen, wir waren vor Angst wie erstarrt. Du konntest die Flammen und den Rauch riechen. Dann gab es einen großen Knall und eine Landmine landete auf der Straße. Am nächsten Morgen wollten wir uns anschauen, was alles passiert war. Der Gestank überall war einfach nicht zu ertragen.

[3] *zit. n Meurer, Friedbert: Luftangriff auf Coventry 1940, Deutschlandfunk, 16.11.2015, https://www.deutschlandfunk.de/luftangriff-auf-coventry-1940-schutzlos-deutschen-bomben-100.html, Zugriff: 14.5.2024*

[4] *Bomber der USA werfen Bomben über einer deutschen Stadt ab.* Foto, 17.8.1943.

Bombenangriff auf Braunschweig vom 14. auf den 15. Oktober 1944. Ein Augenzeuge erinnert sich:

Es war zunächst wie immer: Der Drahtfunk meldete Kampfverbände im Anflug. ... Dann Sirenenalarm, hastende Schritte in völlig abgedunkelten Straßen. Befehlstöne „... Licht aus!" ... Die Treppen hinunter in den Bunker. Wir gingen immer in diesen Bunker. ... Es wurde warm und stickig in den überfüllten Räumen. Die Gespräche verstummten, man konnte kaum noch atmen. Neben unserer Pritsche fiel eine Frau in Ohnmacht. ...

Die ersten Schritte aus dem eisernen Bunkertor waren wie der Gang in die Hölle. Eine Glutwelle fegte uns ins Gesicht, als habe man in einen brennenden Ofen geschaut. Rundherum Feuer, beißender Qualm und ein Sturmgetöse, das alle Worte erstickte. Kaum atmen konnte man. ... Die Kaufhäuser ... brannten. ... Ein Blick in die Stephanstraße: Eine Frau und ihre zwei Kinder blieben im flüssigen Asphalt stecken. Sie schrien, ließen die Schuhe zurück. Taumelten weiter, blieben wieder stecken, fielen um. Niemand half. Jeder hatte mit sich selbst zu tun. ...

Es wurde nicht hell an diesem Tag. Ein gewaltiger Rauchpilz verdunkelte die Sonne. Auf den Straßen lagen nebeneinander aufgereiht verkohlte Leichen.

[5] *Schimpf, Eckhard: Nachts, als die Weihnachtsbäume kamen. Delius Klasing Verlag, Bielefeld, 2015, S. 75ff.*

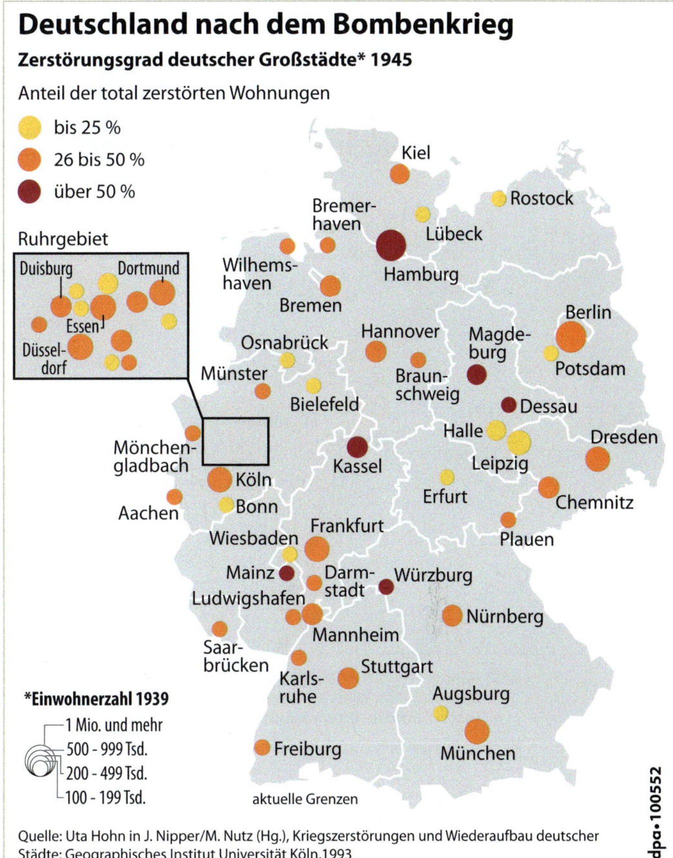

[6] *Zerstörungsgrad deutscher Großstädte 1945.* Karte, 2020.

[7] *Tote nach einem Luftangriff in Hamburg.* Foto, 31.7.1943.

3 Beschreibe, was Bombenkrieg für die Zivilbevölkerung bedeutete.

Orientierung

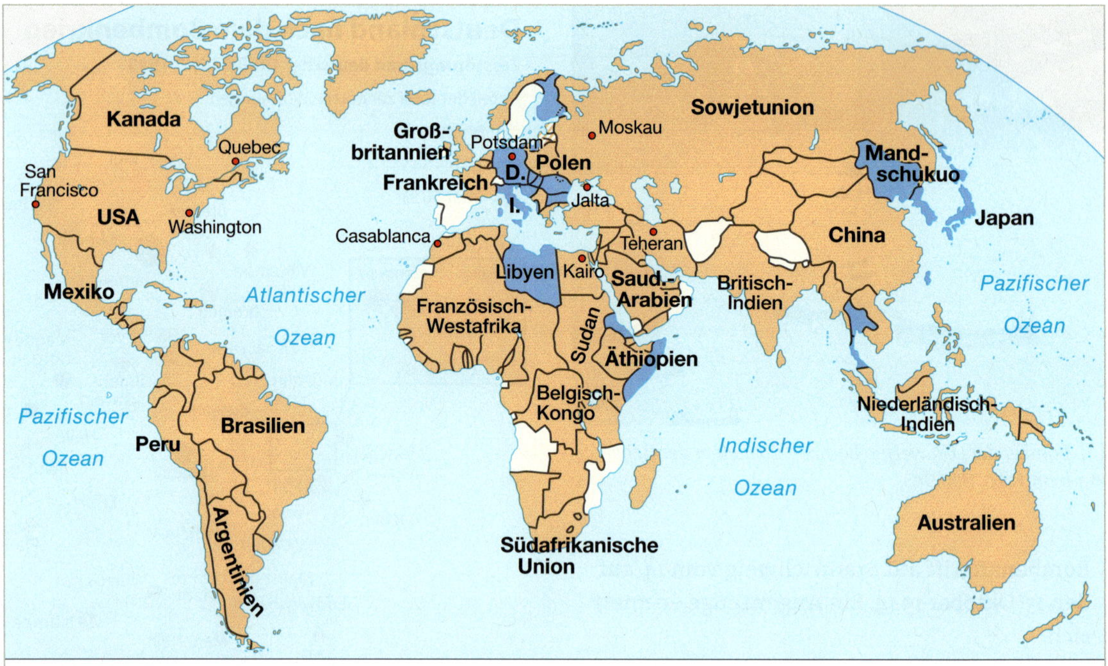

Achsenmächte und Verbündete seit 7.12.1941 (zum Teil unter militärischem Druck): Deutsches Reich, Italien, ital. Einflussbereich/Kolonien (Albanien, Libyen, Eritrea, ital. Somaliland), Japan, jap. Einflussbereich (Mandschukuo, Thailand), Finnland, Slowakei, Ungarn, Kroatien, Bulgarien, Rumänien

Alliierte und Verbündete seit 7.12.1941 • Konferenzorte der Alliierten neutrale Staaten Abkürzungen: D. = Deutsches Reich, I. = Italien

[1] *Bündnisse während des Zweiten Weltkriegs 1939–1945.* Karte.

1 Betrachte die Karte. Begründe, warum man von einem „Weltkrieg" spricht.

Zweiter Weltkrieg

Am 1. September 1939 überfiel Deutschland sein Nachbarland Polen. Damit begann der Zweite Weltkrieg in Europa.
Mit dem Angriff der Japaner auf den US-amerikanischen Stützpunkt Pearl Harbour am 7. Dezember 1941 weitete sich der Zweite Weltkrieg auch auf die Pazifikregion aus.
Schätzungen zufolge wurden im Zweiten Weltkrieg über 50 Millionen Menschen getötet (Erster Weltkrieg: 17 Millionen Tote). Noch nie in der Geschichte der Menschheit starben so viele Soldaten und Zivilisten in einem Krieg.
Neben den kriegerischen Handlungen setzten die Nationalsozialisten ihre Pläne zur Vernichtung von „unerwünschten" Bevölkerungsgruppen um. Allein 6 Millionen Juden und 250 000 Sinti und Roma wurden ermordet. Unvorstellbare Verbrechen wurden staatlich organisiert und durchgeführt.
In Europa, Afrika und Asien wurden ganze Städte und Landschaften bei Luftangriffen zerstört. Flugzeuge warfen dabei Millionen Tonnen von Bomben ab. Im August 1945 zerstörten zwei amerikanische Atombomben die japanischen Städte Hiroshima und Nagasaki.
Millionen Zivilisten auf der ganzen Welt verloren durch den Zweiten Weltkrieg ihr Zuhause und mussten aus ihrer Heimat fliehen.

2 Vermute, warum das Thema Zweiter Weltkrieg auch heute noch viele Menschen interessiert und berührt.

▶ **1. September 1939**
Deutschland überfällt Polen, Beginn des Zweiten Weltkriegs

▶ **1940**
Deutschland überfällt und besetzt Dänemark, Belgien, Niederlande, Luxemburg, Norwegen und große Teile Frankreichs

▶ **1941**
Deutschland überfällt die Sowjetunion
Errichtung von Vernichtungslagern
Japan greift die USA an
Deutschland erklärt den USA den Krieg

▶ **1942**
„Wannsee-Konferenz": Vertreter der deutschen Regierung und der SS organisieren die Ermordung aller Juden in Europa

▶ **1943**
Deutsche Niederlage in Stalingrad, Sowjetunion
Bombardierung deutscher Städte

▶ **1944**
Landung amerikanischer und britischer Soldaten in der Normandie, Frankreich

▶ **8. Mai 1945**
Kapitulation Deutschlands
Ende des Zweiten Weltkriegs in Europa

▶ **6. und 9. August 1945**
USA werfen über den japanischen Städten Hiroshima und Nagasaki Atombomben ab

▶ **2. September 1945**
Kapitulation Japans
Ende des Zweiten Weltkriegs in Asien

Der Zweite Weltkrieg

Der Weg in den Krieg

Wie kam es zum Zweiten Weltkrieg?

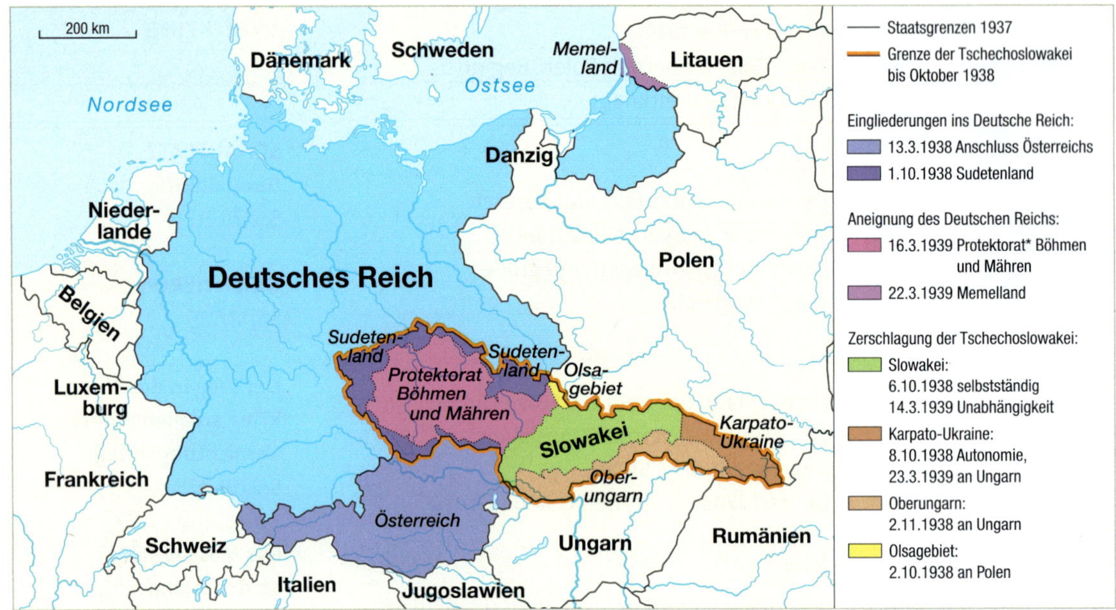

[1] *Erweiterung des deutschen Machtbereichs bis 1939.* Karte.

1 Werte die Karte [1] aus: Welche Gebiete wurden bis 1939 an das Deutsche Reich „angeschlossen"?

Krieg als Mittel der Herrschaft

Schon 1926 forderte Hitler in seinem Buch „Mein Kampf" Land im Osten für das deutsche Volk. Kurz nach seiner Machtergreifung im Jahre 1933 machte er vor hohen Vertretern der Reichswehr folgende Aussage: „... das Ziel der Ausweitung des Lebensraumes des deutschen Volkes wird auch mit bewaffneter Hand erreicht werden." Krieg war somit im Denken Hitlers ein fester Bestandteil.
Öffentlich gab sich das Naziregime jedoch zunächst friedfertig. Ein Grund hierfür war die Tatsache, dass Deutschland 1933 militärisch noch sehr schwach war. So erklärte Hitler 1933 im Reichstag, dass er die Rechte anderer Völker respektieren und in Frieden und Freundschaft mit ihnen leben wolle. Die militärische Aufrüstung war aber zu diesem Zeitpunkt bereits beschlossen.

2 Erkläre, warum Hitler gegensätzliche Aussagen zum Thema „Krieg und Frieden" machte.

Schritt für Schritt dem Krieg entgegen

Während Hitler auf der einen Seite beteuerte, den Frieden zu wollen, versuchte er gleichzeitig, dem Krieg immer näher zu kommen. Dazu unternahm er folgende Schritte:

- 1933: Deutschland verlässt den Völkerbund.
- 1934: Beginn der Wiederaufrüstung: Das Heer wird auf 250 000 Soldaten vergrößert, es werden Flugzeuge und Panzer gebaut.
- 1935: Wiedereinführung der Wehrpflicht
- 1936: Einmarsch deutscher Truppen in das entmilitarisierte Rheinland
- 1938: Einmarsch deutscher Truppen in Österreich; Eingliederung Österreichs in das Deutsche Reich
- 1938: Anschluss des Sudetenlands an das Deutsche Reich
- 1939: Besetzung weiterer Gebiete der Tschechoslowakei und Angliederung von Böhmen und Mähren

3 Arbeite heraus, welche Schritte Hitlers seinen Friedensversprechungen widersprachen.

Sprachspeicher
etwas (eine Botschaft) verkünden • *die* Rechte anderer Völker respektieren
etwas beteuern (= betonen) • etwas unternehmen • dem Krieg immer näher kommen

[2] *Karikatur aus der amerikanischen Zeitschrift „The Nation“,* 1933.

[3] *Bürger von Prag protestieren während des Einmarschs deutscher Truppen.* Foto, 1939.

4 Beschreibe und deute die Karikatur [2].
Starthilfe: *Hitler redet vom Frieden, was man daran erkennen kann, dass ...*

5 Beschreibe das Bild [3].

6 Beurteile die Friedenspolitik der europäischen Großmächte: *Richtig, weil ... Falsch, weil ...*

Friedenspolitik der westlichen Großmächte

Großbritannien und Frankreich wollten Krieg unbedingt vermeiden. Sie versuchten durch Zugeständnisse und Zurückhaltung, politische Kräfte in Deutschland zu stärken, die sich für Frieden einsetzen sollten. Man nannte dies Beschwichtigungspolitik. Deshalb protestierten sie nur schwach, als deutsche Truppen das Rheinland und Österreich besetzten. 1938 trafen sich die Regierungschefs von Großbritannien, Frankreich und Italien in München mit Hitler. Im Münchener Abkommen entschieden sie, das Sudetenland an Deutschland zu übergeben. In diesem Gebiet, das zur Tschechoslowakei gehörte, lebten auch drei Millionen Deutsche. Deutschland versprach im Abkommen, auf weitere Gebietsansprüche zu verzichten. Schon im März 1939 besetzten deutsche Truppen weitere Teile der Tschechoslowakei. Frankreich und Großbritannien verurteilten den Einmarsch, unternahmen aber sonst nichts.

„Hitler-Stalin Pakt“

Am 23. August schlossen Hitler und der sowjetische Diktator Stalin einen „Nichtangriffspakt“. In einem geheimen Zusatzprotokoll vereinbarten sie für den Fall des Kriegs eine Aufteilung Polens in einen deutschen und einen sowjetischen Teil. Mit diesem als „Hitler-Stalin-Pakt“ bezeichneten Vertrag sah sich Hitler in seinen kriegerischen Plänen bestätigt.

Wähle einen der Arbeitsaufträge aus:

- Lies den Abschnitt „Schritt für Schritt dem Krieg entgegen“ und trage die Ereignisse auf einem Zeitstrahl ein.
- Verfasse einen Tagebucheintrag als Person, deren Land von Deutschland besetzt wurde.
- Sammele Vermutungen, warum weite Teile der deutschen Bevölkerung nicht gegen einen Angriff auf Polen demonstrierten.

Sprachspeicher
Krieg vermeiden • abrüsten • ein Abkommen schließen • Gebietsansprüche > ein Gebiet haben wollen

eine Grenze überschreiten • den Krieg erklären

Krieg an allen Fronten

Wie breitete sich der Krieg über Europa aus?

[1] *Deutscher Vormarsch in Jugoslawien.* Foto, April 1941.

1 Beschreibe Bild [1] und vermute, welche Folgen der Vormarsch für die Bevölkerung des Ortes hatte.

Deutsche Angriffskriege bis 1942

Am 1. September 1939 griffen deutsche Soldaten Polen an. Zwei Tage später erklärten Frankreich und Großbritannien Deutschland den Krieg, griffen aber militärisch nicht ein. Die deutsche Wehrmacht versuchte, große Gebiete möglichst schnell einzunehmen. Man wollte einen Stellungskrieg wie im Ersten Weltkrieg unbedingt vermeiden. Flugzeuge, Panzer und motorisierte Truppen sollten ein schnelles Vorrücken ermöglichen. Diese Taktik wurde „Blitzkrieg" genannt. Mit „Blitzkriegen" wurden 1940 Dänemark, Norwegen, die Niederlande, Belgien und Luxemburg besetzt. Im Mai 1940 marschierte die deutsche Wehrmacht in Frankreich ein. Innerhalb weniger Wochen kapitulierte Frankreich. Nach diesem Sieg sollte auch Großbritannien erobert werden. Begünstigt durch die Insellage wehrte sich das Land aber erfolgreich. Mit seinem Verbündeten Italien besetzte die Wehrmacht den Balkan, Griechenland und Nordafrika. Im Sommer 1941 brach Hitler den Pakt mit Stalin und griff die Sowjetunion an.

2 Zähle auf, welche Länder durch Deutschland besetzt wurden. Nutze die Karte [2].

Verbündete Deutschlands: die Achsenmächte

Bereits 1936 hatten Deutschland und Italien einen Freundschaftspakt geschlossen. Kurz nach dem Sieg über Frankreich trat Italien als Verbündeter Deutschlands in den Krieg ein. Japan schloss sich im „Dreimächtepakt" an. Weitere Länder in Europa (siehe Karte 2) folgten. „Achsenmächte" waren Deutschland und seine Verbündeten.

3 Nenne Länder, die auf der Seite der Achsenmächte kämpften. Nutze die Karte [2].

Sprachspeicher

der Widerstand bricht zusammen ▪ Gebiete erobern ▪ ein Land (den Gegner) besiegen ▪ an etwas scheitern ▪ den Kampf einstellen ▪ mit einem Vorstoß beginnen ▪ „Blitzkrieg" > ein schneller Krieg, schnell, wie ein Blitz

Gegner Deutschlands: die Alliierten

Nach dem Angriff auf Polen erklärten neben Großbritannien und Frankreich auch Länder wie Australien, Kanada, Indien, Südafrika und Neuseeland Deutschland den Krieg. Hinzu kamen die 1940/41 besetzen Gebiete Norwegen, Dänemark, die Beneluxstaaten, Jugoslawien und Griechenland.

Der Angriff auf die Sowjetunion im Sommer 1941 machte auch dieses Land zum Kriegsgegner. Ende 1941 traten die bisher neutralen USA in den Krieg gegen das Deutsche Reich ein. Die Gegner der „Achsenmächte" wurden als „Alliierte" (Verbündete) bezeichnet. Einige Länder Europas blieben im Verlauf des Kriegs neutral. Dazu zählten die Schweiz, Spanien, Portugal, Irland, Schweden und bis Februar 1945 die Türkei.

4 Vermute, warum sich die Gegner der Achsenmächte als „Alliierte" bezeichneten.

Wähle einen der Arbeitsaufträge aus:

- Erkläre die Strategie des sogenannten Blitzkriegs.
- Lege einen Zeitstrahl des Zweiten Weltkriegs von 1939 bis 1941 an.

[2] *Ausdehnung des Deutschen Reichs im Zweiten Weltkrieg (bis 1942)*, Karte.

[3] *Russisches Dorf nach dem Durchmarsch der Deutschen Armee.* Foto, 1941.

[4] *Einwohner der Stadt Kertsch auf der Krim, damals Sowjetunion, suchen auf dem Schlachtfeld nach getöteten Angehörigen.* Foto, 1942.

Sprachspeicher

die Verbündeten Deutschlands waren ... • Das Deutsche Reich hat folgende Gebiete erobert:

zu dem Foto [3]: *Das Foto zeigt ... ; Es wird aus dem Bild deutlich, dass ...* •
ein Dorf verwüsten > es wurde zerstört

Üben  

Vernichtungskrieg

Wie verhielten sich die Deutschen in den besetzten Gebieten?

1 Beschreibe die Fotos [1] bis [3].

[1] *Deutsche Offiziere zwingen russische Frauen zur Arbeit.* Foto, Sowjetunion 1941.

[2] *Ermordung von Zivilisten durch die Wehrmacht in Jugoslawien.* Foto, 1941.

[3] *Russische Kriegsgefangene in einem Lager,* Foto 1941.

Der Krieg im Osten

Die Nationalsozialisten wollten durch den Krieg in Osteuropa „Lebensraum" für die „arische Rasse" erobern. Die einheimische Bevölkerung sah man als weniger wertvoll an und ging rücksichtslos gegen sie vor. Viele Osteuropäer wurden von den Besatzern unterdrückt, misshandelt und ermordet.
Die meisten Menschen, die den Mordaktionen der Deutschen zum Opfer fielen, waren Juden. Millionen von Juden wurden in Ghettos oder Konzentrationslager deportiert*. Sondereinsatzgruppen der SS* oder der Polizei, aber auch Soldaten der deutschen Wehrmacht hinterließen eine Spur der Verwüstung und löschten ganze Dorfgemeinschaften aus. Oft kam es zur massenhaften Erschießung von Zivilisten, wenn diese verdächtigt wurden, den Feind zu unterstützen.

2 Erläutere den Begriff „Vernichtungskrieg".

Zwangsarbeit

Während des Kriegs wurden sehr viele deutsche Männer zum Kriegsdienst eingezogen. Sie fehlten in Deutschland als Arbeitskräfte. Um den Krieg fortführen zu können, mussten über 12 Millionen Menschen aus anderen Ländern Zwangsarbeit leisten. Neben Kriegsgefangenen und KZ-Häftlingen waren dies Millionen Zivilisten aus den eroberten Gebieten – darunter auch Frauen, Jugendliche und Kinder. Viele von ihnen waren in speziellen „Zwangsarbeiterlagern" untergebracht. Es sollte möglichst wenig Kontakt zur deutschen Bevölkerung geben. Die Arbeitsbedingungen waren meist sehr schlecht. Verletzungen, Krankheiten und Tod wurden in Kauf genommen. Menschen aus den Ostgebieten und Juden wurden dabei noch schlechter behandelt als z.B. Kriegsgefangene aus Frankreich. Deutsche Firmen machten Gewinne durch die Arbeit der Zwangsarbeitenden.

3 Vermute, warum die deutsche Bevölkerung keinen Kontakt zu Zwangsarbeitenden haben sollte.

Sprachspeicher
die Vernichtung ganzer Völker als Ziel des Kriegs • massenhafte Erschießung • Vergeltungsmaßnahmen
eine Spur *der* Verwüstung hinterlassen • einer Mordaktion zum Opfer fallen

[4] *Deutsche Soldaten misshandeln einen jüdischen Bewohner in einem polnischen Ghetto**. Foto, 1942.

Der deutsche Soldat Richard H. berichtet über ein Massaker in Weißrussland (1941):

„Es gab ungefähr 1000 Juden im Dorf Krupka und diese mussten alle heute erschossen werden ... Um genau 7.00 Uhr mussten sich alle Juden, Männer, Frauen und Kinder auf dem Besichtigungsplatz melden. Nachdem die Leute verlesen worden waren, marschierte die Kolonne zu dem nächsten Sumpf. ... Als wir am Sumpf ankamen, erhielten alle den Befehl, sich hinzusetzen ... 50 Meter weiter war ein tiefer Graben voll Wasser. Die ersten zehn mussten sich neben jenen Graben stellen und sich bis zur Hüfte ausziehen. Dann mussten sie in den Graben hinunter und wir, (...), standen am Rande über ihnen. ... Zehn Schüsse fielen, zehn Juden waren abgeknallt. Dieses ging weiter, bis alle erledigt waren. Nur wenige von ihnen behielten ihre Fassung. Die Kinder klammerten sich an ihre Mütter, Frauen an ihre Männer. Ich werde dieses Bild so leicht nicht vergessen ...“

[5] *zit. n.: Vernichtungskrieg. Verbrechen der Wehr macht 1941 bis 1944, Ausstellungskatalog, Hamburg 1996.*

4 Beschreibe und beurteile das Verhalten der deutschen Soldaten auf der Grundlage von Bild [4] und Text [5].

* *die* **SS:** Abkürzung für Schutzstaffel der Partei NSDAP; der SS gehörten Kampfverbände und Wachmannschaften der Konzentrationslager an. SS-Männer verübten viele Kriegsverbrechen.

das **Ghetto:** abgetrenntes Stadtviertel, in dem die Juden leben mussten

die **Deportation:** Verschleppung von Menschen in andere Gebiete oder Länder

Wähle einen der Arbeitsaufträge aus:

- Welche Gedanken könnte der Junge auf Bild [3] haben?
- Notiere Gedanken, die der Junge auf Bild [3] gehabt haben könnte.
- Recherchiere, wie Zwangsarbeitende nach dem Krieg entschädigt wurden. **Starthilfe:** *„Stiftung Erinnerung, Verantwortung und Zukunft“*

Sprachspeicher

Menschen in ein Ghetto oder Lager deportieren • Menschen verschleppen und misshandeln

jemanden zum Kriegsdienst einziehen • jemanden zur Zwangsarbeit einsetzen

Der Massenmord an den Juden

Wie wurden 6 Millionen Menschen getötet?

[1] *Konzentrationslager Auschwitz. Gefangene Juden aus Ungarn sind angekommen und warten auf der Bahnrampe; davor stehen zwei SS-Aufseher. Allein in Auschwitz wurden 1,1 Millionen Frauen, Männer und Kinder industriell ermordet.* Foto, 1944.

[2] *Kleines Bild: „Selektion": Ein SS-Mann prüft, ob angekommene Juden arbeiten können.* Foto, 1944.

1 Beschreibe die Bilder oben und vermute, was in den jüdischen Menschen vorging.

2 Berichte, was du über den Holocaust bereits gehört hast.

Der Holocaust

1941/42 hatte das Deutsche Reich große Teile Europas erobert. Seit 1939 wurden Juden im besetzten polnischen Gebiet bereits in Ghettos gezwungen. Nach der Invasion der Sowjetunion im Sommer 1941 begingen SS-Einsatzgruppen erste Massenmorde an der dort lebenden jüdischen Bevölkerung. Im Juli 1941 gab Reichsminister Göring die Anweisung „alle erforderlichen Vorbereitungen ... für eine Gesamtlösung der Judenfrage im deutschen Einflussgebiet in Europa" zu treffen. Auf der Wannsee-Konferenz im Januar 1942 wurde die sogenannte Endlösung, die Vernichtung der Juden, detailliert geplant. Daraufhin wurden Vernichtungslager in Polen und Weißrussland errichtet, zum Beispiel Auschwitz-Birkenau, Treblinka und Majdanek.

Der Weg in den Tod

Aus Deutschland und 22 weiteren Ländern Europas wurden die Juden mit Güterwagons der Eisenbahn in die Lager transportiert. Wenn die Züge ankamen, wurden die halb verhungerten und verängstigten Menschen nach arbeitsfähigen und nicht arbeitsfähigen Personen aufgeteilt. Das nannte man Selektion (Auswahl). Kranke, ältere, nicht mehr arbeitsfähige Erwachsene und die Kinder wurden direkt in die Gaskammern geschickt. Die Arbeitsfähigen mussten härteste Arbeiten verrichten. Die wenigsten von ihnen überlebten.

3 Erläutere die Begriffe „Holocaust", „Endlösung", „Selektion" mit eigenen Worten.

Sprachspeicher

ein Lager errichten • dem Holocaust zum Opfer fallen • Menschen selektieren • Menschen töten

harte / härteste Arbeit verrichten • den Holocaust überleben

Der Kommandant von Auschwitz sagte nach dem Krieg vor Gericht aus:
Die zur Vernichtung bestimmten Juden wurden zu den Krematorien geführt. Im Auskleideraum wurde ihnen gesagt, dass sie hier nun zum Baden und zur Entlausung kämen. Nach der Entkleidung gingen die Juden in die Gaskammer ... Die Tür wurde nun schnell zugeschraubt und das Gas sofort durch die Decke in einem Luftschacht bis zum Boden geleitet. Durch das Beobachtungsloch in der Tür konnte man sehen, ... dass ungefähr ein Drittel sofort tot war ... Nach wenigstens 20 Minuten regte sich keiner mehr.

[3] *zit. n.: Der Prozess gegen die Hauptkriegsverbrecher vor dem internationalen Militärgerichtshof, Bd. 33, S. 275ff.*

[4] *Ankunft von Juden in Auschwitz.* Foto, 1944.

In den Vernichtungslagern waren Sonderkommandos im Einsatz. Sie bestanden aus jüdischen Häftlingen, die von der SS gezwungen wurden, die Ermordung der anderen Juden vorzubereiten und ihre Leichen zu verbrennen.
Am 27. Januar 1945 wurde das Konzentrationslager Auschwitz von der sowjetischen Armee befreit. Dieses Datum wurde später in Deutschland zum Holocaust*-Gedenktag.

[5] *Warten auf den Tod. Man sagte den Juden, dass sie in einen Duschraum gehen würden.* Foto, 1944.

* *der* **Holocaust:** Das Wort ist abgeleitet von griechisch: holokauston = vollständig verbrannt und bezeichnet den Massenmord an den Juden. Insgesamt fielen etwa 6 Millionen Juden dem Holocaust zum Opfer.

4 Liste Personengruppen auf, deren Hilfe nötig war, um den Holocaust durchzuführen (denkt auch an Verhaftung, Transport usw.).

Wähle einen der Arbeitsaufträge aus:

- Suche ein Foto von dieser Doppelseite, das dich berührt. Schreibe Gedanken dazu auf.
- Finde Gründe, warum nach dem Krieg zunächst wenig über den Holocaust gesprochen wurde, obwohl viele beteiligt waren.

[6] *Eine jüdische Frau mit Kindern auf dem Weg zur Gaskammer, vielleicht mit ihren Enkeln.* Foto, 1944.

Sprachspeicher
Sonderkommandos einsetzen • ein Konzentrationslager befreien
Adjektive: unmenschlich, brutal, gnadenlos, unfassbar • dem Holocaust gedenken • einen Gedenktag einrichten

Nicht alle waren einverstanden

Wer leistete Widerstand gegen die Naziherrschaft?

Gegner der Nationalsozialisten

Nicht alle Menschen waren mit der NS-Herrschaft einverstanden. Aber nur wenige leisteten Widerstand. Es konnten Kommunisten, Sozialdemokraten, Priester, Jugendgruppen, Studenten oder Offiziere sein. Sie alle lehnten die Unterdrückung der Freiheit, die Verfolgungen von Minderheiten oder die brutalen Terrormaßnahmen der Diktatur ab und wollten die Naziherrschaft beenden.

Was ist Widerstand?

Der Schreiner Georg Elser versuchte 1939, Hitler durch ein Bombenattentat in München zu töten. Der Anschlag misslang. Georg Elser wurde verhaftet und war zuletzt im KZ-Dachau inhaftiert. Am 9. April 1945 wurde er dort erschossen. Die Beseitigung des Diktators war das äußerste Mittel des Widerstands und wurde nur von wenigen versucht. Andere „widerständige Aktionen" konnten sein: Verfassen und Verteilen von Flugblättern oder Zeitungen, öffentlicher Protest, Unterstützen und Verstecken von Verfolgten, Verweigerung des Wehrdienstes. In der NS-Zeit galt schon die Verweigerung des Hitlergrußes als „Widerstand". Wer einen Witz über Hitler erzählte, konnte durchaus im KZ oder im Gefängnis landen.

Warum gab es so wenige Widerstandskämpfer?

Nur ein Bruchteil der Deutschen leistete aktiven Widerstand. Viele Menschen waren politisch gleichgültig und nahmen die Gefahren, die von den Nationalsozialisten ausgingen, am Anfang nicht ernst. Ein großer Teil der Deutschen war zudem mit der Politik im Großen und Ganzen einverstanden, vor allem nach den ersten Erfolgen zu Beginn des Kriegs. Die meisten Menschen aber hatten Angst vor Verfolgung. Ihnen fehlte der Mut, etwas zu unternehmen.

1 Erläutere die Gründe dafür, dass nur so wenige Menschen sich aktiv am Widerstand beteiligten.

[1] *Georg Elser.* Foto.

[2] *Dietrich Bonhoeffer.* Foto.

[3] *Bischof von Galen.* Foto.

Widerstand aus den Reihen der evangelischen und katholischen Kirche

Einer der bedeutendsten NS-Gegner in der evangelischen Kirche war der Pfarrer Dietrich Bonhoeffer (1906–1945). Er gehörte zu den wenigen, die öffentlich gegen die Judenverfolgung Stellung bezogen. In einem Radiovortrag kritisierte er die Amtsführung Hitlers. Am 9. April 1945 wurde Bonhoeffer hingerichtet.

Zu den mutigsten Gegnern der NS-Machthaber gehörte der katholische Bischof von Münster Clemens August Graf von Galen (1878–1946). Bischof von Galen war in der Bevölkerung sehr beliebt und geachtet. Die Nazis wagten deshalb nicht, ihn zu verhaften.

In einer Predigt am 13. Juli 1941 sagte von Galen:
Keiner von uns ist sicher ... dass er nicht eines Tages aus seiner Wohnung geholt, seiner Freiheit beraubt, in den Kellern und Konzentrationslagern der Geheimen Staatspolizei eingesperrt wird ... darum rufe ich laut ...: Wir fordern Gerechtigkeit! Bleibt dieser Ruf ungehört und unerhört ... so wird unser deutsches Volk und Vaterland ... an innerer Fäulnis und Verrottung zugrunde gehen!

[4] *zit. n.: Predigt des Bischofs von Münster am 13.7.1941, www.galen-archiv.de, Zugriff: 23.8.2024.*

2 Erläutere, mit welchen Mitteln Bonhoeffer und Bischof Galen Widerstand leisteten (Autorentext und Material [4]). Bewerte ihre Taten.

Sprachspeicher

Widerstand leisten ▪ „widerständige" Aktionen planen ▪ öffentlich gegen etwas Stellung beziehen ▪ gegen etwas auftreten ▪ jemanden hinrichten

[5] *NS-Prominente besichtigen den Besprechungsraum im Führerbunker nach dem Attentat vom 20. Juli 1944.* Foto.

[6] *Claus Schenk Graf von Stauffenberg.* Foto, 1940.

Der 20. Juli 1944

Am 20. Juli 1944 zündete der Offizier Claus Schenk Graf von Stauffenberg im Hauptquartier Hitlers eine Zeitbombe. Ziele der Verschwörung waren die politische Neuordnung und die Beendigung des Kriegs. Eine bedingungslose Kapitulation des Deutschen Reichs war aber nicht vorgesehen. Doch die Bombe verfehlte ihr Ziel: Hitler überlebte das Attentat. Stauffenberg und seine engsten Vertrauten wurden verhaftet und hingerichtet.

Stauffenberg kämpfte seit Kriegsbeginn an verschiedenen Schauplätzen und zeigte sich nach dem Sieg über Frankreich noch wenig kritisch. In einem Feldpostbrief vom 19. Mai 1940 schrieb er: „Seither erleben wir ... den Anfang des Zusammenbruchs einer großen Nation (Frankreich) ... Uns geht es köstlich. Wie sollte es auch anders sein bei solchen Erfolgen." Seine Einstellung gegenüber Hitler schien sich aber über die Jahre zu ändern.

Stauffenberg erklärte vor dem Attentat:

Hitler hat ... das Recht zerstört ... das Glück von Millionen vernichtet. Er hat Ehre und Würde, Freiheit und Leben anderer für nichts erachtet ... So durfte es nicht weitergehen! Wir wollen unsere Ehre und unser Ansehen in der Gemeinschaft der Völker wiederherstellen ...

[7] *zit. n.: J. Hohlfeld, Dokumente der deutschen Politik und Geschichte von 1848 bis zur Gegenwart, Bd. IV/V, Berlin 1951.*

3 Vermute, warum Stauffenberg seine Einstellung gegenüber Hitler änderte.

Wähle einen der Arbeitsaufträge aus:

- Liste sogenannte „widerständige Aktionen" auf. Überlege, warum die Nazis sie für gefährlich hielten.
- Notiere Straßennamen in deinem Schul- oder Wohnort, die nach Widerstandskämpfern benannt sind.
- Entwirf eine Wandzeitung über eine Person aus dem Widerstand.

Sprachspeicher

ein Attentat planen/vorbereiten ▪ enge Vertraute in ein Geheimnis einweihen > sagen, was man vorhat

hingerichtet werden > getötet werden ▪ Ehre und Ansehen wiederherstellen

Üben 

Wahlseite Raymond Vinclair leistet Widerstand

1 Lies den Text und nutze dazu den Lese-Profi auf Seite 307. Arbeite gemeinsam mit deinem Lernpartner oder deiner Lernpartnerin.

2 Entwerft ein Plakat zu folgenden Stichworten: Lebensdaten, Zwangsarbeit, Fluchthelfer, Verurteilung, Andenken heute.

[1] *Raymond Vinclair.* Foto.

Raymond Vinclair

Am **21. Mai 1918** wurde Raymond Vinclair in Betton in der **Bretagne in Frankreich geboren**. Seine beiden Eltern arbeiteten bei der **französischen Eisenbahn**. Er begann eine Ausbildung als Zimmermann, brach diese allerdings im August 1935 ab und ging mit 17 Jahren zur Marine. Ab 1940 arbeitete er bei der Eisenbahn.

Zwangsarbeit in Osnabrück

1940 hatte die deutsche Armee Frankreich angegriffen und erobert. Im **Dezember 1942** wurde Raymond zur **Zwangsarbeit** nach **Osnabrück verschleppt**. Zu dieser Zeit gab es Millionen Zwangsarbeitende in ganz Deutschland, die unfreiwillig und unter schlimmsten Bedingungen arbeiten mussten. Raymond war zu dieser Zeit 24 Jahre alt. Er wurde in einem Lager für ausländische Zwangsarbeiter untergebracht. Er musste bei der deutschen Reichsbahn auf dem **Osnabrücker Güterbahnhof** eine **gefährliche Arbeit durchführen**. Kurz bevor ein Zug anhielt, musste er einen Unterlegkeil aus Metall zum Abbremsen und Anhalten vor den fahrenden Wagen legen.

Über 150 Zwangsarbeitende flohen

Viele Zwangsarbeitende versuchten zu fliehen. In den Lagern um den Güterbahnhof fiel auf, dass **viele Zwangsarbeitende aus Frankreich, Belgien und den Niederlanden fehlten**. Raymond und andere hatten ihnen zur Flucht verholfen. Sie hatten die Menschen in **Eisenbahnwaggons** gebracht und diese von außen verschlossen. In den Waggons konnten sie dann unbemerkt **in ihre Heimat** gebracht worden.

„Als Verbrechen habe ich es nicht aufgefasst"

Raymond und seine Helfer wurden jedoch verraten. Am 2. Dezember 1943 wurde er sechs Stunden lang verhört. In einem anderen Verhör sagte ein Freund und Helfer über ihn: **„Wenn er Kriegsgefangenen zur Flucht verholfen hat, so tat er das aus Mitgefühl und Kameradschaft und als guter Franzose."**
In den Verhören beteuerte Raymond immer wieder, dass er seine Fluchthilfe **nicht als Verbrechen** ansah. Er wurde im Mai 1944 nach Berlin in die Justizvollzugsanstalt Plötzensee verlegt und dort im **Juli 1944** mit 26 Jahren **hingerichtet**.
Heute ist in der **Gedenkstätte Gestapokeller** im Osnabrücker Schloss ein Film von seinem Großneffen Jean-Marie Vinclair zu sehen. Er ist Autor, Filmregisseur und hat drei Filme über seinen Großonkel gedreht: zwei Kurzfilme für die Osnabrücker Gedenkstätten Gestapokeller und Augustaschacht im Jahr 2020 und einen Spielfilm mit dem Titel „8 Sekunden" im Jahr 2024. In dem Film geht es darum, wie seine Familie das Schicksal von Raymond Vinclair entdeckt.

[2] *In seiner Heimatstadt Betton wurde der Bahnhofsvorplatz nach Raymond Vinclair benannt.* Foto.

Tipp für die Erarbeitung
- Was hast du über Raymond Vinclair erfahren? Wie hat er seinen Landsleuten geholfen? Tipp: Durch die fehlenden Arbeitskräfte wurde die deutsche Kriegswirtschaft geschwächt.

Tipp für die Präsentation
- Erkläre, warum in der Heimatstadt Betton der Bahnhofsvorplatz nach Raymond Vinclair benannt worden ist.

Wahlseite Ein mutiger Unternehmer

1 Informiere dich auf dieser Seite über das Leben und Wirken von Oskar Schindler.
2 Präsentiere deine Ergebnisse der Klasse.

[1] *Originalschreibtisch aus dem Museum in Krakau und die Schreibmaschine, auf der die Liste getippt wurde. Porträt von Oskar Schindler.* Fotos.

Oskar Schindler

Oskar Schindler (1908–1974) war der Sohn eines Fabrikanten. Nach dem Abbruch der Realschule machte er eine Ausbildung im Maschinenbau und arbeitete anschließend in der Fabrik seines Vaters. Von 1936 bis 1939 war er als Spion für den deutschen Geheimdienst tätig. Nach dem Einmarsch der deutschen Truppen in Polen kaufte Schindler ehemalige jüdische Metallfabriken. Schindler nahm während des Kriegs Kontakt zu jüdischen Organisationen auf und wurde vorübergehend festgenommen. Als die Deutschen 1943 das Wohnviertel der Juden in Krakau brutal auflösten, gelang es Schindler durch Bestechung, jüdische Arbeiter als „kriegswichtig" zu erklären und in seinem eigenen Unternehmen zu beschäftigen. 1944 schaffte es Schindler, 800 bereits in Konzentrationslager gebrachte Männer und 300 nach Auschwitz abtransportierte Frauen in seine Fabrik zurückzuholen. Insgesamt hat Oskar Schindler zusammen mit seiner Frau 1200 Juden vor dem sicheren Tod bewahrt.

Für seine Verdienste wurde er – nach seinem Tod – vom Staat Israel mit dem Ehrentitel „Gerechter unter den Völkern" ausgezeichnet.

Durch den Film „Schindlers Liste" (1993) erlangte die Geschichte der Rettung von Juden durch Oskar Schindler eine weltweite Aufmerksamkeit.

Tipp für die Erarbeitung
- einen Lebenslauf von Oskar Schindler verfassen
- einen Text für eine Erinnerungstafel formulieren

Tipp für die Präsentation
- den Film „Schindlers Liste" ansehen und (in Teilen) der Klasse vorstellen

☒ Wahlseite Die „Weiße Rose“

1 Informiere dich auf dieser Seite über die Widerstandsgruppe „Weiße Rose“.
2 Präsentiere deine Ergebnisse in geeigneter Form in der Klasse.

[1] *Alexander Schmorell, Mitbegründer der „Weißen Rose“.* Foto.

[2] *links: Die Geschwister Hans (von links) und Sophie Scholl mit Christoph Probst von der „Weißen Rose“.* Foto, 1942.

Die „Weiße Rose“

Die „Weiße Rose“ war eine Widerstandsgruppe um die Münchener Studenten Hans Scholl und Alexander Schmorell. Weitere bekannte Mitglieder waren Sophie Scholl, Willi Graf und Christoph Probst. Nicht alle Mitglieder der Gruppe waren von Beginn an Gegner des Nationalsozialismus. So glaubten Hans und Sophie Scholl zunächst an das von den Nationalsozialisten propagierte Gemeinschaftsideal. Beide traten der HJ bzw. dem BDM bei. An der Universität in München lernten sich die späteren Mitglieder der Gruppe kennen. Viele von ihnen studierten Medizin. Im Verlaufe ihres Medizinstudiums wurden die jungen Studenten als Hilfsärzte an die Ostfront abkommandiert. Die verbrecherischen Eindrücke des Kriegs führten zu dem Entschluss, Widerstand gegen das Naziregime zu leisten.

Flugblätter und Parolen

Die Gruppe verschickte zunächst Flugblätter per Post an Intellektuelle* im Raum München. Nach der Niederlage von Stalingrad intensivierte die Gruppe ihre Proteste und druckte und verteilte mehrere Tausend Flugblätter. Das letzte Flugblatt der Gruppe gelangte über Umwege nach England. Flugzeuge der Engländer warfen es tausendfach über Deutschland ab.

Neben den Flugblättern schrieb die Gruppe auch Parolen an Hauswände: „Massenmörder Hitler“, „Freiheit“ oder „Nieder mit Hitler“ sind in Polizeiakten überliefert.

Verhaftung und Todesurteile

Am 18. Februar 1943 wurden die Geschwister Scholl dabei beobachtet, wie sie Flugblätter in der Universität auslegten. Sie wurden sofort von der Gestapo* verhaftet. Weitere Mitglieder der Gruppe wurden in den nächsten Tagen verhaftetet. Am 22. Februar 1943 wurden Christoph Probst und die Geschwister Scholl zum Tode verurteilt. Das Urteil wurde am selben Tag vollstreckt. Drei weitere Mitglieder der Gruppe wurden zu einem späteren Zeitpunkt hingerichtet, andere Mitglieder zu langen Haftstrafen verurteilt.

* *der/die* **Intellektuelle**: ein Mensch mit hoher Bildung, der seinen Verstand benutzt

die **Gestapo:** Abkürzung für Geheime Staatspolizei. Sie war die politische Polizei des Naziregimes, die alle politischen Gegner und Minderheiten verfolgte.

Tipp für die Erarbeitung
- Beschreibe mit eigenen Worten, wie die Mitglieder der „Weißen Rose“ Widerstand geleistet haben.

Tipp für die Präsentation
- Gestalte ein Lernplakat über die „Weiße Rose“.

⊠ Wahlseite Ilse Heinrich wird verfolgt

1 Informiere dich auf dieser Seite über das Schicksal von Ilse Heinrich.
2 Präsentiere deine Ergebnisse in geeigneter Form in der Klasse.

[1] *Ilse Heinrich.* Foto, um 1944.

Ilse Heinrich wurde am 17. Juli 1924 in der Nähe von Wismar geboren. Ihre Familie lebte in einfachen Verhältnissen. Als Ilse sechs Jahre alt war, starb ihre Mutter an der Lungenkrankheit Tuberkulose. Ilse musste schon als Kind regelmäßig auf dem Feld mithelfen und hatte wenig Zeit, sich auf die Schule vorzubereiten. 1939 verließ sie mit einem Volksschulabschluss die Schule. Ihr Wunsch, eine Ausbildung als Krankenschwester zu beginnen, scheiterte an ihrer schlechten Schulbildung. Sie musste stattdessen wieder auf einem Bauernhof arbeiten. Mit dieser Situation war sie sehr unglücklich. Um der Arbeits- und Lebenssituation zu entkommen, floh sie mehrmals.
Doch die Polizei suchte und fand sie jedes Mal. Durch ihre wiederholten Fluchtversuche wurde sie als „arbeitsscheu“ klassifiziert und 1943 ins Arbeitshaus im Schloss Güstrow eingeliefert.

Ilse Heinrich erinnert sich:
Ins Arbeitshaus gebracht hat mich die Kriminalpolizei, die war ja auch schon so eine halbe Gestapo ... In deren Augen galt ich als arbeitsscheu, Rumtreiberin oder was. Ja, so kam ich 1943 ins Arbeitshaus nach Güstrow in das Schloss. Jeden Morgen sind wir geschlossen marschiert aufs Feld zum Bauern. Wir hatten unseren schwarzen Rock mit weißen Schürzen an ...

[2] *zit n.: https://zumfeindgemacht.de/fall/ilse-heinrich/, Zugriff 16.5.2024.*

Im August 1944 wurde Ilse in das Frauen-KZ Ravensbrück überstellt. Sie wurde in einer überfüllten Baracke untergebracht, musste schwer arbeiten und Hunger leiden.

Ilse Heinrich erzählt weiter:
Gleich hinter dem Tor war das Bad, so wurde das genannt, da wurden die Haare runtergeschoren, die Klamotten ausgezogen und dann kriegten wir unsere gestreiften Kleider an, die Nummer drauf – wir waren ab dann ja nur noch Nummern ... Die wollten uns mit der Kälte, mit der Arbeit und dem Hunger kaputt machen.

[3] *zit n.: https://zumfeindgemacht.de/fall/ilse-heinrich/*

Kurz vor Kriegsende erkrankt sie schwer und wurde ins Krankenlager eingeliefert. Da die Front näher rückte, wurde das Lager geräumt. Ilse wurde geschwächt auf der Krankenstation zurückgelassen. Ihr Leiden war jedoch noch nicht vorbei. Russische Soldaten, die im Konzentrationslager eintrafen, vergewaltigten sie.
Ilse überlebte den Krieg. Als Zeitzeugin berichtete sie offen über die erlebten Gräuel. Neben dieser Tätigkeit kämpfte sie lange für eine Entschädigung. Erst ab 1995 erhielt sie eine Zusatzrente. Ilse Heinrich starb im August 2023 in Berlin.

Tipp für die Erarbeitung
- Erstelle eine Stichwortliste zum Leben von Ilse Heinrich.

Tipp für die Präsentation
- Recherchiere nach zusätzlichen Informationen im Internet.

Totaler Krieg und Kriegsende

Was waren die Wendepunkte des Kriegs?

[1] *Gefangen genommene deutsche Soldaten in Stalingrad.* Foto, Januar 1943.

1 Beschreibe Bild [1]. Welche Stimmungen verrät der Gesichtsausdruck der Soldaten?

Der Kriegseintritt der USA

Mit dem Überfall Japans auf den amerikanischen Stützpunkt Pearl Harbor begann am 7. Dezember 1941 der Krieg zwischen Japan und den USA. Deutschland war mit Japan verbündet und erklärte deshalb den USA den Krieg. Aus dem europäischen Krieg war nun ein Weltkrieg geworden.
Jetzt bildeten die USA, Großbritannien und die Sowjetunion ein Bündnis mit einem gemeinsamen Ziel: Hitler-Deutschland besiegen! Die USA verfügten über eine sehr starke Wirtschaft und konnten innerhalb weniger Monate riesige Mengen an kriegswichtigen Gütern produzieren. Dazu zählten z.B. Transportschiffe, Flugzeuge, Lastwagen, Panzer, Geschütze und Munition.

2 Erläutere, warum der Kriegseintritt der USA ein Wendepunkt des Kriegs war.

Stalingrad

Im Winter 1942 wurde der deutsche Vormarsch an der Ostfront gestoppt. In der Stadt Stalingrad (heute Wolgograd) wurden die deutschen Soldaten der 6. Armee eingekreist und mussten kapitulieren. Etwa 60 000 deutsche und 500 000 sowjetische Soldaten verloren bei den Kämpfen ihr Leben. 110 000 deutsche Soldaten gingen in die Gefangenschaft, die nur 6 000 überlebten. In Deutschland waren die Menschen bestürzt über die Niederlage. Dennoch forderte Propagandaminister Goebbels einen völlig rücksichtslosen, radikalen, noch härteren Krieg – „den totalen Krieg."

Kriegswende 1944

Seit 1943 gab es fast tägliche Luftangriffe der Alliierten auf deutsche Städte. Die Bevölkerung verbrachte viele Stunden im Luftschutzkeller. Die Versorgung mit Lebensmitteln wurde knapp. Am 6. Juni 1944 landeten amerikanische und englische Truppen in der Normandie an der französischen Atlantikküste. 1945 wurde Deutschland im Westen von amerikanischen und englischen Truppen besetzt. Im Osten eroberte die sowjetische Armee die deutschen Gebiete.

Sprachspeicher
ein Bündnis bilden ▪ miteinander verbündet sein ▪ Alliierte > *die* Verbündeten ▪ den Krieg erklären ▪ in *die* Gefangenschaft gehen

Opfer in Stalingrad: Die Opferzahlen ließen sich nur ungenau ermitteln. Es gibt keine einheitlichen Angaben dazu in der Wissenschaft.

[2] *Die Landung der Alliierten in der Normandie (französische Atlantikküste).* Foto, 1944.

[4] *Blick auf das zerstörte Dresden.* Foto, 1945.

3 Beschreibe die Bilder [2] und [4].

Das Kriegsjahr 1945

27. Januar: Befreiung des KZ Auschwitz
3./14. Februar: Zerstörung von Dresden durch amerikanische und englische Bomber
7. März: Amerikanischer Vorstoß über den Rhein
30. April: Selbstmord Hitlers im Führerbunker in Berlin
2. Mai: Einnahme von Berlin durch sowjetische Truppen
8. Mai: Bedingungslose Kapitulation der Deutschen in Berlin; Ende des Kriegs in Europa

[3] *Zeittafel: 1945.*

Wähle einen der Arbeitsaufträge aus:

- Zeichne einen Zeitstrahl zum Abschnitt „Das Kriegsjahr 1945". Nutze dazu die Zeittafel [3].
- Beschreibe die möglichen Gefühle und Gedanken eines Soldaten auf Foto [1].
- Erstelle ein Kurzreferat zum Thema „1944 – die Kriegswende".

4 Werte die Tabelle [5] aus.

Geschätzte Menschenverluste einiger Staaten im Zweiten Weltkrieg

Land	Tote	davon Zivilisten
Deutschland	6 355 000	1 170 000
Sowjetunion	27 000 000	14 000 000
USA	418 000	1 700
Großbritannien	332 000	62 000
Frankreich	360 000	150 000
Polen	6 000 000	5 700 000
Japan	3 760 000	1 700 000
Jugoslawien	1 690 000	950 000
Gesamtopfer des Zweiten Weltkriegs	mehr als 50 Millionen Tote	

[5] *Tabelle.*

Was ihr noch tun könnt ...

→ Wandzeitung erstellen über Pearl Harbor, Stalingrad oder die Invasion 1944

Sprachspeicher
bedingungslos kapitulieren ▪ *die* Kapitulation
die Menschenverluste ▪ *die* Gesamtopfer > alle Menschen, die während des Kriegs gestorben sind

Flucht und Vertreibung

Warum mussten so viele Menschen ihre Heimat verlassen?

[1] *Deutsche Flüchtlinge im Januar 1945.* Foto, 1945.

[2] *Deutsche Zivilisten und Soldaten auf der Flucht vor der Roten Armee in Ostpreußen.* Foto, Januar/Februar 1945.

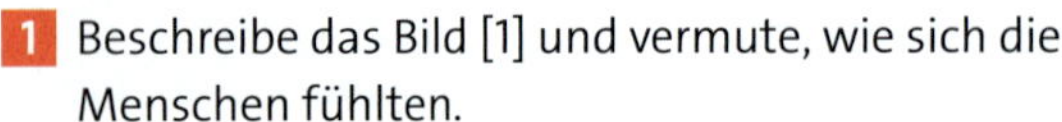

1 Beschreibe das Bild [1] und vermute, wie sich die Menschen fühlten.

Flucht aus den Ostgebieten

Schon im Herbst 1944 begannen viele Menschen, aus den deutschen Ostgebieten zu fliehen. Die russische Armee hatte die deutschen Angreifer zurückgedrängt und rückte Richtung Deutschland vor. Die deutsche Bevölkerung hatte Angst vor der Rache der russischen Soldaten. Hitlers „totaler Krieg" hatte es schon 1941 deutschen Soldaten erlaubt, russische Menschen straffrei zu töten. Nun richtete sich die Gewalt gegen die Deutschen. Die Flüchtenden mussten mit schwersten Misshandlungen, Vergewaltigung oder der Tötung rechnen.
Im Januar 1945 erreichte die russische „Rote Armee" die Oder. Jetzt verstärkte sich die Massenflucht und Millionen Menschen flohen Richtung Westen. Ein kleiner Handwagen, ein Rucksack oder ein Koffer waren häufig der ganze Besitz der Flüchtenden. Viele Menschen versuchten auch, auf Schiffen über die Ostsee in Richtung Westen zu gelangen. Am 30. Januar 1945 wurde das Schiff „Wilhelm Gustloff" vor der Küste Pommerns von einem russischen U-Boot versenkt. Etwa 9 000 Flüchtlinge starben.

2 Nenne Gründe für die Flucht aus den Ostgebieten.

Vertreibung der Deutschen

Nach dem Ende der Kampfhandlungen im Frühjahr 1945 kehrten eine Million Flüchtlinge in ihre Heimat zurück. Aber schon kurze Zeit später begannen in den polnisch verwalteten Gebieten (Ostpreußen, Pommern, Schlesien) in Polen, in der Tschechoslowakei, Ungarn und Jugoslawien Vertreibungen. 2,5 Millionen Deutsche mussten ihre Heimat verlassen.
Im Januar 1946 begannen die von den alliierten Siegermächten beschlossene systematische Vertreibung von 6,7 Millionen Deutschen aus ihrer Heimat.

Gerda W. erzählt von ihrer Vertreibung aus Oppeln in Schlesien:
Mein Mann und die beiden ältesten Söhne waren noch in Russland. Ich war mit den drei jüngsten Kindern allein. Wir ahnten zwar schon, dass wir nicht bleiben konnten. Doch der Befehl, bis 12 Uhr am Bahnhof zu stehen, kam dann plötzlich. Ich raffte etwas Kleidung zusammen und packte den Kindern Sachen in Rucksäcke. ... Nach drei Tagen war die Fahrt zu Ende. Wir wurden in ein Dorf bei Landshut gebracht und mit sieben Leuten auf einem Hof eingewiesen ...

[3] *aus einem Gespräch mit einer Schulbuchautorin 1976.*

3 Erläutere den Begriff „Vertreibung".

Sprachspeicher
die „Rote Armee" • auf einen Hof eingewiesen werden
systematische Vertreibungen • ein Schiff wird versenkt

[4] *Flucht und Vertreibung von Deutschen und Polen nach dem Zweiten Weltkrieg.* Karte.

Neue Heimat im Westen

Die Städte in den Aufnahmegebieten waren zu einem großen Teil zerstört. Die Einheimischen besaßen selbst kaum Wohnraum, Kleidung und Nahrung. Die meisten Flüchtlinge wurden in Übergangslagern oder Behelfswohnungen untergebracht. Sie unterschieden sich von den Einheimischen durch Konfessionen, Sprachdialekte, Sitten und Gebräuche. Die Integration ging nur langsam voran.

4 Erkläre, warum die Integration anfangs so schwierig war. **Starthilfe:** *Kurz nach dem Ende des Kriegs war die Situation in den Aufnahmegebieten sehr schwierig. Es gab kaum ...*

5 Schreibe aus der Karte [4] die Gebiete heraus, aus denen die deutschen und polnischen Flüchtlinge bzw. Vertriebenen kamen. Ermittele auch die Gesamtzahl der deutschen Vertriebenen.

Nicht nur Deutsche wurden vertrieben

Nach dem Krieg besetzte die Sowjetunion Teile Polens. Fast 5 Millionen Polen wurden aus diesen Gebieten zwangsweise in die deutschen Ostgebiete umgesiedelt. Auch innerhalb der Sowjetunion, der Tschechoslowakei oder in Ungarn wurden Millionen von Menschen vertrieben.

Danuta B. berichtet:

Meine Familie wohnt in Wroclaw, das ist in Polen. Früher hieß das Breslau und gehörte zu Deutschland. Die Eltern meines Mannes wurden 1945 von den Russen aus ihrer Heimatstadt Lwow (Lemberg) in Ostpolen vertrieben und hier in Wroclaw angesiedelt. Niemand hat damals danach gefragt, ob sie das wollten, es wurde einfach befohlen ...

[5] *aus einem Gespräch mit der Schulbuchautorin Dr. Köster, 2011.*

6 Vergleiche die Schicksale der Familien in [3] und [5].

Wähle einen der Arbeitsaufträge aus:

- Ein Mensch, der mit nur einem Koffer fliehen muss, macht sich bestimmt Gedanken, welche Gegenstände für ihn wichtig sind und was er mitnimmt. Liste auf, was wohl in einem solchen Koffer ist. Du kannst dazu auch ein Bild zeichnen.
- Führe ein Interview mit einer Person, die auch aus ihrem Land flüchten musste. **Starthilfe:** *Nutze die Methode „Zeitzeugen befragen" von S. 270.*

Sprachspeicher

Menschen müssen zwangsweise umsiedeln • Menschen aus ihrer Heimat vertreiben (sie **wurden vertrieben)**

Flüchtlinge aufnehmen und integrieren • Flüchtlinge **wurden aufgenommen** und integriert • *die* Flucht • *der* Flüchtling / *der*, *die* Geflüchtete

Üben 

Methode Besuch einer Gedenkstätte

In Deutschland gibt es an vielen Orten Gedenkstätten, die an Menschen oder Ereignisse erinnern. Oft wird dort der Opfer des Nationalsozialismus gedacht. Es sind meistens Orte, an denen etwas geschehen ist. Die Gedenkstätten laden uns ein, uns über die Geschehnisse zu informieren. Sie helfen uns, die Erinnerung zu erhalten. Sie ermahnen uns, unsere Mitmenschen, unsere Freiheit und unsere Demokratie zu schützen.

Es gibt einige sehr bekannte Gedenkstätten. Aber es gibt auch sehr viele fast unscheinbare Erinnerungsorte, die uns verdeutlichen, dass das System des Nationalsozialismus überall unterdrückt, gestraft und gemordet hat. Bestimmt gibt es auch in eurer Nähe Erinnerungsorte und Gedenkstätten.

1 Recherchiere, ob es Gedenkstätten in deiner Umgebung gibt.

	Tipps
1. Schritt Vorbereitung	
▪ Welche Gedenkstätten gibt es in der Umgebung? ▪ Wo finde ich Informationen über die Gedenkstätte? ▪ Wann ist die Gedenkstätte geöffnet? Gibt es Führungen? ▪ Muss ein Termin reserviert werden? ▪ Wie kommt man zu der Gedenkstätte?	▪ Internetrecherche nach Gedenkstätten ▪ offizielle Internetseite der Gedenkstätte ▪ telefonisch oder per E-Mail Kontakt zur Gedenkstätte aufnehmen ▪ App zum öffentlichen Nahverkehr
2. Schritt inhaltliche Planung	
▪ An was wird in der Gedenkstätte erinnert? ▪ Wie ist die Gedenkstätte aufgebaut? Was kann ich besichtigen? ▪ Gibt es Materialien zur Vorbereitung wie einen Katalog oder Internetseiten? ▪ Welche Fragen habe ich zu der Gedenkstätte? ▪ Welche Verhaltensregeln gelten für den Besuch der Gedenkstätte?	▪ Internetrecherche ▪ offizielle Internetseite der Gedenkstätte ▪ telefonisch oder per E-Mail Kontakt zur Gedenkstätte aufnehmen ▪ in der Klasse gemeinsam Fragen sammeln ▪ Gespräch mit der Lehrkraft
3. Schritt Besuch vor Ort	
▪ Wie läuft der Besuch vor Ort genau ab? ▪ Dürfen Fotos gemacht werden? ▪ Wie dokumentiere ich den Besuch?	▪ Pläne, Infobereich, Broschüren, Kataloge und Hinweise beachten ▪ Kontakt zum Personal der Gedenkstätte aufnehmen ▪ Notizen, Arbeitsaufträge, Fotos (wenn erlaubt)
4. Schritt Auswertung	
▪ Welche Fragen müssen noch geklärt werden? ▪ Wie präsentiere ich Ergebnisse? ▪ Wie arbeite ich das Erlebte auf? ▪ Was ist bei dem Besuch gut oder weniger gut gelaufen?	▪ Austausch mit der Lehrkraft, Recherche ▪ Arbeitsaufträge, Vorträge, Austausch, Diskussion ▪ Sammlung und Aussprache über erlebte Gefühle und Eindrücke ▪ Reflexionsgespräch

[1] *Tötungsanstalt Hadamar mit rauchendem Schornstein.* Foto, 1941; Gedenkstätte Hadamar, Sammlung, FS 4.

[2] *Kleines Bild: Keller der Gedenkstätte Hadamar. Im Hintergrund die ehemalige Position der Verbrennungsöfen.* Foto.

Gedenkstätte Hadamar

In der Gedenkstätte Hadamar gedenkt man der fast 15 000 ermordeten Menschen, die im Zuge der nationalsozialistischen „Euthanasie" (siehe S. 207) starben.

Die Morde in Hadamar fanden in zwei Phasen statt. Die „Gasmordphase" erfolgte im Zeitraum von Januar bis August 1941. Im Rahmen der „Aktion T4*" wurden über 10 000 psychisch Kranke und behinderte Menschen ermordet. Die Opfer wurden mit Bussen aus sogenannten Zwischenanstalten nach Hadamar gebracht und noch am selben Tag in einer Gaskammer umgebracht. Es gab eigens dafür abgestellte Ärzte, die die Gashähne aufdrehten. Die Morde sollten unter absoluter Geheimhaltung erfolgen. Trotzdem sahen die Menschen die „grauen Busse" und Rauchsäulen der Krematorien. Die zweite Mordphase begann im August 1942. Ab dieser Zeit wurde wieder ein „Anstaltsbetrieb" mit Patientinnen und Patienten aufgenommen. Die Menschen waren auf Stationen untergebracht. Von diesen Menschen wurden mehr als 4400 durch überdosierte Medikamente und Mangelernährung ermordet.

* **Aktion T4:** In der Tiergartenstraße 4 in Berlin befand sich die Leitzentrale der Euthanasiemorde.

2 Vergleiche die Checkliste der H9 mit den 4 Schritten links. Hat die Klasse alles Wichtige beachtet? Würdest du noch etwas ergänzen?

Checkliste H9: Exkursion nach Hadamar

- Informationsbeschaffung unter Gedenkstaette-Hadamar.de
- Kontaktaufnahme mit der Gedenkstätte: freie Termine, Angebote, Dauer und Preis klären
- Barrierefreiheit: prüfen, ob man mit dem Rolli überall hinkommt
- Anfahrt und Abfahrt klären: Bus oder Bahn?
- Recherche im Unterricht zum Thema Euthanasie, Sammlung von Fragen
- Vereinbarung über die Dokumentation unserer Fahrt; Ziel: Präsentation erstellen, Zuteilung einzelner Themen
- Verteilung von Aufgaben: kleine Themen für den Besuch zuweisen z. B. Einzelschicksale vorstellen (zu finden auf der Homepage). Wer macht Fotos?
- Absprache von Verhaltensregeln
- Vorstellung der Präsentation in der Parallelklasse

[3] *Checkliste,* Autorentext.

Entnazifizierung und Nürnberger Prozesse

Wie gingen die Siegermächte mit den Nationalsozialisten um?

[1] *Die Bewohner der Ortschaft Neunburg vorm Wald (Oberpfalz) werden von US-Truppen gezwungen, die Opfer des nahen Konzentrationslagers zu bestatten.* Foto, April 1945.

1 Beschreibe Foto [1]. Vermute, warum die US-Truppen die Aktion durchführten.

Aussage eines deutschen Botenjungen gegenüber einem amerikanischen Offizier:
Seit die Amerikaner da sind, wollen sie alle Muss-Nazis sein, alle mussten in die Partei eintreten, Muss – dass ich nicht lache! Sie hätten sie früher sehen sollen – wie sie auf den Führer geschworen haben!

[2] *Padover, Saul K.: Lügendetektor, S. 71, Eichborn Verlag, Frankfurt/M. 1999, Übers: Fienbork, Matthias.*

2 Nimm Stellung zu der Aussage des Jungen.

Entnazifizierung

Ein wichtiges Ziel der Siegermächte war die Umerziehung der Deutschen und die Verfolgung der NS-Täter. Erwachsene wurden gezwungen, sich Filme über die Konzentrationslager anzusehen. In der sowjetischen Zone wurde eine halbe Million Beamte entlassen. In den übrigen Zonen zwang man Mitglieder der NSDAP, Fragebogen auszufüllen. So wollte man herausfinden, ob sie Unschuldige, Mitläufer, „Belastete" oder sogar Kriegsverbrecher waren. Viele Täter konnten ihre Schuld verbergen. Da man für den Wiederaufbau Deutschlands viele Arbeitskräfte brauchte, wurde die Entnazifizierung bald eingestellt. So blieben viele ehemalige Nationalsozialisten in hohen Ämtern oder konnten Karriere machen.

Die Nürnberger Prozesse

Die Siegermächte stellten nach dem Krieg die wichtigsten Nationalsozialisten in Nürnberg vor Gericht. Es gab jeweils einen Ankläger aus Frankreich, Großbritannien, den USA und der Sowjetunion.
Die Anklagepunkte waren:

- Verbrechen gegen den Frieden: Vorbereiten und Durchführen eines Angriffskriegs
- Kriegsverbrechen: Mord und Misshandlungen von Kriegsgefangenen und Zivilpersonen
- Verbrechen gegen die Menschlichkeit: Ausbeutung, Verfolgung von Menschen aus rassistischen Motiven

3 Erkläre in eigenen Worten, was man den Angeklagten vorwarf.

Sprachspeicher
NS-Täter verfolgen • umerziehen • bestrafen • *die* „Entnazifizierung" durchführen
NS-Täter vor Gericht stellen • gegen Kriegsverbrecher einen Prozess führen

[3] *Prozesse in Nürnberg gegen die Hauptkriegsverbrecher, Oktober 1946. Die Angeklagten sitzen in der zweiten und dritten Reihe von oben, darunter ihre Anwälte und Übersetzer.* Foto.

Die Gerichtsverhandlung beginnt

Angeklagt waren unter anderem Hermann Göring, der Befehlshaber der Luftwaffe, Rudolf Heß, der Stellvertreter Hitlers, Julius Streicher, der Herausgeber einer judenfeindlichen Zeitung, sowie Hitlers Architekt und Rüstungsminister Albert Speer. Hitler selbst und Joseph Goebbels hatten schon bei Kriegsende Selbstmord begangen.
Die Angeklagten bekannten sich fast alle „nicht schuldig" oder stritten ab, überhaupt etwas von Kriegsverbrechen oder Massenmord gewusst zu haben.

Die Urteile fallen

Es wurden zwölf Todesurteile verhängt. Vor allem hohe Offiziere und Parteimitglieder wurden verurteilt, die am Krieg und Terror in Osteuropa beteiligt gewesen waren. Die Urteile wurden wenige Tage später vollstreckt. Hermann Göring beging noch vor seiner Hinrichtung Selbstmord. Die restlichen Angeklagten erhielten teilweise lange Gefängnisstrafen. Es gab drei Freisprüche.

4 Erstelle eine Mindmap mit Informationen zu den Nürnberger Kriegsverbrecherprozessen.

Wirkung der Nürnberger Prozesse

Die Nürnberger Prozesse gaben den Anstoß für ein neues Völkerrecht. Kriegsverbrecher sollten vor ein internationales Gericht gestellt werden können. Das gelang z.B. 1993 nach dem Krieg in Jugoslawien. Im Jahr 2002 wurde schließlich der „Internationale Strafgerichtshof" in Den Haag gegründet. Bis heute haben Länder wie China, Russland, Israel, die Türkei oder die USA diesen aber nicht anerkannt.

5 Erkläre, für welche Bemühungen die Nürnberger Prozesse der Ausgangspunkt waren.

Wähle einen der Arbeitsaufträge aus:

- Wer war in Nürnberg angeklagt? Nenne auch die Funktion dieser Menschen. Du findest die Informationen im Abschnitt „Die Gerichtsverhandlung beginnt".
- Erstelle eine Stichwortliste zu dem Thema „Maßnahmen der Entnazifizierung".
- Die Entnazifizierung wurde nicht konsequent durchgeführt, da man in Deutschland Arbeitskräfte für den Wiederaufbau brauchte. Nimm dazu Stellung.

Sprachspeicher

Kriegsverbrecher anklagen · *der* Angeklagte · Todesurteil verhängen/vollstrecken · Selbstmord begehen

Anstoß für etwas geben · sich für schuldig/unschuldig bekennen · ein Kriegsverbrechen begehen

Erinnern und Gedenken

Warum beschäftigen wir uns heute noch mit der NS-Zeit?

[1] *Deutsche Soldaten lagern nach der Kapitulation auf einer Straße in Berlin.* Foto, 10. Mai 1945.

[2] *Jubelnde Menschen am 8. Mai 1945 in Paris.* Foto, 1945.

1 Betrachte die Fotos [1] und [2]. Welche Gefühle der Menschen sind erkennbar?

Der 8. Mai 1945

Der Zweite Weltkrieg endete in Europa am 8. Mai 1945 mit der bedingungslosen Kapitulation des Deutschen Reichs. Die Siegermächte USA, Sowjetunion, Großbritannien und Frankreich übernahmen die Macht in Deutschland.
In Paris und London tanzten die Menschen vor Freude über den Sieg auf den Straßen. Von den Häftlingen, die aus den Konzentrationslagern befreit wurden, waren viele zu entkräftet, um ihre Befreier hochleben zu lassen. Als Befreite fühlten sich auch einige Millionen Zwangsarbeiter. Für sie ging eine Zeit des Leidens und der Erniedrigung zu Ende. Die meisten Deutschen empfanden das Kriegsende als „Zusammenbruch“: Die deutschen Städte lagen in Trümmern, Millionen lebten in Notunterkünften, verirrte Kinder suchten ihre Eltern, Flüchtlinge eine neue Heimat. Die Sorge um das tägliche Brot, die Kleidung oder ein paar Kohlen gegen die Kälte bestimmte den Alltag.

2 Erläutere, warum die meisten Deutschen den 8. Mai nicht als „Befreiung“ ansahen. **Starthilfe:** *Die meisten Menschen machten sich Sorgen um ...*

Verdrängung der Vergangenheit

Die meisten Deutschen wollten nach dem 8. Mai 1945 nichts mehr von den Nazis und vom Krieg hören. Sie wollten ihre Ruhe haben und sich nicht mit unangenehmen Fragen auseinandersetzen. Man begann, die Nazivergangenheit aus dem Gedächtnis zu löschen und stürzte sich in den Wiederaufbau des Landes. Manche überzeugte NS-Anhänger versteckten sich aus Angst vor einer Bestrafung oder flohen ins Ausland.

3 Versuche zu erklären, warum die meisten Menschen nach dem Krieg nichts mehr von der Vergangenheit wissen wollten.

Vierzig Jahre nach Kriegsende erklärte der damalige Bundespräsident Richard von Weizsäcker vor dem Bundestag am 8. Mai 1985:
Der 8. Mai war ein Tag der Befreiung. Er hat uns alle befreit von dem menschenverachtenden System der nationalsozialistischen Gewaltherrschaft... Ehren wir die Freiheit. Arbeiten wir für den Frieden. Halten wir uns an das Recht. Schauen wir am heutigen 8. Mai, so gut wir es können, der Wahrheit ins Auge.

[3] *Richard von Weizsäcker, Von Deutschland aus, München 1987, S. 12ff.*

Sprachspeicher
bedingungslose Kapitulation · den Zusammenbruch empfinden · ein menschenverachtendes System · *der* Wahrheit ins Auge schauen

[4] *Denkmal für die ermordeten Juden Europas von Peter Eisenman in Berlin. Das begehbare Mahnmal wurde im Jahr 2005 fertiggestellt.* Foto, 2016.

[5] *Stolpersteine auf dem Fußweg: Die Gedenktafeln erinnern an Menschen, die während der NS-Zeit verfolgt, ermordet, verschleppt oder vertrieben wurden.* Foto, 2022.

Erinnern und Gedenken in heutiger Zeit

Der Nationalsozialismus war geprägt von Rassismus, Diskriminierung und Unterdrückung der Meinungsfreiheit. Um solche Zustände in unserer heutigen Gesellschaft zu verhindern, sind im Grundgesetz der Bundesrepublik Deutschland Grundrechte festgelegt. Grundgesetz Artikel 3 besagt z.B.: „Niemand darf wegen seines Geschlechtes, seiner Abstammung, seiner Rasse, seiner Sprache, seiner Heimat und Herkunft, seines Glaubens, seiner religiösen und politischen Anschauung benachteiligt oder bevorzugt werden."

Immer wieder wird gegen diese Grundrechte verstoßen. Im Einzelfall können solche Verstöße eine Straftat darstellen. Beispiele:

- Am 9.10.2019 erschoss ein Mann vor einer Synagoge in Halle zwei Menschen. Er hatte zuvor versucht, in die Synagoge einzudringen.
- Am 25.11.2023 trafen sich Politiker der AfD mit Unterstützern in Potsdam und diskutierten mit fremdenfeindlichen Absichten Ideen, Einwanderer aus Deutschland zu vertreiben.
- Am 3.5.2024 wurde der SPD-Politiker Matthias Ecke in Dresden von vier Jugendlichen aus dem rechten Spektrum zusammengeschlagen, als er Wahlplakate aufhängen wollte.

4 Nimm Stellung zur Frage, ob das Erinnern an die Verbrechen der NS-Zeit heute noch notwendig ist.

Der 27. Januar als Gedenktag

Seit 1996 wird der 27. Januar als Tag des Gedenkens an die Opfer des Nationalsozialismus begangen. Das Datum bezieht sich auf den 27.1.1945. An diesem Tag befreite die Armee der Sowjetunion das Vernichtungslager Auschwitz. Am 27. Januar finden an zahlreichen Orten in Deutschland offizielle Gedenkveranstaltungen auf öffentlichen Plätzen, auf Friedhöfen oder in Gedenkstätten statt. Viele Schulklassen oder Jugendgruppen haben sich an der Aktion „Stolpersteine" beteiligt, organisieren Ausstellungen oder Demonstrationen gegen Rassismus und Gewalt.

5 Tragt Ideen zusammen, welchen Beitrag eure Klasse zum Thema „Erinnern und Gedenken" leisten könnte.

Wähle einen der Arbeitsaufträge aus:

- Im Grundgesetz Artikel 3 sind Merkmale genannt, aufgrund derer kein Mensch benachteiligt werden soll. Zähle diese Merkmale auf. **Starthilfe:** *Lies den Abschnitt „Erinnern und Gedenken".*
- Versuche, Stolpersteine in deinem Wohnort zu finden. Nutze dazu auch das Internet. **Starthilfe:** *Suche nach „Liste der Orte mit Stolpersteinen".*
- Schreibe einen Artikel für eine Schülerzeitung zum Thema: „Nie wieder Auschwitz!"

Sprachspeicher

das Gedenken > sich an jemanden erinnern

sich an einer Aktion beteiligen • eine Demonstration organisieren

Das kann ich!

Versuche zunächst, die Aufgaben auf dieser Doppelseite zu lösen, ohne im Kapitel nachzusehen. Wenn du Hilfe brauchst, kannst du bei den Aufgaben nachschlagen. Dort sind in Klammern die Seiten angegeben.

der Blitzkrieg	vom Nationalsozialismus befreien
der Holocaust	Form des Angriffskriegs
die Kapitulation	Verbündete gegen Deutschland
die Alliierten	Judenvernichtung
die Entnazifizierung	erzwungene Arbeit
die Zwangsarbeit	Niederlage im Krieg

[1] *Begriffe und ihre Bedeutung.*

September 1939	Kriegseintritt der USA
Juni 1941	Kriegsende in Europa
Dezember 1941	Abwurf von zwei Atombomben auf Japan
Mai 1945	Angriff auf die Sowjetunion
August 1945	deutscher Angriff auf Polen

[2] *Daten und Ereignisse.*

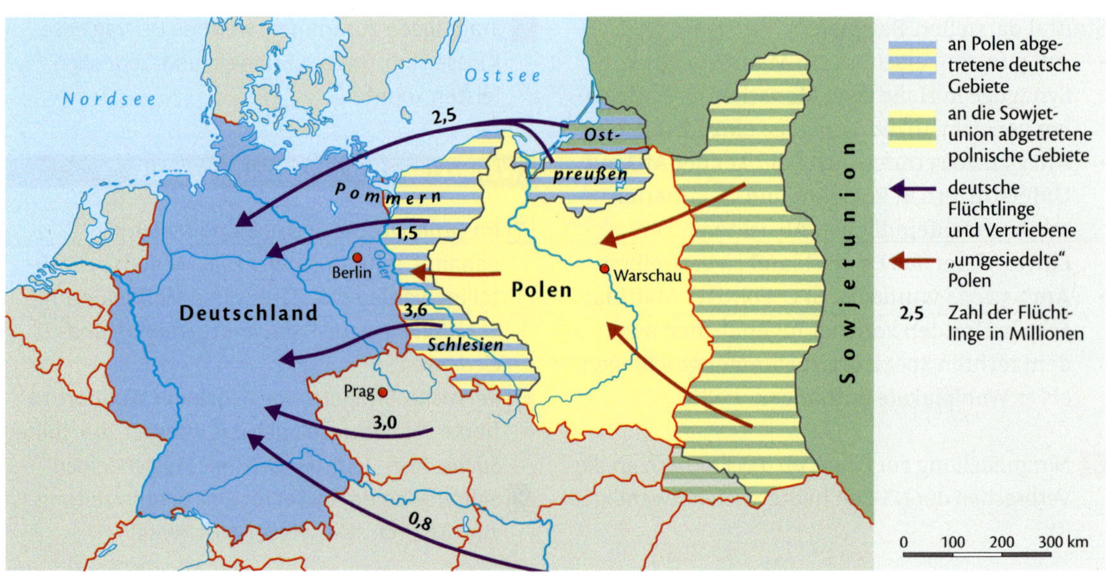

[3] *Flucht und Vertreibung von Deutschen und Polen nach dem Zweiten Weltkrieg.* Karte.

[4] *Karikatur aus der amerikanischen Zeitschrift „The Nation“,* 1933.

[5] *Ermordung von Zivilisten durch die Wehrmacht in Jugoslawien.* Foto, 1941.

[6] *Konzentrationslager Auschwitz. Gefangene Juden aus Ungarn sind angekommen und warten auf der Bahnrampe; davor stehen SS-Aufseher.* Foto, 1944.

Sachkompetenz

1. Ordne den Begriffen in [1] die richtige Erklärung zu.
2. Ordne den Daten in [2] die entsprechenden Ereignisse zu.
3. Erläutere, wie es zum Zweiten Weltkrieg kam. (S. 220/221)
4. Zähle auf, welche Auswirkungen der Bombenkrieg für viele Zivilisten hatte. (S. 216/217)
5. Berichte über den „Vernichtungskrieg“ und erläutere, was er für die Menschen in Osteuropa bedeutete. Nimm dazu auch das Foto [5] zu Hilfe. (S. 224/225)
6. Berichte über den „Holocaust“: Opfer, Täter, Lager, Selektion, Massenmord usw. Nimm dazu auch das Foto [6] zu Hilfe. (S. 226/227)

Methodenkompetenz

7. Erläutere mithilfe der Karikatur [4] die frühe Außenpolitik Hitlers. (S. 220/221)
8. Werte die Karte [3] aus. (S. 236/237)

Urteilskompetenz

9. Beurteile, warum der Widerstand in der NS-Zeit für die Widerstandskämpfer so gefährlich war. (S. 228/229)
10. Beurteile, ob das Kriegsende am 8. Mai 1945 eine Niederlage oder eine Befreiung war. (S. 242/243)

Handlungskompetenz

11. Plane den Besuch einer Gedenkstätte. Welcher Ort käme infrage? Nutze die Methodenseite 238/239.
12. Entwirf Ideen, wie deine Schule den Gedenktag am 27. Januar (Tag der Befreiung von Auschwitz) begehen könnte. (S. 243)

Teste dich

Hier waren Deutschland und
Europa bis zum 12. November 1989
um 7:58 Uhr geteilt.

Leben in zwei deutschen Staaten

Die innerdeutsche Grenze
Solche Schilder, die dich auf die frühere Teilung Deutschlands und Europas hinweisen, kannst du in einigen Bundesländern sehen.

1 Fasse zusammen, was du aus dem Bild über die Geschichte erfährst.
2 Vermute, welche Folgen die Teilung für die Menschen gehabt haben könnte.
3 Sammelt in der Klasse eure Fragen zum Thema „Leben in zwei deutschen Staaten".

Schauplatz Die Berliner Mauer

[1] *In Berlin wird eine Mauer gebaut, die die Stadt in eine Osthälfte und eine Westhälfte teilt.* Foto, 1961.

[3] *Westberliner winken ihren Verwandten im Ostteil der Stadt zu.* Foto, 1961.

[2] *Der 18-jährige Peter Fechter wird bei einem Fluchtversuch von Kugeln getroffen. Erst 45 Minuten später wird er von DDR-Grenzsoldaten fortgetragen. Zu diesem Zeitpunkt ist er bereits verblutet.* Foto, 1962.

1 Beschreibe die Bilder [1] bis [3].
- Was erfährst du über die Berliner Mauer?
- Was bedeutete die Mauer für die Menschen in beiden Teilen der Stadt?

Eine Mauer teilt Berlin

Am Morgen des 13. August 1961 wurden viele Berlinerinnen und Berliner überrascht. Die Regierung der Deutschen Demokratischen Republik (DDR) hatte in der Nacht zuvor damit begonnen, eine Mauer zu errichten. Sie sollte verhindern, dass Menschen aus dem Ostteil der Stadt in den Westteil gelangen konnten. Schon vorher hatte die DDR-Regierung angefangen, die Grenze zur Bundesrepublik Deutschland (BRD) auf gesamter Länge zu befestigen und streng zu bewachen. Die Grenze innerhalb Berlins und die Grenze zwischen DDR und BRD trennte viele Familien, Freundinnen und Freunde.

DDR-Grenzsoldaten hatten den Befehl, auf Flüchtende zu schießen – auch auf Frauen und Kinder. Bis zum Fall der Mauer 1989 starben etwa 800 Menschen bei einem Fluchtversuch.

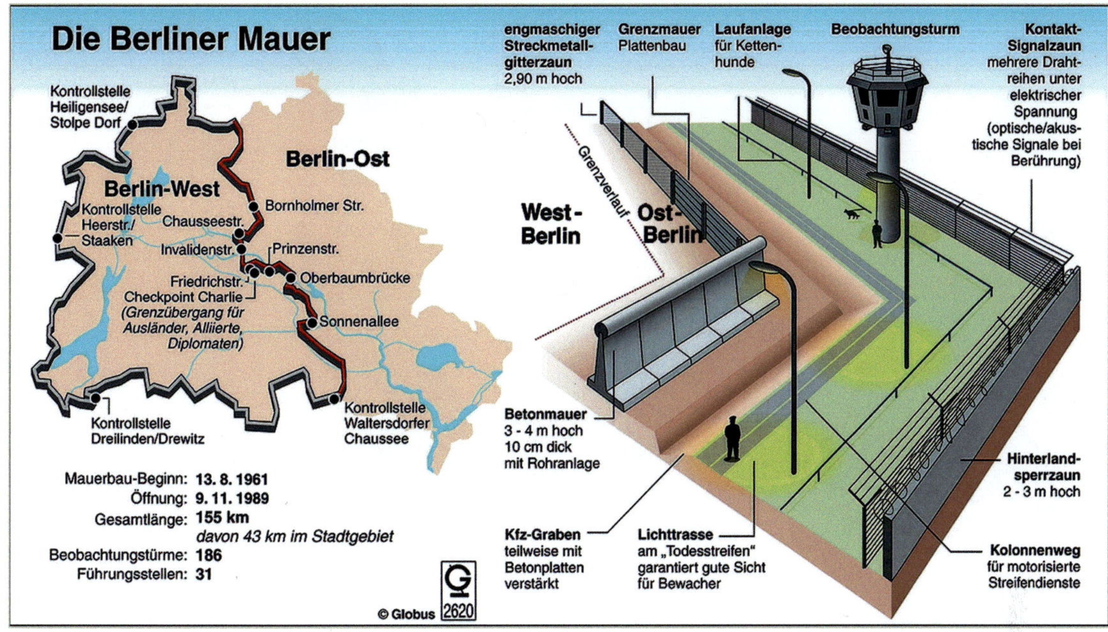

[4] *Links: Verlauf der Berliner Mauer.* Karte. Die Punkte stehen für Grenzübergänge. Rechts: Grenzanlagen in Berlin, ab ca. 1975. Schemazeichnung.

2 Nenne die Schwierigkeiten, die einer Flucht nach Westberlin im Weg standen. Nutze die rechte Zeichnung in Abbildung [4].

Über den Fluchtversuch von Günther Litfin:
Am 24. August 1961, elf Tage nach Abriegelung der Grenze, versuchte Günter Litfin schließlich, in der Nähe der Charité durch den Osthafen nach West-Berlin zu schwimmen. Dabei wurde er von Angehörigen der Transportpolizei entdeckt und beschossen. Günter Litfin war der erste Flüchtling, der an der Grenze durch Schüsse getötet wurde.
Sein Bruder Jürgen hörte am nächsten Morgen von einem Arbeitskollegen, an der Grenze wäre jemand erschossen worden. „Hauptsache, das ist nicht mein Bruder, der war die Nacht über nicht zu Hause", äußerte er spontan.
Am Abend des 25. August wurde Jürgen Litfin vom Staatssicherheitsdienst der DDR festgenommen und bis um drei Uhr früh morgens verhört. Erst später ließ man ihn laufen. Nach Hause zurückgekehrt, erfuhr er vom Tod seines Bruders.

[5] *zit. n.: Homepage Gedenkstätte Berliner Mauer, Zugriff: 11.5.2020.*

Der damalige sowjetische Regierungschef Nikita Chruschtschow begründet seine Unterstützung für den Bau der Berliner Mauer:
Was sollte ich denn tun? Mehr als 30 000 Menschen, und zwar mit die besten und tüchtigsten Menschen aus der DDR, verließen im Monat Juni das Land. Man kann sich unschwer ausrechnen, wann die ostdeutsche Wirtschaft zusammengebrochen wäre, wenn wir nicht alsbald etwas gegen die Massenflucht getan hätten. ... Also blieb nur die Mauer übrig.

[6] *zit. n.: Kroll, Hans: Lebenserinnerungen eines Botschafters, Köln, Berlin 1967, S. 512.*

3 Erläutere den Grund für den Bau der Mauer mithilfe der Äußerung Chruschtschows [6].

Wähle einen der Arbeitsaufträge aus:

- Stell dir vor, dein Heimatort wird über Nacht durch eine Grenzanlage in zwei Teile getrennt. Nenne Probleme, die dadurch entstehen können.
- Fasse zusammen, mit welchen Mitteln die DDR-Regierung DDR-Bürgerinnen und Bürger daran hinderte, das Land zu verlassen.

Orientierung

[1] *Deutschland nach dem Zweiten Weltkrieg.* Karte.

1 Untersuche die Karte [1]:
- Welche Besatzungszonen gab es?
- Welche Amtssprachen wurden in Hannover, Freiburg, Frankfurt und Leipzig gesprochen?

Deutschland nach 1945

Die Geschichte Deutschlands nach 1945 lässt sich in die folgenden Phasen einteilen.

1945–1949: Die Besatzungszeit

Am 8. Mai 1945 war in Europa der Krieg vorbei. Deutschland war besiegt. Die Siegermächte USA, Sowjetunion, Großbritannien und Frankreich teilten Deutschland in vier Besatzungszonen auf. Dort übernahm jeweils eine der Mächte die Kontrolle und Verwaltung. Das Ziel der Siegermächte war, dass Deutschland nie wieder groß und mächtig werden durfte. Das Land sollte nie mehr zur Gefahr für die übrige Welt werden.
Die Stadt Berlin wurde aufgrund ihrer besonderen Bedeutung in vier „Sektoren" (Bereiche) aufgeteilt. Jede Besatzungsmacht erhielt die Kontrolle über einen Sektor.

1949–89: Existenz zweier deutschen Staaten

1949 wurden zwei deutsche Staaten gegründet: Aus den westlichen Besatzungszonen, die von Großbritannien, den USA und Frankreich verwaltet wurden, entstand die Bundesrepublik Deutschland. In der von der UdSSR verwalteten Ostzone wurde die DDR gegründet. Beide Staaten existierten etwa 40 Jahre lang nebeneinander.

1961: Bau der Berliner Mauer

Mit dem Bau einer Mauer in Berlin wollte die Regierung der DDR ihre Bürgerinnen und Bürger daran hindern, die DDR in Richtung Westen zu verlassen. Fluchtversuche wurden mit Gefängnis bestraft. DDR-Grenzsoldaten hatten den Befehl, auf Flüchtende zu schießen.

1989/90: Die Wiedervereinigung

Nach dem Fall der Berliner Mauer im November 1989 gab es in der DDR zum ersten Mal freie, demokratische Wahlen. Im März 1990 gewann die Partei die Wahl, die einen Zusammenschluss von beiden deutschen Staaten befürwortete.
Bald darauf kam es zur Währungsunion (1. Juli) und am 3. Oktober zum Anschluss der DDR an die Bundesrepublik Deutschland. Dieses Ereignis wird bis heute als „Tag der Deutschen Einheit" gefeiert.

2 Wie weit liegt dein Schulort ungefähr von der ehemaligen deutsch-deutschen Grenze entfernt? Nutze deinen Atlas.

▶ **6. August 1945**
erster militärischer Einsatz einer Atombombe durch die USA auf die japanische Stadt Hiroshima

▶ **1945**
Endes des Zweiten Weltkriegs

▶ **1945/46**
Flucht und Vertreibung von 12 Millionen Menschen

▶ **1945–1949**
Besatzungszeit

▶ **1949**
Gründung der Bundesrepublik Deutschland und der DDR
erste Zündung einer sowjetischen Atombombe zu Testzwecken

▶ **17. Juni 1953**
Volksaufstand in der DDR

▶ **ab 1955**
BRD beginnt Anwerbung von „Gastarbeitern"
Wiederbewaffnung beider deutscher Staaten

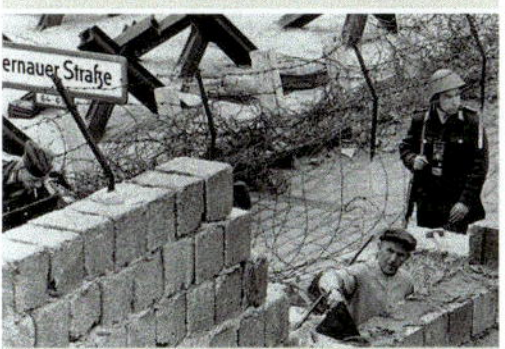

▶ **13. August 1961**
Bau der Berliner Mauer

▶ **1962**
Kuba-Krise

▶ **1969–1975**
„Ostverträge" und „Konferenz für Sicherheit und Zusammenarbeit in Europa" (KSZE)

▶ **9. November 1989**
Fall der Berliner Mauer

▶ **3. Oktober 1990**
Wiedervereinigung beider deutscher Staaten

Leben in zwei deutschen Staaten

Die Nachkriegszeit

Ist nach dem Kriegsende alles wieder gut?

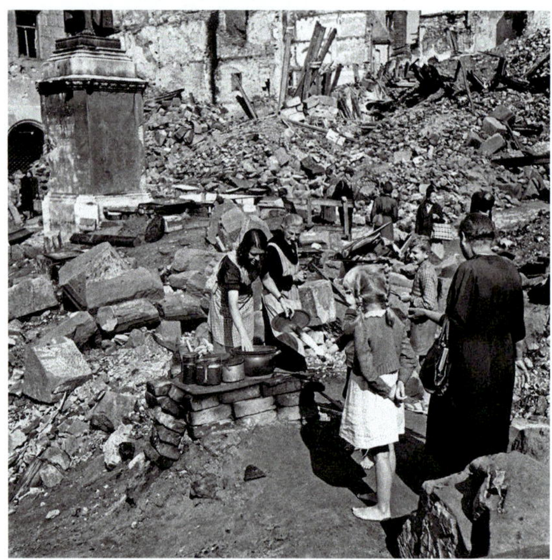

[1] *Kochen und leben in den Ruinen der Nürnberger Innenstadt.* Foto, Tony Vaccaro, August 1945.

[2] *In solchen Notunterkünften, sogenannten Nissenhütten, lebten Menschen, die keine richtige Wohnung mehr hatten.* Foto, 1953 in Hamburg.

Kriegszerstörungen und Wohnungsnot

Als im Mai 1945 die Waffen schwiegen und der Krieg in Europa beendet war, lagen viele Städte und Landstriche in Schutt und Asche. Das Leben und Denken der Menschen in Ost- und Westeuropa waren bestimmt von den Sorgen um:

- das eigene Überleben und das Überleben der Angehörigen
- das Schicksal der Gefangenen, Vertriebenen und Vermissten
- ausreichenden Wohnraum
- eine ausreichende Versorgung mit Lebensmitteln

Mit Ausnahme der Schweiz und Schweden herrschte in Europa große Not. Schlechte Ernten führten in Osteuropa zu einer großen Hungersnot. Aber auch im Westen Europas wurde gehungert, da auch hier Missernten und der Zusammenbruch des Versorgungssystems in den Jahren 1946 und 1947 das Angebot an Lebensmitteln deutlich verknappte.

1947 schrieb ein amerikanischer Journalist über die Situation in Europa:

... Von allem gibt es zu wenig – zu wenig Züge, Straßenbahnen, Omnibusse und Autos, mit denen die Menschen pünktlich zur Arbeit kommen. Zu wenig Mehl, um Brot ohne Zusatzstoffe backen zu können, und nicht genug Brot, das Energie für schwere Arbeit liefern würde. Zu wenig Papier, als dass die Zeitungen über mehr als nur einen Bruchteil der Weltgeschehnisse berichten könnten; zu wenig Saatgut und zu wenig Dünger; zu wenig Wohnhäuser und nicht genug Glas für Fenster, zu wenig Leder für Schuhe, Wolle für Pullover, Gas zum Kochen, Baumwolle für Windeln, Zucker für Marmelade, Fett zum Braten, Milch für Babys, Seife zum Waschen.

[3] *Fish, Hamilton, zit. n.: Judt, Tony: Die Geschichte Europas seit dem Zweiten Weltkrieg, München (Hanser) 2006, S. 122.*

1 Lies den Text. Formuliere dann 3 Gedanken, die die Frauen auf Bild [1] haben könnten.

2 Beschreibe die in [3] dargestellten Lebensumstände. Was bedeuteten sie konkret für die Menschen in Deutschland nach 1945?

Sprachspeicher

es herrscht Not ▪ etwas wird knapp ▪ *die* Waffen schweigen > *der* Kampf ist vorüber, es wird nicht mehr geschossen ▪ *die* Missernte > eine sehr schlechte Ernte

2: Die Menschen mussten nach dem Krieg damit zurechtkommen, dass ihnen ganz viel fehlte.
Wenn eine Scheibe kaputtging, konnte man nicht ...
Wenn ein Kleidungsstück fehlte, ...

[4] *Eine Frau in Berlin hat ein Care-Paket erhalten. Die Care Pakete aus den USA enthielten kalorienhaltige und lang haltbare Lebensmittel.* Foto, zwischen 1945 und 1949.

[5] *Jungen bieten in Berlin Schuhe auf dem Schwarzmarkt zum Verkauf an. Der Handel auf dem Schwarzmarkt war verboten, aber für viele lebenswichtig.* Foto, 1945.

3 Fasse zusammen, was du aus den Bildern über das Leben in der Nachkriegszeit erfährst.

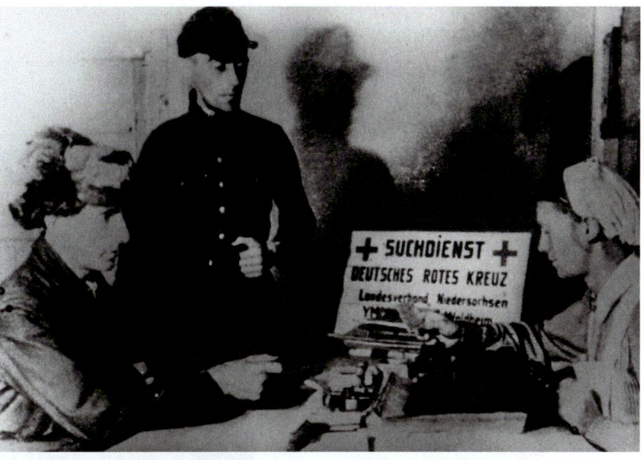

[6] *Soldaten, die aus dem Krieg heimkehren, werden von einer Mitarbeiterin des Roten Kreuzes in Hannover befragt. Nicht nur Soldaten, sondern auch auf der Flucht verloren gegangene Kinder oder Familienangehörige wurden gesucht.* Foto, um 1948.

[7] *Schulspeisung: Sie war wichtig, um die Kinder zu ernähren. Viele ausländische Staaten, z. B. USA, Großbritannien, Schweden, Schweiz, finanzierten Schulspeisungen wie diese in Hamburg.* Foto, 1946.

Wähle einen der Arbeitsaufträge aus:

- Ordne die Bilder den Themen Versorgung, Ernährung, Wohnen und Vermisstensuche zu.
- Recherchiere zum Thema eines Fotos im Internet und erstelle dazu eine Zusammenfassung.
- Formuliere aus der Sicht eines Jugendlichen im Jahr 1946, wie er die Gegenwart in Deutschland erlebt und was er von der Zukunft wünscht.

Sprachspeicher

der Kriegsheimkehrer ▪ vermisste Personen suchen ▪
die Speisung > etwas zu Essen bekommen

Ein besiegtes und besetztes Land

Wie kann es mit Deutschland weitergehen?

[1] *Berlin: Straßenszene nach dem Kriegsende neben dem Reichstag.* Foto, 1945.

1 Beschreibe das Bild [1].

2 Formuliere mögliche Gedanken oder Gefühle einer abgebildeten Person.

Besatzungsherrschaft

Schon vor der Kapitulation hatten die USA, Großbritannien und die Sowjetunion beschlossen, Deutschland nach dessen Niederlage in Besatzungszonen aufzuteilen (vgl. S. 250). Dasselbe sollte mit Berlin geschehen. Trotz der Aufteilung wollte man das besiegte Land gemeinsam mithilfe eines Alliierten Kontrollrates regieren. Auch Frankreich wurde beteiligt und erhielt Besatzungsgebiete. In den Besatzungszonen regelten die Militärverwaltungen der jeweiligen Besatzungsmacht die Fragen des Alltagslebens, so z. B. die Versorgung mit Wasser, Strom, Heizmaterial und Lebensmitteln. Solche Militärverwaltungen gab es in jeder Stadt und jedem größeren Ort.

3 Fasse den Inhalt dieses Abschnitts in eigenen Worten zusammen. Verwende diese Begriffe: Frankreich, Vertriebene, Alliierter Kontrollrat, Militärregierung, Alltagsleben.

Unterbringung

Besonders wichtig war die Zuteilung von Wohnraum, denn viele Städte waren zerstört und aus den Ostgebieten kamen etwa 12 Millionen Vertriebene, die untergebracht werden mussten. Familien, die Wohnraum hatten, mussten nach dem Krieg zusammenrücken und auf Anweisung der Militärregierung „Ausgebombte" oder Vertriebene bei sich aufnehmen. Das führte zu Konflikten. In der britischen Besatzungszone war jeder siebte und in der amerikanischen Besatzungszone fast jeder sechste ein Flüchtling.

Gesetz Nr. 18, Artikel VI. Dieses Gesetz erlaubte es den Militärregierungen, auf die Häuser und Wohnungen zuzugreifen und

- Wohnräume, die nicht zum Wohnen genutzt wurden, Flüchtlingen als Wohnraum zuzuweisen,
- einen Wohnungstausch anzuordnen, wenn dies eine bessere Verteilung des Wohnraums bedeutet.

[2] *Amtsblatt des Kontrollrats in Deutschland 1946, Nr. 5, S. 117,* Auszug.

4 Beurteile, wie es für dich wäre, deine Wohnung plötzlich mit einer anderen Familie teilen oder tauschen zu müssen?

Sprachspeicher

die Militärregierungen *der* Besatzungsmächte ▪ Wohnraum zuteilen oder zuweisen ▪ vertrieben werden

ein Flüchtling sein ▪ in einem Lager leben ▪ ausgebombt sein > keine Wohnung mehr haben, weil Bomben sie zerstört haben

[3] *Der Konferenztisch in Potsdam mit Teilnehmern aus den USA, der UdSSR und Großbritannien.* Foto, 1945.

Das Potsdamer Abkommen

Vom 17. Juli 1945 bis zum 2. August 1945 berieten die Sowjetunion, Großbritannien und die USA in Potsdam darüber, welche Ziele sie mit der Besetzung Deutschlands verfolgen. Diese Ziele wurden auch als „5 D" bezeichnet:

- **Demilitarisierung:** In Deutschland darf es keine Waffen, kein Militär und keine Waffenproduktion mehr geben.
- **Demontage:** Produktionsanlagen werden abgebaut. Die Besatzungsmächte erhalten sie als Kriegsentschädigung.
- **Denazifizierung:** Die NSDAP ist verboten, Parteien mit ähnlichen Zielen auch, auch NS-Propaganda wird verboten.
- **Demokratisierung:** Deutschland soll ein demokratisches System erhalten, Kinder sollen durch Bildungseinrichtungen demokratisch geprägt werden.
- **Dezentralisierung:** Wichtige politische Entscheidungen sollen in den Bundesländern der Besatzungszonen gefällt werden.

5 Fasse den Inhalt von jedem „D" in einem Satz zusammen. **Starthilfe:** *Die Sätze könnten so beginnen: Deutschland soll …*

6 Ordne drei „D" eine passende Textstelle der Quelle [4] zu.

Aus einer Anweisung für die amerikanische Militärregierung

Das Hauptziel der Alliierten ist es, Deutschland daran zu hindern, je wieder eine Bedrohung des Weltfriedens zu werden. Wichtige Schritte zur Erreichung dieses Zieles sind

- die Ausschaltung des Nazismus und des Militarismus in jeder Form,
- die sofortige Verhaftung der Kriegsverbrecher zum Zwecke der Bestrafung,
- die industrielle Abrüstung und Entmilitarisierung Deutschlands mit langfristiger Kontrolle des deutschen Kriegspotenzials und
- die Vorbereitungen zu einem späteren Wiederaufbau des deutschen politischen Lebens auf demokratischer Grundlage.

[4] *Direktive der Vereinigten Stabschefs der amerikanischen Streitkräfte für die Militärregierung in Deutschland (JCS 1067), Fassung April 1945,* Auszug.

Wähle einen der Arbeitsaufträge aus:

- Erkläre, warum eure Wohnung, euer Haus oder dein Zimmer für dich wichtig ist. Überlege, welche Konflikte es damals geben konnte, als Familien Vertriebene in ihrer Wohnung aufnehmen mussten.
- Beschreibe in deinen Worten die Aufgaben und die Ziele der Besatzungsmächte.
- Diskutiert, welche Vor- und welche Nachteile die Deutschen durch die Besatzungsmächte hatten.

Sprachspeicher

der Abbau von Produktionsanlagen ▪ jemanden demokratisch prägen > jemandem beibringen, wie Demokratie funktioniert

ein Land entmilitarisieren > militärische Anlagen abbauen und *das* Militär auflösen

Üben

Die doppelte Staatsgründung

Warum wurden zwei deutsche Staaten gegründet?

[1] *Die sogenannte Luftbrücke nach Berlin. Ein amerikanisches Versorgungsflugzeug, auch „Rosinenbomber" genannt, im Landeanflug.* Foto, 1948/49.

1 Beschreibe das Bild [1].

2 Formuliere Gedanken und Gefühle, die die Menschen in Bild 1 gehabt haben könnten.

Die Besatzungsmächte haben verschiedene Ziele

Kultur, Wirtschaftssysteme und politische Systeme der vier Besatzungsmächte unterschieden sich. Sie wollten die Besatzungszonen in Deutschland verändern und dem eigenen Staat anpassen. Die USA, Großbritannien und Frankreich wollten eine Demokratie in ihren Besatzungszonen errichten. In den drei Zonen sollte eine parlamentarische Demokratie mit freien Wahlen verschiedener Parteien eingeführt werden. Was die Wirtschaft produziert, sollte langfristig durch Angebot und Nachfrage bestimmt werden.

Die Sowjetunion war eine Diktatur und hatte andere Vorstellungen davon, wie ein funktionierender Staat aufgebaut werden müsste. Die Sowjetunion wollte in ihrer Besatzungszone keine freien Wahlen zulassen. Es sollte nur eine Partei geben, die den Staat regiert. Diese Regierung sollte planen, was verstaatlichte Firmen produzieren müssen, um die Bevölkerung zu versorgen. Viele Betriebe in der sowjetischen Besatzungszone wurden demontiert, in die Sowjetunion gebracht und dort wieder aufgebaut.

3 Vergleiche die Ziele für die westlichen Besatzungszonen mit denen für die sowjetische Besatzungszone.

Die Währungsreform ändert alles

Berlin wurde nach dem Zweiten Weltkrieg von den vier Besatzungsmächten gemeinsam verwaltet. Die Stadt war komplett von der sowjetischen Besatzungszone umgeben. Die Sowjetunion wollte aber ganz Berlin allein verwalten. Damit waren die übrigen drei Besatzungsmächte nicht einverstanden. Der Konflikt verstärkte sich, als die drei westlichen Mächte am 20. Juni 1948 die D-Mark als neue Währung einführten. Das Geld war nun wieder etwas wert und viele Geschäfte in den westlichen Zonen boten plötzlich Waren an, die es vorher nicht gab. Vielen Menschen der sowjetischen Zone schien das Leben in den westlichen Zonen lebenswerter. Die Regierungen der Sowjetunion und der sowjetischen Besatzungszone befürchteten, dass deshalb viele Menschen in die westlichen Zonen abwandern könnten. Es kam am 24. Juni 1948 zur Berlinkrise, in der die Sowjetunion alle Wege nach Westberlin absperrte.

[2] *Das neue Geld der Westzonen: die Deutsche Mark.* Foto.

Sprachspeicher

einen Staat aufbauen • einen Betrieb demontieren > einen Betrieb abbauen

eine neue Währung einführen • *die* Wege absperren

[3] *Deutschland während der Besatzungszeit 1945 bis 1949.* Karte.

[4] *Die zwei deutschen Staaten von 1949 bis 1989/90.* Karte.

4 Beschreibe die Veränderungen, die sich aus den Karten [3] und [4] ablesen lassen.

Die Berlinkrise

Durch die Blockade konnten keine Waren mehr aus den westlichen Besatzungszonen in den Westteil Berlins gebracht werden. Die Menschen im amerikanischen, britischen oder französischen Teil Berlins bekamen keine Lebensmittel, keine Kohle zum Heizen und auch keine Medikamente mehr. Die USA und Großbritannien versorgten die Berliner deshalb 10 Monate mithilfe der „Luftbrücke". Mit über 277000 Flügen wurden Güter nach Berlin geflogen. Erst im Mai 1949 gab die Sowjetunion die Berlinblockade auf.

Die Gründung von zwei deutschen Staaten

Die Berlinkrise machte deutlich, dass eine gemeinsame, einheitliche Verwaltung Berlins nicht mehr möglich war. Außerdem gab es weitere Konflikte zwischen der Sowjetunion und den USA in Asien. Die drei westlichen Mächte wollten ihre Besatzungszonen aber einheitlich verwalten und beauftragten die eingesetzten Ministerpräsidenten der Bundesländer deshalb, eine Verfassung auszuarbeiten.

Die westdeutschen Landtage wählten 61 Männer und 4 Frauen, die über die Verfassung berieten. Am 23. Mai 1949 verabschiedete der zum ersten Mal gewählte Bundestag das „Grundgesetz" in den Westzonen. Dieser Tag ist der Gründungstag der Bundesrepublik Deutschland. Am 7. Oktober 1949 verkündete auch die Deutsche Demokratische Republik (DDR) ihre Verfassung. Aus den vier Besatzungszonen entstanden zwei deutsche Staaten.

5 Erkläre in deinen Worten, weshalb nach dem Zweiten Weltkrieg zwei deutsche Staaten entstanden sind.

Wähle einen der Arbeitsaufträge aus:

- Erstelle eine Zeitleiste der Ereignisse in den Jahren 1948 und 1949.
- Warum entstanden zwei deutsche Staaten? Unterscheide zwischen Anlass und Ursachen.
- Beurteile: Wäre es möglich gewesen, dass die vier Besatzungsmächte sich auf ein gemeinsames und einheitliches Handeln in Deutschland verständigen?

Sprachspeicher
blockieren > etwas absperren, nichts durchlassen ▪ eine Verfassung erarbeiten ▪ ein Gesetz tritt in Kraft ▪ für etwas streiten

Üben 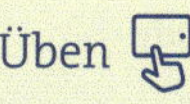 

Der „Kalte Krieg“

Wie entwickelte sich das Verhältnis der beiden Weltmächte?

[1] *Zwei Wochen nach dem Beginn des Mauerbaus: US-amerikanische und sowjetische Panzer stehen sich am Grenzübergang Checkpoint Charlie in Berlin gegenüber.* Foto, 1961.

1 Stelle einen Zusammenhang zwischen Bild [1] und Karte [2] her.

Zwei Weltmächte

Im Zweiten Weltkrieg hatten die USA, Großbritannien und die Sowjetunion gemeinsam gegen das nationalsozialistische Deutschland gekämpft. Doch gegen Ende des Kriegs wurden aus den Verbündeten Feinde. Die USA und die Sowjetunion versuchten, ihren Einflussbereich in Europa auszudehnen. Beide Weltmächte verfolgten das Ziel, ihr politisches, gesellschaftliches und wirtschaftliches System in möglichst vielen Staaten zu verwirklichen.

Es gab viele Konfrontationen, auch die Teilung Deutschlands geht auf diesen Konflikt der beiden Weltmächte zurück. Es kam zu einer „Blockbildung“: Zwei Militärbündnisse wurden gegründet, die sich jahrzehntelang feindlich gegenüberstanden: im Westen 1949 der Nordatlantikpakt (NATO) und im Osten 1955 der „Warschauer Pakt“. Dennoch gab es keine direkte militärische Auseinandersetzung zwischen den Weltmächten. Die Konfrontation zwischen den beiden Militärbündnissen dauerte von 1955 bis zum Zerfall der Sowjetunion 1990/91. Sie wird auch „Kalter Krieg“ genannt.

2 Erkläre, wie es zu einer „Blockbildung“ kam.

Ost und West rüsten auf

Bis 1949 verfügten nur die USA über Atomwaffen. Doch dann entwickelte die Sowjetunion ebenfalls solche Waffen. Ein Wettrüsten begann. Neben „konventionellen“ (nicht atomaren) Waffen produzierten beide Weltmächte immer mehr Atomwaffen und bedrohten sich gegenseitig.

Beide Seiten fürchteten einen Atomkrieg. Ein Atomkrieg zwischen den USA und der Sowjetunion hätte weltweit große Gebiete zerstört, atomar verseucht und viele Menschenleben gekostet. Das wollten beide Mächte vermeiden, indem sie

Sprachspeicher

einen Einflussbereich ausdehnen • ein System verwirklichen • sich feindlich gegenüberstehen • über Atomwaffen verfügen

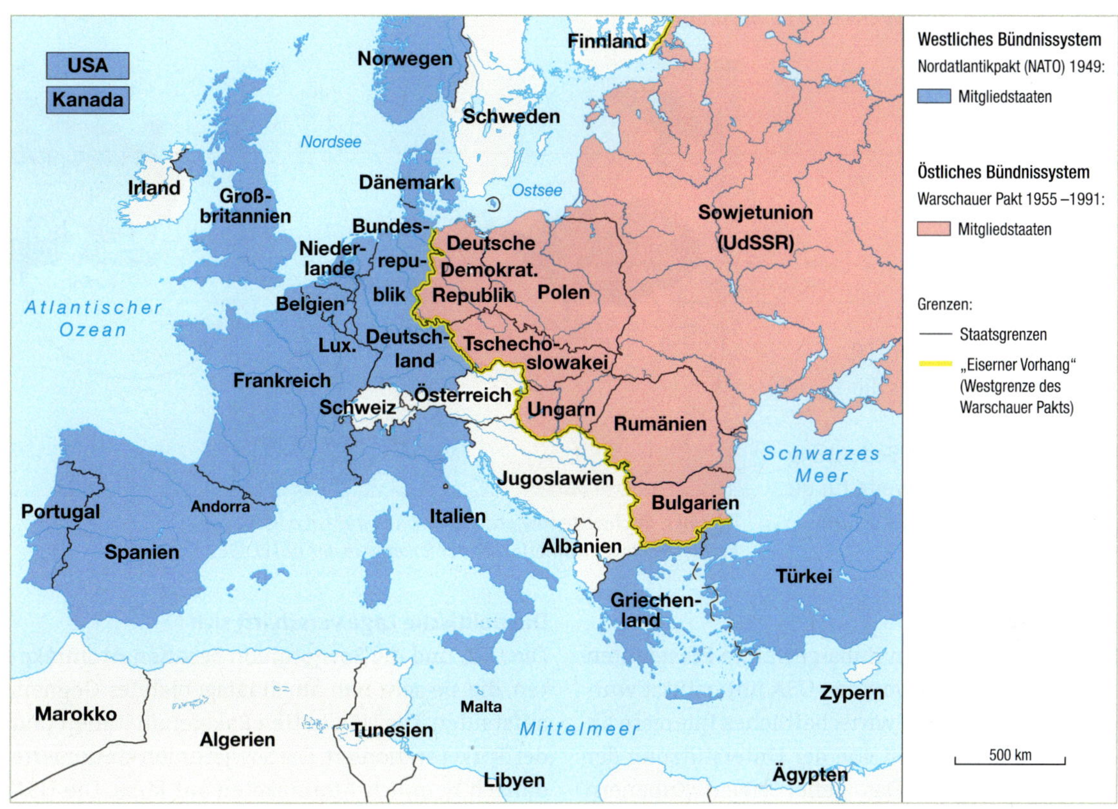

[2] *Die Militärbündnisse NATO und Warschauer Pakt grenzen in Europa aneinander.* Karte.

immer mehr Atomwaffen herstellten. So entstand ein Gleichgewicht des Schreckens. Die Situation blieb aber immer gefährlich.

3 Erkläre den Begriff „Kalter Krieg“.

Entspannung

Seit den 1970er-Jahren begann eine Phase der Entspannung. Die beiden Weltmächte verhandelten über Jahrzehnte. Abrüstungsverhandlungen führten zu einer Reduzierung von Atomwaffen auf beiden Seiten. Mit dem Krieg Russlands gegen die Ukraine 2022 endete die politische Phase der Entspannung.

Neben den USA und Russland besitzen heute auch China, Frankreich, Großbritannien, Pakistan, Indien, Israel und Nordkorea Atomwaffen.

Wähle einen der Arbeitsaufträge aus:

- Schau dir Bild [1] an. Überlege dir dazu eine Schlagzeile für eine Zeitung von 1961.
- Erstelle mithilfe von Karte [2] eine Tabelle über die Bündniszugehörigkeit bis 1991.

NATO-Staaten	Staaten des Warschauer Pakts

- Erkläre den Begriff „Gleichgewicht des Schreckens“.
- Nimm Stellung: Der „Kalte Krieg“ wurde durch die Abrüstungsverhandlungen in den 1980er-Jahren beendet.

Sprachspeicher

einen Krieg/Atomkrieg fürchten • ein Verhältnis ist angespannt/entspannt sich • *die* Abrüstungsverhandlungen • Gespräche über Abrüstung führen

Die Kuba-Krise

War 1962 ein dritter Weltkrieg zu befürchten?

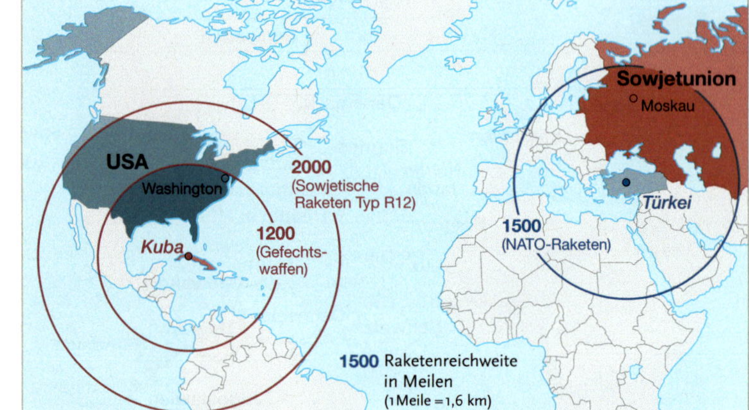

[1] *Links: Reichweite sowjetischer Raketen auf Kuba, 1962. Rechts: Reichweite amerikanischer Raketen in der Türkei, 1962*

1 Analysiere die Karte [1]. Beachte besonders die Farbgebung.

2 Erläutere, welche Bedeutung die Raketenreichweite für die USA und die Sowjetunion hatte.

Revolution in Kuba

Seit 1902 regierten in Kuba gewählte Präsidenten und Diktatoren, die von den USA unterstützt wurden. Die USA hatten wirtschaftliches Interesse an Kuba und profitierten von der Unterstützung der Staatsoberhäupter. Das gefiel vielen Kubanern nicht. Deshalb kam es 1959 zur kubanischen Revolution. Der Anführer der Revolution war der Rechtsanwalt Fidel Castro. Er und seine Anhänger wandelten Kuba in einen sozialistischen Staat um. Großgrundbesitzer wurden enteignet, Industrien verstaatlicht und US-Vermögen beschlagnahmt.
Die USA unterstützen die Gegner der Revolution, die Castro und die Revolutionsregierung stürzen wollten. Aber dieser Umsturzversuch misslang. Die USA wollten Kuba daraufhin unter Druck setzen, indem sie kein Erdöl mehr lieferten. Die Verbindung von Kuba und der Sowjetunion wurde enger, da die Sowjetunion die sozialistische Republik Kuba nun mit Öl und anderen Waren unterstützte.

3 Erkläre, weshalb sich Kuba der Sowjetunion annäherte.

Die politische Lage verschärft sich

Die USA und die Sowjetunion besaßen Atomraketen, die sie sehr nah am Staatsgebiet des Gegners aufstellten. Die USA hatten Raketen in Italien und der Türkei stationiert. Die Sowjetunion stationierte danach heimlich Atomraketen auf Kuba. Die USA entdeckten die Raketen und fühlten sich bedroht.

In einer Fernsehansprache am 22.10.1962 erklärte US-Präsident John F. Kennedy:

... Im Laufe der letzten Wochen haben eindeutige Beweise die Tatsache erhärtet, dass derzeit auf dieser unterdrückten Insel mehrere Anlagen für Angriffsraketen errichtet werden. Der Zweck dieser Anlagen kann nur darin bestehen, die Möglichkeit eines Atomschlags gegen die westliche Hemisphäre zu schaffen. Wir werden das Risiko eines weltweiten Atomkriegs nicht voreilig und ohne Not eingehen ... Wir werden dieses Risiko aber auch nicht scheuen, falls es zu irgendeinem Zeitpunkt eingegangen werden muss ...

[2] *zit. n.: Smith, Robert F.: What happened in Cuba, Übers.: Ulrich Mittelstädt, New York (Twayne), 1963, S. 340.*

4 Formuliere die Aussagen Kennedys [2] in eigene Worte um.

Sprachspeicher

jemanden enteignen • einen Umsturz durchführen • Raketen stationieren • *die* Hemisphäre > Halbkugel der Erde

3: Die kubanische Regierung hat sich über ... geärgert, weil ... Deshalb ...

Zuspitzung

Der US-Präsident Kennedy forderte von der Sowjetunion, ihre Atomraketen aus Kuba zu entfernen. Außerdem blockierten US-amerikanische Kriegsschiffe den Seeweg nach Kuba, sodass sowjetische Frachter, die auch Atomwaffen transportierten, Kuba nicht erreichen konnten. Die sowjetischen Schiffe drehten um, doch die Sowjetunion erklärte deutlich, dass jeder Angriff der USA auf Kuba einen Atomkrieg auslösen werde. Die USA verlangten von der Sowjetunion, dass sie die Atomraketen aus Kuba entfernen müsse, um den Atomkrieg zu verhindern. Zwischen den Regierungschefs kam es zu einem Briefwechsel.

Aus dem Brief des sowjetischen Regierungschefs Chruschtschow an US-Präsident Kennedy vom 26.10.1962:

... Wenn der Präsident und die Regierung der Vereinigten Staaten zusichern würden, dass die Vereinigten Staaten sich selbst nicht an einem Angriff auf Kuba beteiligen werden und andere von einem solchen Vorgehen abhalten; wenn Sie Ihre Kriegsmarine zurückrufen würden – das würde sofort alles ändern. ... Ich schlage vor: Wir erklären unsererseits, dass unsere Schiffe mit Kurs auf Kuba keine Waffen an Bord haben. Sie erklären, dass die Vereinigten Staaten weder mit eigenen Truppen eine Invasion in Kuba durchführen werden noch andere Truppen unterstützen werden, die eine Invasion in Kuba planen könnten ...

[4] *zit n.: Greiner, Bernd: Kuba-Krise: 13 Tage im Oktober, Nördlingen (Greno), 1988, S. 319ff.*

5 Belege anhand von Textstellen [4], dass auch Chruschtschow den Atomkrieg verhindern wollte.

[3] *Der sowjetische Regierungschef Nikita Chruschtschow (links) und der US-Präsident John F. Kennedy trafen sich 1961 zu Gesprächen in Wien.* Foto.

Einigung

Den USA und der Sowjetunion gelang die Einigung. Die Sowjetunion zog ihre Atomraketen aus Kuba ab und die USA versicherten, Kuba nicht anzugreifen. Außerdem stimmten die USA zu, ihre Atomraketen aus der Türkei abzuziehen. Zwischen den Regierungschefs beider Großmächte wurde ein „heißer Draht" eingerichtet – eine direkte Fernschreibverbindung.

Auswirkungen

Die Kuba-Krise führte weltweit zu großer Beunruhigung der Bevölkerung. In Deutschland reagierten in der Krisenwoche einige Menschen z.B. mit Hamsterkäufen. Andere waren sich bewusst, dass ein weltweiter Atomkrieg wenig Überlebenschancen bot. Die Kuba-Krise machte deutlich, welche Gefahr von der atomaren Aufrüstung ausging.

Wähle einen der Arbeitsaufträge aus:

- Erkläre, welchen Vorteil der „heiße Draht" gegenüber einem Briefwechsel hatte.
- Beurteile die Forderungen, die die USA und die Sowjetunion aneinander stellten.
- Formuliere aus der Sicht eines Zeitgenossen deine Gedanken zur Kuba-Krise.

Sprachspeicher

jemanden etwas zusichern ▪ einen „heißen Draht" einrichten ▪ Hamsterkäufe tätigen

Ich bin froh. Das war knapp! Hätten ... nicht, dann ...

Wahlseite Die Hauptstadt Berlin

1 Lies den Text und nutze dazu den Lese-Profi auf Seite 307. Arbeite gemeinsam mit deinem Lernpartner oder deiner Lernpartnerin.

2 Erstellt eine Präsentation. Zeigt darin die Bilder. Recherchiert auch dazu. Informiert zu den Stichworten Wiedervereinigung, Anziehungspunkte für Touristen, Wohnraum.

[1] *Das Brandenburger Tor ist das bekannteste Wahrzeichen Berlins.* Foto, 2020.

[3] *Der Fernsehturm ist mit 368 Metern das höchste Gebäude Deutschlands.* Foto, 2020.

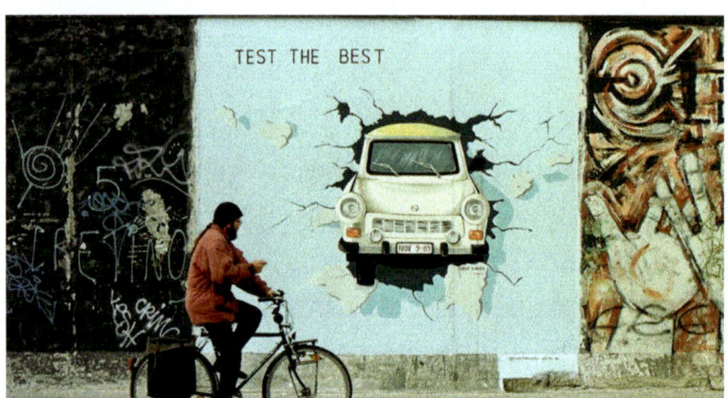

[2] *Die „East Side Gallery", ein erhaltenes Stück der Berliner Mauer mit Graffiti.* Foto, 2020.

[4] *„Checkpoint Charlie", ein ehemaliger Grenzübergang zwischen Ost und West.* Foto, 2020.

Hauptstadt des vereinten Deutschlands

Mit der **Wiedervereinigung** am 3. Oktober 1990 wurde Berlin **Hauptstadt** des wiedervereinten Deutschlands. Seit 1999 ist Berlin auch Sitz des Deutschen Bundestages und der Regierung. Die Verlegung von Parlament und Regierung von Bonn, der alten Hauptstadt, nach Berlin war aufwendig und dauerte einige Zeit. In Berlin befindet sich der **Reichstag**, in dem sich der **Deutsche Bundestag** versammelt, und das Kanzleramt in der Nähe des Brandenburger Tors.

Die Metropole

Mit 3,9 Millionen Einwohnern ist Berlin die **größte Stadt Deutschlands**. Über 170 Museen, 150 Theatern, 3 Opernhäusern und 90 Kinos machen die Metropole zum **kulturellen Zentrum Deutschlands**. Es gibt viele Parks, Restaurants, Cafés und Bars. Deshalb ist die Stadt ein Anziehungspunkt für **Touristen**. Etwa 12 Millionen Menschen besuchten 2023 die Bundeshauptstadt, fast die Hälfte davon kam aus dem Ausland.

Ganze Stadtteile wurden seit der Wiedervereinigung saniert. Daher nannte man Berlin auch „die größte Baustelle Europas". An Orten wie der Bernauer Straße oder der „East Side Gallery" kann man die **frühere Teilung der Stadt** heute noch erkennen.

Starker **Zuzug** ließ die Kaufpreise für Häuser und Wohnungen sowie die **Mieten** in den vergangenen Jahren **stark steigen**. Menschen mit einem normalen Einkommen können hier Wohnraum oft nicht mehr bezahlen.

Tipp für die Erarbeitung

- Was hast du über Berlin erfahren? Seit wann ist Berlin wieder die Hauptstadt des vereinten Deutschlands?
- Erkläre, warum so viele Touristinnen und Touristen in die Stadt kommen.

Wahlseite Volksaufstand in der DDR

1 Informiere dich auf dieser Seite über den 17. Juni 1953.
2 Präsentiere deine Ergebnisse in geeigneter Form der Klasse.

[1] *Demonstranten und sowjetische Panzer in Ostberlin.* Foto, 17. Juni 1953.

Volksaufstand in der DDR

Am 17. Juni 1953 legten in der DDR viele Menschen ihre Arbeit nieder und **protestierten** gegen die Regierung. Dabei waren solche Streiks und **Demonstrationen** eigentlich verboten. Was war geschehen? Bereits einen Tag zuvor hatte es in Ostberlin **Streiks** gegeben, weil die Regierung die „Arbeitsnorm" erhöht hatte. Das bedeutete: Die Menschen sollten für dasselbe Geld mehr arbeiten. In der DDR war der **Lebensstandard** erheblich **schlechter** als in der Bundesrepublik. Viele Menschen waren **unzufrieden**. Die Erhöhung der „Arbeitsnorm" löste nun einen landesweiten Protest aus.

Zunächst verlangten die Demonstranten eine **Rücknahme der Arbeitsnorm**. Doch dann richtete sich der Protest gegen die Regierung selbst. Sie forderten nun den **Rücktritt der Regierung**, die Zulassung anderer Parteien, freie, geheime und direkte Wahlen, die Freilassung aller politischen Gefangenen und die **Abschaffung der Zonengrenze**.

Die Sowjetunion greift ein

Die Regierung der DDR bekam die Situation nicht in den Griff, obwohl sie etwa 8000 Volkspolizisten einsetzte. Schließlich kam ihr **die Sowjetunion** zur Hilfe. Russische Panzer rollten durch die Straßen. Verzweifelte Bürger versuchten, die Panzer zu behindern, indem sie Antennen abknickten oder Balken zwischen die Ketten schoben. Doch es war ein ungleicher Kampf: 20 000 bewaffnete **Soldaten** der Roten Armee **schlugen den Aufstand nieder**.

Es gibt keine genauen Opferzahlen. Man geht davon aus, dass etwa 40 Menschen erschossen wurden. 19 **Aufständische** wurden von sowjetischen Standgerichten **zum Tode verurteilt** und sofort hingerichtet.

Von der DDR-Justiz wurden später über 1500 Menschen vor Gericht gestellt. Zwei erhielten die Todesstrafe, Hunderte wurden zu zum Teil langjährigen Gefängnisstrafen verurteilt.

Der **17. Juni** war in der Bundesrepublik bis 1990 **Gedenktag** für die **Opfer des Aufstands**.

Tipp für die Erarbeitung

- Du kannst beim Lesen die Schritte des Lese-Profis anwenden. Was hast du über den Volksaufstand erfahren?

Tipp für die Präsentation

Gliedere deinen Vortrag unter den Überschriften: „Beginn", „Forderungen", „Niederschlagung" und „Opfer".

☒ Wahlseite Soziale Marktwirtschaft in der BRD

1 Informiere dich auf dieser Seite über die soziale Marktwirtschaft.

2 Präsentiere deine Ergebnisse in geeigneter Form in der Klasse.

Die Wirtschaft boomt

In der Bundesrepublik wurde das Prinzip der „sozialen Marktwirtschaft" eingeführt. Das bedeutet, dass jede Person das Recht hat, Geschäfte zu tätigen und Geld zu verdienen, so lang dies im Rahmen der Gesetze geschieht. Der Staat verpflichtet sich im Gegensatz dazu, alle Bürgerinnen und Bürger durch die Sozialversicherungen abzusichern und zu unterstützen. Häuser und Fabriken wurden gebaut, neue Maschinen gekauft und Firmen gegründet. Die Menschen hatten Arbeit, verdienten Geld, das sie wieder für Waren ausgaben. Das kurbelte die Wirtschaft an. Für viele Menschen stieg seit den 1950er-Jahren der Lebensstandard: Sie konnten sich reichlich Nahrungsmittel, neue Haushalts- und Elektrogeräte leisten. Die Wirtschaft wuchs beständig von Jahr zu Jahr. Später spricht man über diese Zeit vom „Wirtschaftswunder".

Arbeitskräfte gesucht

Die wachsende Wirtschaft und der Bau der innerdeutschen Grenze, die den Zuzug aus der DDR bremste, sorgten dafür, dass immer mehr Arbeitskräfte in der Bundesrepublik benötigt wurden. Aus diesem Grund schloss die Regierung mit mehreren Staaten Abkommen zur Anwerbung von Arbeitskräften.

[1] *Wirtschaftswunder und Wohlstand: Werbung für Kühlschränke aus dem Jahr 1957.* Werbefoto.

Die soziale Marktwirtschaft ist die Grundlage des Wohlstands in Deutschland. Die Bundesrepublik ist eines der reichsten Länder der Erde. Deutschland ist vor allem bekannt für den weltweiten Export von Produkten.

[2] *Ankunft griechischer Arbeitskräfte.* Foto, 1960.

[3] *Das erste eigene Fernsehgerät.* Foto, 1960.

Tipp für die Erarbeitung
- Notiere wichtige Daten und Fakten als Vorbereitung für deinen Vortrag.

Tipp für die Präsentation
- Präsentiere die Fotos [1 bis 3] vergrößert der Klasse.

☒ Wahlseite Planwirtschaft in der DDR

1 Informiere dich auf dieser Seite über die Planwirtschaft der DDR.
2 Präsentiere deine Ergebnisse in geeigneter Form in der Klasse.

[1] *Warteschlange vor einem Obstgeschäft in Erfurt.* Foto, 1985.

Was bedeutet Planwirtschaft?
Wesentlich für die Entwicklung der DDR war die Übernahme des Sozialismus nach sowjetischem Vorbild. Die Regierung entwarf Fünfjahrespläne für die Produktion in Landwirtschaft und Industrie. Die Produktion und die Versorgung der Bevölkerung wurden zentral vom Staat organisiert. Dazu wurden Betriebe und Geschäfte enteignet und in Staatseigentum umgewandelt. Preise für Grundnahrungsmittel wurden vom Staat niedrig gehalten. Die Mieten waren gering. Offiziell herrschte in der DDR immer Vollbeschäftigung: Es gab keine Arbeitslosigkeit. Tatsächlich waren aber in vielen Betrieben mehr Menschen beschäftigt als notwendig.

Mangel an Waren
Die Planwirtschaft funktionierte nicht besonders gut. Produktionsziele wurden nicht erreicht, in Fabriken und auf Baustellen konnte oft nicht weitergearbeitet werden, weil Materialien oder Maschinen fehlten. Das Warenangebot war schmal. Es gab zum Beispiel nur wenige Sorten Waschmittel, Seife oder Tee. Die Qualität war schlechter und die Technik rückständiger als im westlichen Nachbarland. Die Regale der Geschäfte waren oft leer und die Menschen mussten Schlange stehen, um begehrte Waren kaufen zu können. Es mangelte an Obst und Frischgemüse. Auf einen Telefonanschluss mussten die Menschen bis zu 10 Jahre warten, auf einen „Trabant“, das häufigste Auto der DDR, etwa 15 Jahre. Seit den 1970er-Jahren verschlechterte sich die wirtschaftliche Situation weiter. Die DDR war auf hohe Kredite aus der Bundesrepublik angewiesen.

Von 100 Haushalten besaßen ...

	DDR			BRD
	1960	1965	1969	1969
Waschmaschine	6	28	48	61
Kühlschrank	6	26	48	84
TV-Gerät	17	49	66	73
Pkw	5	8	14	47

Tipps für die Erarbeitung
- Notiere wichtige Daten und Fakten als Vorbereitung für deinen Vortrag.

Tipps für die Präsentation
- Beschreibe, welche Folgen die Planwirtschaft für die Menschen hatte.
- Arbeite positive und negative Auswirkungen der Planwirtschaft für die Bürgerinnen und Bürger heraus.

Ausländische Arbeitskräfte in West und Ost

Wie arbeiteten und lebten die ausländischen Arbeitskräfte in der BRD und der DDR?

[1] *Ankunft von Arbeiternehmern aus der Türkei auf dem Hauptbahnhof in München.* Foto, 1964.

[2] *Arbeitnehmer aus Spanien in ihrem Mehrbettzimmer in Oberhausen.* Foto, 1965.

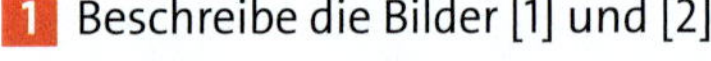

1 Beschreibe die Bilder [1] und [2].

Helfer beim Wiederaufbau

Die deutsche Wirtschaft erholte sich aufgrund der Unterstützung der Besatzungsmächte in den Nachkriegsjahren schnell. Es fehlten aber in vielen Bereichen Arbeitskräfte. Aus diesem Grund warb die Bundesrepublik Deutschland (BRD) von 1955 bis 1973 Arbeitskräfte im Ausland an, die z. B. im Bergbau und in Fabriken arbeiteten. Diese Arbeitskräfte wurden „Gastarbeiter“ genannt. Viele von ihnen wollten nach wenigen Jahren in ihre Herkunftsländer zurückkehren. Die Wirtschaft der BRD war bis zu Beginn der 1970er-Jahre auf ihre Arbeitskraft angewiesen und die Arbeiter verdienten mehr als in ihren Herkunftsländern.

Viele ausländische Beschäftigte holten nach einiger Zeit ihre Familien nach. Bis zu einer Wirtschaftskrise 1973 kamen 14 Millionen angeworbene Arbeitskräfte in die BRD. 11 Millionen von ihnen kehrten wieder in ihre Heimatländer zurück.

Leben am Rande der Gesellschaft

Viele Arbeitsimmigranten lebten zu Beginn in sehr einfachen Unterkünften [s. Foto 2]. Es gab keine Sprachkurse für sie. Auf gewohnte Nahrungsmittel und Speisen mussten sie oft verzichten. Heimweh nahmen sie in Kauf, um ihre Familien in ihrer Heimat zu unterstützen oder um für die eigene Zukunft zu sparen. Oft blieben die ausländischen Arbeitnehmerinnen und Arbeitnehmer unter sich. Viele Deutsche lehnten die „Gastarbeiter“ ab.

Zuwanderung ausländischer Arbeitskräfte in die BRD

Jahr	Insges.	*darunter:*				
		Italiener	Griechen	Spanier	Türken	Jugoslawen
1955	80 000	8 000	600	500	–	–
1960	329 000	144 000	21 000	16 000	3 000	9 000
1965	1 217 000	372 000	187 000	183 000	133 000	64 000
1973	2 595 000	450 000	250 000	190 000	605 000	535 000

[3] *Zuwanderung von Arbeitnehmern: Ausgewählte Jahre und Länder. Quelle: Bundesagentur für Arbeit.* Tabelle.

2 Erkläre, was es bedeutet, von der eigenen Familie getrennt zu leben.

3 Arbeite mithilfe der Tabelle und einer Karte im Atlas die geografische Gemeinsamkeit der Herkunftsländer heraus.

4 Analysiere die Tabelle. Wie entwickelte sich die Zuwanderung insgesamt? Woher kamen 1965 und 1973 die meisten ausländischen Arbeitnehmer?

Sprachspeicher

Arbeitskräfte anwerben ▪ *der* Arbeitsimmigrant > jemand, der ins Ausland geht, um dort zu arbeiten

die Heimat verlassen ▪ Heimweh haben

[4] *Arbeiterin aus Mosambik in einer Baumwollspinnerei in Falkenau.* Foto, 1982.

[5] *Arbeiter aus Vietnam montieren Motoren in einer Fabrik in Chemnitz.* Foto, 1990.

Arbeitskräftemangel in der DDR

Auch in der DDR fehlten Arbeitskräfte. Die DDR schloss daher Verträge mit anderen sozialistischen Staaten ab und warb Vertragsarbeiter und Vertragsarbeiterinnen aus Ungarn, Polen, Korea, Vietnam, Mosambik und Algerien an. Die Arbeitskräfte lernten Deutsch und mussten an politischen Schulungen teilnehmen. Viele dieser angeworbenen Männer und Frauen arbeiteten in der DDR in körperlich anstrengenden, weniger angesehenen Bereichen.

Vertragsarbeiterinnen aus Vietnam

Viele Vertragsarbeiterinnen kamen aus Vietnam. Sie lebten in Massenunterkünften und teilten sich Küche und Waschräume. Von der DDR-Bevölkerung sollten sie getrennt leben. Sie konnten 5 Jahre in der DDR arbeiten und hatten die Möglichkeit, begehrte DDR-Luxusgüter wie Fahrräder oder Mopeds zu kaufen und in die Heimat zu schicken. Während ihres Aufenthalts wurden sie von der Stasi und vietnamesischen Regierungsbeauftragten überwacht. Ein Verstoß gegen die sozialistische Arbeitsdisziplin führte zur Abschiebung.

5 Vergleiche die Situation von ausländischen Arbeitskräften in der BRD und Vertragsarbeitern und Vertragsarbeiterinnen in der DDR. Finde Gemeinsamkeiten und Unterschiede.

Ausschreitungen ab 1991

Angeworbene Arbeiter und Deutsche blieben sich in BRD und DDR oft fremd. Es gab wenig Austausch und oft auch wenig Verständnis für die jeweils andere Kultur. In Zeiten der Krise wurden die ausländischen Arbeitskräfte Konkurrenten um Arbeitsplätze. Hohe Arbeitslosenzahlen im Westen und der Verlust von Arbeit und Sicherheit im Osten des wiedervereinigten Deutschlands führten zu Beginn der 1990er-Jahre zu Übergriffen gegen Ausländer. In Hoyerswerda 1991 und in Rostock-Lichtenhagen 1992 gab es Brandanschläge auf ehemalige Vertragsarbeiterunterkünfte. Anwohner applaudierten, während die Bewohner Todesangst empfanden. Brandanschläge gegen türkische Familien in Mölln 1992 und Solingen 1993 forderten 7 Todesopfer.

Wähle einen der Arbeitsaufträge aus:

- Formuliere die Gefühle und Gedanken für eine Person auf jedem Bild.
- Erstelle aus der Sicht einer angeworbenen Arbeitskraft eine Liste der Vor- und Nachteile deiner Lebenssituation.
- Beurteile die Ausschreitungen von 1991. Berücksichtige auch die Bedeutung der Arbeitskräfte für die BRD und die DDR.

Sprachspeicher

Luxusgüter erwerben · gegen *die* Disziplin verstoßen

Neue Ostpolitik und Wunsch nach Frieden

Wodurch gelingt die Annäherung von West und Ost?

Wandel durch Annäherung

Der Mauerbau und die Kuba-Krise führten zu weltpolitischen Konflikten, in denen sich die USA und Sowjetunion und deren Verbündete gegenüberstanden. Die Konflikte betrafen die Bundesrepublik Deutschland und die DDR besonders. Die ersten Regierungen der Bundesrepublik hatten die DDR nicht als Staat anerkannt. Sie hielten die Teilung Deutschlands für unrechtmäßig. Daher war eine diplomatische Annäherung beider Staaten viele Jahre nicht möglich. 1969 gab es nach der Bundestagswahl erstmals eine Koalition von SPD und FDP. Der neue Regierungschef Willy Brandt (SPD) bemühte sich als erster Bundeskanzler mit seiner Regierung um eine Annäherung an die Staaten im Osten Europas. Sein Vorgehen wurde von der Opposition und Teilen der Bevölkerung stark kritisiert.

Der Grundlagenvertrag

1970 kam es zum ersten Zusammentreffen der Regierungschefs von BRD und DDR in Erfurt und in Kassel. So gelang es, einen Grundlagenvertrag zu formulieren und diplomatische Beziehungen zwischen den beiden Staaten aufzubauen.

[2] *Arbeiter demonstrieren für die Ostverträge.* Foto, 1972.

[1] *Der Beginn der deutsch-deutschen Annäherung: Der Bundeskanzler der BRD Willy Brandt (links) trifft den Vorsitzenden des Ministerrats der DDR Willi Stoph in Erfurt.* Foto, 19.3.1970.

Verträge mit der Sowjetunion, Polen und der Tschechoslowakei führten zu gegenseitigen Gewaltverzichtserklärungen und zur Anerkennung der Grenzen. Mit dem unerwarteten Kniefall vor dem Denkmal für die Helden des Aufstands im Warschauer Ghetto setzte der Bundeskanzler Brandt ein wichtiges Zeichen. Der Kniefall in Polen symbolisierte das Eingeständnis einer Schuld und die Bitte um Vergebung für die von Deutschen begangenen Verbrechen an der jüdischen Bevölkerung in Polen (s. Seite 290).

Aus dem Grundlagenvertrag von 1972:
Artikel 1: Die Bundesrepublik Deutschland und die Deutsche Demokratische Republik entwickeln normale gutnachbarliche Beziehungen zueinander auf der Grundlage der Gleichberechtigung.
Artikel 6: ... Sie respektieren die Unabhängigkeit und Selbstständigkeit jedes der beiden Staaten ...

[3] *Vertrag über die Grundlagen der Beziehungen zwischen der BRD und der DDR vom 21.12.1972.* Auszug.

1 Beschreibe, wie der SPD-Regierung die Annäherung an den Osten gelang.

2 Nimm Stellung zum Kniefall des Bundeskanzlers in Polen. War diese Geste angemessen?

Sprachspeicher
etwas für unrechtmäßig halten ▪ sich diplomatisch annähern ▪ eine Koalition bilden > sich zusammenschließen, um gemeinsame Ziele zu erreichen
eine Gewaltverzichtserklärung abgeben > erklären, dass man keine Gewalt anwenden wird, wenn es Konflikte gibt

[4] *Friedensdemonstration in Hamburg.* Foto, 1980.

[5] *Aufruf zu Friedensgebeten in der Leipziger Nikolaikirche im Herbst 1989.* Plakat/Foto, 1989.

3 Erkläre die Aussageabsicht des Transparents [4] und des Plakats [5].

Die Friedensbewegung im Westen

Immer wenn eine Atommacht neue Waffen entwickelte und sie stationierte, entstanden große Ängste. In den 1970er-Jahren stationierte die Sowjetunion neu entwickelte Raketen mit größerer Sprengkraft, die auf Westeuropa gerichtet waren. Die NATO fasste daraufhin den NATO-Doppelbeschluss. Er besagte, dass die NATO mit der Sowjetunion über den Abbau von Atomwaffen verhandeln wolle. Sollte die Verhandlungen scheitern, würde auch die NATO aufrüsten und Mittelstreckenraketen in Deutschland stationieren.

Diese angespannte Situation ängstigte viele Menschen in der BRD so, dass sie sich aktiv für den Frieden einsetzten. Es entwickelte sich eine große Friedensbewegung, die mit Demonstrationen und Aktionen für ein friedliches Miteinander und Abrüstung eintrat. 1981 kamen in Bonn ca. 300 000 Menschen zusammen, um gegen den NATO-Doppelbeschluss zu demonstrieren.

4 Erkläre mit deinen Worten, wovor die Menschen Angst hatten.

Die Friedensbewegung im Osten

Auch in der DDR gab es eine Friedensbewegung. Da die Friedensbewegung als staatsfeindlich eingeschätzt wurde, konnte sie sich nur im Schutz der Kirche organisieren. Das Motto der Friedensbewegung der DDR „Schwerter zu Pflugscharen" beruhte auf einem Bibelvers aus dem Alten Testament, Micha 4: „Sie werden ihre Schwerter zu Pflugscharen und ihre Spieße zu Sicheln machen. Es wird kein Volk wider das andere ein Schwert aufheben und sie werden nicht mehr kriegen lernen."

Einige Vertreter der Friedensbewegung, die außerhalb kirchlicher Veranstaltungen die Abrüstung oder die Abschaffung von Atomwaffen forderten, wurden vom Staat verfolgt, verhaftet und gezwungen, das Land zu verlassen.

Das Staatsoberhaupt der DDR, Erich Honecker, erklärte in einem Bericht zur Lage der Nation 1985: Die Bundesrepublik Deutschland und die DDR stehen in einer Verantwortungsgemeinschaft für den Frieden und die Sicherheit in Europa, beide müssen sich um eine Entschärfung der internationalen Lage bemühen.

Wähle einen der Arbeitsaufträge aus:

- Zeichne ein Plakat für eine Friedensdemonstration.
- Benenne die Vorteile der Annäherung. Nenne aber auch mögliche Nachteile.
- Nimm Stellung zur Verfolgung von Anhängern der Friedensbewegung in der DDR und zur Aussage Honeckers.

Sprachspeicher

gemeinsam für den Frieden eintreten ▪ als staatsfeindlich eingeschätzt werden ▪ *die* Abrüstung > Soldaten, Waffen, Ausrüstung kontrollieren und ganz oder teilweise abschaffen

die Pflugschar > das ist *die* Schneide eines Pflugs, mit dem ein Feld bearbeitet wird

Üben 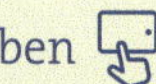

Methode Zeitzeugen befragen

Wie befrage ich Zeitzeugen?
Ein Zeitzeuge ist jemand, der von seinen persönlichen Erlebnissen, Handlungen oder Beobachtungen in einer bestimmten Zeit berichtet. Die Befragung von Zeitzeugen ermöglicht es, ein sehr anschauliches, lebendiges Bild von einer bereits vergangenen Zeit zu erhalten. Zeitzeugen berichten oft spannend, aber sie berichten nur aus ihrer eigenen Perspektive. Deshalb ist es wichtig, Aussagen von Zeitzeugen nicht als geschichtliche Wahrheit aufzufassen. Zeitzeugenaussagen sind oft gefiltert und, wie die meisten Erinnerungen, unvollständig. Zeitzeugenaussagen müssen überprüft und eingeordnet werden, genau wie die Aussagen schriftlicher Quellen. Folgende Schritte helfen dir bei einer Befragung von Zeitzeugen.

1. Schritt Befragung vorbereiten

- Informationen zur Vorbereitung sammeln, zunächst aus diesem Kapitel, weitere Materialien heranziehen (Bücher, Zeitschriften, Zeitungen, Internet), einen ersten Überblick gewinnen
- Thema der Befragung konkretisieren: Was will ich erfahren?
- Fragen vorbereiten und einen Fragebogen entwickeln, siehe Material [1 und 2]
- Befragung zur Probe einmal durchspielen, eventuell Fragen umformulieren

2. Schritt Kontakt mit Zeitzeugen aufnehmen

- Zeitzeugen zunächst in der Familie, Verwandtschaft, im Bekanntenkreis suchen
- Anfragen bei Parteien, Gewerkschaften, Kirchen, Gemeinde- oder Stadtverwaltungen
- klären: Ort, Zeit, Ablauf der Befragung und wie Aussagen verwendet (ausgewertet) werden dürfen

3. Schritt Befragung durchführen

- Befragung gut vorbereiten: angenehme Atmosphäre schaffen, Begrüßung, Dauer der Befragung absprechen, Gesprächsleitung klären, Aufnahmegeräte oder Protokollführung sichern, Fotos anfertigen (mit dem Gast klären)
- Fragen stellen, Aussagen festhalten, gestellte Fragen auf der Liste streichen
- bei Unklarheiten eventuell noch einmal nachfragen, dem Befragten Gelegenheit zum freien Erzählen geben
- Dank und Verabschiedung

4. Schritt Ergebnisse auswerten und bewerten

- Welche Informationen sind neu? Stimmen sie mit den Kenntnissen aus den Materialien (Büchern usw.) überein? Lassen sich die Unterschiede erklären? Wo sind Lücken zu erkennen? Wie sind sie zu schließen?
- Wie ist die Befragung gelaufen? Muss etwas für eine nächste Befragung geändert werden?

[1] *Grenzübergang in Herleshausen: Autokolonnen aus der DDR passieren die gerade geöffnete Grenze in die Bundesrepublik und werden freudig empfangen.* Foto, 10.11.1989.

Es gibt verschiedene Fragetypen, die sich für die Befragung von Zeitzeugen eignen:

A	offene W-Fragen	Wo waren Sie, als ...? Was haben Sie erlebt, als ...? Wie haben Sie erfahren, dass ...?
B	Fragen nach Gefühlen und Gedanken	Was haben Sie gefühlt, als ...? Was haben Sie über ... gedacht?
C	Fragen nach Vorgängen und Prozessen	Was ist passiert, nachdem ...? Wie kam es dazu, dass ...?
D	Fragen, um Genaueres zu erfahren	Fallen Ihnen dazu noch weitere Einzelheiten ein?
E	Fragen nach Meinungen	Welche Meinung haben Sie heute über die damaligen Geschehnisse?
F	Fragen, um das Verständnis zu überprüfen	Habe ich Sie richtig verstanden? Meinen Sie damit, dass ...?
G	Fragen, um den Wahrheitsgehalt zu prüfen	Haben Sie Belege? Gibt es Fotos oder andere Dokumente?
H	Fragen, die provozieren und herausfordern (nur sparsam einsetzen!)	Denken Sie heute anders als früher?

[1] *Verschiedene Fragetypen.* Tabelle.

Beispielhafte Fragen für eine Befragung über die ersten Tage nach der Grenzöffnung im November 1989
Ich bin Schüler/Schülerin der Klasse ..., der Schule ... und möchten Sie befragen, wie Sie die Tage nach dem Mauerfall und der Grenzöffnung im November 1989 erlebt haben

1	Können Sie sich bitte vorstellen und erzählen, was Sie 1989 beruflich gemacht haben und welchen Beruf Sie heute ausüben?
2	Wo erlebten Sie die Ereignisse vom November 1989?
3	Wie erfuhren Sie von der Öffnung der Mauer und der Grenzen?
4	Können Sie sich noch an Ihre damaligen Gefühle erinnern und uns diese schildern?
5	Wie war die erste Begegnung mit Bürgerinnen und Bürgern der DDR? Wo fand sie statt? Woran erinnern Sie sich noch?
6	Wie reagierten die Nachbarn in Ihrer Stadt/Ihrem Dorf auf die Ereignisse? Gab es Kritik?
7	Die Wiedervereinigung wird unterschiedlich beurteilt. Wie sehen Sie die Ereignisse mehr als drei Jahrzehnte später?
8	Ist nach Ihrer Meinung Deutschland noch immer zweigeteilt trotz der Wiedervereinigung?

[2] *Fragen für die Befragung eines Zeitzeugen.*

1 Ordne den Fragetypen in M1 Fragen aus M2 zu.
2 Formuliere eigene Fragen zum Thema Maueröffnung oder zu einem Thema deiner Wahl.

Das Ende des Kalten Kriegs

Was führte zur Wende in Europa und zur Auflösung der Sowjetunion?

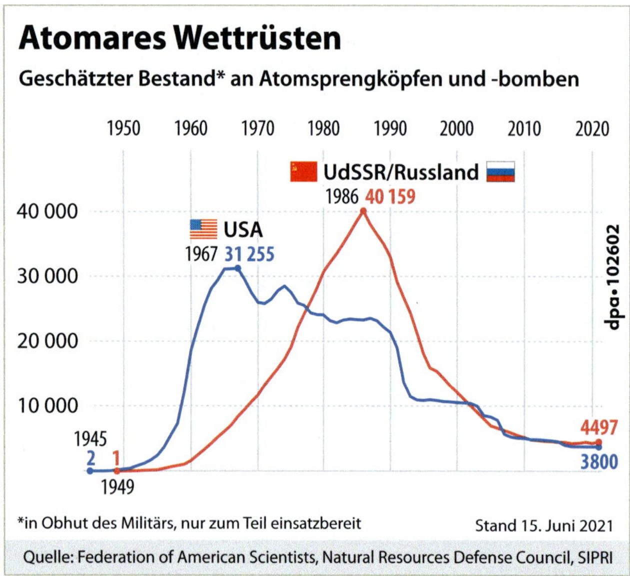

[1] Schaubild.

1 Analysiere die Grafik [1]. Nenne das Thema und beschreibe die Entwicklung.

Krise der Sowjetunion

Ab 1980 kam es zu großen Spannungen zwischen den USA und der Sowjetunion. Beide Weltmächte rüsteten weiter auf. Diese Aufrüstung stürzte die Sowjetunion in eine Wirtschaftskrise. Zudem führte die Sowjetunion Krieg in Afghanistan. Die Hälfte des Staatshaushalts wurde für militärische Zwecke ausgegeben. Als Folge konnte die Bevölkerung nicht mehr ausreichend versorgt werden.
Als Michail Gorbatschow 1985 Generalsekretär der Kommunistischen Partei wurde, versuchte er, die Krise mithilfe von Reformen zu beenden. Wichtige Neuerungen waren:

- die Demokratisierung des Sozialismus
- Vereinbarungen mit den USA über die militärische Abrüstung
- Verzicht der Führungsrolle der Sowjetunion über die Staaten im Ostblock, (z. B. DDR, Polen, Ungarn und die Tschechoslowakei)

Bei einem Treffen mit Bundeskanzler Helmut Kohl in Bonn im Juni 1989 erläuterte Michail Gorbatschow seine Politik:

... Das Recht aller Völker und Staaten, ihr Schicksal frei zu bestimmen und ihre Beziehungen zueinander auf der Grundlage des Völkerrechts souverän zu gestalten, muss sichergestellt werden. ... Bauelemente des Europas des Friedens und der Zusammenarbeit müssen sein: die uneingeschränkte Achtung der Integrität* und der Sicherheit jedes Staates. Jeder hat das Recht, das eigene politische und soziale System frei zu wählen. ...

[2] *Michail Gorbatschow, zit. n: Bulletin der Bundesregierung Nr. 61, 15.6.1989, Bundespresseamt Bonn, S. 542.*

* *die* **Integrität:** bezeichnet hier die Unverletzlichkeit der Grenzen eines Staats

[3] *Michail Gorbatschow war ein russischer Politiker, der 1985–1991 Generalsekretär des Zentralkomitees der Kommunistischen Partei der Sowjetunion und 1990–1991 Staatspräsident der Sowjetunion war. Seine Politik der Offenheit (Glasnost) und des Umbaus (Perestroika) trug maßgeblich zum Ende des Kalten Kriegs bei.* Foto, 1990.

2 Beschreibe die Situation, in der sich die Sowjetunion Anfang der 1980er-Jahre befand.

3 Erkläre, was die Haltung und die politischen Maßnahmen unter Gorbatschow bedeuteten für ...

- die Menschen in der Sowjetunion
- die übrigen Staaten des Ostblocks
- die Staaten Westeuropas.

Sprachspeicher
die Aufrüstung
etwas souverän gestalten > selbstbestimmt handeln

[4] *Der Zerfall der Sowjetunion und die Auflösung des Ostblocks.* Karte.

4 Analysiere die Karte [4]. Beachte die Farbgebung und die Daten der ersten freien Wahlen.

1989 – das Jahr der Reformen

Gorbatschows Wille zu Reformen ermutigte auch Menschen anderer Ostblockstaaten. Sie forderten nun ebenfalls freie Wahlen und eine Orientierung am Wirtschaftssystem der westlichen Staaten. Es kam in vielen Staaten des sich auflösenden Ostblocks zu Demonstrationen. Die Aufstände der Bevölkerungen verliefen zumeist, aber nicht immer friedlich. Sie wurden mit wenigen Ausnahmen aber nicht mit der Brutalität niedergeschlagen, mit der das sowjetische Militär in den Jahrzehnten davor in Berlin, Prag oder Ungarn eingegriffen hatte. In vielen Staaten des Ostblocks wurden kommunistische Regierungen gestürzt und freie Wahlen durchgeführt. Die Planwirtschaft wurde abgeschafft und die freie Marktwirtschaft eingeführt, was den Anstieg der Arbeitslosigkeit zur Folge hatte.

Die Sowjetunion zerbricht

In Folge der neuen Politik Gorbatschows löste sich der Warschauer Pakt im Juli 1991 auf. Der Kalte Krieg war beendet. Die Reformversuche Gorbatschows wurden von seiner Partei stark kritisiert. Er trat nach einem Putschversuch im Dezember 1991 zurück. Am 31.12.1991 wurde die Sowjetunion aufgelöst. Der größte Staat, der aus der ehemaligen Sowjetunion hervorging, war Russland. Der erste Präsident Russlands wurde Boris Jelzin.

Wähle einen der Arbeitsaufträge aus:

- Notiere Stichworte zum Thema „Aufrüstung".
- Nimm Stellung zur Aussage: „Die Jahre 1989 bis 1991 waren für die Geschichte Europas von großer Bedeutung."
- Erläutere, warum Gorbatschow in weiten Teilen Europas sehr beliebt, in Russland aber sehr umstritten ist.

Sprachspeicher
einen Aufstand niederschlagen ▪ eine Regierung stürzen

der Putschversuch > *der* Umsturzversuch

Das kann ich!

Versuche zunächst die Aufgaben auf dieser Doppelseite zu lösen, ohne im Kapitel nachzusehen. Wenn du Hilfe brauchst, kannst du bei den Aufgaben nachschlagen. Dort sind in Klammern die Seiten angegeben.

Begriff	Bedeutung
das CARE-Paket	Deutsche Demokratische Republik
die Währungsreform	Militärbündnis osteuropäischer Staaten
die Demilitarisierung	Konflikt zwischen den USA und der Sowjetunion, der fast zum Atomkrieg geführt hätte
der Warschauer Pakt	Einführung der Deutschen Mark als neues Geld in der Bundesrepublik Deutschland
die DDR	Abbau von Militär und Waffen
die Kuba-Krise	Nahrungsmittelspende mit haltbaren und kalorienhaltigen Lebensmitteln

[1] *Begriffe und ihre Bedeutung.*

Demon	tralisierung
Demo	zifizierung
De	tage
Dena	militarisierung
Dezen	kratisierung

[2] *Die fünf D.* Tabelle.

[3] *Ein älteres Paar hat sich einen Platz zum Wohnen in den Trümmern der Frankfurter Altstadt eingerichtet.* Foto, 1946.

[4] *Karikatur: Der Rüstungswettlauf.* Horst Haitzinger, 1981.

[5] *Die Luftbrücke nach Westberlin.* Foto, 1948/49.

[6] *Deutschland während der Besatzungszeit 1945 bis 1949.* Karte.

Aus einem Schulbuch der DDR für die 7. Klasse:
„Die sozialistische DDR und die imperialistische BRD bilden Gegensätze, die sich nicht überbrücken lassen. Sozialismus und Imperialismus sind unvereinbar wie Feuer und Wasser. Deshalb gibt es keinerlei „Gemeinsamkeiten". ...

[7] *Staatsbürgerkunde, Lehrbuch für Klasse 7, Berlin (Ost), 1980, S. 103.*

Sachkompetenz

1 Ordne den Begriffen in [1] die jeweils passende Bedeutung zu.

2 Erkläre mithilfe des Bildes [3], worunter die Menschen in der Nachkriegszeit litten. (S. 252/253)

3 Erläutere die in Bild [5] dargestellte Situation. Verwende diese Begriffe: Währungsreform, Fluchtbewegungen, Grenzanlagen, Versorgungsengpass, Luftbrücke, Besatzungszonen. (S. 256/257)

4 Setze die Silben von Material [2] richtig zusammen und schreibe die 5 Begriffe auf. (S. 255)

5 Gib in deinen Worten die Bedeutung und die Zielsetzung der 5 D aus Material [2] wieder. (S. 255)

Methodenkompetenz

6 Erstelle einen Notizzettel, der dir helfen kann, ein gutes Zeitzeugengespräch zu führen. (S. 270/271)

7 Werte die Karte [6] aus. Formuliere deine Erkenntnisse über die Situation in Deutschland zwischen 1945 und 1949. (S. 256/257)

Urteilskompetenz

8 Nimm Stellung zur Aussage der Karikatur [4]. Begründe ausführlich, warum du die Darstellung des Karikaturisten angemessen oder zu überzogen findest. (S. 269, 272)

9 „Frieden und Völkerfreundschaft" waren zentrale Erziehungsziele der Schule in der DDR. Vergleiche diese Erziehungsziele mit dem Schulbuchtext [7] und formuliere deine Erkenntnisse.

Teste dich

Der Weg zur deutschen Einheit

9. November 1989: Menschen auf der Berliner Mauer
Bis zu diesem Tag schien es unmöglich, dass die Grenze zwischen Ost- und Westdeutschland fällt. In der Nacht vom 9. auf den 10. November 1989 ist es den Menschen plötzlich möglich, durch die Grenzen von Ost- nach Westberlin zu laufen. Manche klettern sogar auf die Berliner Mauer.

1 Beschreibe das Foto.
2 Berichte, was du schon über den Fall der Berliner Mauer weißt.
3 Notiere deine Fragen zum Thema.

Schauplatz Berlin, November 1989

[1] *Menschen feiern in der Nacht vom 9. auf den 10. November den Fall der Berliner Mauer,* Foto, 1989. Aus der Flagge haben sie das Zeichen der DDR herausgeschnitten.

1 Beschreibe das Foto [1]. Beachte auch die Grafik auf Seite 249.

Berliner Mauer: Ein Zeichen der Trennung fällt

Nach wochenlangen Protesten und Demonstrationen trat 1989 die damalige Regierung der DDR zurück. Die folgende Regierung versprach der Bevölkerung der DDR Verbesserungen. Diese gingen den Menschen nicht weit genug und die Proteste gingen weiter.

Am 9. November 1989 kam es zu einem folgenreichen Interview eines Mitglieds der neuen Regierung der DDR. Das Mitglied des Politbüros bestätigte gegen 19 Uhr die sofortige Reisefreiheit für alle Bürgerinnen und Bürger der DDR.

Dieses Interview wurde live im Fernsehen übertragen und führte dazu, dass sich viele Menschen auf den Weg zu den Grenzübergängen machten. Im Laufe des Abends wurden die Grenzen dann geöffnet und die Menschen konnten ungehindert zwischen Ost- und Westdeutschland reisen. Die Grenzsoldaten wussten nicht, wie sie reagieren sollten. Auf sich allein gestellt, öffneten sie ohne Befehl gegen 23.30 Uhr die Grenze und ließen die Leute passieren. Die Berliner Mauer war gewaltfrei gefallen. Tausende gingen in den Westteil Berlins oder fuhren mit dem „Trabbi“. Häufig spricht man vom „Fall der Berliner Mauer“ als Symbol für den Wegfall der Grenze zwischen Ost- und Westdeutschland.

2 Gib die Ereignisse vom 9. und 10. November 1989 mit eigenen Worten wieder.

[2] *Grenzöffnung am Checkpoint Charlie in Berlin.* Foto, 10. November 1989.

Zeitzeugin Ute Ußler lebte 1989 in Ostberlin, der DDR-Hauptstadt. Sie erzählt:

1989 war ganz schön was los. Ich selbst habe mit Freunden an Demonstrationen in Berlin teilgenommen. Wir waren viele Tausend Menschen! Wir hatten schon Hoffnung, dass sich endlich etwas ändern würde. Immerhin war die alte Regierung zurückgetreten.

Am 9. November war ich abends zu Hause. Da haben sie es in den Nachrichten gesagt: „Reisefreiheit für alle DDR-Bürger – ab sofort." „Kann doch gar nicht sein!", habe ich gedacht.

Ich habe keine Sekunde gewartet, den Mantel angezogen und bin direkt zur Mauer gefahren. „Wenn das stimmt, dann gehe ich sofort rüber!", habe ich gedacht. Und dann ging das wirklich! Unglaublich ...

[3] *Interview durch den Autor.*

3 Lies den Augenzeugenbericht von Ute Ußler [3]. Überlege dir drei Fragen, die du ihr stellen würdest.

Zeitzeuge Jan Bielen, der 1989 in Köln lebte, berichtet vom 9. und 10. November:

Meine Frau und ich haben an dem Tag wie immer die Nachrichten gesehen. Und dann kamen die Bilder. Wir konnten das zuerst gar nicht glauben: Menschen standen auf der Berliner Mauer. „Da fahren wir hin!", haben wir gesagt. Von Köln bis Berlin ist es natürlich ein Stück. Morgens waren wir da. Die Straßen waren voller Menschen, überall Gedränge. Vor den Geschäften lagen Begrüßungsgeschenke der Westberliner: Wurst, Milch und Gebäck. [...]

Jugendliche drückten sich die Nasen an Modegeschäften platt, Tränen in den Augen alter und junger Berliner aus beiden Teilen der Stadt. Menschen, die sich nicht kannten, lagen sich in den Armen. Das werde ich nie vergessen.

[4] *Interview durch den Autor.*

4 Lies, was Zeitzeuge Jan Bielen berichtet. Begründe, ob du auch nach Berlin gefahren wärst.

Wähle einen der Arbeitsaufträge aus:

- Lies den Bericht von Ute Ußler [3]. Notiere, aus welchem Grund sie sofort zur Mauer gefahren ist.
- Frage deine Eltern oder Großeltern nach ihren Erinnerungen zum Mauerfall und notiere sie.
- Du bist Zeitungsreporter oder -reporterin: Schreibe einen Artikel zum Fall der Mauer zwischen Ost- und Westberlin.

[1] *Die Bundesrepublik Deutschland und die Bundesländer seit dem 3.10.1990.* Karte.

Eine Teilung mit Geschichte

Deutschland wurde nach dem Zweiten Weltkrieg in vier Bereiche aufgeteilt. Jeder dieser Bereiche wurde von einer der Siegermächte USA, Frankreich, Großbritannien und Sowjetunion verwaltet. Der Bereich, der 1949 zur DDR wurde, stand unter sowjetischer Verwaltung.

Am 23. August 1990 stimmte das Parlament der DDR mit großer Mehrheit für den Beitritt zur Bundesrepublik. Der Staat DDR hatte seine eigene Auflösung beschlossen. Am 3. Oktober 1990 wurden das ehemalige Staatsgebiet der DDR und die Bundesrepublik Deutschland zusammengefügt. Seit diesem Tag besteht die Bundesrepublik Deutschland aus 16 Bundesländern. Als „Tag der Deutschen Einheit" feiert man in Deutschland jedes Jahr den 3. Oktober.

Rund um die Wiedervereinigung gab es einige Entwicklungen, die nicht nur Deutschland betrafen. Nach der Grenzöffnung gab es die ersten freien Wahlen in der DDR. Bisher unüberwindbare Grenzen fielen weg. Die alten Gegner Sowjetunion und die USA näherten sich politisch an.

1 Beschreibe, welche der heutigen Bundesländer früher Teil der DDR waren.

▸ **1949**
Gründung der Bundesrepublik Deutschland und der Deutschen Demokratischen Republik (DDR)

▸ **1961**
Bau der Berliner Mauer

▸ **1985**
Michail Gorbatschow kommt in der Sowjetunion an die Macht, leitet Reformen ein

▸ **August/September 1989**
Botschaftsbesetzungen in Prag und Warschau

▸ **September 1989**
Ungarn öffnet seine Grenzen zu Österreich

▸ **9./10. November 1989**
Fall der Berliner Mauer

▸ **März 1990**
erste freie Wahlen in der DDR

▸ **3. Oktober 1990**
Wiedervereinigung beider deutscher Staaten

▸ **2. Dezember 1990**
erste gesamtdeutsche Wahlen nach dem Zweiten Weltkrieg

Der Weg zur Deutschen Einheit

Demokratie in der Bundesrepublik

Welche Merkmale machten die Bundesrepublik zu einer Demokratie?

[1] *Die Bundeskanzler und eine Bundeskanzlerin der Bundesrepublik.* Collage.

1 Betrachte die Bilder [1 bis 3]: Was gehört für dich zu einer Demokratie?

Merkmale einer Demokratie

Die Grundlagen der Demokratie in der Bundesrepublik sind im Grundgesetz festgelegt. Das Grundgesetz trat 1949 in Kraft und war die Voraussetzung eines demokratischen und sozialen Staats in den Westzonen. Die Gesetze werden durch den Bundestag mit Mehrheit beschlossen. Der Bundestag ist ein demokratisches, frei gewähltes Parlament, das aus unabhängigen politischen Parteien besteht.

Im Grundgesetz wird geregelt (Beispiele):

- Die Bürgerinnen und Bürger bestimmen durch Wahlen über ihre Regierung.
- Der Schutz der Menschenwürde, das Recht auf Leben und die Gleichheit vor dem Gesetz sind garantiert.
- Die drei Gewalten „Regierung“ (vollziehend), „Parlament“ (gesetzgebend) und „Gerichte“ (Recht sprechend) arbeiten voneinander getrennt. Sie kontrollieren sich gegenseitig. Auf diese Weise soll sichergestellt werden, dass die Gesetze eingehalten werden und die staatliche Macht begrenzt wird.

2 Zähle wichtige Merkmale unserer Demokratie auf.

[2] *Demonstration von Friedensaktivisten.* Foto, 1987. Die Friedenstaube ist ihr Zeichen.

Die Bürgerinnen und Bürger haben eine Stimme

Ein Grundsatz der Demokratie ist das Recht auf freie Meinungsäußerung. Seine Meinung äußert man häufig in Form von Demonstrationen und Bewegungen. Ein Beispiel dafür ist die Friedensbewegung aus den 1950er-Jahren. In dieser Zeit demonstrierten viele Menschen gegen die Wiederbewaffnung der Bundesrepublik und den Beitritt zur NATO.

Später demonstrierten die Menschen gegen die atomare Aufrüstung der NATO und des Warschauer Pakts. Diese Bewegung schaffte es, mehrere Millionen Menschen zu mobilisieren, die für ihre Interessen demonstrierten.

Sprachspeicher

Bürgerinnen und Bürger wählen • *der* Schutz der Menschenwürde

seine Meinung äußern > seine Meinung sagen • Menschen mobilisieren > sie in Bewegung bringen

Helmut Kohl (CDU) 1982–1998	Gerhard Schröder (SPD) 1998–2005	Angela Merkel (CDU) 2005–2021	Olaf Scholz (SPD) seit 2021

[3] *Anti-Atomkraft-Demonstration.* Foto, 2011.

Die Umweltbewegung

Die Friedensbewegung ist ein Beispiel dafür, wie Bürgerinnen und Bürger für ihre Interessen einstehen. In den 1970er-Jahren gab es eine weitere Bewegung, die sich mit Themen des Umweltschutzes beschäftigte. Aus dieser Bewegung entstand später die Partei Bündnis 90/Die Grünen.

Die Umweltbewegung richtete sich im Wesentlichen gegen den Ausbau und die Nutzung der Atomenergie. Die Menschen hatten Angst vor den Risiken, die mit dieser Form der Energiegewinnung in Verbindung stehen. Ein Unfall in einem Atomkraftwerk in Tschernobyl (heute: Ukraine) 1986 sorgte dafür, dass sich immer mehr Menschen dieser Bewegung anschlossen.

3 Begründe: Würdest du bei einer Protestbewegung teilnehmen? Welches Thema wäre dir wichtig?

Pressefreiheit

Im Grundgesetz ist auch die Pressefreiheit geregelt. Sie ist besonders wichtig, um die Menschen in einem Land zu informieren und zu gewährleisten, dass sich Menschen ohne Angst und Kontrolle austauschen können. Dabei ist es möglich, die eigene Meinung in Zeitungen und dem Internet frei zu äußern. Wichtig ist aber, dass man die Grundrechte anderer dabei nicht verletzt. Aufgrund der Pressefreiheit gibt es in Deutschland eine Vielzahl von Zeitungen, TV-Sendungen und Internetblogs, die unterschiedliche Meinungen vertreten.

4 Erläutere die Bedeutung der Pressefreiheit für eine Demokratie. Gibt es dabei auch kritische Aspekte?

Wähle einen der Arbeitsaufträge aus:

- Notiere in Stichworten, warum dir Umweltschutz wichtig ist.
- Erläutere drei Merkmale von „Demokratie in der Bundesrepublik Deutschland“.
- Verfasse einen Text: „Demokratie – mehr als nur Wahlen“.

Sprachspeicher

gegen etwas demonstrieren • sich einer Bewegung anschließen • ein Risiko für zu groß halten • sich für etwas engagieren

Diktatur in der DDR

Wie beherrschte die Regierung das Volk?

[1] *Parteikonferenz der Sozialistischen Einheitspartei Deutschlands 1952: Kundgebung in Ostberlin unter dem Motto „Für Frieden, Einheit, Demokratie und Sozialismus".* Foto, Juli 1952.

1 Beschreibe das Foto [1].

Verfassung und Wirklichkeit

Die Regierung der DDR behauptete, demokratisch zu sein. Die Verfassung garantierte Grundrechte wie freie und geheime Wahlen, Rede-, Presse-, Versammlungs- und Religionsfreiheit oder das Postgeheimnis. Doch die Wirklichkeit sah anders aus:

- Die Macht übte nur eine einzige Partei aus, die SED (Sozialistische Einheitspartei).
- Wahlergebnisse wurden gefälscht.
- Die Volkskammer trat nur selten zusammen und bestätigte fast immer einstimmig Gesetzesvorlagen.
- Jede Art von Kritik an der DDR und SED wurde strafrechtlich verfolgt.
- Demonstrationen gegen die Regierung waren verboten.
- Der Staat bespitzelte die Bürger und Bürgerinnen mit kriminellen Methoden.
- DDR-Bürgerinnen und -Bürger durften ihr Land praktisch nicht verlassen. Fluchtversuche wurden bestraft, auf Flüchtende wurde geschossen.

Wahlen in der DDR

Bei Wahlen in der DDR wurden zwar Wahlkabinen aufgestellt, doch die Menschen wurden unter Druck gesetzt, sie nicht zu benutzen. Sie sollten „offen und ehrlich" abstimmen.

Es standen nur Listen mit SED-Kandidaten zur Wahl und man konnte nur „Ja" oder „Nein" ankreuzen. Aus Angst vor negativen Folgen stimmte fast niemand mit „Nein". Stimmzettel, die ohne Kreuz in die Wahlurne geworfen wurden, zählte man als Ja-Stimmen. So bekam die SED fast immer 100 Prozent der Stimmen.

Sprachspeicher

Grundrechte garantieren ▪ Macht ausüben

die Bürgerinnen und Bürger bespitzeln ▪ Menschen unter Druck setzen

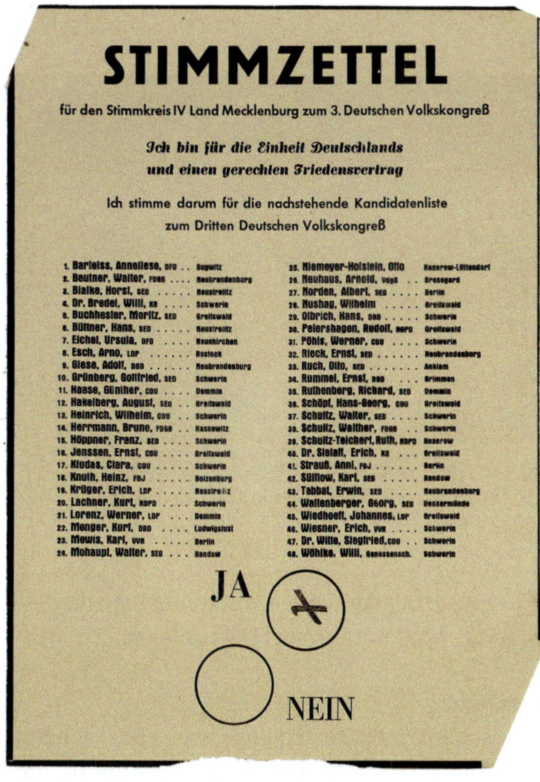

STIMMZETTEL

für den Stimmkreis IV Land Mecklenburg zum 3. Deutschen Volkskongreß

Ich bin für die Einheit Deutschlands und einen gerechten Friedensvertrag

Ich stimme darum für die nachstehende Kandidatenliste zum Dritten Deutschen Volkskongreß

1. Barleiss, Anneliese, DFD .. Bugwitz
2. Beutner, Walter, FDGB .... Neubrandenburg
3. Bialke, Horst, SED ...... Neustrelitz
4. Dr. Bredel, Willi, KB .... Schwerin
5. Buchhester, Moritz, SED Greifswald
6. Büttner, Hans, SED ...... Neustrelitz
7. Eichel, Ursula, DFD .... Neunkirchen
8. Esch, Arno, LDP .... Rostock
9. Giese, Adolf, DBD .... Neubrandenburg
10. Grünberg, Gottfried, SED Schwerin
11. Haase, Günther, CDU .... Demmin
12. Hakelberg, August, SED .. Greifswald
13. Heinrich, Wilhelm, CDU .. Schwerin
14. Herrmann, Bruno, FDGB .. Kasnewitz
15. Höppner, Franz, SED .... Schwerin
16. Jenssen, Ernst, CDU .... Greifswald
17. Kludas, Clara, CDU ..... Schwerin
18. Knuth, Heinz, FDJ ..... Boizenburg
19. Krüger, Erich, LDP ..... Neustrelitz
20. Lachner, Kurt, NDPD .... Schwerin
21. Lorenz, Werner, LDP ... Demmin
22. Menger, Kurt, DBD .... Ludwigslust
23. Mewis, Karl, VVN ..... Berlin
24. Mohaupt, Walter, SED ... Randow
25. Niemeyer-Holstein, Otto Koserow-Lüttenort
26. Neuhaus, Arnold, VdgB .. Bresegard
27. Norden, Albert, SED .... Berlin
28. Nushag, Wilhelm ..... Greifswald
29. Olbrich, Hans, DBD ..... Schwerin
30. Petershagen, Rudolf, NDPD Greifswald
31. Pöhls, Werner, CDU .... Schwerin
32. Rieck, Ernst, SED ...... Neubrandenburg
33. Ruch, Otto, SED .... Anklam
34. Rummel, Ernst, DBD ... Grimmen
35. Ruthenberg, Richard, SED Demmin
36. Schöpf, Hans-Georg, CDU Greifswald
37. Schultz, Walter, SED .... Schwerin
38. Schultz, Walther, FDGB .. Schwerin
39. Schultz-Teichert, Ruth, NDPD Koserow
40. Dr. Sielaff, Erich, KB ... Greifswald
41. Strauß, Anni, FDJ ...... Berlin
42. Süllow, Karl, SED ..... Randow
43. Tabbat, Erwin, SED .... Neubrandenburg
44. Wallenberger, Georg, SED Ueckermünde
45. Wiedhoeft, Johannes, LDP Greifswald
46. Wiesner, Erich, VVN .... Schwerin
47. Dr. Witte, Siegfried, CDU .. Schwerin
48. Wöhlke, Willi, Genossensch. Schwerin

JA

NEIN

[2] *Stimmzettel einer Wahl in der DDR*, Foto.

2 Erläutere, warum die Wahlen in der DDR nicht demokratisch waren.

3 Lies den Stimmzettel [2] und vergleiche mit einem Stimmzettel in der Bundesrepublik.

Der Staat herrscht über Menschen und Medien

Prägend für das Leben in der DDR war das Gefühl, im eigenen Land eingesperrt zu sein.

Als in den 1970er-Jahren die Unzufriedenheit wegen Versorgungsproblemen stieg, stellten viele DDR-Bürgerinnen und -Bürger einen Ausreiseantrag. Die Anträge wurden abgelehnt oder ihnen wurde erst nach vielen Jahren stattgegeben. Die Antragsteller und ihre Familien wurden verhört. Kinder erfuhren Nachteile in Schule und Ausbildung. Der Staat ließ Menschen, die sich nicht wie gewünscht verhielten, an Arbeitsplätze versetzen, an denen sie körperlich schwer arbeiten mussten. Jugendliche, die sich keine Lehrstellen suchten, konnten in Heime eingewiesen werden.

[3] *Walter Ulbricht, Staatschef der DDR 1950–1970*, Foto. Während Ulbrichts Amtszeit wurde die Berliner Mauer gebaut.

[4] *Erich Honecker, Staatschef der DDR von 1971–1989*, Foto. Honecker wurde nach dem Fall der Mauer wegen Menschenrechtsverletzungen vor Gericht gestellt. Das Verfahren wurde wegen Krankheit eingestellt.

Der Staat kontrollierte auch die Medien. Kritische Zeitungen und Filme waren verboten. Wer sie verbreitete, konnte ins Gefängnis kommen.

Es gab in der DDR auch unzufriedene Bürger, die den Staat durch Reformen verändern und im Land bleiben wollten. Manche von ihnen wurden „ausgebürgert“: Die Regierung nahm ihnen die Pässe weg und schickte sie gegen ihren Willen in die Bundesrepublik.

Wähle einen der Arbeitsaufträge aus:

- Lies den Text „Wahlen in der DDR“. Notiere in Stichworten, warum die SED stets mit annähernd 100 Prozent der Stimmen die Wahlen gewann.
- Sammele Stichworte zu den folgenden Überschriften: Verfassung und Wirklichkeit, Wahlen in der DDR, Der Staat herrscht über die Menschen.
- Schreibe einen Tagebucheintrag: Ein DDR-Bürger möchte bei der Wahl mit „Nein“ stimmen. **Starthilfe:** *„Ich mache da nicht mehr mit …*
- Verfasse einen Zeitungsartikel für eine westdeutsche Zeitung: „Die DDR – eine demokratische Republik?“.

Sprachspeicher

einen Ausreiseantrag stellen • einen Antrag ablehnen • einem Antrag stattgeben • jemanden ausbürgern > er wird ausgebürgert, aus seinem Heimatland verwiesen

Der Staat spioniert seine Bürger aus

Was war die „Stasi"?

[1] *Akten im „Stasi"-Archiv.* Foto.

[2] *Die „Stasi" sammelte Tausende von Geruchsproben. Damit sollten Hunde die Spur von Menschen verfolgen können.* Foto, 2009.

1 Beschreibe die beiden Fotos [1, 2]. Was erfährst du über die „Stasi"?

Die „Stasi"

Das Ministerium für Staatssicherheit (MfS), auch „Stasi" genannt, bespitzelte die Bürger der DDR und anderer Staaten. Jede Art von Kritik an der DDR sollte dokumentiert und bei Bedarf gegen die Menschen verwendet werden. Im Jahr des Mauerbaus 1961 verfügte die Stasi über 100 000 Spitzel. Unter den Bürgern der DDR herrschte oft gegenseitiges Misstrauen. Die Menschen wussten nicht, wem sie vertrauen konnten und wer vielleicht ein Stasi-Spitzel war. Die Stasi legte Akten an, in denen sie Informationen über die Menschen sammelte. Telefone wurden abgehört, Briefe gelesen, Kontakte zu anderen Menschen notiert, Wohnungen mit Abhörwanzen ausgestattet. Außerdem hatte die Stasi die Möglichkeit, Verdächtige zu verhaften und unter folterähnlichen Bedingungen zu verhören. Beschuldigte wurden völlig von der Außenwelt isoliert. Durch Schlafentzug oder Schläge wollte die Stasi sie dazu bringen, ein Geständnis abzulegen oder Freunde zu verraten. Die Betroffenen konnten sich nicht dagegen wehren und keinen Anwalt nehmen. Einige DDR-Bürger, die in den Westen geflüchtet waren, wurden von der Stasi entführt und in die DDR zurückgebracht. Dort verurteilten sie Gerichte zu langjährigen Haftstrafen. Andere DDR-Flüchtlinge wurden von der Stasi sogar ermordet.

2 Fasse in deinen Worten zusammen, wie die „Stasi" mit Kritikern der DDR umging.

Zersetzung

Die sogenannte Zersetzung war eine geheimdienstliche Methode, mit der die Stasimitarbeiter versuchten, Kritiker der DDR einzuschüchtern.

Aus der Richtlinie Nr. 1/76 des MfS:

Bewährte Formen der Zersetzung sind:

- systematische Diskreditierung (Schlechtmachen) des öffentlichen Rufes ...
- systematische Organisierung beruflicher und gesellschaftlicher Misserfolge zur Untergrabung des Selbstvertrauens einzelner Personen ...

Bewährte Mittel und Methoden der Zersetzung sind: ...

- die Verwendung anonymer oder pseudonymer Briefe, Telegramme, Telefonanrufe usw. ...
- die gezielte Verbreitung von Gerüchten über bestimmte Personen einer Gruppe, Gruppierung oder Organisation ...

[3] *Ministerrat der Deutschen Demokratischen Republik, Ministerium für Staatssicherheit, 008, Nr. 100/76, Richtlinie Nr. 1/76 zur Entwicklung und Bearbeitung Operativer Vorgänge, Januar 1976, S. 47 f.*

Sprachspeicher

jemanden bespitzeln • etwas gegen jemanden verwenden • ein Geständnis ablegen

anonym > ohne Namen • pseudonym > mit falschem Namen

[4] *Säcke voller zerkleinerter Stasi-Akten im ehemaligen Ministerium für Staatssicherheit.* Foto, 1996.

Den DDR-Schriftsteller und Psychologen Jürgen Fuchs behandelte die Stasi so:
F. wurde kontinuierlich, vor allem in den Nachtstunden, in seiner Wohnung angerufen, ohne dass sich der Anrufer meldete. Gleichzeitig wurde jeweils der Fernsprechanschluss zeitweilig blockiert. Im Namen von F. wurde eine Vielzahl von Bestellungen von Zeitungen, Zeitschriften, Prospekten ... aufgegeben, darunter auch Bestellungen, die zur Kompromittierung (Bloßstellung) geeignet sind. Mehrfach wurden Taxis und Notdienste (Schlüsselnotdienst, Abflussnotdienst, Abschleppdienst) vorwiegend nachts zur Wohnung des F. bestellt.

[5] *zit. n.: Gieseke, Jens; Hubert, Doris: Die DDR-Staatssicherheit, Bundeszentrale für politische Bildung, Bonn, 2000, S. 64.*

3 Arbeite aus [3] und [5] heraus, wie die Stasi versuchte, Menschen einzuschüchtern.

Das Ende der Stasi

Nach dem Fall der Mauer im November 1989 begannen Mitarbeiter der Stasi, die Akten in allen Zentralen zu vernichten. Demonstranten besetzten daraufhin die Zentralen, um die Akten zu schützen. 111 Kilometer Akten lagern inzwischen im Stasi-Unterlagen-Archiv. Ehemalige Bürgerinnen und Bürger der DDR können mithilfe der Akten seit dem Fall der Mauer erfahren, ob sie bespitzelt wurden und wer sie bespitzelt hat. Auch viele geschredderte Akten wurden gerettet und werden bis heute kriminalistisch wieder zusammengesetzt, um sie lesen und auswerten zu können.

4 Vermute, weshalb Mitarbeiter der Stasi versucht haben, möglichst viele Akten zu vernichten.

Wähle einen der Arbeitsaufträge aus:

- Überlege, wie die Maßnahmen in [5], z. B. Anrufe und Türklingeln in der Nacht, auf die betroffenen Menschen und die Bevölkerung wirken mussten.
- Erläutere aus Perspektive eines ehemaligen DDR-Bürgers, warum dir die Einsicht in deine Akte wichtig oder unwichtig ist.
- Erörtere, z. B. in Form eines Tagebucheintrags, welche Vorteile und welche Ängste mit der Einsicht in die eigene Stasi-Akte verbunden sind.

Sprachspeicher
die Akten schreddern > *die* Akten vernichten ·
der Fernsprechanschluss > *der* Telefonanschluss
in Akten Einsicht nehmen > in Akten lesen

Erstarrung im Osten

Warum wurden Reformen in den östlichen Ländern unterdrückt?

[1] *Militärparade zum 40. Jubiläum der DDR auf der Karl-Marx-Allee in Ostberlin.* Foto, 7.10.1989.

1 Beschreibe das Bild [1].

Führungsanspruch der Sowjetunion

Die politische Führung der Sowjetunion in Moskau sah sich als Herrscher über die Länder des Warschauer Pakts. Als mächtiges Bündnis kommunistischer Staaten waren sie der starke Gegner des Westens. Um politische Gegner und die Bevölkerung zu beeindrucken und Angst zu schüren, wurde diese Macht regelmäßig und sehr aufwendig demonstriert. Z.B. gab es regelmäßig Militärparaden. Die Macht wurde durch strenge Regeln und Überwachung der Bevölkerung umgesetzt. Wirtschaftliche Probleme und Versorgungsmängel bestimmten aber den Alltag in den Ländern des Ostens.

Aufstand in Ungarn 1956

1956 kam es in der ungarischen Hauptstadt Budapest zu Protestkundgebungen. Diesen Protesten schlossen sich viele Menschen an. Die Macht der Kommunistischen Partei Ungarns zerfiel. Armee und Polizei wechselten zu den Aufständischen über. Die neue Regierung beschloss, die Diktatur zu beenden und eine demokratische Regierungsform einzuführen. Die in Ungarn stationierten sowjetischen Truppen sollten Ungarn verlassen. Doch mit diesen Truppen bekämpfte die Sowjetunion die neue Regierung und ihre Anhänger. Während der dreiwöchigen Kämpfe starben 2500 Ungarn und 750 Sowjetsoldaten. Hunderttausende Ungarn flohen nach Österreich. Die Sowjets setzten eine neue kommunistische Regierung ein. Sie übernahm die Macht und verfolgte alle Aufständischen. Die USA griffen in die Kämpfe nicht ein, da sie einen Krieg mit der Sowjetunion vermeiden wollte.

Aufstand in der Tschechoslowakei 1968

Auch in anderen Staaten des Ostblocks versuchten die Bürgerinnen und Bürger, Reformen zu erreichen. In der Tschechoslowakei gab es eine neugewählte Führung der Kommunistischen Partei. Diese versprach 1968 einen „Kommunismus mit menschlichem Antlitz“. Dieses Reformprogramm enthielt Garantien für Rede-, Presse- und Versammlungsfreiheit, Reisefreiheit und Reformen in der Wirtschaftspolitik. Der neue Kurs erlaubte auch offene Kritik an der Kommunistischen Partei. Dadurch sahen sich die Führer der übrigen Ostblockstaaten zum Handeln gezwungen: Am 21. August 1968 marschierte eine Armee des Warschauer Pakts in die Tschechoslowakei ein und beendete die Reformbewegung gewaltsam.

Sprachspeicher

kommunistische Staaten ▪ Angst schüren > Angst machen ▪ *das* Reformprogramm beschließen ▪ *das* Antlitz > *das* Gesicht

2 Benenne, welche Ziele die Reformer in Ungarn und der Tschechoslowakei durchsetzen wollten.

Sowjetunion nimmt sich das Recht zu bestimmen

Der damalige sowjetische Partei- und Staatschef Leonid Breschnew erklärte 1968, die Sowjetunion hätte das Recht, die Eigenständigkeit der verbündeten Länder nach Belieben einzuschränken, wenn der Sozialismus durch innere oder äußere Feinde bedroht sei. Auch militärische Maßnahmen seien zulässig.

Freiheitsbewegung in Polen

Auch Polen wurde kommunistisch regiert. 1980 wurde die unabhängige Gewerkschaft „Solidarność" unter Führung von Lech Walesa gegründet. Der Gewerkschaft gelang es, im Land wirtschaftliche Verbesserungen und eine freiere Politik durchzusetzen. Diese freiheitlichere Phase beendete im Dezember 1981 das polnische Militär durch einen Staatsstreich. Solidarność wurde verboten und über Polen das Kriegsrecht verhängt.
Die Wirtschaftslage verschlechterte sich stetig. Das zwang die regierenden Kommunisten, doch mit der verbotenen Gewerkschaft Solidarność zu verhandeln. Bei den Gesprächen vermittelten Vertreter der katholischen Kirche. Die Verhandlungen hatten folgende Ergebnisse:

- die Wiederzulassung der Solidarność
- die Einführung demokratischer Freiheiten
- die Umgestaltung der Planwirtschaft
- die Abhaltung freier Wahlen

Die Verhandlungen wurden zum Ausgangspunkt aller Veränderungen im Ostblock im Jahr 1989.

3 Beschreibe mit deinen Worten, welche Erfolge die Gewerkschaft Solidarność erzielte.

[2] *Werftarbeiter in Danzig streiken. Streikführer Lech Walesa wird von* Arbeitern auf den Schultern über das Gelände getragen. Foto, August 1980.

Auf Polen folgten andere Staaten

Neben Polen gab es Ende der 1980er-Jahre in weiteren osteuropäischen Ländern ähnliche Entwicklungen. In der Sowjetunion versuchte der Parteichef Michail Gorbatschow, ab 1985 durch Reformen der dramatischen wirtschaftlichen Schieflage entgegenzuwirken. In Ungarn beschloss eine neu gewählte Regierung am 11. September 1989 die Öffnung der Grenze zu Österreich. Die Regierung der DDR wollte die Veränderungen erst nicht wahrhaben. Insgesamt kann man von einem schnellen Auseinanderfallen der damaligen Sowjetunion und des Ostblocks sprechen.

4 Erkläre, welche Auswirkungen die Reformen in Polen hatten.

Wähle einen der Arbeitsaufträge aus:

- Lies den Text „Freiheitsbewegung in Polen" und benenne, wer für die Veränderungen kämpfte.
- Erkläre, warum auf Bild [1] Raketen zu sehen sind.
- Du bist ein Reporter oder eine Reporterin: Schreibe einen Artikel über die Forderungen der polnischen Gewerkschaft Solidarność.
- Recherchiere den Begriff „Perestroika" und berichte darüber in der Klasse.

Sprachspeicher

der Staatsstreich > ein Umsturz, bei dem z. B. *das* Militär *die* gesamte Staatsgewalt übernimmt

das Kriegsrecht > wie in einer Diktatur werden Grundrechte außer Kraft gesetzt

Annäherung von Ost und West

Wie verbesserten sich die Beziehungen von Ost und West seit den 1970er Jahren?

[1] *Bundeskanzler Willy Brandt am Mahnmal für den Aufstand im Warschauer Ghetto. Deutsche Truppen hatten hier 1943 einen Aufstand der unter unmenschlichen Bedingungen lebenden Juden blutig niedergeschlagen.* Foto, 1970.

1 Beschreibe Abbildung [1]. Warum war dieses Ereignis so bedeutsam?

Außenpolitik: Die Ostverträge

1969 wurde Willy Brandt zum Bundeskanzler gewählt. Brandt war Mitglied der Sozialdemokratischen Partei Deutschlands (SPD). Zum ersten Mal nach der Gründung der Bundesrepublik wurde der Bundeskanzler nicht von der CDU gestellt. In seiner Regierungserklärung versprach Brandt, dass er sich für mehr Demokratie einsetzen und eine neue Ostpolitik verfolgen wolle. Ergebnis dieser veränderten Ostpolitik waren Verträge mit der DDR, Polen und der Sowjetunion. Wichtige Inhalte der Verträge waren:

- die Anerkennung der bestehenden Grenzen
- die gegenseitige Anerkennung
- die Erhaltung des Friedens
- Deutschland erhebt keinen Anspruch mehr auf Gebiete, die nach 1945 polnisch geworden waren.

Die KSZE

Eine bedeutende Rolle bei der Annäherung zwischen Ost und West spielte die „Konferenz für Sicherheit und Zusammenarbeit in Europa“ (KSZE). An dieser Konferenz nahmen alle europäischen Staaten sowie die USA und die Sowjetunion teil. Dies war wichtig, da die USA im Besonderen die Länder in Westeuropa wirtschaftlich und politisch unterstützte. Die Sowjetunion nahm großen Einfluss auf die Länder in Osteuropa (siehe S. 114/115). Wichtige Beschlüsse der KSZE waren:

- keine Androhung oder Anwendung von Gewalt
- Unverletzlichkeit der bestehenden Grenzen
- friedliche Regelung von Streitfällen
- Nichteinmischung in innere Angelegenheiten
- Achtung der Menschenrechte

Dies hatte besondere Auswirkungen auf demonstrierende Bürgerinnen und Bürger in der DDR. Sie hatten nun einen gewissen Schutz vor den Strafen der Regierung. Trotzdem wurden Menschen verhaftet, doch sie konnten sich auf die Beschlüsse der KSZE berufen. Entscheidend war aber die Verbesserung der Reisefreiheit zwischen den beiden deutschen Staaten: Mehr Menschen aus der DDR konnten in die Bundesrepublik einreisen.

2 Gib die Beschlüsse der KSZE wieder.

Sprachspeicher
eine neue Politik einleiten, verfolgen • an einer Konferenz teilnehmen • wichtige Beschlüsse fassen
sich auf etwas berufen

[2] *Der Generalsekretär der Sowjetunion Michail Gorbatschow (links) und der Präsident der USA Ronald Reagan (rechts) unterzeichnen einen Abrüstungsvertrag.* Foto, 8. Dezember 1987.

Reformen unter Gorbatschow

Seit Beginn der 1980er Jahre gab es in der Sowjetunion wirtschaftliche Probleme. Dies führte zu großen Schwierigkeiten bei der Versorgung der Bevölkerung mit Lebensmitteln, Medikamenten und anderen Waren des täglichen Bedarfs. Die Unzufriedenheit der Menschen wuchs.

1985 wurde Michail Gorbatschow Staatschef. Er versuchte, das Land zu reformieren und aus der wirtschaftlichen Krise herauszuführen. Unter den Schlagworten „Glasnost" (russ. = Offenheit) und „Perestroika" (russ. = Umgestaltung) sollte die Sowjetunion demokratisiert und von den Problemen der Planwirtschaft befreit werden.

Dieses Vorhaben zwang die Sowjetunion, ihre hohen Ausgaben für Rüstung (Militär) zurückzufahren. So sollten mehr Mittel für die Warenproduktion und damit für die Versorgung der Bevölkerung zur Verfügung stehen. Nach Verhandlungen zwischen der Sowjetunion und den USA bauten die beiden Weltmächte einen großen Teil ihrer Atomwaffen ab.

Der Reformkurs Gorbatschows ermutigte die Menschen in den anderen Mitgliedstaaten des Warschauer Pakts. Sie erhofften sich Reformen und mehr Demokratie auch in ihren Ländern.

Vor allem in Ungarn, der Tschechoslowakei und Polen wurde der Ruf nach Demokratie immer lauter.

3 Schildere den Reformkurs Gorbatschows und die Folgen.

Wähle einen der Arbeitsaufträge aus:

- Benenne die wichtigen Punkte der neuen Ostpolitik der Regierung Brandt. Lies dazu den Text „Außenpolitik: Die Ostverträge".
- Liste die Vereinbarungen der KSZE auf.
- Verfasse einen Text: Reformkurs unter Gorbatschow. **Starthilfe:** *In der Sowjetunion gab es große Probleme ...*
- Entwirf ein Gespräch zwischen zwei DDR-Bürgerinnen oder Bürgern. Dabei erklärt die eine Person der anderen Person, wie sie die Unterzeichnung des Abrüstungsvertrags [2] im TV erlebt hat.

Sprachspeicher

etwas reformieren • Reformen durchführen • etwas umgestalten • aus einer Krise herausführen

jemanden zu etwas ermutigen • sich etwas erhoffen • auf etwas hoffen • etwas erlauben • etwas zulassen

Üben

Grenzen fallen

Welche Folgen hatte die Reformpolitik von Gorbatschow?

[1] *Soldaten an der ungarisch-österreichischen Grenze bauen den „Eisernen Vorhang" ab.* Foto, 1989.

[2] *DDR-Bürger flüchten in die Botschaft der Bundesrepublik Deutschland in Prag.* Foto, 1989.

1 Beschreibe die Fotos [1] und [2].

Ungarn öffnet seine Grenze

Im März 1989 informierte die ungarische Regierung den sowjetischen Staatschef Gorbatschow über ihren Plan, die Grenze von Ungarn nach Österreich zu öffnen. Gorbatschow versprach, dass die Sowjetunion sich nicht in diese Angelegenheit einmischen werde. Im Mai bauten Soldaten Zäune und Absperrungen ab.

Neben Polen und der Tschechoslowakei war Ungarn eines der wenigen Länder, in die DDR-Bürger einreisen durften. Im August überschritten etwa 700 DDR-Bürger die ungarisch-österreichische Grenze. In der Nacht vom 10. auf den 11. September wurde die Grenze offiziell geöffnet. DDR-Bürger, die in Ungarn Urlaub machten, flüchteten über Österreich in die Bundesrepublik.

Mehr als 25 000 Menschen aus der DDR reisten nach Ungarn, um auf diesem Weg zu fliehen. Daraufhin verbot die DDR-Regierung ihren Bürgern die Reise nach Ungarn.

Botschaftsbesetzungen in Prag und Warschau

Ab August 1989 suchten Hunderte von DDR-Bürgern Zuflucht in der Botschaft der Bundesrepublik Deutschland in Prag, der Hauptstadt der Tschechoslowakei. Die dortigen Polizisten versuchten zunächst, sie davon abzuhalten. Die Zahl der Flüchtlinge stieg. Sie verharrten wochenlang auf engstem Raum. Ähnliche Szenen spielten sich Ende September in Warschau ab. Auch hier waren Hunderte von DDR-Bürgern auf das Gelände der Botschaft der Bundesrepublik Deutschland geflüchtet. Sie forderten ihre Ausreise in den Westen.

Sprachspeicher

jemanden über etwas informieren ▪ Grenzen überschreiten

Zuflucht suchen ▪ etwas zulassen ▪ jemanden gewähren lassen

[3] *Fluchtwege von DDR-Bürgern in die Bundesrepublik. August bis Oktober 1989.* Karte.

Die Botschaft war eigentlich nur für 28 Personen ausgestattet. Doch die Menschen harrten trotz all der widrigen Umstände aus.

2 Erkläre, warum Hunderte DDR-Bürgerinnen und Bürger in die Botschaft der Bundesrepublik Deutschland in Prag flohen.

Die DDR gibt nach

Die DDR-Regierung geriet immer stärker unter Druck. Die Situation in den Botschaften in Prag und Warschau war für sie peinlich: Am 7. Oktober 1989 sollte das vierzigjährige Bestehen der DDR gefeiert werden. Täglich waren die Bilder der Botschaften in Prag und Warschau im Fernsehen zu sehen.

Schließlich gestattete die DDR-Führung den Menschen, die seit Wochen die Botschaften besetzt hielten, die Ausreise. In der Nacht des 30. September fuhren die Menschen mit Sonderzügen von Prag durch das Gebiet der DDR in die Bundesrepublik. Am Morgen des 1. Oktober folgten ihnen 809 Männer, Frauen und Kinder von Warschau, ebenfalls in Sonderzügen, durch das Gebiet der DDR in die Bundesrepublik.

Doch damit war die Fluchtbewegung nicht beendet. Kaum hatten die Menschen die Botschaften verlassen, rückten andere DDR-Bürger nach. Daraufhin schloss die DDR-Führung am 3. Oktober die Grenze zur Tschechoslowakei. Doch die Forderung nach Reisefreiheit für alle Bürger wurde in der DDR immer lauter.

3 Erläutere die Karte [3]. Nutze dafür die Texte dieser Doppelseite.

Wähle einen der Arbeitsaufträge aus:

- Lies den Text „Ungarn öffnet seine Grenze“. Notiere in Stichworten, warum das für die DDR-Bürgerinnen und Bürger wichtig war.
- Verfasse einen Tagebucheintrag eines DDR-Flüchtlings in der Prager Botschaft.
  Starthilfe: *Seit Tagen warten wir jetzt schon. Es wird immer schlimmer …*

Sprachspeicher

etwas fordern • etwas einfordern • unter Druck geraten

jemandem folgen • die Forderung nach etwas wird immer lauter

Protestbewegung in der DDR

Welche Veränderungen führten zum Fall der Berliner Mauer?

[1] *„Montagsdemonstration" in Leipzig.* Foto, November 1989.

1 Beschreibe Foto [1].

Die Protestbewegung in der DDR wächst

Unzufriedenheit mit den wirtschaftlichen und politischen Verhältnissen prägte das Leben vieler DDR-Bürger. Besonders unerträglich fanden es viele, nicht in andere Länder reisen zu dürfen. Die Veränderungen in der Sowjetunion unter dem neuen Staatschef Michail Gorbatschow ermutigten sie, Veränderungen auch im eigenen Land zu fordern. Anfangs noch kleine Oppositionsgruppen trafen sich in Kirchen und diskutierten kritisch über die Situation im Land. Das Jahr 1989 brachte dann entscheidende Veränderungen:

- Im März demonstrierten in Leipzig etwa 600 DDR-Bürger für ihre Ausreise in die Bundesrepublik.
- Im Mai wurden Wahlfälschungen bekannt. Die Menschen fühlten sich betrogen.
- Ab Juli besetzten Hunderte DDR-Bürger Botschaften der Bundesrepublik. Sie verlangten ihre Ausreise.
- Im September öffnete Ungarn seine Grenze nach Österreich. Tausende DDR-Bürger flohen in den Westen.
- Während der Feier zum 40. Jahrestag der DDR am 7. Oktober mahnte Gorbatschow zu Reformen und sagte sinngemäß: „Wer zu spät kommt, den bestraft das Leben."
- Am 9. Oktober demonstrierten 100 000 Menschen in Leipzig für Reformen. SED-Parteichef Honecker trat zurück.
- Am 23. und 30. Oktober versammelten sich jeweils 300 000 Demonstranten in Leipzig und riefen: „Wir sind das Volk."
- Am 4. November gingen in Ostberlin 500 000 Menschen auf die Straße und forderten Freiheit und Demokratie. Daraufhin trat die Regierung zurück.
- Kurz darauf fiel die Berliner Mauer.

2 Schildere mit eigenen Worten, wie sich die Protestbewegung in der DDR entwickelte.

Sprachspeicher

unzufrieden mit den Verhältnissen sein

etwas unerträglich finden • sich betrogen fühlen

Methode Eine politische Rede analysieren

Was ist eine politische Rede?
Politische Reden werden im Parlament, auf Parteitagen, bei öffentlichen Auftritten vor Wahlen oder anderen Veranstaltungen gehalten.
Die Redner und Rednerinnen versuchen, andere Menschen von ihrem eigenen politischen Standpunkt zu überzeugen. Häufig werden solche Reden in den Medien verbreitet.
Die folgenden Schritte helfen dir, politische Reden besser zu verstehen.

1. Schritt **Den Zusammenhang klären**

- Wer ist der Redner/die Rednerin?
- Welche Funktion, Aufgabe oder politische Stellung hat er/sie?
- Wann wurde die Rede gehalten?
- Wer ist der Adressat/die Adressatin?
- In welchem politischen oder geschichtlichen Zusammenhang steht die Rede?

2. Schritt **Den Text lesen und verstehen**

- Was ist an dem Text gut zu verstehen?
- Welche Abschnitte sind schwerer zu verstehen?
- Welche Begriffe sind unklar und müssen nachgeschlagen werden?
- Welche Schlüsselwörter lassen sich finden?

3. Schritt **Die wichtigsten Aussagen in ihrem Zusammenhang erklären**

- Was sind die wichtigsten Aussagen?
- Wie sind die Aussagen vor ihrem Kontext zu verstehen?
- Welche Ziele verfolgt der Redner/die Rednerin?

1 Analysiere die Rede [2]. Wende dabei die Schritte 1 bis 3 der vorgestellten Methode an.

Was du noch tun kannst:

→ einen Livemitschnitt der Rede von Jan Josef Liefers im Internet ansehen

[1] *Jan Josef Liefers 1989*, Foto.

Rede des Schauspielers Jan Josef Liefers am 4. November 1989 bei einer Kundgebung auf dem Alexanderplatz in Ost-Berlin:
In den letzten Wochen haben Hunderttausende Menschen auf den Straßen unseres Landes das Gespräch eingefordert. Wir alle führen es seit kurzer Zeit. Natürlich hat jeder das Recht, Partner in diesem Gespräch zu sein. Aber ich meine, wir sollten darauf achten und uns verwahren gegen mögliche Versuche von Partei- und Staatsfunktionären, jetzt oder zukünftig Demonstrationen und Proteste von Menschen unseres Landes für ihre Selbstdarstellung zu benutzen, Initiatoren und Führer des begonnenen gesellschaftlichen und politischen Reformprozesses zu sein. ...
Solange die Spitze der SED nur auf unser aller Druck reagiert, kann meiner Meinung nach von führender Rolle nicht die Rede sein.
Außerdem haben, denke ich, allein die in diesem Land verbliebenen und verbleibenden Menschen darüber zu entscheiden, wen sie mit der Führung beauftragen ...
Die vorhandenen Strukturen ... lassen Erneuerung nicht zu. Deshalb müssen sie zerstört werden. Neue Strukturen müssen wir entwickeln ... Und das heißt für mich unter anderem auch Aufteilung der Macht ...

[2] *zit. n.: DHM online, Zugriff: 25.5.2020.*

Wahlseite Sommerferien in der DDR

1 Lies den Text und nutze den Lese-Profi auf Seite 307. Arbeite gemeinsam mit deinem Lernpartner oder deiner Lernpartnerin.

2 Erstellt ein Plakat. Schreibt kurze Informationstexte zu folgenden Stichworten: Reisemöglichkeiten ins Ausland sowie Ferienlager.

[1] *Eröffnung des Betriebskinderferienlagers „Mitschurin" im Wettertal bei Schleiz.* Foto, 1969.

Schöne Ferien ohne Reisefreiheit

DDR-Bürger konnten nur innerhalb ihres Landes oder ins sozialistische Ausland, z.B. in die Sowjetunion, nach Polen oder nach Ungarn verreisen. Aber diese Auslandsreisen waren sehr teuer. Für DDR-Bürger gab es zugeteilte Plätze in Ferienheimen. Das Ziel konnten sie sich nicht aussuchen. Schulkinder hatten die Möglichkeit, 2–3 Wochen Ferien in einem Ferienlager mit anderen Kindern zu verbringen. Diese Ferienlager wurden von Betrieben unterstützt. Kinder verbrachten ihre Ferien z.B. in einem Lager, das zu dem Betrieb gehörte, in dem Vater oder Mutter arbeiteten. Die Eltern mussten nur sehr wenig Geld für Unterbringung und Verpflegung zahlen. Die Kinder waren dann im Urlaub, während die Eltern weiterarbeiteten. Im Ferienlager gab es ein gut organisiertes Ferienprogramm mit Spielen und anderen Aktionen. Einige Spiele und Übungen hatten dabei Bildungs- und Erziehungsabsichten. So gab es z.B. Fahnenappelle. Die Ferienlager sollten die Gemeinschaft, also das Kollektiv, stärken. Auch die Liebe zum Staat und die Wertschätzung der Arbeiter in den Betrieben, die den Urlaub ermöglichten, sollte gefördert werden.

Erinnerungen einer Zeitzeugin

Ich bin in den Sommerferien erst 14 Tage in das Ferienlager des Betriebs, in dem mein Vater gearbeitet hat, dann schnell nach Hause zum Wäschewaschen und dann wieder 14 Tage in das Ferienlager vom Betrieb meiner Mutter. Ich war im Thüringer Wald, ich war an der Ostsee, ich war in Berlin und in Dresden. ... Du warst weg von zu Hause, hast was gesehen. ... Das Lager war in meiner Erinnerung nicht politisch ausgerichtet, nicht so, dass es einen gestört hätte. ... Es war eine Freizeit für Kinder mit Baden, Ballspielen usw. Du konntest Sachen lernen, die du zu Hause nicht so machen konntest, z.B. Tischtennis spielen, Volleyball spielen. Ich fand Ferienlager immer toll.

[2] *Interview durch die Autorin.*

Tipp für die Erarbeitung

- Schreibe in Stichworten in einer Tabelle auf, was dir gefällt und was du nicht gut findest.

Tipp für die Präsentation

Präsentiere deine Tabelle und vergleiche den Urlaub der DDR-Kinder mit deinen Urlaubsmöglichkeiten.

Wahlseite Interrail – in Europa unterwegs

1 Informiere dich auf dieser Seite über die Reiseform „Interrail“.

2 Präsentiere deine Ergebnisse in geeigneter Form in der Klasse.

[1] *Jugendliche mit Rucksäcken auf einem Bahnsteig im Hamburger Hauptbahnhof.* Foto, 21.7.1982.

Eine neue Art zu reisen

1972 wurde das Interrailticket eingeführt. Mit diesem Bahnticket konnten Jugendliche und junge Erwachsene 4 Wochen lang 20 europäische Länder bereisen. Viele westdeutsche Jugendliche nutzten das Ticket in den Sommerferien und lernten so in kurzer Zeit viele Staaten, Menschen, Hauptstädte und Landschaften Europas kennen. Auch untereinander konnten die Jugendlichen sich auf Reisen kennenlernen. Da es in Europa damals noch viele unterschiedliche Währungen gab, musste in jedem Land Geld gewechselt werden. Auch Personalausweise und Reisepässe waren notwendig, um die Grenzen überqueren zu dürfen.

Obwohl das Reisen in überfüllten Zügen oft unbequem war, nutzten bis zu 400 000 junge Menschen dieses Angebot pro Jahr, um kostengünstig und selbstbestimmt ein Abenteuer zu erleben. Auch heute gibt es dieses Angebot noch.

Reiseerfahrungen einer Westdeutschen

Ich war Ende der 1980er-Jahre mit dem Interrailticket unterwegs. Auf diese Art habe ich Dänemark, Norwegen, Schweden, Finnland, Frankreich, Irland, Wales, Schottland und die Schweiz bereist. Das war großartig. Wir haben mit möglichst wenig Geld möglichst viel gesehen. Ich habe im Zug, auf Bahnhöfen, in Jugendherbergen und in billigen Absteigen geschlafen. Man hat viele Leute kennengelernt. Am Polarkreis trafen wir Marokkaner, in Dublin einen Hongkong-Chinesen, der sich meinen Kochtopf auslieh und mir noch jahrelang Weihnachtskarten schrieb. Das war ein großes Abenteuer. Wenn man einmal seinen Rucksack gepackt hatte und losgefahren war, hatte man das Gefühl, überall hinfahren zu können. In jedem Land musste Geld getauscht werden. Ich hatte mein Interrailticket, Bargeld und mein Postsparbuch immer sicher in meinem Brustbeutel. ... Ich glaube, vor allem durch die Interrailreisen bin ich zu einer überzeugten Europäerin geworden!

[2] *Autorinnentext.*

Tipp für die Erarbeitung
- Suche in deinem Atlas nach Städten, die du mit der Bahn erreichen könntest.
- Überlege, wie lange du wohl reisen müsstest, um die Städte zu besuchen.

Tipp für die Präsentation
Zeige die Staaten, in denen das Ticket galt. Berichte über die Vorteile und die Schwierigkeiten einer solchen Reise.

☒ Wahlseite Schule in der DDR

1 Informiere dich auf dieser Seite über die Schule in der DDR.

2 Präsentiere deine Ergebnisse in geeigneter Form in der Klasse.

[1] *Ein Unteroffizier der DDR-Armee gibt an einer Schule theoretischen Unterricht im Schießen.* Foto, 1975.

Etwas für die Gemeinschaft leisten

Auch das Schulwesen war in der DDR zentral organisiert. Viele Kinder besuchten bereits ab dem Kleinkindalter staatlich geförderte Krippen und danach Kindergärten. Dann folgte zumeist für 10 Jahre der Besuch der Polytechnischen Oberschule (POS). Wenige und nur besonders begabte und gleichzeitig systemtreue Jugendliche durften danach die Erweiterte Oberschule (EOS) besuchen und das Abitur machen, um zu studieren. Für die meisten anderen schloss sich die berufliche Ausbildung an die POS an.

Frau R. erinnert sich an ihre Schulzeit:

... Besonders gut hat mir die Kameradschaft in der Klasse gefallen. Auch die vielen gemeinsamen Aktivitäten haben Spaß gemacht. In erster Linie wurden wir in der Schule auf das Arbeitsleben vorbereitet. Es ging darum, sich und die eigene Familie ernähren zu können, aber auch darum, etwas für die Gemeinschaft zu leisten. Die sozialistische Phrasendrescherei nahmen wir hin, die gehörte dazu ... Als Kind hat man schnell gelernt, was man erzählte und wo man besser schwieg. Ich habe nicht verheimlicht, aber in der Schule auch nicht laut erzählt, dass ich regelmäßig zur Kirche gegangen bin. Zur Jugendweihe bin ich aber auch gegangen, um später studieren zu dürfen. Es ging im Schulleben in erster Linie um die Gemeinschaft, um das „Kollektiv". Die Persönlichkeit kam erst an zweiter Stelle. Um den Staat im Not- oder Angriffsfall schützen zu können, haben wir im Wehrunterricht in der 9. und 10. Klasse Granatenwerfen mit Holzgranaten geübt. Aber wir bekamen z.B. auch eine Sanitätsausbildung. Es gab Gruppennachmittage, an denen gemeinsam Altpapier gesammelt wurde oder Disconachmittage, die durch die Schule organisiert waren. Manchmal gab es besondere Aktionen, zu denen wir das blaue FDJ-Hemd trugen. Sonst spielte Kleidung kaum eine Rolle.

[2] *Interview durch die Autorin.*

Tipp für die Erarbeitung
- Du kannst beim Lesen die Methode Lese-Profi anwenden.

Tipp für die Präsentation
- Gestalte ein Plakat und informiere deine Klasse in einem Vortrag über die Ähnlichkeiten und Unterschiede im Vergleich zu deiner Schulzeit.

☒ Wahlseite Jugendkultur in Westdeutschland

1 Informiere dich auf dieser Seite über die Jugendkultur in Westdeutschland.

2 Präsentiere dein Ergebnis in geeigneter Form der Klasse.

[1] *Begeisterte Fans bei einem Konzert einer Rock-'n'-Roll-Band 1958 in Essen.* Foto.

[2] *Punker fielen in der Öffentlichkeit besonders auf.* Foto, 1984.

Jugendkultur nach dem Zweiten Weltkrieg

Viele Jugendliche in Westdeutschland waren in der Nachkriegszeit sehr an der amerikanischen Kultur interessiert. Sie erschien ihnen frei und lebendig und hatte wenig mit dem Leben im zerstörten Deutschland zu tun. Ihr Interesse zeigten sie dadurch, dass sie Musik aus den USA oder England hörten und Nietenhosen, also Jeans, trugen. Sie tanzten Rock 'n' Roll und trugen die Haare länger. Auch Mädchen trugen nun Hosen.

Viele Eltern waren damit nicht einverstanden, weil sie die Kultur der Besatzungsmächte ablehnten. Die Jugendlichen wollten sich aber nicht mehr unterordnen, denn auch sie hatten den schrecklichen Krieg erlebt. Die Väter waren tot, lange im Krieg oder in der Gefangenschaft gewesen. Besonders die Söhne wollten sich nach so langen Jahren ohne Vater von ihm nichts sagen lassen, auch wenn sie offiziell erst mit 21 Jahren volljährig wurden. Oft gab es Streit über Musik, Kleidung und Frisuren.

Jugendkultur in den 1970er- und 80er-Jahren

Musik und Kleidung dienten Jugendlichen im Westen auch in späteren Jahrzehnten dazu, sich von Eltern und anderen Jugendlichen abzugrenzen. In den 1970er- und 1980er-Jahren entstand eine Vielzahl von solchen Gruppen mit eigenem Stil und eigener Denkweise: Punks, Ökos, Popper, Gruftis unterschieden sich durch ihre Kleidung, Meinung, Lebensweise und Musik.

Punker wollten provozieren. Durch ihre Kleidung und ihr Verhalten zeigten sie, dass sie sich nicht in die Gesellschaft einfügen möchten. Ihre Haltung stammt ursprünglich aus dem Gefühl, nicht wertgeschätzt zu werden, keine Chancen und keine gute Zukunft („No Future") zu haben.

Die Gruppe der Popper entstand Ende der 1970er-Jahre. Diese Jugendlichen waren unpolitisch, liebten den Konsum und teure Markenkleidung. Sie wollten sich der Gesellschaft anpassen, erfolgreich sein und einen luxuriösen Lebensstil genießen. Einige Punks und Popper bekämpften sich sogar.

Tipps für die Erarbeitung

- Sammele Informationen aus Text und Bild zu den Oberbegriffen Kleidung, Musik, Einstellung. Recherchiere auch im Internet dazu. Befrage auch Erwachsene, die vor 1980 geboren sind, zu diesem Thema.

Tipps für die Präsentation

- Stelle deine Informationen vor. Spiele typische Musik vor und erweitere deinen Vortrag z. B. um Informationen über Gruftis oder andere Gruppen.

Die Wiedervereinigung

Wie wurde aus zwei deutschen Staaten ein Staat?

[1] *Der sowjetische Staatschef Michail Gorbatschow (Mitte) und der deutsche Bundeskanzler Helmut Kohl (rechts) während eines Gesprächs über die mögliche Wiedervereinigung beider deutscher Staaten.* Foto, Juli 1990.

1 Beschreibe Foto [1]. Welche Stimmung herrschte in der dargestellten Situation?

2 Betrachte Foto [2] und erkläre, was die Aussage auf dem Plakat bedeutete.

[2] *Demonstration für die Einführung der D-Mark, der damaligen Währung der Bundesrepublik, auf dem Gebiet der DDR.* Foto, 1990.

Die Frage nach der Zukunft

Nachdem am 9. November 1989 die Berliner Mauer fiel, war zunächst unklar, was das für beide deutsche Staaten bedeuten würde. Im Vorfeld der Wiedervereinigung gab es bei vielen Bürgerinnen und Bürger der DDR die Vorstellung, dass die DDR ein Teil der Bundesrepublik werden könnte. Weitere Möglichkeiten wären jedoch auch die gleichberechtigte Verschmelzung beider Staaten zu einem Staat oder die weitere Existenz der DDR, welche dann durch Reformen modernisiert werden könnte. Als ersten Schritt schlossen beide Staaten zunächst einen Vertrag, der die wirtschaftliche und soziale Zusammenarbeit regelte und die Einführung der D-Mark auf dem Gebiet der DDR.

3 Stell dir vor, du bist ein Bürger oder eine Bürgerin der ehemaligen DDR. Welche Lösung würdest du bevorzugen und warum?
Starthilfe: *Lege eine Tabelle an, wie abgebildet.*

Verschmelzung beider Staaten	– gute Einrichtungen der DDR beibehalten
Beitritt zur BRD	– ...
DDR reformieren	– ...
...	– ...

Sprachspeicher
Reformen durchführen · Reformen umsetzen · an etwas teilhaben
etwas befürworten · etwas ablehnen · eine neue Währung einführen

[3] *Feier der Wiedervereinigung Deutschlands vor dem Reichstag in Berlin.* Foto, 3.10.1990.

Bedenken gegen ein wiedervereinigtes Deutschland

Vor allem in Frankreich, Großbritannien und Polen wurde die Wiedervereinigung zum Teil sehr skeptisch gesehen:

- Wie stark könnte solch ein deutscher Staat in wirtschaftlicher und militärischer Hinsicht werden?
- Würde ein wiedervereinigtes Deutschland die Grenzen zu Polen anerkennen?
- Bisher hatte die DDR zum Militärbündnis Warschauer Pakt gehört. Sollte ein einheitlicher deutscher Staat NATO-Mitglied sein?

In Gesprächen zwischen Vertretern Deutschlands und der Sowjetunion wurde zunächst vereinbart: Ein wiedervereintes Deutschland bleibt Mitglied der NATO und verringert die Zahl seiner Soldaten von 500 000 auf 370 000.

Der Zwei-plus-vier-Vertrag

Die Siegermächte des Zweiten Weltkriegs Großbritannien, USA, Sowjetunion und Frankreich beanspruchten, auf die Veränderungen in Deutschland Einfluss zu nehmen. Die zwei deutschen Staaten verhandelten mit den vier Siegermächten.

Die wichtigsten Ergebnisse wurden im Zwei-plus-vier-Vertrag vom 12. September 1990 festgehalten:

- Das vereinte Deutschland umfasst die Bundesrepublik, die DDR und Berlin.
- Deutschland erkennt die bestehenden Grenzen endgültig an und erhebt keine weiteren Gebietsansprüche im Osten.
- Deutschland bekennt sich zum Frieden und verzichtet auf chemische, biologische und atomare Waffen.
- Deutschland erhält seine volle Souveränität*.

Am 3. Oktober wurde der Beitritt der DDR zur Bundesrepublik offiziell vollzogen. Dieses Datum wird bis heute als „Tag der Deutschen Einheit“ gefeiert.

4 Zählt Einwände auf, die es Ausland gegen ein wiedervereinigtes Deutschland gab. Erkläre: Warum waren die vier Siegermächte Teil der Verhandlungen des Zwei-plus-vier-Vertrags?

* *die* **Souveränität:** Unabhängigkeit

Wähle einen der Arbeitsaufträge aus:

- Schau dir Bild [3] an: Notiere unterschiedliche Gedanken und Gefühle der Menschen.
- Notiere Stichworte: Welche Bedenken gab es im Ausland gegen die Wiedervereinigung?
- Entwirf ein Streitgespräch zwischen einem Franzosen und einer Engländerin: Der Franzose ist gegen eine Wiedervereinigung, die Engländerin dafür.

Sprachspeicher

die Grenzen anerkennen • in Gesprächen etwas vereinbaren • in einem Vertrag festhalten, dass ... • einen Beitritt vollziehen

Üben

Deutschland nach der Wiedervereinigung

Wie sehen die Menschen das vereinte Deutschland heute?

1 Lies die Aussagen der sechs Personen.

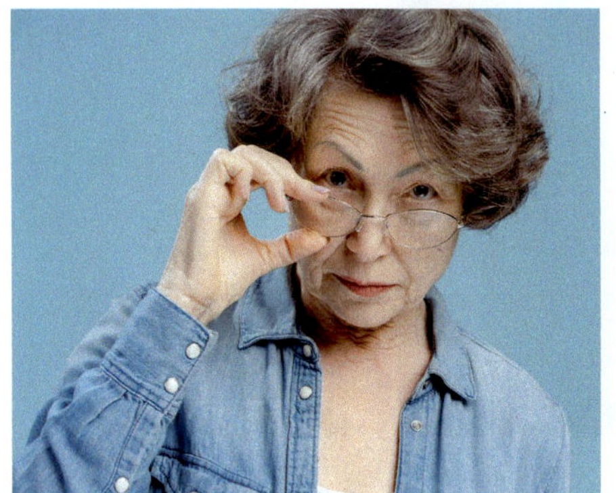

[1] *Brigitte, geboren 1954 in Kassel.* Foto.

Viele europäische Nachbarn hatten Angst vor einem wiedervereinten Deutschland. Heute ist Deutschland ein verlässlicher politischer und wirtschaftlicher Partner in Europa und weltweit.

Viele Betriebe aus dem Westen haben im Osten Filialen eröffnet, z. B. Supermärkte. Viele Betriebe aus Ostdeutschland wurden geschlossen. Man hatte das Gefühl, dass der Westen dem Osten erklären wollte, was richtig ist. Das hat viele Menschen ist Ostdeutschland verärgert. Mir bereitet nur Sorge, dass bei den Wahlen die extremen Parteien immer mehr Zulauf bekommen. Viele Menschen interessieren sich nicht mehr für Politik, das ist nicht gut für unsere Demokratie.

[2] *Thomas, geboren 1961 in Leipzig.* Foto.

[3] *Ulrike, geboren 1965 in Luckenwalde.* Foto.

Früher zu DDR-Zeiten war das Leben anders: Wir alle mussten hart arbeiten, aber der Zusammenhalt war größer. Das ist heute anders, jeder ist sich selbst der Nächste, jeder will seine Ruhe haben. Ich glaube, dass das westdeutsche Verhältnisse sind. Jeder denkt nur noch an sich. Und dann sind viele Jüngere weggezogen, nach Berlin oder in den Westen.

Sprachspeicher
das politische und wirtschaftliche System • ein verlässlicher Partner sein

Für mich und meine Freundinnen und Freunde ist es überhaupt nichts Besonderes, wenn wir in Städte fahren, die früher mal auf dem Gebiet der DDR lagen. Wir leben in einer Demokratie und das finde ich gut. Mir macht Angst, dass es in Deutschland trotzdem Ausländerfeindlichkeit, Rassismus, Antisemitismus und Homophobie gibt. Das kann und will ich so nicht akzeptieren.*

[4] *Maria, geboren 2001 in Marburg*. Foto.

Ich will nichts schönreden, aber es gab auch in der DDR Dinge, die nicht schlecht waren. Niemand musste Angst haben, seinen Arbeitsplatz zu verlieren. Das ist im Westen anders. Jedes Kind hatte in der DDR ein Anrecht auf einen Platz in der Kita. Was heute noch große Probleme bereitet, sind die Einkommen der Menschen im Osten. Die sind immer noch niedriger im Vergleich zum Westen. Es hat sich schon einiges verbessert, aber es gibt noch viel zu tun.

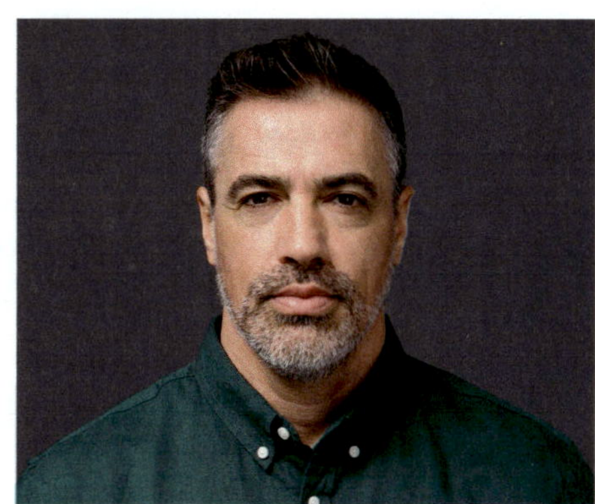

[5] *Mike, geboren 1975 in Erfurt*. Foto.

[6] *Amir, geboren 2011 in Damaskus*. Foto.

Ich finde es toll, dass die Wiedervereinigung friedlich ablief, ohne Gewalt und Krieg.

2 Wem stimmst du zu, wem nicht? Begründe deine Meinung.

* *die* **Homophobie:** Abneigung und feindliches Verhalten gegenüber homosexuellen Menschen

Wähle einen der Arbeitsaufträge aus:

- Notiere zu jeder Äußerung: Welche Vorteile oder welche Nachteile sehen sie in der Wiedervereinigung?
- Notiere Stichworte: Woran denken die Personen, wenn sie sich zum Thema Wiedervereinigung äußern?
- Stell dir vor, du würdest mitdiskutieren. Formuliere eine eigene Äußerung zu dem Thema Wiedervereinigung.

Sprachspeicher
etwas akzeptieren • etwas nicht akzeptieren

Das kann ich!

Versuche zunächst, die Aufgaben dieser Doppelseite zu lösen, ohne im Kapitel nachzusehen. Wenn du Hilfe brauchst, kannst du bei den Aufgaben nachschlagen. Dort sind in Klammern die Seiten angegebenen.

die KSZE - Konferenz für Sicherheit und Zusammenarbeit in Europa

der „Zwei-plus-vier-Vertrag“

die Besatzungszeit

die Ostverträge (Plural)

die Protestbewegung in der DDR hat 1989 gerufen:

Ergebnis der Verhandlungen zwischen Großbritannien, Frankreich, USA, Sowjetunion, DDR und Bundesrepublik über die Wiedervereinigung

Ergebnisse nach Verhandlungen zwischen der Bundesrepublik mit der DDR, Polen und der Sowjetunion über gegenseitige Anerkennung und Anerkennung der bestehenden Grenzen

Deutschland wird von den vier Siegermächten des Zweiten Weltkriegs verwaltet. Ein deutscher Staat existiert nicht.

„Wir sind das Volk.“

Staaten Europas, die USA und die Sowjetunion vereinbaren die Anerkennung der bestehenden Grenzen, die friedliche Regelung von Streitfällen und die Geltung der Menschenrechte.

[1] *Begriffe und ihre Erklärung.*

1949	Bau der Berliner Mauer
1961	Wiedervereinigung beider deutscher Staaten
1989	Gründung der Bundesrepublik Deutschland und der DDR
1990	Fall der Berliner Mauer
1985	KSZE
1975	Gorbatschow wird Staatschef der Sowjetunion

[2] *Jahreszahlen und Ereignisse.*

[3] *Fluchtwege von DDR-Bürgern und -Bürgerinnen in die Bundesrepublik. August bis Oktober 1989.* Karte.

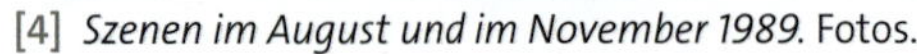

[4] *Szenen im August und im November 1989.* Fotos.

[5] *Schild an der ehemaligen innerdeutschen Grenze.* Foto.

Rede von Richard von Weizsäcker, Bundespräsident der Bundesrepublik Deutschland 1984–1994, anlässlich der Wiedervereinigung am 3. Oktober 1990, Auszug.
„In freier Selbstbestimmung vollenden wir die Einheit und Freiheit Deutschlands. Wir wollen in einem vereinten Europa dem Frieden der Welt dienen. ...
Es gibt drinnen und draußen drückende Sorgen; das übersehen wir nicht. Vorbehalte unserer Nachbarn nehmen wir ernst ...
Unser Dank gilt den Bürgerbewegungen und Völkern in Ungarn, in Polen und in der Tschechoslowakei. Die Menschen in Warschau, Budapest und Prag haben Beispiele gegeben. Sie haben den Weg zur inneren Freiheit in der DDR als Bestandteil eines gemeinsamen geschichtlichen Prozesses aufgefasst und ermutigt. Unvergessen ist auch ihre Hilfe für die Flüchtlinge und damit ihr ganz direkter Beitrag zur Überwindung von Mauer und Stacheldraht ...
Zu danken haben wir heute vor allem jenen Deutschen, die in der DDR den Mut aufbrachten, sich gegen Unterdrückung und Willkür zu erheben. ...“

[6] *https://www.bundespraesident.de/SharedDocs/Reden/DE/Richard-von-Weizsaecker/Reden/1990/10/19901003_Rede.html, Zugriff: 29.8.2024.*

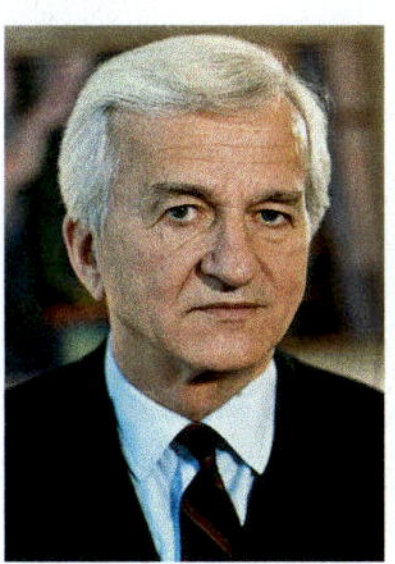

[7] *Richard von Weizsäcker, ehemaliger Bundespräsident der Bundesrepublik Deutschland.* Foto.

Sachkompetenz

1 Ordne den Begriffen in [1] die richtige Erklärung zu.
2 Ordne in [2] den Jahreszahlen die Ereignisse zu.
3 Erläutere die Karte [3] sowie, was auf den Fotos [4] zu sehen ist. (S. 278/279, 292/293).
4 Erläutere das Schild in [5].
5 Schildere Ereignisse, die zum Fall der Berliner Mauer führten. (S. 278/279, 292/293)
6 Bringe die Ereignisse in die richtige zeitliche Reihenfolge:
Fall der Berliner Mauer – Wiedervereinigung beider deutscher Staaten – Massendemonstrationen in der DDR – KSZE – Öffnung der Grenze zwischen Ungarn und Österreich – Gorbatschow wird Staatschef der Sowjetunion

Methodenkompetenz

7 Nenne die Schritte der Methode „Eine politische Rede analysieren“ (S. 295).
8 Analysiere die Rede [6]. Wende die Schritte der Methode von Seite 295 an.

Urteilskompetenz

9 „Ohne Gorbatschow hätte es keinen Mauerfall gegeben.“ Beurteile diese Behauptung. (S. 290–294)
10 Der Fall der Berliner Mauer und die Wiedervereinigung werden auch als „friedliche Revolution“ bezeichnet. Nimm zu dieser Äußerung begründet Stellung.

Teste dich

Hilfen zum Lösen von Aufgaben (Operatoren)

Was ist zu tun?
Hier kannst du nachlesen, was du bei Aufgaben machen sollst, die mit den folgenden Worten beginnen.

Arbeite heraus

Du sollst aus einem Material Informationen entnehmen. Sie werden nicht wörtlich genannt. Du musst sie dir aus dem Zusammenhang erschließen.

Begründe

Du sollst wichtige Gründe nennen, warum eine Sache so oder anders ist. Die Informationen dafür entnimmst du dem Material.

Beschreibe

Du sollst einen Sachverhalt gut geordnet darstellen. Du musst nichts deuten oder bewerten.

Beurteile

Du sollst einen Sachverhalt überprüfen und ein Sachurteil abgeben. Wichtig ist, dass du dein Urteil von der Sache her begründest.

Bewerte

Du sollst ein persönliches Werturteil fällen. Mache klar, wie du zu deiner Bewertung kommst und was deine Wertmaßstäbe sind.

Entwickle

Du sollst für einen Sachverhalt oder ein Problem einen Lösungsvorschlag oder einen Gegenvorschlag formulieren.

Entwirf

Du sollst eine Skizze, also eine grobe Zeichnung, für eine Darstellung machen.

Erkläre

Du sollst einen Sachverhalt im Zusammenhang so darstellen, dass Bedingungen, Ursachen und Zusammenhänge verständlich werden.

Erläutere

Du sollst einen Sachverhalt an Beispielen verdeutlichen. Diese entnimmst du dem genannten Material.

Fasse zusammen

Lies den Text genau, notiere Stichworte und gib den Inhalt wieder.

Fertige an

Du sollst etwas herstellen, z. B. eine Zeichnung.

Finde heraus

Ermittle einen Sachverhalt aus unterschiedlichen Informationsquellen.

Gestalte

Du sollst Informationen übersichtlich und kreativ als Bild und Text zusammenstellen (z. B. als Schaubild, Plakat oder Mindmap).

Gib die Aussagen ... wieder

Lies den Text genau und mache Notizen. Gib die wichtigsten Aussagen (Behauptungen) ohne Kommentar wieder.

Nenne

Du sollst Informationen sammeln und aufschreiben, ohne sie zu kommentieren.

Nimm Stellung

Entspricht „Bewerte“.

Überprüfe

Du sollst auf Grundlage deines Wissens oder von Materialien feststellen, ob eine Behauptung richtig ist.

Untersuche

Du gehst einer Sache auf den Grund, indem du Fragen stellst und die Ergebnisse aufschreibst.

Vergleiche

Arbeite aus den Materialien Unterschiede und Gemeinsamkeiten heraus. Lege dafür z. B. eine Tabelle an.

Die Wahlseiten

Welches Einzelthema interessiert dich?

In jedem Kapitel dieses Buches findest du Wahlseiten. Sie sollen möglichst selbstständig bearbeitet werden: allein, mit einem Partner oder einer Partnerin oder in Gruppenarbeit, aber zunächst ohne Hilfe einer Lehrperson.

Bei der Arbeit mit den Wahlseiten kannst du so vorgehen:

1. Schritt **Thema auswählen**

- Blättere die Wahlseiten kurz durch und überlege, welche der vier Einzelseiten dich am meisten interessiert. Wähle diese aus.

2. Schritt **Allein oder mit anderen arbeiten?**

- Entscheidet zusammen mit dem Lehrer/der Lehrerin, ob ihr in Gruppen- oder Partnerarbeit zusammenarbeiten wollt oder euch lieber alleine mit der Seite beschäftigt.

3. Schritt **Wichtigste Punkte herausarbeiten**

- Betrachte die Bilder und lies die Texte. Lass dich von den Arbeitsvorschlägen anregen.
- Kläre offene Fragen, notiere die wichtigsten Inhaltspunkte. Schreibe einen „Merksatz“ für die Klasse.
- Entscheide, wie du der Klasse die Abbildungen zeigen möchtest.

4. Schritt **Ergebnisse vorstellen**

Entscheide dich, wie du der Klasse deine Ergebnisse präsentieren willst:
- als kleinen Vortrag (Dauer 3–5 Minuten)
- als erfundene Zeitungsreportage
- als kurzes Theater- oder Rollenspiel.

Der Lese-Profi

Der Lese-Profi hilft dir beim Lesen und Verstehen von Texten.

1. Schritt **Vor dem Lesen**

a) Ich sehe mir die Bilder an.
   Was sagen mir die Bilder?
b) Ich lese die Überschrift.
   Was könnte in dem Text stehen?
   Was kenne ich schon?
c) Ich sehe mir den ganzen Text an.
   - Wie viele Abschnitte hat der Text?
   - Welche Schlüsselwörter erkenne ich?

2. Schritt **Beim Lesen**

a) Ich lese die Schlüsselwörter.
   Was verraten mir die Schlüsselwörter?
b) Ich lese den Text einmal durch.
   Was weiß ich jetzt?
c) Ich lese den Text genau.
   - Welche Wörter kenne ich nicht?
   - Wo finde ich Erklärungen?
   - Was steht in den Abschnitten?
   - Was weiß ich nun über den ganzen Text?

3. Schritt **Nach dem Lesen**

a) Ich kann etwas zum Text aufschreiben.
   - Was finde ich wichtig?
   - Was soll ich tun?
b) Ich überlege zum Schluss:
   - Was habe ich gut gemacht?
   - Was nehme ich mir aus dem Text mit?

Lexikon

A

Ablass|handel, *der:* Handel, bei dem sich die Menschen im Mittelalter von ihren Sünden freikaufen konnten. Sie gaben der katholischen Kirche Geld und erhielten dafür einen sogenannten Ablassbrief.

Absolutismus, *der:* Die Epoche im 17. und 18. Jahrhundert, in der Ludwig XIV. und seine Regierungsform in Europa als Vorbild galten. Ein Monarch besaß dabei die uneingeschränkte Herrschaftsgewalt.

Achsen|mächte, *die:* Verbündete des Deutsches Reichs während des Zweiten Weltkriegs wie Italien, Japan und weitere Länder.

Adel, *der:* Eine wohlhabende und führende Schicht der Gesellschaft, die eine Reihe von Vorrechten genoss; Adelstitel sind z. B. Fürst, Gräfin, Freiherr usw.

Alliierten, *die:* Verbündete; im Ersten Weltkrieg traten beispielsweise England, die UdSSR, die USA und Frankreich als Alliierte gegen Deutschland auf. Im Zweiten Weltkrieg waren das die Gegner des Deutschen Reichs, Italiens und Japans. Dazu zählten: Großbritannien, USA, Sowjetunion, China und weitere Staaten. Frankreich wurde später in den Kreis der Alliierten aufgenommen.

Antisemitismus, *der:* Ein anderer Begriff für Judenfeindschaft.

Aristokratie, *die:* (von griechisch *aristoi* = die Besten und *kratein* = herrschen) Bezeichnung dafür, dass die Herrschaft in einem Staat von Angehörigen des Adels ausgeübt wird.

Aufklärung, *die:* Denkrichtung, die die Vernunft des Menschen und ihren richtigen Gebrauch hervorhebt. Sie prägte das geistige Leben des 18. Jahrhunderts in Europa und Nordamerika.

B

Barock, *der:* Die Kunstepoche Barock folgte auf die Epoche der ► Renaissance und dauerte von etwa von 1600 bis 1750. Sie entstand also zur Zeit des ► Absolutismus und zeichnete sich durch ihre besonders prunkvolle Architektur etwa bei Schlössern und Kirchen aus.

Barrikade, *die:* Ein Hindernis, das bei Straßenkämpfen errichtet wird und aus allen möglichen Gegenständen gebaut werden kann.

Bastille, *die:* Die Bastille war eine Burg im Osten von Paris und hatte die Funktion eines Stadttores zum Schutz gegen den Angriff englischer Truppen. Seit der Zeit Ludwigs XIII. wurde sie als Gefängnis genutzt und schließlich am 14. Juli 1789 von einer Menschenmenge eingenommen, die gegen den König protestierte.

Bauern|kriege, *die:* Sammelbegriff für viele Aufstände von vorwiegend Bauern im Süden Deutschlands, Thüringen, Österreich und der Schweiz in den Jahren 1524–1526. Viele Bauern beriefen sich dabei auf die Ideen der ► Reformation.

Beamte, *der:* Beauftragter Verwalter des Königs, später Beauftragter des Staates. Die Aufgabe ist das Erfüllen staatlicher Aufgaben, wie z. B. Steuern einziehen, Gesetze durchsetzen.

Berliner Mauer, *die:* Das war eine fast unüberwindbare Grenzbefestigung, die den westlichen Teil Berlins von 1961 bis 1989 umschloss. Sie wurde am 9. November 1989 wieder geöffnet und dann abgebaut.

Bürgertum, *das:* Gesellschaftliche Schicht, die sich im Mittelalter bildete. Dies waren Stadtbewohner/-bewohnerinnen, die sich durch ihre Arbeit, Kleidung und Umgangsformen von anderen Teilen der Gesellschaft unterschieden.

D

Dampf|maschine, *die:* Eine Maschine, die durch das Erhitzen von Wasser Dampf erzeugt. Mit dem Druck des Dampfes wird eine Bewegung erzeugt, mit der verschiedene Maschinen angetrieben werden können, wie z. B. eine Lokomotive.

DDR, *die:* Deutsche Demokratische Republik, wurde 1949 in der sowjetischen Besatzungszone gegründet. Sie war eine Diktatur. Sie löste sich 1990 auf. ► Wiedervereinigung

Demokratie, *die:* (von griechisch *demos* = Volk und *kratein* = herrschen) Eine Staatsform, in der das Volk über die Politik des Staates bestimmt. Es finden regelmäßig allgemeine, freie und geheime Wahlen statt. Vom Volk gewählte Abgeordnete sitzen im Parlament und vertreten die Interessen ihrer Wählerinnen und Wähler.

Deportation, *die:* Verschleppung von Menschen in andere Gebiete oder Länder.

Diktatur, *die:* Eine Staatsform, in der eine Person bzw. ein enger Personenkreis über die Politik des Staates bestimmt. Das Parlament ist weitgehend ausgeschaltet.

E

Ermächtigungs|gesetz, *das:* Durch das Gesetz erhielt die Regierung unter Hitler das Recht, auch ohne Zustimmung des Reichstags Gesetze zu erlassen.

Exekutive, *die:* Neben ► Judikative und ► Legislative eine der drei „Gewalten" im Staat. Sie ist die vollziehende oder ausübende Gewalt. Neben der Bundesregierung gehören alle Behörden des Bundes, der Länder und der Gemeinden zur Exekutive.

F

Faschismus, *der:* Eine Weltanschauung mit extremen rassistischen und fremdenfeindlichen Gedanken. Das eigene Volk wird aufgewertet, andere Völker abgewertet, Minderheiten und Andersdenkende werden verfolgt.

Fege|feuer, *das:* Mittelalterliche Vorstellung in der katholischen Kirche, wonach die Seele, bevor sie in den Himmel aufsteigt, im Fegefeuer landet, bis alle Sünden, die der Mensch zu Lebzeiten begangen hat, „bereinigt" sind.

Frömmigkeit, *die:* Denken und Handeln, bei dem der Glaube an Gott und die Gebote der Kirche das Leben bestimmt.

G

Generation, *die:* Die Zeitspanne, bis Kinder wieder Kinder bekommen, also rund 30 Jahre in Europa.

Gesetz, *das:* Das ist eine feste, verbindliche Regel, die vom Parlament (Gesetzgeber) beschlossen wird. Gesetze müssen von allen, die in einem Staat leben, befolgt werden.

Gestapo, *die:* Abkürzung für Geheime Staatspolizei. Sie war die politische Polizei des Naziregimes, die alle politischen Gegner und Minderheiten verfolgte.

Gewalten|teilung, *die:* Gesetzgebende Gewalt (Parlamente), ausführende Gewalt (Regierungen und Verwaltungen) und Recht sprechende Gewalt (Gerichte) werden von unterschiedlichen Personen ausgeübt. Die Gewalten sind so aufgeteilt, dass sie sich gegenseitig kontrollieren und in der Machtausübung begrenzen.

Ghetto, *das:* abgetrenntes Stadtviertel, in dem die jüdische Bevölkerung vor allem während des NS-Regimes leben musste.

Grund|gesetz, *das:* Die Verfassung der Bundesrepublik Deutschland. Darin stehen die wichtigsten Gesetze für das Zusammenleben in Deutschland. Es ist in sogenannte Artikel unterteilt. Die Artikel 1–19 sind die Grundrechte, wie zum Beispiel das Recht auf Meinungsfreiheit.

Guillotine, *die:* Eine Maschine mit Fallbeil, die zur Vollstreckung der Todesstrafe durch Enthauptung eingesetzt wurde, benannt nach dem französischen Arzt Joseph-Ignace Guillotin.

H

Hitler|jugend, *die:* kurz HJ; sie war die Jugendorganisation der NSDAP.

Hoch|verrat, *der:* Eine Straftat, die auf einen Umsturz der Staatsordnung abzielt und den Staat gegenüber anderen Staaten schwächt.

Holocaust, *der:*(von griechisch: *holokauston* = vollständig verbrannt) Der Begriff bezeichnet den Massenmord an den Juden während des Nationalsozialismus. Insgesamt fielen etwa 6 Millionen europäische Juden dem Holocaust zum Opfer.

I

Ideologie, *die:* Das ist eine fest verwurzelte Weltanschauung, die oft zur Staatsideologie wird. Sie verspricht Lösungen für die Probleme einer Gesellschaft.

Imperialismus, *der:* (von lat.: imperare = herrschen) Bestreben eines Staates, seine Herrschaft auf andere Länder auszudehnen. Die Zeit, in der europäische Mächte nach 1870 bis 1918 Weltreiche errichten wollten, wird „Zeitalter des Imperialismus" genannt.

Industrialisierung, *die:* Wirtschaftlicher und gesellschaftlicher Wandlungsprozess, der zuerst in England um 1750 und dann auf dem europäischen Kontinent (in Deutschland um 1840) einsetzte. Es kam vermehrt zur Anwendung von Maschinen (z. B. ► Dampfmaschine).

Inflation, *die:* Preissteigerung; das Geld verliert an Wert, man kann immer weniger Waren für das selbe Geld kaufen.

J

Jakobiner, *die:* Jakobiner waren Mitglieder einer politischen Organisation zur Zeit der Französischen Revolution. Die Jakobiner wollten die Monarchie (Königsherrschaft) abschaffen und mit Gewalt die Gleichheit aller Franzosen durchsetzen. Ihr Name leitet sich von ihrem Versammlungsort ab, dem Kloster Saint-Jacques in Paris.

Judikative, *die:* Die Recht sprechende Gewalt im Staat, also alle Richter und Gerichte. Die Judikative ist eine der drei „Gewalten" neben der ► Exekutive und der ► Legislative.

K

Kaiser, *der:* Alleinherrscher, König der Könige. Der Name ist von dem ersten Alleinherrscher in Rom, Caesar, abgeleitet.

Kalte Krieg, *der:* Konfrontation der Atommächte USA und Sowjetunion von 1947 bis 1989. Beide Staaten versuchten, nach dem Zweiten Weltkrieg ihren Einflussbereich auszudehnen. Sie bedrohten sich gegenseitig mit Atomwaffen. Es kam aber nicht zum „heißen Krieg", deshalb spricht man vom „Kalten Krieg".

Kapitulation, *die:* Erklärung einer besiegten Staatsmacht über ihre Niederlage. Sie wird nach dem Ende des Kriegs beschlossen und unterzeichnet.

Klerus, *der:* Gesamtheit aller Angehörigen des (katholischen) Priesterstandes.

Kolonialismus, *der:* Die Beherrschung eines Landes durch ein Volk aus einer anderen Kultur. Die Kolonisierung von weiten Teilen der Welt durch die europäischen Seemächte begann im 15. Jahrhundert. Erst in der zweiten Hälfte des 19. Jahrhunderts endete der Kolonialismus in Afrika.

Kommunismus, *der:* Weltanschauung nach Karl Marx und Friedrich Engels mit dem Ziel einer herrschaftsfreien und klassenlosen Gesellschaft.

König, *der:* Alleiniger Herrscher eines Landes; seine Herrschaft wurde oft mit der Einsetzung durch einen Gott oder durch Götter begründet.

Konzentrations|lager, *das:* Lager aus der Zeit des Nationalsozialismus, in dem Minderheiten und politische Gegner gefangen gehalten wurden. Die Insassen (Frauen, Männer, Kinder) waren völlig rechtlos, sie wurden misshandelt, mussten schwere Zwangsarbeit verrichten. Viele wurden getötet. ► Vernichtungslager

L

Legislative, *die:* Die gesetzgebende Gewalt in einem Staat, also das Parlament. Die Legislative ist eine der drei „Gewalten" neben der ► Exekutive und der ► Judikative.

M

Mandat, *das:* Ein politisches Mandat ist der Auftrag, den ► Abgeordnete durch ihre Wahl bekommen.

Massen|medien, *die:* Das sind Medien wie Internet, Fernsehen, Radio, Kino, Zeitungen oder Bücher, die Informationen innerhalb kurzer Zeit an eine große Gruppe von Menschen übermitteln.

Meinungs- und Presse|freiheit, *die:* In einer Demokratie ist es wichtig, dass die Medien unabhängig von der Politik sind und frei berichten können. Nur so können Medien ihren Beitrag zur Meinungsbildung leisten. Die Bürgerinnen und Bürger dürfen in ihrer Meinungsfreiheit nicht beschränkt werden. Die Meinungs- und Pressefreiheit wird in der Bundesrepublik Deutschland durch das Grundgesetz Artikel 5 garantiert.

Menschen|rechte, *die:* Rechte, die jedem Menschen gleichermaßen zustehen. Dazu gehört z. B. das Recht auf Leben, Religionsfreiheit und Meinungsfreiheit. Menschenrechte können nicht verkauft oder abgegeben werden.

Militarismus, *der:* Bezeichnung für eine Politik der Hochrüstung eines Staates, z. B. Deutschlands in der Zeit vor dem Ersten Weltkrieg, bei der alle anderen staatlichen Ausgaben zugunsten der Rüstungsausgaben zurückgestellt werden. Das militärische Denken bestimmt dann auch den Alltag der Menschen.

Monarchie, *die:* (von griech. = Alleinherrschaft). In der Staatsform der Monarchie übt eine einzelne Person, der König / die Königin, die Herrschaft aus.

N

Nationalismus, *der:* Politische Bewegung, die darauf beruht, dass sich die in einem bestimmten Gebiet zusammenlebenden Menschen ihrer Gemeinsamkeiten (z. B. Sprache, Kultur, Geschichte) bewusst werden. Der Nationalismus führte im 19. Jahrhundert zur Bildung der Nationalstaaten.

NSDAP, *die:* Abkürzung für Nationalsozialistische Deutsche Arbeiterpartei. Sie wurde 1920 gegründet. Radikaler Antisemitismus, Nationalismus und die Ablehnung von Demokratie bestimmten ihr Programm. Seit 1921 war Adolf Hitler ihr Vorsitzender. Die Partei war seit Ende 1933 die einzige erlaubte Partei im Deutschen Reich. Sie wurde nach dem Ende des Zweiten Weltkriegs verboten.

O

Oktober|revolution, *die:* In der Oktoberrevolution 1917 übernahmen die Bolschewiki nach einem kurzen militärischen Aufstand die Macht in Russland und errichteten eine sozialistische Ordnung. ► Sowjetunion

Opposition, *die:* Eine Partei oder eine Gruppe von Parteien, die im Parlament vertreten sind und sich gegen die Regierung stellen.

P

Pogrom, *das:* Eine gewalttätige Aktion (Hetze und Verfolgung) gegen Menschen, die einer Minderheit angehören.

Produktions|mittel, *die:* Für die Herstellung von Produkten benötigte Dinge wie Maschinen, Gebäude, Grundstücke, Werkzeuge, Rohstoffe etc.

Propaganda, *die:* Die gezielte Beeinflussung der öffentlichen Meinung durch die Verbreitung bestimmter Inhalte, die oft nicht wahr sind.

R

Rassismus, *der:* Eine abwertende und verachtende Denkweise über andere Menschen aufgrund ihrer Hautfarbe oder ihrer Herkunft.

Rechts|staat, *der:* Ein Staat, in dem die Bürgerinnen und Bürger vor Willkür geschützt sind und die Grundrechte gelten. Alle müssen sich an bestehende Gesetze halten – auch Verwaltung und Rechtsprechung. Es gibt eine Gewaltenteilung. Der Gegensatz ist eine ► Diktatur.

Reformation, *die:* (von lat.: *reformatio* = Wiederherstellung, Erneuerung) Erneuerungsbewegung Martin Luthers; die Reformation bezeichnet heute die kirchlichen Veränderungen, die nach 1517 zur Gründung evangelischer Kirchen in Europa führten.

Regime, *das:* Eine Regierung, die diktatorisch ist.

Reparationen, *die:* Ein Begriff aus dem Völkerrecht. Er bezeichnet die Entschädigungen, die ein Staat nach einer Niederlage im Krieg an den Sieger entrichten muss.

Republik, *die:* (von lat. *res publica* = „öffentliche Sache") Eine Staatsform, in der das Volk die Macht ausübt.

Revolution, *die:* (von lat.: *revolutio* = Umdrehung) Der meist gewaltsame Umsturz einer bestehenden politischen und gesellschaftlichen Ordnung.

Rhein|bund, *der:* Mitte 1806 gründeten 16 deutsche Fürsten den Rheinbund. Sie schlossen damit einen Bund mit Napoleon an und traten aus dem Heiligen Römischen Reich deutscher Nation aus.

S

SA, *die:* Sturmabteilung, bewaffnete Kampforganisation der Partei NSDAP. Sie ging als Schlägertrupp aggressiv gegen politische Gegner vor, verfolgte z. B. Mitglieder der SPD, der KPD und der Gewerkschaften.

Sowjetunion, *die:* Staat, der nach der ► Oktoberrevolution und anschließendem Bürgerkrieg 1922 gegründet wurde. Er umfasste weite Teile des Russischen Reichs. Die Kommunistische Partei beherrschte den Staat, der eine Diktatur war. Die Sowjetunion löste sich Ende 1991 auf.

Sozial|versicherung, *die:* Eine staatlich geregelte Versicherung für Bürger und Bürgerinnen gegenüber verschiedenen Risiken. In Deutschland entstand sie im Zuge von Otto von Bismarcks Gesetzgebung, die die Lebensbedingungen von Arbeitenden verbessern sollte. Sie beinhaltete Kranken-, Unfall- und Altersversicherungen. 1927 wurde die Arbeitslosenversicherung eingeführt, 1995 folgte die Pflegeversicherung.

SS, *die:* Abkürzung für Schutzstaffel der Partei NSDAP. Der SS gehörten Kampfverbände und Wachmannschaften der Konzentrationslager an. Die Mitglieder der SS verübten Kriegsverbrechen und waren am ► Holocaust maßgeblich beteiligt.

Staat, *der:* Eine Form des Zusammenlebens, bei der eine Gruppe von Menschen – das Staatsvolk – in einem abgegrenzten Gebiet nach einer bestimmten Ordnung lebt.

Stadt|herr, *der:* Grundherr einer Stadt (Graf, Bischof, Herzog), der die Stadt auf seinem Gebiet gründete.

Stand, *der:* Abgeschlossene Gruppe in einer Gesellschaft; die Mitglieder einer Gruppe bestimmen sich durch Geburt, Vermögen oder unterschiedlicher Rechte.

Stände|gesellschaft, *die:* Bezeichnung für die Ordnung der Gesellschaft im Mittelalter. Der ► Klerus bildete den ersten Stand, der ► Adel den zweiten, die Bürger und Bauern den dritten Stand.

Stasi, *die:* Das Ministerium für Staatssicherheit der DDR, auch „Stasi" genannt, war der Geheimdienst und die Geheimpolizei der DDR.

Streik, *der:* Arbeitskampf durch Verweigerung der Arbeit, um Forderungen der Arbeitnehmer durchzusetzen.

T

Terror, *der:* Gewalttat, die Angst verbreiten soll und meist politische oder religiöse Gründe hat.

Toleranz, *die:* Eine Haltung, die Ansichten und Handlungen Andersdenkender anerkennt und gelten lässt.

V

Verfassung, *die:* Sie legt fest, welche Aufgaben und Rechte die Bürger und Bürgerinnen haben und wer den Staat regiert. Sie kann eine geschriebene Form haben, wie etwa das Grundgesetz der Bundesrepublik Deutschland. Geschriebene Verfassungen gibt es erst seit etwa 200 Jahren.

Vernichtungs|lager, *das:* Diese Lager wurden in der Zeit des Nationalsozialismus in Polen und Weißrussland errichtet, um insbesondere den systematischen Massenmord der Juden Osteuropas durchzuführen. Diese Lager wurden ab Ende 1941 eingerichtet und Millionen Menschen wurden dort getötet.

Versailler Vertrag, *der:* Der Friedensvertrag von Versailles beendete 1919 den Ersten Weltkrieg zwischen Deutschland und seinen Gegnern.

W

Währungs|reform, *die:* Einführung einer neuen Währung – hier der D-Mark – in den westlichen Besatzungszonen und in Westberlin ab dem 20. Juni 1948.

Wieder|vereinigung, *die:* Bezeichnet den Anschluss der DDR an die Bundesrepublik Deutschland am 3. Oktober 1990.

Bildquellen

Illustrationen
Cornelsen/Carlos Borrell Eiköter: **S. 14**, **S. 31**/o., **S. 32**, **S. 38**, **S. 65/3**, **S. 72/1**, **S. 106**, S. 117, **S. 134**, **S. 138/1**, **S. 140/1**, **S. 142/2**, **S. 152**/Karte, **S. 158**/Karten, **S. 160/1**, **S. 218**, **S. 220**, **S. 223/2**, **S. 250**, **S. 259**, **S. 273**; Cornelsen/Dieter Stade: **S. 24**, **S. 43**, **S. 72/2**, **S. 125**, **S. 163**, **S. 165**, **S. 169/4**, **S. 179**, **S. 201/4**, **S. 237**, **S. 244**, **S. 257**, **S. 275/6**, **S. 280**, **S. 293**, **S. 304/3**; Cornelsen/Elisabeth Galas: **S. 60**, **S. 143/3**; Cornelsen/Joana Stratmann: **S. 44**, **S. 103/4**, **S. 152**/Illus, **S. 162**; Cornelsen/Klaus Kühner: **S. 63**; Cornelsen/Peter Kast: **S. 260**; Cornelsen/Volkhard Binder: **S. 180**, **S. 188**.

Fotos
S. 3/l.: akg-images/Stefan Ziese; **S. 3**/m.: akg-images; **S. 3**/r.: akg-images; **S. 4**/l.: interfoto e.k./Sammlung Rauch; **S. 4**/m.: akg-images; **S. 4**/r.: bpk; **S. 5**/l.: bpk; **S. 5**/m.: Bridgeman Images/Windmill/Robert Hunt Library/UIG; **S. 5**/r.: (c) VG Bild-Kunst, Bonn 2024; Franz Reiß: Matrosenaufstand, um 1949; **S. 6**/l.: akg-images; **S. 6**/m.: akg-images/fine-art-images; **S. 6**/r.: akg-images; **S. 7**/l.: mauritius images/Prisma; **S. 7**/m.: akg-images/brandstaetter images/Votava; **S. 7**/r.: akg-images; **S. 10**: akg-images; **S. 12**: akg-images/Berlin, Sammlung Archiv für Kunst und Geschichte; **S. 13**: Bridgeman Images/SZ Photo; **S. 15**/m.l.: akg-images; **S. 15**/o.l.: akg-images/Nürnberg, Germanisches Nationalmuseum; **S. 15**/o.r.: akg-images; **S. 15**/u.l.: akg-images; **S. 16**: akg-images/Nürnberg, Germanisches Nationalmuseum; **S. 17**/l.: akg-images/Stefan Ziese; **S. 17**/r.: akg-images/Stefan Ziese; **S. 18**: akg-images; **S. 19**: interfoto e.k./fine art images; **S. 20**: akg-images/Heritage Images/Fine Art Images; **S. 21**: akg-images; **S. 23**: stock.adobe.com/Juulijs; **S. 25**: akg-images/akg-images/arkivi; **S. 26**: interfoto e.k./fine art images; **S. 27**: stock.adobe.com/dragan1956; **S. 28**: akg-images/Matthaeus Merian; **S. 29**/m.l.: mauritius images/alamy stock photo/GL Archive; **S. 29**/o.l.: dpa Picture-Alliance/Heritage Images/Fine Art Images; **S. 29**/o.r.: Bridgeman Images/Michiel Jansz. van Mierevelt/Rijksmuseum, Amsterdam, The Netherlands; **S. 29**/u.l.: bpk/Gemäldegalerie, SMB/Jörg P. Anders; **S. 29**/u.r.: bpk/RMN - Grand Palais/Gérard Blot; **S. 30**: akg-images; **S. 31**/u.: dpa Picture-Alliance/Friso Gentsch; **S. 33**: akg-images; **S. 34**: akg-images; **S. 36**: akg-images; **S. 37**/3: Bridgeman Images/Photo Josse; **S. 37**/5: dpa Picture-Alliance/ASSOCIATED PRESS; **S. 39**/2.v.o.: Bridgeman Images/Photo Josse; **S. 39**/2.v.u.: akg-images; **S. 39**/o.: akg-images/Erich Lessing; **S. 39**/o.r.: akg-images; **S. 39**/u.: Bridgeman Images; **S. 40**/1: akg-images/Erich Lessing; **S. 40**/2: akg-images/Marc Deville; **S. 41**/3: akg-images; **S. 42**/1: akg-images; **S. 45**: bpk; **S. 46**: akg-images; **S. 48**: akg-images/Jacques-Louis David; **S. 49**: bpk; **S. 52**/2: akg-images/Karlsruhe, Staatliche Kunsthalle; **S. 52**/3: akg-images/Schweinfurt, Sammlung Georg Schäfer; **S. 53**/1: akg-images/Erich Lessing; **S. 53**/3: bpk/Städel Museum; **S. 54**/1: akg-images/Paris, Bibliothèque Nationale; **S. 54**/2: akg-images/Paris, Bibliothèque Nationale; **S. 55**: bpk/RMN – Grand Palais/René-Gabriel Ojéda; **S. 57**/3: akg-images/Heritage Images/Index; **S. 57**/o.l.: mauritius images/alamy stock photo/Historic Illustrations; **S. 57**/r.: mauritius images/alamy stock photo/Archivist; **S. 58**: akg-images; **S. 59**: akg-images/Paris, Bibliothèque Nationale; **S. 61**: interfoto e.k./fine art images; **S. 62**: Bridgeman Images; **S. 64**: akg-images/Paris, Bibliothèque Nationale; **S. 65**/4: mauritius images/Eva Voneki/Alamy; **S. 66**: akg-images/Paris, Musée Carnavalet; **S. 67**: bpk/BnF, Dist. RMN-GP; **S. 68**: interfoto e.k./Sammlung Rauch; **S. 70**: akg-images; **S. 71**/3: akg-images; **S. 71**/4: akg-images; **S. 71**/5: interfoto e.k./Sammlung Rauch; **S. 73**/2.v.o.l.: Bridgeman Images; **S. 73**/2.v.u.l.: akg-images; **S. 73**/o.l.: akg-images; **S. 73**/o.r.: interfoto e.k./Sammlung Rauch; **S. 73**/u.l.: Bridgeman Images/SSPL/Science Museum; **S. 74**/1: akg-images/UIG/Universal History Archive; **S. 74**/2: akg-images/Heritage-Images/The Print Collector; **S. 75**/3: Bridgeman Images/Yale University Art Gallery Everett Collection; **S. 75**/4: Bridgeman Images/© NPL - DeA Picture Library; **S. 76**/1: akg-images; **S. 77**/2: bpk - Bildagentur für Kunst, Kultur und Geschichte; **S. 77**/3: dpa Picture-Alliance/ASSOCIATED PRESS; **S. 78**/1: bpk; **S. 78**/2: Bridgeman Images; **S. 79**/3: stock.adobe.com/holger.l.berlin; **S. 79**/4: akg-images/TT News Agency/SVT; **S. 80**: bpk; **S. 81**: bpk/Georg Buxenstein Co; **S. 82**: Bridgeman Images; **S. 83**: mauritius images/alamy stock photo/Arthur Miller; **S. 84**/1: mauritius images/Glasshouse; **S. 84**/2: dpa Picture-Alliance/Circa Images/Glasshouse Images; **S. 85**/1: bpk/Georg Buxenstein Co; **S. 85**/2: bpk/Heinrich Lichte; **S. 86**/1: bpk; **S. 86**/2: interfoto e.k./TV-Yesterday; **S. 87**/1: akg-images; **S. 87**/2: interfoto e.k./TV-Yesterday; **S. 87**/3: mauritius images/Werner Otto; **S. 88**: akg-images; **S. 89**: dpa Picture-Alliance/Fotoarchiv für Zeitgeschichte; **S. 90**: akg-images; **S. 91**/2: bpk/Deutsches Historisches Museum/Arne Psille; **S. 91**/3: akg-images/Berlin, Deutsches Historisches Museum; **S. 92**: akg-images; **S. 93**/2: akg-images/Georg Koch; **S. 93**/4 l.: akg-images/MONDADORI PORTFOLIO; **S. 93**/4 r.: akg-images/brandstaetter images; **S. 94**: dpa Picture-Alliance/ASSOCIATED PRESS; **S. 95**: bpk/Deutsches Historisches Museum/Arne Psille; **S. 96**/1: interfoto e.k./Sammlung Rauch; **S. 96**/2: bpk; **S. 97**/1: mauritius images/Science Source; **S. 97**/2: stock.adobe.com/Panuwat (Balls); **S. 98**: bpk; **S. 100**: dpa Picture-Alliance/Eibner-Pressefoto; **S. 102**/1: Shutterstock.com/canadastock; **S. 102**/2: mauritius images/alamy stock photo/Vincenzo Izzo; **S. 102**/3: mauritius images/Haag + Kropp | (c) VG Bild-Kunst, Bonn 2024; Ludwig Gies: Bundesadler, 1953; **S. 103**/5: (c) Deutscher Bundestag; **S. 104**/1: dpa Picture-Alliance/imageBROKER/Julie Woodhouse; **S. 104**/2: mauritius images/Gerald Abele/imageBROKER; **S. 105**/m.l.: akg-images/Berlin, Sammlung Archiv für Kunst und Geschichte, Fritz Bergen; **S. 105**/o.l.: interfoto e.k./fine art images; **S. 105**/o.r.: dpa Picture-Alliance/Eibner-Pressefoto; **S. 105**/u.l.: dpa Picture-Alliance/Austrian Archives/brandstaetter images; **S. 107**: interfoto e.k./fine art images; **S. 108**: interfoto e.k./fine art images; **S. 109**: bpk; **S. 112**: akg-images; **S. 113**: akg-images/Robert Kretschmer; **S. 114**: akg-images/Berlin, Sammlung Archiv für Kunst und Geschichte; **S. 115**: akg-images/Berlin, Sammlung Archiv für Kunst und Geschichte,Fritz Bergen; **S. 116**: bpk; **S. 118**: akg-images/Woldemar Friedrich; **S. 119**/3: interfoto e.k./Sammlung Rauch; **S. 119**/4: Imago Stock & People GmbH/UIG; **S. 121**: akg-images/Friedrichsruh, Bismarck-Museum, von Anton von Werner; **S. 122**: dpa Picture-Alliance/Austrian Archives/brandstaetter images; **S. 123**: interfoto e.k./TV-Yesterday; **S. 124**: akg-images/Foto: Gebr. Haeckel; **S. 126**/4: stock.adobe.com/lazyllama; **S. 127**/4: stock.adobe.com/noeh; **S. 128**/1: bpk; **S. 128**/2: dpa Picture-Alliance/Bildagentur-online/Sunny Celeste; **S. 130**: akg-images/Fotoarchiv für Zeitgeschichte; **S. 132**: akg-images/Science Source; **S. 133**: akg-images/Science Source; **S. 135**/m.l.: mauritius images/alamy stock photo/The Picture Art Collection; **S. 135**/o.l.: INTERFOTO/Granger, NYC; **S. 135**/o.r.: akg-images/Fotoarchiv für Zeitgeschichte; **S. 135**/u.l.: mauritius images/World Book Inc.; **S. 136**: INTERFOTO/Granger, NYC; **S. 137**: dpa Picture-Alliance/Leemage/Costa; **S. 138**/3: bpk; **S. 139**: bpk/I. M. Santos; **S. 140**/2: interfoto e.k./Mary Evans/Robert Hunt Library; **S. 141**/3: dpa Picture-Alliance/FotoMedienService/Ulrich Zillmann; **S. 141**/4: dpa Picture-Alliance/Jürgen Bätz; **S. 142**/1: mauritius images/alamy stock photo/The Picture Art Collection; **S. 143**/4: bpk/Kunstbibliothek, SMB/Dietmar Katz; **S. 144**/1: akg-images/Foto: Tellgmann; **S. 144**/2: Bridgeman Images/SZ Photo/Scherl; **S. 145**: Bridgeman Images/Windmill/Robert Hunt Library/UIG; **S. 146**: bpk; **S. 147**: akg-images/Sammlung Berliner Verlag/Archiv; **S. 148**/1: akg-images; **S. 148**/2: akg-images/A. Grohs/DRK; **S. 149**: akg-images/Fotoarchiv für Zeitgeschichte; **S. 150**: mauritius images/Glasshouse; **S. 151**: mauritius images/World Book Inc.; **S. 153**/4: Cornelsen/Carlos Borrell Eiköter; **S. 153**/5: Bridgeman Images/SZ Photo; **S. 154**: akg-images/Berlin, Sammlung Archiv für Kunst und Geschichte; **S. 155**/3: Imago Stock & People GmbH/Shotshop; **S. 155**/4: bpk; **S. 156**: (c) VG Bild-Kunst, Bonn 2024; Franz Reiß: Matrosenaufstand, um 1949; **S. 158**/Foto: bpk/Kunstbibliothek, SMB, Photothek Willy Römer; **S. 159**/l.: Bridgeman Images/SZ Photo; **S. 159**/r.: Bridgeman Images/Universal History Archive/UIG; **S. 160**/3: dpa Picture-Alliance/McPHOTO/blickwinkel/K. Steinkamp; **S. 161**/2.v.o.l.: mauritius images/Alf Jönsson; **S. 161**/2.v.u.l.: bpk; **S. 161**/o.l.: bpk/Kunstbibliothek, SMB, Photothek Willy Römer; **S. 161**/o.r.: (c) VG Bild-Kunst, Bonn 2024; Franz Reiß: Matrosenaufstand, um 1949; **S. 161**/u.l.: interfoto e.k./Friedrich; **S. 164**: bpk/Thomas Theodor Heine; **S. 166**: akg-images; **S. 167**: akg-images/Louis Oppenheim; **S. 168**: bpk/Kunstbibliothek/SMB/Photothek Willy Römer; **S. 169**/2: akg-images; **S. 169**/3: mauritius images/Alf Jönsson; **S. 170**/1: sciencephotolibrary/US Coast Guard; **S. 171**/1: bpk; **S. 171**/2: akg-images/TT News Agency/SVT; **S. 172**: bpk; **S. 173**: dpa Picture-Alliance/Harro Schweizer; **S. 174**: akg-images; **S. 175**/2: akg-images/Walter Ballhause; **S. 175**/3: interfoto e.k./Friedrich; **S. 176**: bpk; **S. 177**: akg-images/Hans Schweitzer; **S. 178**: dpa Picture-Alliance/TT NYHETSBYRÅN/SVT; **S. 181**/2: akg-images/brandstaetter images; **S. 181**/3: dpa Picture-Alliance/ASSOCIATED PRESS; **S. 182**/m.: bpk; **S. 182**/o.l.: akg-images; **S. 182**/o.r.: bpk/Kunstbibliothek, SMB, Photothek Willy Römer; **S. 182**/r.: akg-images; **S. 182**/u.l.: interfoto e.k./Friedrich; **S. 183**/3: bpk/Deutsches Historisches Museum/Sebastian Ahlers; **S. 183**/4: Bridgeman Images/J. T. Vintage; **S. 184**: akg-images; **S. 186**/1: bpk; **S. 186**/2: akg-images; **S. 187**: dpa Picture-Alliance/ZB/dpa-Zentralbild/Archiv; **S. 189**/2.v.o.l.: interfoto e.k.; **S. 189**/2.v.u.l.: akg-images/akg-images/fine-art-images; **S. 189**/o.l.: akg-images/Walter Ballhause/akg-images; **S. 189**/o.r.: akg-images; **S. 189**/u.l.: Bridgeman Images/Pictures from History; **S. 190**: akg-images; **S. 191**: Bridgeman Images/© SZ Photo/Scherl; **S. 193**: bpk; **S. 194**: bpk; **S. 195**: bpk/Deutsches Historisches Museum/Heinz-Ulrich Röhnert; **S. 196**: interfoto e.k.; **S. 197**/4: Bridgeman Images/© SZ Photo; **S. 197**/5: akg-images; **S. 197**/6: bpk/Germin; **S. 198**: Bridgeman Images/© SZ Photo; **S. 199**: akg-images; **S. 200**/1: mauritius images/United Archives; **S. 200**/2: bpk/Kunstbibliothek, SMB/Dietmar Katz; **S. 201**/3: mauritius images/United Archives; **S. 202**: dpa Picture-Alliance/Berliner Verlag; **S. 203**/2: bpk/Liselotte Purper (Orgel-Köhne); **S. 203**/3: akg-images/Sammlung Berliner Verlag/Archiv; **S. 204**: akg-images/akg-images/fine-art-images; **S. 205**/2: Bridgeman Images/Pictures from History; **S. 205**/3: bpk; **S. 206**: interfoto e.k.; **S. 207**: Imago Stock & People GmbH; **S. 208**/2: dpa Picture-Alliance/ASSOCIATED PRESS; **S. 209**: Imago Stock & People GmbH/imago stock&people; **S. 210**: Niedersächsisches Landesarchiv; **S. 211**: Prof. Dr. Hartmut Traub; **S. 212**: dpa Picture-Alliance/Fotoarchiv für Zeitgeschichte/Archiv; **S. 213**/4: bpk/Deutsches Historisches Museum/Arne Psille; **S. 213**/5: akg-images; **S. 214**: mauritius images/TopFoto; **S. 216**/1: Bridgeman Images/SSPL/UIG; **S. 216**/2: Bridgeman Images/© Look and Learn; **S. 217**/4: interfoto e.k.; **S. 217**/6: dpa Picture-Alliance/dpa/dpa Grafik; **S. 217**/7: bpk/Erich Andres; **S. 219**/2.v.o.l.: Bridgeman Images/Fototeca Gilardi; **S. 219**/2.v.u.l.: mauritius images/MGPhoto76/Alamy/Alamy Stock Photos; **S. 219**/o.l.: interfoto e.k./awkz; **S. 219**/o.r.: mauritius images/TopFoto; **S. 219**/u.l.: Bridgeman Images/© Giancarlo Costa; **S. 221**/2: bpk/Georges; **S. 221**/3: dpa Picture-Alliance/Josef_Mucha; **S. 222**: akg-images; **S. 223**/3: bpk/Hähle; **S. 223**/4: bpk/Dimitrij Baltermans; **S. 224**/1: dpa Picture-Alliance/ZB/Berliner Verlag; **S. 224**/2: Bridgeman Images/© DHM Gronefeld, Gerhard (fl.1940s); **S. 224**/3: dpa Picture-Alliance/Sueddeutsche Zeitung Photo/Sueddeutsche; **S. 225**/4: bpk; **S. 226**/1: Bridgeman Images/Fototeca Gilardi; **S. 226**/2: akg-images; **S. 227**/4: akg-images; **S. 227**/5: Imago Stock & People GmbH/Reinhard Schultz; **S. 227**/6: akg-images; **S. 228**/1: akg-images; **S. 228**/2: mauritius images/Alpha Historica/Alamy; **S. 228**/3: Bridgeman Images/SZ Photo/Sammlung Megele; **S. 229**/5: dpa Picture-Alliance/Heinrich Hoffmann; **S. 229**/6: akg-images/akg-images/Mondadori Portfolio/Archivio

GBB; **S. 230**/1: Raymond Vinclair/Jean-Marie Vinclair; **S. 230**/2: Raymond Vinclair/Jean-Marie Vinclair; **S. 231**/1: akg-images/Schütze/Bildarchiv Monheim/Rodemann; **S. 231**/Portrait: action press/OLYCOM S.P.A.; **S. 232**/1: Bridgeman Images/Germany\nAlexander Schmorell, a member of the resistance organization \"The White Rose\" in the Third Reich. Alexander Schmorell; **S. 232**/2: akg-images/George (Jürgen) Wittenstein; **S. 233**: Christina Moik; **S. 234**: Bridgeman Images/Granger; **S. 235**/2: akg-images/Science Photo Library/Library of Congress; **S. 235**/4: dpa Picture-Alliance/ZB/dpa/Deutsche Fotothek; **S. 236**/1: bpk/Arthur Grimm; **S. 236**/2: bpk/Vinzenz Engel; **S. 239**/1: Gedenkstätte Hadamar, Sammlung, FS 4; **S. 239**/2: Hessische Landeszentrale für politische Bildung; **S. 240**/1: Bridgeman Images/SZ Photo; **S. 241**: Imago Stock & People GmbH/Reinhard Schultz; **S. 242**/1: Imago Stock & People GmbH/SNA; **S. 242**/2: Imago Stock & People GmbH/Leemage; **S. 243**/4: mauritius images/Ian G Dagnall/Alamy/Alamy Stock Photos; **S. 243**/5: mauritius images/Chromorange; **S. 245**/4: bpk/Georges; **S. 245**/5: Bridgeman Images/© DHM Gronefeld, Gerhard (fl.1940s); **S. 245**/6: Bridgeman Images/SZ Photo/Scherl; **S. 246**: mauritius images/Sven Otte; **S. 248**/1: akg-images/akg-images/brandstaetter images/Votava; **S. 248**/2: akg-images; **S. 248**/3: dpa Picture-Alliance; **S. 249**: dpa Picture-alliance/dpa-infografik; **S. 251**/2.v.o.l.: interfoto e.k./Friedrich; **S. 251**/2.v.u.l.: akg-images/AP; **S. 251**/o.l.: akg-images/akg-images/Michael Foedrowitz; **S. 251**/o.r.: mauritius images/Sven Otte; **S. 251**/u.l.: picture-alliance/ZB | Peter Zimmermann; **S. 252**/1: akg-images/akg-images/Tony Vaccaro; **S. 252**/2: bpk/Germin; **S. 253**/4: bpk; **S. 253**/5: Bridgeman Images/© SZ Photo; **S. 253**/6: interfoto e.k.; **S. 253**/7: bpk; **S. 254**: mauritius images/Prisma; **S. 255**: akg-images/akg-images/Fototeca Gilardi; **S. 256**/1: mauritius images/World Book Inc.; **S. 256**/2: bpk; **S. 258**: bpk; **S. 261**: Bridgeman Images/Underwood Archives/UIG; **S. 262**/1: stock.adobe.com/Foto Füchsin; **S. 262**/2: dpa Picture-Alliance/X01095/Reuters; **S. 262**/3: stock.adobe.com/MAZURKEVICH ALEXANDER/Mazur Travel; **S. 262**/4: stock.adobe.com/jiortola; **S. 263**: interfoto e.k./Friedrich; **S. 264**/1: interfoto e.k./TV-Yesterday; **S. 264**/2: dpa Picture-Alliance/Ducklau; **S. 264**/3: akg-images; **S. 265**: dpa Picture-Alliance/imageBROKER; **S. 266**/1: bpk/| Bayerische Staatsbibliothek | Felicitas Timpe; **S. 266**/2: bpk/Fotoarchiv Ruhr Museum/Rudolf Holtappel; **S. 267**/4: bpk/Deutsches Historisches Museum/Martin Schmidt; **S. 267**/5: bpk/Bundesstiftung Aufarbeitung/Klaus Mehner; **S. 268**/1: dpa Picture-Alliance/dpa; **S. 268**/2: bpk/Fotoarchiv Ruhr Museum/Manfred Scholz; **S. 269**/4: mauritius images/Klaus Rose/imageBROKER; **S. 269**/5: Imago Stock & People GmbH; **S. 270**: mauritius images/Christof Krackhardt; **S. 272**/1: dpa Picture-Alliance/dpa/dpa Grafik; **S. 272**/3: dpa Picture-Alliance/AP; **S. 274**/3: dpa Picture-Alliance/dpa; **S. 274**/4: Horst Haitzinger; **S. 275**/5: mauritius images/World Book Inc.; **S. 276**: akg-images; **S. 278**: Imago Stock & People GmbH/imago images/imagebroker; **S. 279**: dpa Picture-Alliance; **S. 281**/2.v.o.l.: Universal History Archive/UIG/Bridgeman Images; **S. 281**/2.v.u.l.: dpa Picture-Alliance/ASSOCIATED PRESS/AP; **S. 281**/o.l.: akg-images/akg-images/brandstaetter images/Votava; **S. 281**/o.r.: akg-images; **S. 281**/u.l.: interfoto e.k./Michael Pladeck; **S. 282**/2.v.o.l.: bpk/Kurt Rohwedder; **S. 282**/2.v.o.r.: Bridgeman Images/© SZ Photo/Max Scheler; **S. 282**/o.l.: picture-alliance/Roland Witschel; **S. 282**/o.m.: picture-alliance/dpa; **S. 282**/o.r.: dpa Picture-Alliance/Egon Steiner; **S. 282**/u.r.: Imago Stock & People GmbH/Sven Simon; **S. 283**/2.v.o.l.: mauritius images/Allstar Picture Library Ltd/Alamy/Alamy Stock Photos; **S. 283**/2.v.o.r.: dpa Picture-Alliance/Boris Roessler; **S. 283**/3: mauritius images/Walter G. Allgöwer; **S. 283**/o.l.: imago/Sven Simon; **S. 283**/o.r.: interfoto e.k./Moore; **S. 284**: bpk/Jochen Moll; **S. 285**/2: Haus der Geschichte, Bonn; **S. 285**/3: akg-images/Universal Images Gr; **S. 285**/4: dpa Picture-Alliance/picture-alliance/dpa; **S. 286**/1: BStU/Stasi-Unterlagen-Archiv, Berlin; **S. 287**: Bridgeman Images/©SZ Photo/Joker; **S. 288**: akg-images/Jacques Torregano/akg-images; **S. 289**: bpk/Bundesstiftung Aufarbeitung/Harald Schmitt; **S. 290**: bpk/Hanns Hubmann; **S. 291**: Universal History Archive/UIG/Bridgeman Images; **S. 292**/1: action press/CONTRAST; **S. 292**/2: dpa Picture-Alliance/ASSOCIATED PRESS/AP; **S. 294**: dpa Picture-Alliance/Zentralbild/ZB; **S. 295**: dpa Picture-Alliance/dpa-Zentralbild (ADN); **S. 296**: akg-images; **S. 297**: dpa Picture-Alliance/picture-alliance/dpa; **S. 298**: bpk/Edelgard Rehboldt; **S. 299**/1: bpk/Fotoarchiv Ruhr Museum/Marga Kingler; **S. 299**/2: Imago Stock & People GmbH/imago stock&people; **S. 300**/1: dpa Picture-Alliance; **S. 300**/2: dpa Picture-Alliance/picture-alliance/dpa; **S. 301**: interfoto e.k./Michael Pladeck; **S. 302**/1: Shutterstock.com/AYO Production; **S. 302**/2: Shutterstock.com/AYO Production; **S. 302**/3: Shutterstock.com/Artmim; **S. 303**/4: Shutterstock.com/ViDI Studio; **S. 303**/5: Shutterstock.com/insta_photos; **S. 303**/6: Shutterstock.com/AYO Production; **S. 304**/u.l.: dpa Picture-Alliance; **S. 304**/u.r.: dpa Picture-Alliance/ASSOCIATED PRESS/AP; **S. 305**/5: dpa Picture-Alliance/dpa-Picture-Alliance/dpa-Zentralbild/Jens Wolf; **S. 305**/7: akg-images.